职业院校
汽车类"十二五"规划教材

工业和信息化高职高专
"十二五"规划教材立项项目

汽车发动机电控系统检修

Automotive Engine Electronic Control Technology and Maintenance

◎ 朱良 主编
◎ 于慧 谷祖威 鲁哲 副主编

人民邮电出版社
北京

图书在版编目（CIP）数据

汽车发动机电控系统检修 / 朱良主编. -- 北京 : 人民邮电出版社, 2013.6（2015.8 重印）
职业院校汽车类“十二五”规划教材 工业和信息化高职高专“十二五”规划教材立项项目
ISBN 978-7-115-31336-2

Ⅰ. ①汽… Ⅱ. ①朱… Ⅲ. ①汽车—发动机—电子系统—控制系统—检修—高等职业教育—教材 Ⅳ. ①U472.43

中国版本图书馆CIP数据核字(2013)第061711号

内容提要

本书系统介绍了汽车发动机电控系统的结构原理、故障诊断与检修方法，全书共 7 个项目，主要内容包括：电控燃油喷射系统检修、电控点火系统检修、进气控制系统检修、排放控制系统检修、其他辅助控制系统检修、发动机电控系统常见故障诊断、柴油机电控燃油喷射系统等。为了便于与教材和实际教学设备相配套，实训教学书中只给出基本教学要求与内容纲要，具体实训内容可依据现场设备而定。

本书可作为高等职业院校汽车检测与维修技术、汽车电子等专业的教材，也可作为汽车维修技术人员的参考书。

◆ 主　编 朱　良
副 主 编 于　慧　谷祖威　鲁　哲
责任编辑 刘盛平
责任印制 沈　蓉　杨林杰

◆ 人民邮电出版社出版发行　北京市丰台区成寿寺路 11 号
邮编 100164　电子邮件 315@ptpress.com.cn
网址 http://www.ptpress.com.cn
大厂聚鑫印刷有限责任公司印刷

◆ 开本：787×1092 1/16
印张：18　2013 年 6 月第 1 版
字数：425 千字　2015 年 8 月河北第 3 次印刷

定价：38.00 元

读者服务热线：(010)81055256　印装质量热线：(010)81055316
反盗版热线：(010)81055315
广告经营许可证：京崇工商广字第 0021 号

Foreword

前 言

随着电子技术的迅速发展，汽车电子控制技术也随之迅速发展，以电喷发动机为代表的电控装备的维修已成为汽车检测维修行业的重点和难点。汽车发动机电控系统检修已是汽车维修人员的典型工作任务，也是现代高技能维修人才必须具备的基本技能。现代汽车检修过程的关键环节是诊断，它需要在检查的基础上，将故障产生的机理与故障的表现形式、性能检测结果和仪器设备诊断参数之间联系起来，作出有一定理论及经验依据的确切分析及判断，它要求维修技术人员有一定的理论基础、专业知识和丰富的实践经验。

“汽车发动机电控系统检修”课程的任务就是要使学生掌握汽车发动机电控系统的专业知识和维修的专业技能。本书以训练读者的发动机电控系统检修技能为目标，详细介绍了汽油机电控燃油喷射系统、汽油机电控点火控制系统、汽油机进气控制系统、汽油机排放控制系统、汽油机其他辅助控制系统、柴油机电控燃油喷射系统各部分结构组成、系统部件的工作原理及检测方法。

本书编写主要突出以下几个特点。

（1）以基于工作过程的任务导向课程为基础，既含有丰富的理论知识内容，又有丰富而有效的能力训练项目。

（2）内容上，选择在用的、较新的技术，深度上做到基础广泛、深度适宜，能应对绝大部分故障的检修，并有提高的基础。

（3）训练项目通过企业专家讨论，选取最典型、最具代表性的工作案例设计成为教学项目，使学生通过这些项目的学习能掌握维修工作中的常用技能，能完成大多数维修任务，并具有快速提高的基础能力。

（4）侧重于介绍各种车型通用的结构、原理等，基础实践训练综合考虑使用较多的通用、丰田、大众等车型，而综合性实训项目不再被编入教材，而是辅以单独的学习材料与工作页指导学生学习与训练，避免教材大量篇幅的实训内容因无法使用而造成浪费。

本书的参考学时为64～96学时，建议采用理论实践一体化教学模式，各项目的参考学时见下面的学时分配表。

学时分配表

项　目	课 程 内 容	学　时
项目一	电控燃油喷射系统检修	24～30
项目二	电控点火系统检修	8～14
项目三	进气控制系统检修	6～12
项目四	排放控制系统检修	6～8
项目五	其他辅助控制系统检修	6～8
项目六	发动机电控系统常见故障诊断	8～12
项目七	柴油机电控燃油喷射系统检修	6～12
课时总计		64～96

本书由朱良任主编，于慧、谷祖威、鲁哲任副主编，朱良编写了项目一、项目三、项目四、项目六、项目七，于慧编写了项目二、项目五，谷祖威编写了各项目的故障案例及习题，鲁哲负责整理项目一、项目三的图片。此外，本书在编写过程中，得到了何全民、吴新晓、马兴民、尹秀丽的大力支持和帮助，在此深表感谢。

由于编者水平和经验有限，书中难免有欠妥和错误之处，恳请读者批评指正。

编　者

2013 年 1 月

Contents

目录

Chapter 1

项目一

| 电控燃油喷射系统检修 |

【知识目标】

（1）熟悉燃油喷射控制原理及控制过程。

（2）熟悉空气供给系统的结构。

（3）熟悉燃油供给系统的结构。

（4）熟悉燃油系统各元器件的作用及工作原理。

（5）掌握燃油泵、喷油器及其控制电路的工作原理。

（6）熟悉电子控制系统各部分的作用、结构及工作原理。

（7）掌握空气流量计、冷却液温度、曲轴位置、进气管绝对压力、节气门位置传感器等各传感器的作用、结构及工作原理。

（8）熟悉发动机电控系统故障诊断的基本方法和诊断程序。

【能力目标】

（1）能认识发动机电控系统基本组成结构。

（2）能参阅维修手册找到电控系统各元器件的位置。

（3）正确识读电子控制系统信号电路。

（4）熟悉发动机电控系统故障诊断的基本方法和诊断程序。

（5）能参阅维修手册进行燃油系统的检修，包括燃油压力测试，燃油泵、喷油器及控制电路等的检修。

（6）能正确使用故障诊断仪、万用表、示波器等对电子控制系统进行检修，包括空气流量计、冷却液温度、曲轴位置等传感器及其信号电路的检修。

（7）能在教师指导下，进行发动机不能起动故障的检测。

（8）能在教师指导下，进行发动机运转不稳、加速不良故障的初步检测。

【项目案例】

（1）一辆凯越轿车来店进行首次保养，在为客户进行保养、维修过程（或电话售后服务）中，接受该车主的咨询，就该车发动机在组成结构、各组成作用、布置特点、类型等方面向客户做系统全面的介绍。

（2）一辆 1999 年富康 1.4L 电喷车，在急加速时出现了加速滞后的故障。

（3）一辆丰田卡罗拉来店进行保养，行驶里程超过 160 000km，经咨询车主反映车辆近期动力下降，加速不良，等红绿灯时车辆轻微抖动。

（4）一辆卡罗拉轿车 1ZR-FE 发动机，发动机起动困难，怠速严重抖动，并发现故障灯亮起，使用故障诊断仪检测发现，存在故障码 P0115。

（5）一辆卡罗拉轿车 1ZR-FE 发动机，途中熄火后，再次点火无法启动，初步检查，供油系统工作正常。

（6）一辆别克轿车在怠速时出现比较强烈的抖动，用故障诊断电脑 TECH-II 检查各缸的点火情况，发现第四缸缺火，拆下第四缸的火花塞，换上新的火花塞，接上点火线圈，怠速依然不稳。

（7）一辆上海桑塔纳 2000GSi（时代超人）轿车（装备 1.8LAJR 电控发动机），故障现象为发动机怠速不稳，并且最高车速只能达到 140 km/h，试车发现急加速时发动机排气管冒黑烟，且有回火现象。

（8）一辆威驰轿车 2SZ-FE 发动机，发动机怠速忽高忽低，低速行驶时偶尔有窜动现象，同时仪表板上的“CHECK”（发动机故障灯）闪烁不止。

【项目知识点】

1.1 发动机电控技术概述

1.1.1 发动机电控技术的发展

汽车电子技术发展始于 20 世纪 60 年代，分为下面四个阶段。

第一阶段，从 20 世纪 60 年代中期到 20 世纪 70 年代中期，主要是为了改善部分性能而对汽车产品进行的技术改造，如在汽车上装用了第一个电子装置——晶体管收音机。

第二阶段，从 20 世纪 70 年代末期到 20 世纪 90 年代中期，为解决安全、污染和节能三大问题，人们研制出电控燃油喷射系统、电子控制防滑（防抱死）制动装置和集成电路（IC）点火装置。

第三阶段，20 世纪 90 年代中期到 20 世纪 90 年代后期，电子技术在汽车上的应用已逐步扩展到除车用汽油发动机以外的底盘、车身和车用柴油发动机多个领域。

第四阶段，20 世纪 90 年代后期至今，其标志是 CAN-BUS 技术（控制器局域网络）的普遍应用。CAN-BUS 是应用在现场、在微机化测量设备之间实现双向串行多节点的数字通信系统，是一种开放式、数字化、多点通信的底层控制网络。目前，CAN-BUS 总线在汽车上的应用越来越普及，如波罗、宝来、帕萨特等。

20 世纪 60 年代，由德国博世（Bosch）公司成功研制了发动机燃油喷射系统。20 世纪 70 年代，美国通用（GM）汽车公司采用了 IC 点火装置、高能点火（HEI）系统，并在分电器内装上点火线圈和点火控制线路，力图将点火系统做成一体，这种电路具有结构紧凑、可靠性高、成本低、耗电少、不需冷却、响应性好等特点。后期又采用数字式点火时刻控制系统（MISAR）。该系统体积小，由中央处理器（CPU）、存储器（RAM/ROM）、模/数（A/D）转换器等组成。系统可根据输入的水温、转速和负荷等信号，计算出最佳点火时刻。美国克莱斯勒公司创立了模拟计算机对发动机点火时刻进行控制的控制系统。

集成电路及计算机的发展，使汽车电子技术得到了快速发展。发动机的电控技术是从控制点火时刻开始的，进而从单一地控制点火正时、点火提前角、汽油喷射或排放控制等辅助控制，发展到汽油喷射、点火控制、排放控制等多项内容复合的发动机集中控制系统。现代汽车电控系统又将发动机控制与自动变速器控制、驱动系统控制等集合在一起，成为动力控制系统或牵引控制系统。

1.1.2 发动机电控系统的优点

汽油机电控技术的应用使汽油机的综合性能得到了全面提升，其主要优点如下。

1. 改善了各缸混合气的均匀性

在化油器式汽油机中，当混合气在经过不同宽度、不同长度及具有一定弯曲弧度的进气歧管时，由于空气和汽油颗粒的密度不同，空气比较容易改变方向，而汽油颗粒受惯性力的作用则继续向歧管末端运动，由此造成各缸混合气浓度不均匀。采用电控多点喷射，燃油喷射在各缸进气门附近，使各缸混合气的浓度基本一致。这样不但有利于提高发动机的经济性，而且也有利于降低一氧化碳（CO）和碳氢化合物（HC）的排放量。

2. 提高发动机的动力性和经济性

由于电控燃油喷射系统的进气管中不存在化油器中的喉管，进气系统的进气阻力和进气压力损失较小，充气效率较高，因此，发动机具有较好的动力性和经济性。另外，电控燃油喷射系统不对进气进行预热，这样提高了进气的密度，对提高发动机动力性有利。

3. 减少排放污染

电控燃油喷射系统采用氧传感器反馈控制时，能精确地控制过量空气系数 $\lambda \approx 1$（空燃比 A/F = 14.7），使三元催化净化装置具有最高的催化净化效率，从而大大减少 CO、HC 和 NO_x（氮氧化合物）等有害物的排放量。另外，现代汽油机电控系统还包括废气再循环、二次空气喷射、最佳点火提前角等控制功能，从而可使汽油机有害物的排放量进一步减少。

4. 工况过渡圆滑

当发动机运行工况发生变化时，电控燃油喷射系统能根据传感器的输入信号迅速调整喷油量或喷射正时，提供与该种工况相适应的最佳空燃比，从而提高了燃油机对加、减速工况的响应速度及工况过渡的平稳性。另外，采用电控燃油喷射方式，汽油的雾化质量好，蒸发速度快，在各种工况下混合气都具有良好的品质，这也有利于提高汽油机非稳定工况的性能。

5. 改善了汽油机对地理及气候环境的适应性

当汽车在不同地理环境或不同气候条件的地区行驶时，对于采用体积流量方式测量进气量的电控燃油喷射系统，电控系统能根据大气压力、环境温度及时对空燃比进行修正，从而使汽车在各种地理环境及气候条件下运行时，无须调整都能保持良好的综合性能。

6. 提高了汽油机高、低温起动性能和暖机性能

发动机在高温或低温条件下起动时，电控燃油喷射系统能根据起动时发动机冷却水的温度，提供与起动条件相适应的喷油量，使汽油机在高温和低温条件下都能顺利起动。低温起动后，电控燃油喷射系统又能根据发动机冷却水温度自动调整喷油量和空气供给量。加快汽油机暖车过程，使发动机很快就能进入正常运行状态。

1.1.3 应用在发动机上的电控系统

汽车电控技术得益于电子技术、计算机技术和信息技术的迅猛发展，而推动汽车电控技术发展的动力因素是改善汽车的性能，解决降低能耗、减少污染、提高安全性和舒适度等问题。进入21世纪，电控技术不仅渗透到汽车的各个系统和总成，而且通过信息技术实现了各系统和总成的协调和集中控制。目前，发动机上常用的电控系统有电控燃油喷射系统、电控点火系统、怠速控制系统、排放控制系统、增压控制系统、警告提示系统、自诊断与报警系统、失效保护系统等。

1. 电控燃油喷射系统

电控单元（Electrical Control Unit，ECU）主要根据进气量确定基本的喷油量，再根据其他传感器（如冷却液温度传感器、节气门位置传感器）信号对喷油量进行修正，使发动机在各种运行工况下均能获得最佳浓度的混合气；同时还包括喷油正时控制、断油控制和燃油泵控制。

2. 电控点火系统

电控点火系统的功能是点火提前角控制。根据各相关传感器信号判断发动机的运行工况和运行条件，选择最理想的点火提前角点燃混合气，从而改善发动机的燃烧过程。

3. 怠速控制系统

发动机在汽车运转、空调压缩机工作、发动机负荷加大等不同怠速运转工况下，由ECU控制怠速控制阀，使发动机怠速始终处于最佳转速。

4. 排放控制系统

排放控制系统对发动机排放控制装置实行电子控制。排放控制的项目主要有废气再循环（EGR）控制、活性炭罐电磁阀控制、氧传感器和空燃比闭环控制、二次空气喷射控制、曲轴箱通风控制等。

5. 进气控制系统

电控系统根据发动机工况的变化控制进气量和气流，提高充气效率和改善雾化条件，从而提高发动机的动力性。

6. 增压控制系统

对装备涡轮增压器的发动机，电控系统通过控制增压强度使进气管的压力适合发动机各种工况。

7. 巡航控制系统

在巡航操作模式下，电控系统自动调整节气门开度，使车辆维持设定的车速运行，从而提高了驾驶的舒适性。

8. 警告提示系统

ECU 控制各种指示和警告装置，显示有关控制系统的工作状况，当控制系统出现故障时，能及时发出警告信号，如氧传感器失效、催化器过热、油箱油温过高等。

9. 自诊断与报警系统

当控制系统出现故障时，ECU 将会点亮仪表板上的“检查发动机”（Check Engine）灯，提醒驾驶员注意，发动机已经出现故障，并将故障信息储存到 ECU 中，通过一定的程序，可以将故障码调出，供修理人员参考。

10. 失效保护系统

在发动机电控系统中，当某传感器失效或线路断路时，电控系统会按预定的程序设定一个参考信号使发动机继续运转，维持车辆行驶，同时通过报警系统提示驾驶员及时维修。

1.1.4 发动机电控系统基本组成

现代轿车电控技术的理论基础就是现代控制理论。从早期的经典控制到目前的智能控制，控制理论在汽车电控中得到了广泛的应用，主要有比例、积分、微分（PID）控制，最优控制，自适应控制，滑模控制，模糊控制，神经网络控制、预测控制等。现代控制理论的发展使得电控系统更能适应复杂的多变量系统、时变系统和非线性系统，甚至对于数学模型不精确的系统也能实施精确有效的控制，而这正是发动机电控得以实现的前提。就其结构而言，电控系统主要由传感器、ECU 和执行器三个部分组成。传感器作为输入部分，用于测量物理信号（温度、压力等），将其转换为电信号；ECU 的作用是接收传感器的输入信号，并按设定的程序进行计算处理，输出处理结果；执行器则根据 ECU 输出的电信号驱动执行机构，使之按要求变化。控制的方式分为开环控制和闭环控制两种方式。开环控制是指 ECU 根据传感器的信号对执行器进行控制，而控制的结果是否达到预期目标对其控制过程没有影响。闭环控制也叫反馈控制，在开环的基础上，它对控制结果进行检测，并反馈给 ECU，对原先的控制进行修正。

发动机电控系统由以下三部分组成（见图 1-1）。

① 信号输入装置。各种传感器采集控制系统的信号，并将其转换成电信号输送给 ECU。

② ECU。给各传感器提供参考电压，接收传感器信号，并进行存储、计算和分析处理后向执行器发出指令。

③ 执行元件。由 ECU 控制，执行某项控制功能。

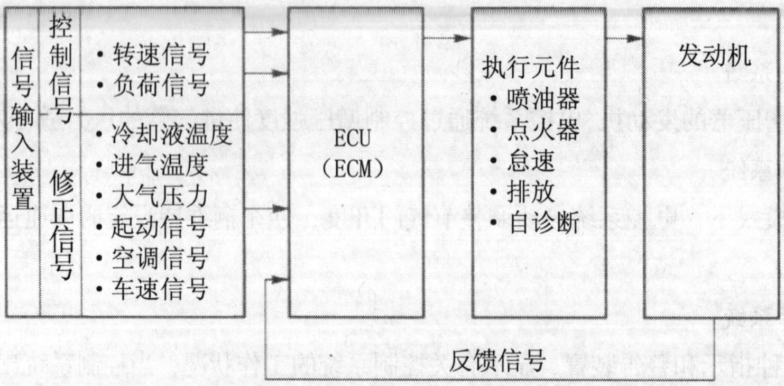

图1-1 发动机电控系统的组成

图 1-2 所示为捷达 GT、GTX 型轿车发动电控系统组成元件。捷达 GT、GTX 型轿车发动机电控系统采用的传感器有热膜式空气流量传感器、磁感应式曲轴位置传感器、霍尔式凸轮轴位置传感器、节气门控制组件（包括节气门电位计、怠速节气门电位计、怠速控制电动机、怠速开关）、进气温度传感器、冷却液温度传感器、氧传感器、爆燃传感器和车速传感器等。开关信号主要有怠速开关信号和空调开关信号。在以上这些传感器中，空气流量传感器、曲轴位置传感器、凸轮轴位置传感器等用于控制燃油喷射和点火。

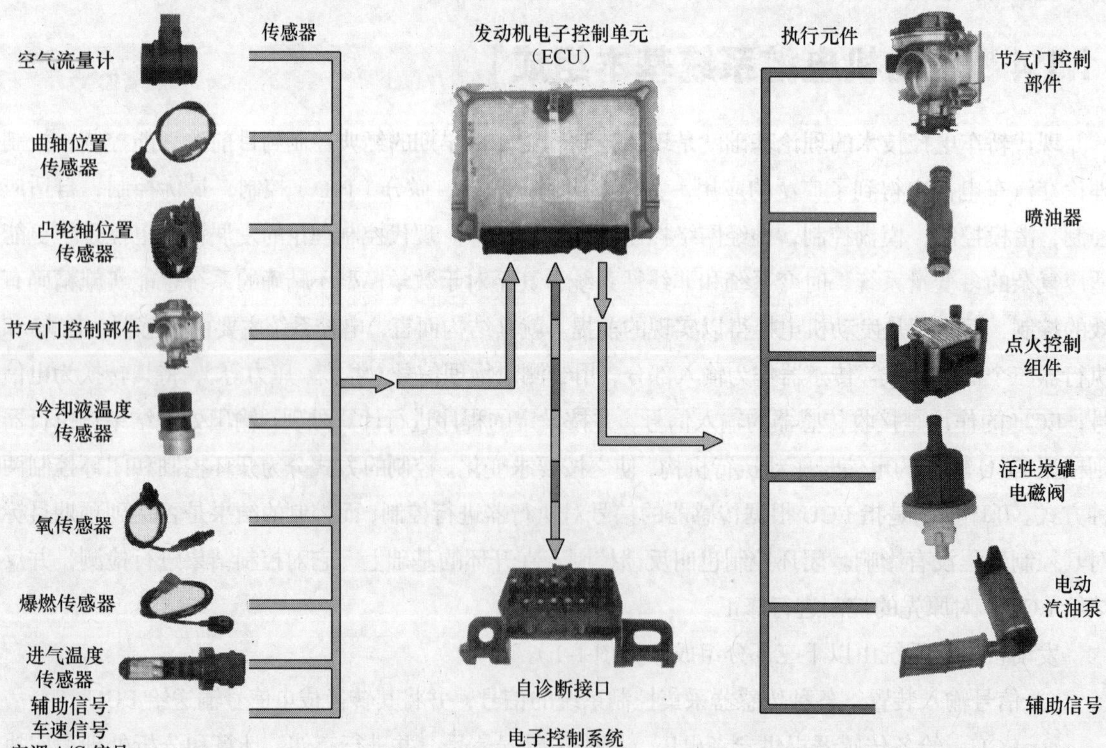

图1-2 捷达GT、GTX型轿车发动电控系统组成

在发动机工作时，节气门电位计（传感器）检测节气门的开度信号，空气流量计检测进入气缸

的空气量，曲轴位置传感器检测发动机的转速信号，这三个信号输入 ECU，由 ECU 计算并确定基本喷油量。同时，ECU 还要根据水温传感器、进气温度传感器和氧传感器等输入的信号计算并确定辅助喷油量，用于基本喷油量的补充修正，最终确定实际喷油量，当实际喷油量确定后，ECU 再根据曲轴位置传感器输入的曲轴转速和转角信号、凸轮轴位置传感器输入的一缸活塞上止点位置信号，确定最佳喷油时刻和最佳的点火时刻，并向执行器发出控制信号，控制喷油器、点火线圈、怠速控制阀工作。捷达 GT、GTX 型轿车发动电控系统所使用的执行器主要是油泵继电器、电动燃油泵、喷油器、点火线圈与点火控制器总成、活性炭罐电磁阀，氧传感器加热器、怠速控制电动机等。

1.2 汽油机燃油供给系统

1.2.1 汽油机燃油供给系统的作用及类型

燃油供给系统的作用是根据发动机不同工况的要求，配置出一定数量和浓度的可燃混合气供给气缸。燃烧后的废气经净化消声处理后排入大气。

由于汽油蒸发性好、自燃点高、黏度小、流动性好，因此，汽油机一般是将汽油在气缸外部通过初步雾化，并与空气按一定比例混合，再在进气管道中适当蒸发（汽化），最后在气缸中形成可燃混合气。

直接或间接地检测发动机吸入的空气量，以便按设定的空燃比供给与各种工况相适应的汽油量，这一过程称为混合气配制。

汽油发动机的混合气配制，按汽油的供给方法，可分为化油器式、进气管内喷射和气缸内喷射三种类型。

化油器式供给系统由于结构简单，使用方便，成本较低，曾经在汽车上得到广泛应用。但化油器式发动机存在的主要缺点是充气及混合气配比不够理想，发动机动力性、经济性的提高和排放性的改善受到了局限。为了克服这些缺点，近 20 年来，汽车发动机尤其是轿车与轻型发动机都先后采用了电控汽油喷射式燃油供给系统。近几年气缸内喷射方式应用也逐渐增多。

1.2.2 可燃混合气成分对发动机工作的影响

发动机电控燃油喷射系统主要控制混合气数量、混合气空燃比和喷油时刻等，使发动机的经济性、动力性、排放性等性能达到最优。下面介绍可燃混合气对发动机工作的影响。

1. 发动机对燃烧的要求

现代汽车用汽油发动机的转速很高，汽油在发动机内蒸发和形成混合气的时间十分短暂。例如，在进气管中停留的时间只有 0.005～0.05s，在气缸内蒸发时间也仅为 0.02～0.03s，要在如此短的时间内形成均匀的可燃混合气，除了要考虑汽油本身的蒸发性外，还要使汽油在一定压力下以雾状喷入进气歧管，同时使汽油与空气达到最佳的混合比例。汽油在燃烧室燃烧的过程，是在气态下进行的，要使汽油能够完全、及时、正常地燃烧，必须使汽油燃烧前完全汽化，与空气充分混合。

为了以最低的油耗获得足够的动力和最低的有害气体排放，供给发动机的可燃混合气应在气缸中迅速而完全地燃烧。完全燃烧的条件有：首先，汽油与空气以一定比例混合，汽油彻底雾化蒸发并与空气均匀混合，使汽油分子和空气分子得到充分的利用；其次，混合气燃烧要在适当的时刻进行，使大部分燃料在活塞处于上止点附近燃烧完毕，燃烧过程在小容积内进行，速度快，热量损失少，使燃烧产生的热量得到充分利用。

汽车喷射使汽油以细小的雾状喷入进气歧管，加速了汽油蒸发，使汽油更容易汽化，与空气混合更均匀。由于汽化良好，混合均匀的可燃混合气的燃烧速度快，并燃烧完全，因而不仅发动机容易起动，加速及时，各工况间转换灵敏柔和，而且能减少机械磨损，降低汽油消耗。

2. 可燃混合气成分对发动机工作的影响

（1）可燃混合气浓度的表示方法。燃油供给装置向进气管提供一定比例的燃油与空气相混合的可燃混合气。空气和燃油的混合比例（即空气质量与燃油质量比）称为空燃比，通常用 A/F 表示，即

空燃比（A/F）= 空气质量（kg）/燃油质量（kg）

汽油完全燃烧并生成 CO_2 和 H_2O 时的空燃比称为理论空燃比，即 1kg 汽油完全燃烧约需 14.7kg 的空气，即其空燃比约为 14.7∶1，这种混合气的空燃比称为理论空燃比。空燃比大于理论空燃比的，称为稀混合气，小于理论空燃比的称为浓混合气。在实际的发动机燃烧过程中，燃烧 1kg 汽油所用的空气不一定就是理论所需求的空气量，它与发动机的结构和使用工况密切相关，发动机在实际工作中随着工况的变化空燃比可能大于 14.7，也可能小于 14.7。

可燃混合气浓度的另一种表示方法是过量空气系数。过量空气系数用 α（或 λ）表示，它是燃烧过程中实际供给的空气质量与理论上汽油完全燃烧时所需要的空气质量之比，即

$$\alpha=\frac{\text{实际供给的空气质量}}{\text{理论上完全燃烧时所需要的空气质量}}=\frac{\text{实际空燃比}}{\text{理论空燃比}}$$

如果 1kg 汽油与 14.7kg 空气混合后进入气缸燃烧，则 $\alpha = 14.7/14.7 = 1$，这种混合气称为理论混合气。如果 1kg 汽油与 18kg 空气混合，则 $\alpha = 18/14.7 = 1.2$，为稀混合气，所以凡 $\alpha>1$ 的混合气称为稀混合气。如果 1kg 汽油与 12kg 空气混合，则 $\alpha = 12/14.7 = 0.8$，为浓混合气，所以凡 $\alpha<1$ 的混合气称为浓混合气。

（2）不同成分的混合气对动力性和经济性的影响。

① 理论混合气（$\alpha = 1$）。这只是理论上推算的完全燃烧的混合比，实际上这种成分的混合气在气缸中不能得到完全的燃烧，主要原因如下。

（a）气缸中混合气的成分不可能是均匀分布，一个角落的汽油分子过多，另一个角落的汽油分子又过少，有可能使部分燃料来不及和空气分子化合就被排出气缸外。

（b）由于气缸中总有一小部分的废气排不出去，它阻碍了汽油分子与空气分子的结合，影响了火焰中心的形成和火焰的传播。

② 稀混合气（α>1）。稀混合气为实际上可能完全燃烧的混合气，它可保证所有汽油分子获得足够的空气而完全燃烧，α 值多为 1.05～1.15，经济性最好，称为经济混合气。但是，空气过量后燃烧速度减小，热量损失加大，平均有效压力和发动机功率稍有下降。混合气过稀时（α>1.15），因空气量过多，会使燃烧速度减小，热量损失加大。过稀的混合气将导致发动机过热，加速性能变坏，排气管中出现突噜声。

③ 浓混合气（α<1）。因汽油的含量较多，汽油分子密集，火焰传播快，它可保证汽油分子迅速找到空气中的氧分子并与之相结合而燃烧。α 值为 0.85～0.95 时，燃烧速度最快，热量损失小，平均有效压力和发动机功率大。因此，又称功率成分混合气。但是，浓混合气燃烧不完全，经济性降低。

过浓的混合气（α<0.88），由于燃烧不完全，产生大量的 CO，在高温高压的作用下析出自由炭，导致发动机排气管冒黑烟、放炮，燃烧室积炭、功率下降、耗油量显著增大，排气污染严重。

④ 燃烧极限。可燃混合气太浓（α<0.4）或太稀（α>1.4）时，虽然着火，但火焰无法传播，将导致发动机熄火，此 α 值称为燃烧上极限和下极限。

通过发动机试验得出空燃比与火焰温度、输出功率和油耗率的关系，如图 1-3 所示。燃烧火焰温度在比理论空燃比稍浓的混合气（A/F = 13.5～14.0）时出现最高值。火焰燃烧速度最高时的空燃比，比火焰温度最高时的空燃比还要稍小一点，约为 12～13。相当于这种空燃比的混合气将使发动机发出最大功率，因此，这种稍浓的混合气的空燃比称为功率空燃比。当燃油燃烧完全时，发动机的油耗率最低，此时混合气的空燃比要比理论空燃比大一些，为 16 左右，这种稍稀混合气的空燃比称为经济空燃比。在功率空燃比与经济空燃比之间范围内的混合气成分是汽油发动机常用的混合气，它可使发动机获得较好的使用性能。

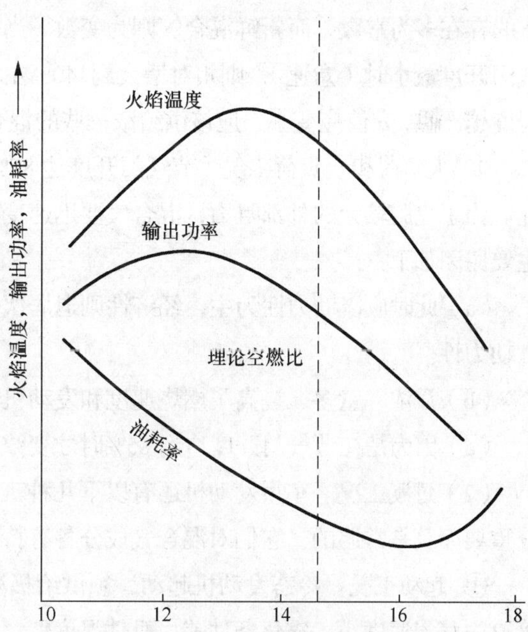

图1-3　空燃比与火焰温度、输出功率和油耗率的关系

由上述可知，如果要使发动机发出较大功率，动力性好，应使用稍浓的混合气，但这样耗油量要大些，要损失一些经济性。如果要使耗油率较低，经济性较好，应使用稍稀的混合气，但要损失一些动力性。

3. 发动机不同工况对混合气成分的要求

发动机的工况是其工作情况的简称，它包括发动机的转速和负荷情况。发动机的负荷就是汽车所施加给发动机的阻力矩，这一阻力矩包括匀速运转的阻力矩和变速运转的惯性阻力矩，它随汽车工作情况（如道路状况、车速、装载量等）的变化而变化，发动机必须随时发出等量的扭矩与之平衡。而发动机扭矩是随节气门开度变化的，所以节气门开度变化的大小就代表了负荷的大小，多用百分数表示，如节气门全关，负荷为“0”，全开，负荷为 100%，半开为中等负荷，从怠速到全负荷之间有无数个工况（负荷）。

（1）正常工况。正常工况在汽车发动机全部工作时间内占的比重最大，对发动机的动力性和经济性要求也较高。它包括小负荷、中等负荷、大负荷、全负荷等工况。

① 小负荷工况。用浓混合气，$\alpha=0.7\sim0.9$，α 值应随开度的减小而变小（浓）。主要原因如下：

（a）节气门开度较小，进入气缸的可燃混合气较少，而上一循环残留在气缸中的废气量相对增多。混合气被冲淡的程度严重，燃烧速度慢，热损失大，转速便因而降低，为此可以用浓混合气。

（b）因为是浓而少，所以变质比变量更为经济。如不加浓混合气，要维持转速就势必加大节气门开度，这样每一进气冲程进入气缸的燃油会更多。

② 中等负荷工况。它是常用工况，$\alpha=0.9\sim1.1$，α 值应随开度的加大而加大。

（a）节气门开度加大，进入气缸的混合气量增多，残余废气量相对减少。混合气被冲淡程度轻，燃烧速度变快，热损失较小，可以用 $\alpha>1$ 的混合气。

（b）质虽稀，但量多，发动机功率降低不大，此时也无须用较大的功率。残余废气量由于燃烧室的存在多为常数，而新鲜混合气则为变数。当节气门全开时，它们的比例值约为 7%～8%，当节气门开度最小时（怠速），则相对增大到 40%左右。由此可见，节气门开度越小，混合气被冲淡的程度越严重，α 值应变小，应该供给浓一些的混合气。

③ 大负荷和全负荷工况（节气门开度达 85%以上）。大负荷和全负荷工况是获得最大功率的工况。为了克服较大的外部阻力，混合气要迅速变浓，供给对应最大功率的浓混合气，$\alpha=0.8\sim0.9$。主要原因如下：

（a）此时应以动力性为主，经济性则退居次要地位。此时量已接近最大值，只能利用变质以提高动力性。

（b）质浓、量多，提高了燃烧速度和发动机功率，以克服较大的外部阻力或加速行驶。

（c）因为是在节气门开度达到 85%时才变浓，经济性不会过分降低。

（2）过渡工况。车用发动机还有以下几种工况，虽然在全部工作时间中所占比例较小，但却十分重要而且是常遇的，它们对混合气成分各有特殊的要求。

① 起动工况。冷态发动机起动，须供给极浓的混合气。因为起动转速极低（100r/min），进气管道内气流速度小，雾化条件差；机件温度低，气化条件和着火条件都不好。因此，混合气大部分在进气管内形成了油膜，只有 10%易挥发的燃油气化进入气缸，所以要用极浓混合气。

② 怠速工况。发动机无负荷（对外无功率输出）的情况下运转，须供给浓而少的混合气。怠速工况燃烧时所做的功只要能克服发动机内部阻力即可。为了节省汽油可用最小的节气门开度供给少

而浓的混合气，以获得最低的稳定转速。由于转速低，空气流速低，燃油雾化不良，与空气的混合也很不均匀，燃烧条件不好，怠速工况进入气缸的混合气数量比小负荷工况更少，废气比例也就相对增多，燃烧条件更不利，所以要用浓而少的混合气。

③ 加速工况。当节气门突然开大，以增加发动机转速时，须供给额外的加浓燃油，以防止混合气瞬间变稀，恶化加速性能。由于空气大量涌入进气管，使进气管内压力突然升高，燃油的汽化条件变差，并可使部分燃油在进气管中形成油膜（或者使原有的油膜加厚），不能立即随气流进入气缸，造成混合气过稀。这样，不仅使发动机的功率不能迅速提高，甚至有时还会发生熄火现象。

1.3 电控燃油喷射系统的组成及类型

1.3.1 电控燃油喷射系统的组成

电控燃油喷射系统由空气供给系统、燃油供给系统、电控系统和排气控制系统四部分构成，如图 1-4 所示。根据传感器检测的空气量信号以及各种工况参数的信号，由发动机电控系统计算出发动机燃烧时所需要的汽油量，并向喷油器提供喷油脉冲信号，然后将加有一定压力的汽油通过喷油器供给发动机各个气缸。

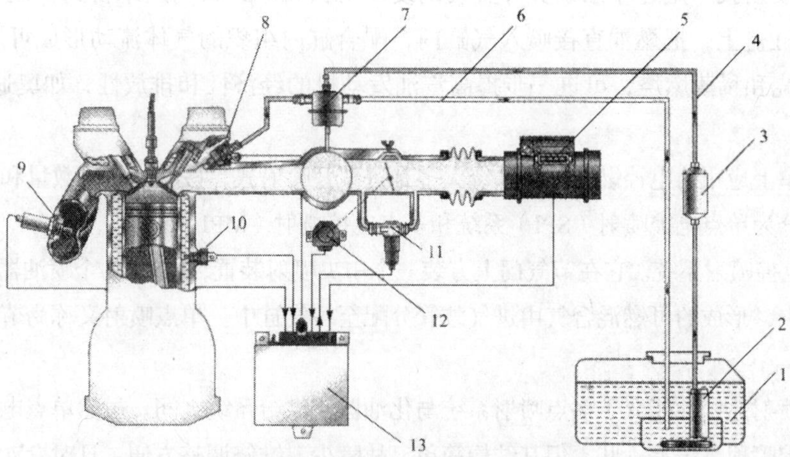

图1-4 电控燃油喷射发动机供给系统组成

1—燃油箱；2—电动燃油泵；3—燃油滤清器；4—输油管；5—空气流量传感器；
6—回油管；7—油压调节器；8—喷油器；9—氧传感器；10—水温传感器；
11—怠速控制阀；12—节气门位置传感器；13—ECU

1. 空气供给系统

它由进气管及排气消声器、空气滤清器、空气流量传感器、节气门体、旁通气道、辅助空气阀等组成。在有些轿车上还装有进气增压装置和可变进气系统，负责控制和检测进气量。

2. 燃油供给系统

它由燃油箱、电动燃油泵、燃油滤清器、输油管、回油管、油压调节器和喷油器等组成，负责汽油的储存、输送、滤清和喷射。

3. 电控系统

它由各种传感器、执行器和 ECU 组成，负责控制整个电控燃油喷射系统按预定的程序工作。

4. 排气控制系统

它由排气歧管、排气总管、三元催化器、消声器等组成，负责废气的导流、消声和进一步净化。

燃油发动机的电控燃油喷射系统，经历了近半个世纪的不断完善和发展，在 21 世纪广泛应用于现代汽车发动机上。

1.3.2 电控燃油喷射系统的类型

电控燃油喷射技术在发展过程中，世界著名汽车公司都相继开发研制并实际应用了很多不同结构、不同类型的电控燃油喷射系统，即使同一类型的电控燃油喷射系统，应用于不同汽车公司生产的汽车上又有不同的名称。为了使初学者能对电控燃油喷射系统有一个全面的了解和认识，先对现代燃油喷射系统按不同的方式进行分类归纳。

1. 按喷射位置分类

按喷射位置不同，电控燃油喷射系统可分进气管喷射和缸内直接喷射两种类型。

缸内直接喷射技术是近年来研究和开发的发动机新技术，目前还未得到普遍应用。它将喷油器安装在气缸盖上，把燃油直接喷入气缸内，配合缸内组织的气体流动形成可燃混合气，容易实现分层燃烧和稀薄燃烧，可进一步提高汽油发动机的经济性和排放性，如奥迪 A6L 轿车发动机。

目前，汽车上应用的电控燃油喷射系统大多是进气管喷射式，按喷油器的数量和喷油器安装位置不同，又可分为单点电控喷射（SPI）系统和多点电控喷射（MPI）系统。

（1）单点电控喷射系统。它在节气门上方装一个中央喷射装置，用 1～2 个喷油器集中喷射。汽油喷入进气流中，形成的可燃混合气由进气歧管分配至各气缸中。单点喷射又称为节气门体喷射或中央喷射。

单点电控喷射系统性能介于多点喷射系统与化油器式供给系统之间。虽然单点电控喷射系统的性能比多点电控喷射系统差一些，但其结构简单、故障少、维修调整方便、且对发动机本身的改动较小，所以，曾广泛地应用于普通轿车和货车。

（2）多点电控喷射系统。它在每缸进气门处装有一个喷油器，由 ECU 控制喷油，因此多点喷射又称为多气门喷射。多点电控喷射系统的燃油分配均匀性好，进气管可按最大进气量来设计，而且无论发动机处于冷态或热态，其起动性、过渡的响应性及燃油经济性都是最佳的，所以现已广泛应用于各种轿车和货车汽油机上。

2. 按喷射方式分类

按喷射方式不同，电控燃油喷射系统可分为连续喷射方式和间歇喷射方式。连续喷射方式是指在发动机运转期间，汽油连续不断地喷射到进气道内，且大部分汽油是在进气门关闭时喷射的，因此，大部分汽油在进气道内蒸发。早期的机械式（K 型）和机电组合式（KE 型）燃油喷射系统采用此种喷射方式，现代电控燃油喷射系统已不采用此种喷射方式了。

间歇喷射方式是指在发动机运转期间，将汽油间歇地喷入进气道内。间歇喷射方式的多点电控燃油喷射系统中，按各缸喷油器的喷射顺序不同又可分为同时喷射、分组喷射和顺序喷射，如图 1-5 所示。

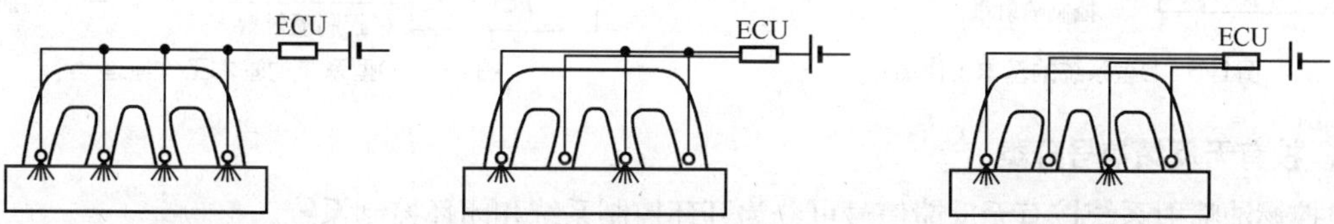

（a）同时喷射　　（b）分组喷射　　（c）顺序喷射

图1-5 喷油器喷射顺序

（1）同时喷射。同时喷射是将各气缸的喷油器并联，在发动机运转期间，所有喷油器由 ECU 的同一个喷油指令控制，同时喷油和同时断油。采用此种喷射方式，对各缸而言，喷油时刻不可能都是最佳的，其性能较差，一般用在缸数较少的部分汽油发动机上。

采用同时喷射方式的电控燃油喷射系统，一般都是曲轴每转一圈各缸同时喷油一次，对每个气缸来说，每一次燃烧所需的供油量需要喷射两次，即曲轴每转一圈喷射 1/2 的油量。

（2）分组喷射。分组喷射是将各缸的喷油器分成几组，它是同时喷射的变形方案，ECU 向某组的喷油器发出喷油或断油指令时，同一组的喷油器同时喷油或断油。

（3）顺序喷射。顺序喷射是指各缸喷油器由 ECU 分别控制，按发动机各缸的工作顺序进行喷油。近年来，多缸发动机电控燃油喷射系统基本上都采用顺序喷射方式。

3. 按空气量的计量方式分类

电控燃油喷射系统必须对进入气缸的空气量进行精确的计量，才能通过对喷油量的控制实现混合气浓度的高精度控制。按进气量的计量方式不同，电控燃油喷射系统可分为 D 型和 L 型。

（1）D 型电控燃油喷射系统。“D”是德语 Druck（压力）的第一个字母。D 型电控燃油喷射系统利用绝对压力传感器检测进气管内的绝对压力，ECU 根据进气管内的绝对压力和发动机转速推算出发动机的进气量，再根据进气量和发动机转速确定基本喷油量。D 型燃油喷射系统结构简单，安装方便，价格便宜，D 型电控燃油喷射系统的基本工作原理如图 1-6 所示。

（2）L 型电控燃油喷射系统。“L”是德语 Lufl（空气）的第一个字母。L 型电控燃油喷射系统利用空气流量计直接测量发动机的进气量，ECU 不必进行推算即可根据空气流量计信号计算与该空气量相应的喷油量。由于消除了推算进气量的误差影响，其测量的准确程度高于 D 型，故对混合气浓度的控制更精确。L 型电控燃油喷射系统的基本工作原理如图 1-7 所示。

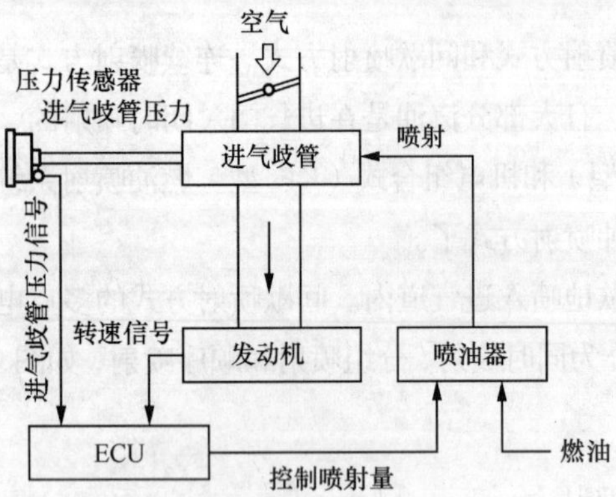

图1-6 D型系统的基本工作原理

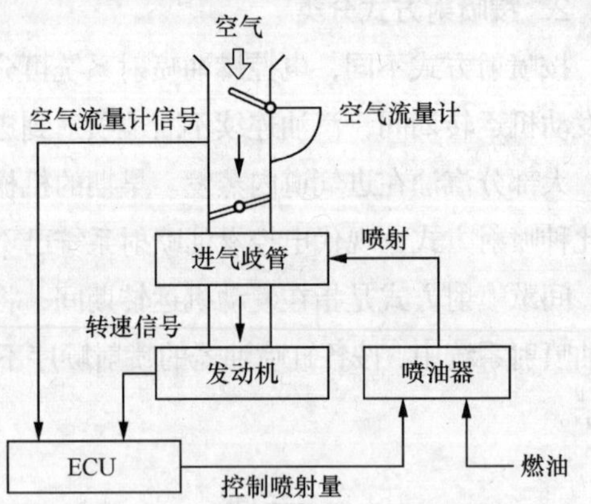

图1-7 D型系统的基本工作原理

4. 按有无反馈信号分类

电控燃油喷射系统按有无反馈信号可分为开环控制系统和闭环控制系统。

（1）开环控制系统（无氧传感器）。它是将通过试验确定的发动机各工况的最佳供油参数预先存入发动机 ECU，在发动机工作时，发动机 ECU 根据系统中各传感器的输入信号，判断自身所处的运行工况，并计算出最佳喷油量，通过对喷油器喷射时间的控制来控制混合气的浓度，使发动机优化运行。

开环控制系统按预先设定在 ECU 中的控制规律工作，只受发动机运行工况参数变化的控制，简单易行。但其精度直接依赖于所设定的基准数据和喷油器调整标定的精度，喷油器及发动机的产品性能存在差异，或由于磨损等引起性能参数变化时，就不能使混合气准确地保持在预定的浓度（空燃比）上。因此，开环控制系统对发动机及控制系统各组成部分的精度要求高，抗干扰能力差，当使用工况超出预定范围时，不能实现最佳控制。

（2）闭环控制系统（有氧传感器）。在该系统中，发动机排气管上加装了氧传感器，根据排气中含氧量的变化，判断实际进入气缸的混合气空燃比，再通过发动机 ECU 与设定的目标空燃比值进行比较，并根据误差修正喷油器的喷油量，使空燃比保持在设定的目标值附近。

闭环控制系统可达到较高的空燃比控制精度，并可消除因产品差异和磨损等引起的性能变化，工作稳定性好，抗干扰能力强。但是，为了使排气净化达到最佳效果，只能运行在理论空燃比 14.7 附近，对起动、暖机、加速、怠速、满负荷等特殊工况仍需采用开环控制，使喷油器按预先设定的加浓混合气配比工作，以满足发动机特殊工况的工作要求。所以，目前普遍采用开环和闭环相结合的控制方案。

目前，在一些品牌的轿车上开始使用宽带氧传感器，使空燃比的监测范围扩大，使发动机 ECU 对各种工况都能进行喷油量修正。

1.4 电控燃油喷射系统的控制原理与控制功能

1.4.1 喷油器的基本控制电路和工作原理

发动机电控燃油喷射是发动机电控系统的主要控制内容，电控燃油喷射系统的组成也是由三部分组成，即传感器、ECU和喷油器，如图1-8所示。

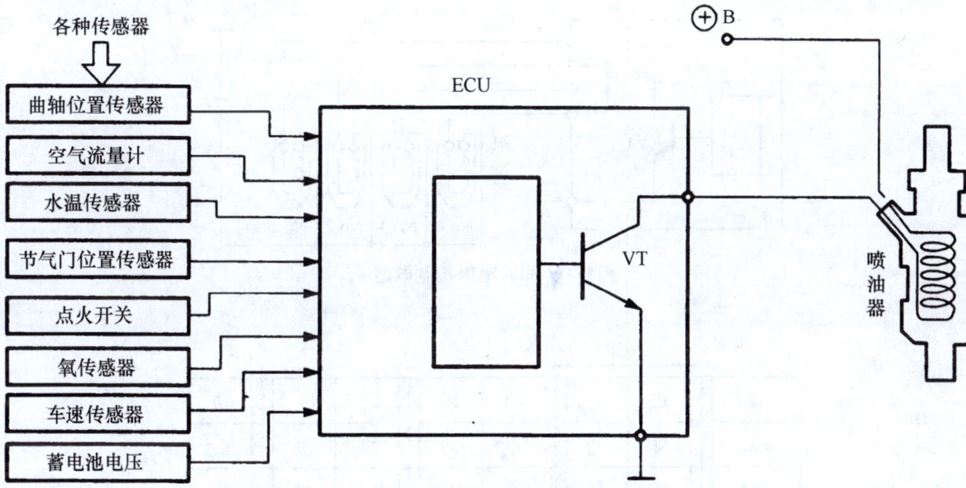

图1-8 电控燃油喷射系统的组成

发动机工作时，ECU根据有关传感器输入的信号数据，经运算判断后输出控制信号，控制大功率三极管导通与截止。当大功率三极管导通时，即接通喷油器电磁线圈电路，产生电磁吸力。当电磁力超过针阀弹簧力和燃油压力的合力时，喷油器线圈内铁心被吸动，针阀随之离开阀座，即阀门打开，喷油器开始喷油。当达到计算的喷油量（喷油时间）时，ECU控制大功率三极管截止，则喷油器电磁线圈电路被切断，电磁力消失，当针阀弹簧力超过衰减的电磁力时，弹簧力又使针阀返回阀座上，使阀门关闭，喷油器停止喷油。

喷油器的喷油量，取决于针阀行程、喷口面积、喷射环境压力与燃油压力等因素，这些因素一旦确定，则喷油量就由针阀的开启时间（即电磁线圈的通电时间）来决定了。

1.4.2 喷油正时控制

现代发动机都采用多点间歇式喷射方式，不同的喷油时刻对发动机工作有较大影响。喷油正时是按照发动机各缸工作顺序以曲轴转角为基准，是 ECU 控制喷油器开始喷油的最佳时刻。

喷油器的喷油可分为同时喷射和异步喷射两种类型。同时喷射是指根据发动机各缸工作循环，在既定的曲轴转角位置进行喷射。异步喷射与发动机的转动不同步，它是在同时喷油的基础上，为改善发动机的性能额外增加的喷油，主要有起动异步喷油和加速异步喷油。

1. 同时喷射

同时喷射正时控制喷射方式是所有各缸喷油器由 ECU 控制同时喷油和停油，其喷油器的电路和控制程序都较简单，其控制电路如图 1-9 所示，所有的喷油器并联连接。ECU 根据曲轴位置传感器送入的基准信号、发动机喷油器控制信号控制功率三极管的导通和截止来控制各喷油器电磁线圈电路同时接通和切断，使各缸喷油器同时喷油。通常曲轴每转一圈，各缸喷油器同时喷射一次。由于在发动机的一个工作循环中喷射两次，所以这种喷射方式为同时双次喷射。两次喷射的燃油，在进气门打开时一起进入气缸，图 1-10 所示为同时喷射正时图。

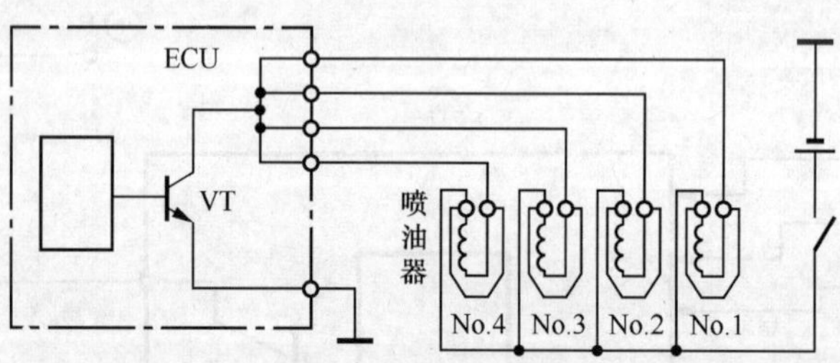

图1-9 同时喷射控制电路

喷射　360°　点火

1缸	进	压	功	排	进	压	功
3缸	排	进	压	功	排	进	压
4缸	功	排	进	压	功	排	进
2缸	压	功	排	进	压	功	排

图1-10 同时喷射正时图

由于这种喷射方式是所有各缸喷油器同时喷射，所以喷油正时与发动机进气、压缩、做功、排气的工作循环没有什么关系。其缺点是由于各缸喷油时间不可能全部最佳，可能会导致各缸的混合气形成不一样。但这种喷射方式不需要气缸差别信号，而且喷射驱动回路通用性好，其电路结构与软件都比较简单，在早期的多点喷射方式中有较多应用。

2. 分组喷射

分组喷射一般是把所有气缸的喷油器分成 2～4 组，由 ECU 分组控制喷油器。四缸发动机一般把喷油器分成两组，ECU 分组控制喷油器，两组喷油器轮流交替喷射。分组喷射的控制电路如图 1-11 所示。每一工作循环中，各喷油器均喷射一次或两次。一般多是发动机每转一转，只有一组喷射，图 1-12 所示为分组喷射正时图。

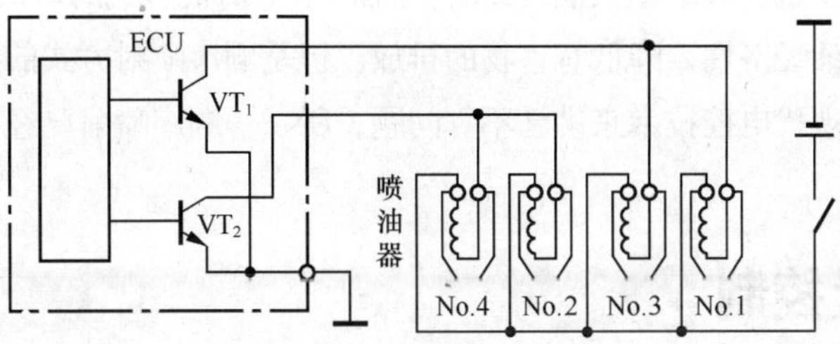

图1-11 分组喷射控制电路

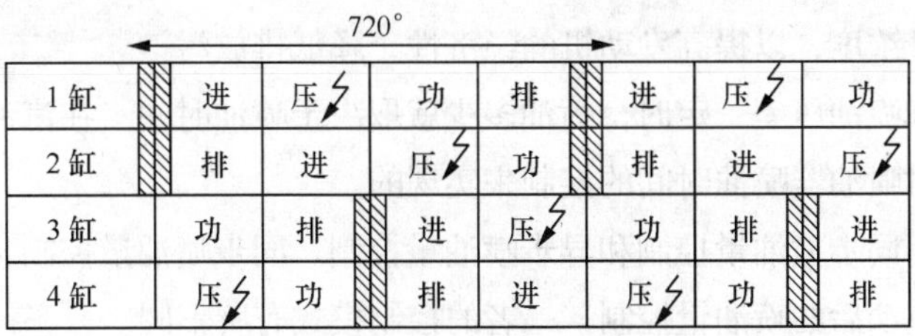

图1-12 分组喷射正时图

3. 顺序喷射

顺序喷射也称独立喷射。采用顺序喷射时，各缸喷油器分别由 ECU 进行控制。像点火系一样，发动机每一工作循环，各缸喷油器都按工作顺序轮流喷射一次。顺序喷射的控制电路，如图 1-13 所示。各缸喷油器分别由 ECU 进行控制。驱动回路数与气缸数目相等。

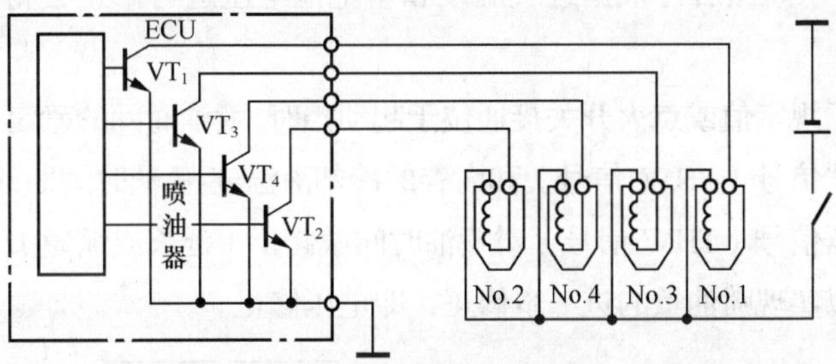

图1-13 顺序喷射控制电路

ECU 根据凸轮轴位置传感器信号、曲轴位置传感器信号和发动机的顺序，确定各缸工作位置。当确定某缸活塞运行至排气行程上止点前某一位置时，ECU 输出喷油控制信号，接通喷油器电磁线圈电路，该缸即开始喷射。图 1-14 所示为某四缸发动机顺序喷射正时图。

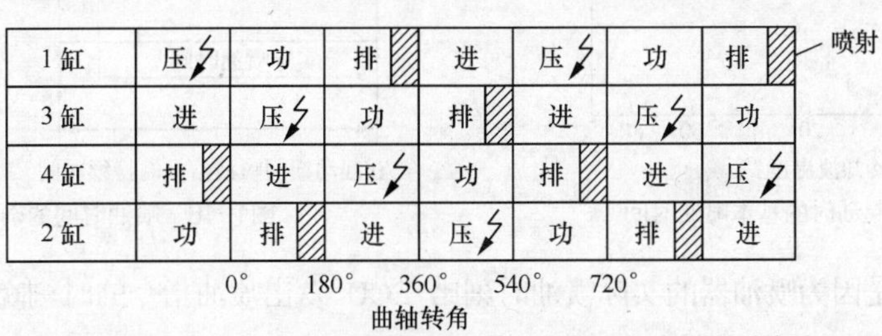

图1-14 顺序喷射正时图

由于顺序喷射可以设置各缸最佳喷油时刻（喷油正时），对混合气的形成有利，所以，它可以提高发动机的动力性、燃油经济性，降低有害物的排放。但是顺序喷射方式的控制系统的电路结构及软件都较复杂，然而对现代电控技术来讲已不算问题，所以，顺序喷射已经普遍应用在各档次汽车发动机电控系统中。

1.4.3 喷油量控制

喷油量控制是电控燃油喷射系统最主要的控制功能之一，其目的是使发动机在各种运行工况下，都能获得最佳的混合气浓度，以提高发动机的经济性，降低排放污染。

当喷油器的结构和喷油压差一定时，喷油多少就取决于喷油时间。在汽油机电控燃油喷射系统中，喷油控制是通过对喷油器喷油时间的控制来实现的。

喷油量控制可分为同步喷油量控制和异步喷油量控制。同步喷油量控制又分为发动机起动时的喷油量控制和发动机起动后的喷油量控制，二者的控制模式有所不同。

1. 发动机起动时的同步喷油量控制

由于在发动机起动时转速波动大，气流不稳定，无论是 D 型电控燃油喷射系统中的绝对压力传感器，还是 L 型电控燃油喷射系统中的空气流量计，都不能精确地确定进气量，也就无法确定合适的基本喷油时间（喷油脉宽），所以，发动机起动时的同步喷油量控制与起动后的控制不同。发动机起动时，ECU 根据冷却液温度，由内存的冷却液温度-喷油时间曲线来确定基本喷油时间，如图 1-15 所示。然后再根据进气温度和蓄电池电压进行修正，得到起动时的喷油持续时间。

在发动机转速低于规定值或点火开关接通位于起动挡时，喷油时间的确定，如图 1-16 所示。ECU 根据冷却液温度传感器信号（THW 信号）和内存的冷却液温度-喷油时间曲线确定基本喷油时间，再根据进气温度传感器信号（THW 信号）对喷油时间做修正（延长或缩短），然后根据蓄电池电压适当延长喷油时间，以实现喷油量的进一步修正，即电压修正。

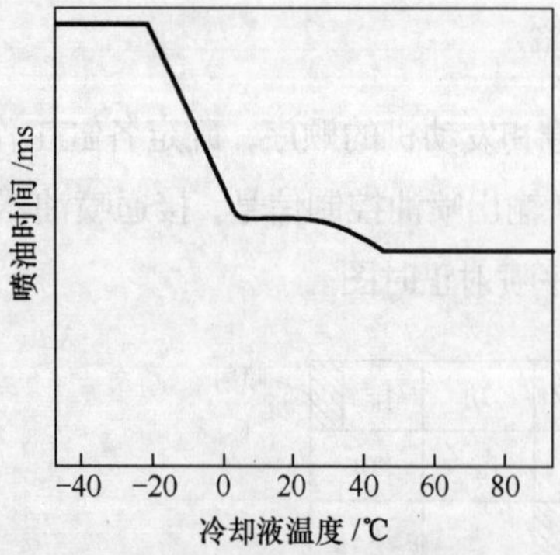

图1-15 起动时的基本喷油时间

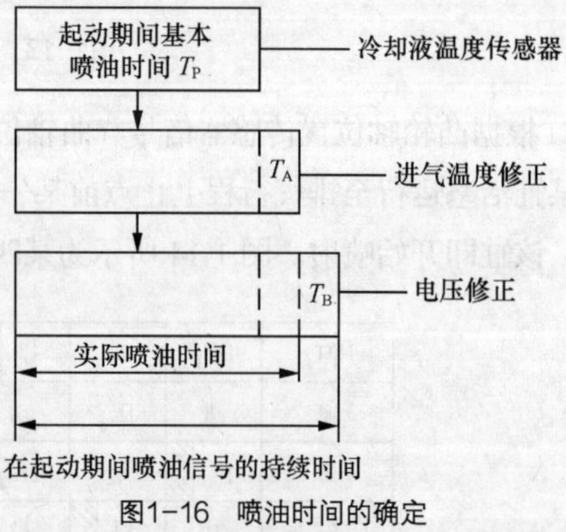

图1-16 喷油时间的确定

进行电压修正是因为喷油器的实际喷油时刻比 ECU 发出喷油指令的时刻晚，即存在一段滞后时间，如图 1-17 所示，使喷油器喷油的实际时间比 ECU 确定的喷油时间短，导致喷油量不足，使实际空燃比高于发动机要求的空燃比。蓄电池电压越低，滞后时间越长。因此，ECU 需根据蓄电池电压适当延长喷油时间，以提高喷油量控制的精度。

2. 发动机起动后的同步喷油量控制

发动机起动后转速超过预定值时，ECU 确定的喷油持续时间为

$$喷油持续时间 = 基本喷油持续时间 \times 喷油修正系数 + 电压修正值$$

式中，喷油修正系数是各种修正系数的总和。

在 D 型电控燃油喷射系统中，ECU 根据发动机转速信号（Ne 信号）和进气管绝对压力信号（PIM 信号），由内存的基本喷油时间三维图（三元 MAP 图）确定基本喷油时间，如图 1-18 所示。

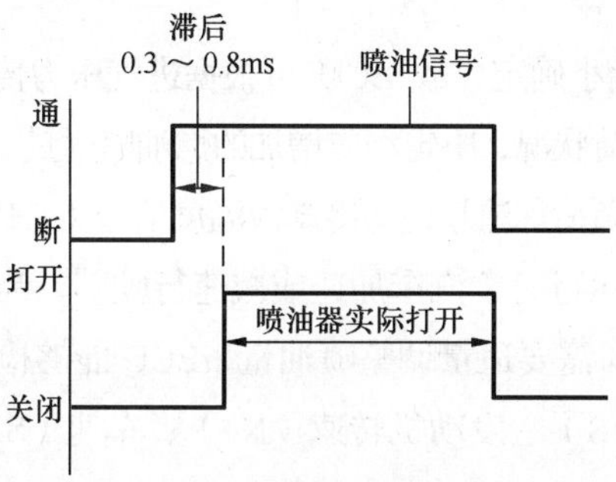

图1-17　喷油滞后时间

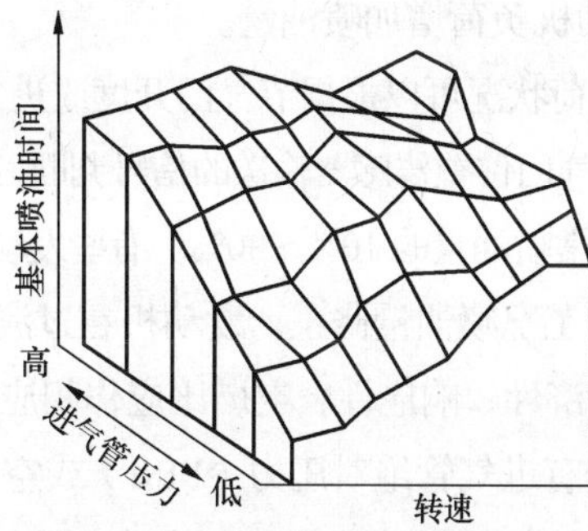

图1-18　三元MAP图

在 L 型电控燃油喷射系统中，ECU 则根据转速信号（Ne 信号）和空气流量计信号确定基本喷油时间。这个基本喷油时间是实现既定空燃比（理论空燃比 14.7∶1）的喷射时间。

发动机起动后的各工况下，ECU 在确定基本喷油时间的同时，还必须根据各种传感器输送来的发动机运行工况信息对基本喷油时间进行修正。

（1）起动后加浓修正。发动机完成起动后，点火开关由起动（STA）位置转到接通点火（ON）位置，或发动机转速已达到或超过预定值，ECU 额外增加喷油量，使发动机保持稳定运行。喷油量的初始修正值根据冷却液温度确定，然后以一固定速度下降，逐步达到正常值。

（2）暖机加浓修正。冷机时，燃油蒸发性差，为使发动机迅速进入最佳工作状态，必须供给浓混合气。在冷却液温度低时，ECU 根据冷却液温度传感器（THW）信号相应增加喷射量。冷却液温度在−40℃时加浓量约为正常喷射量的两倍，如图 1-19 所示。

暖机加浓还受节气门位置传感器中的怠速触点（IDL）接通或断开控制，根据发动机转速，ECU 使喷油量有少量变化。

（3）进气温度修正。发动机进气密度随发动机的进气温度而变化，ECU 根据 THA 信号修正喷油持续时间，使空燃比满足要求。通常以 20℃为进气温度信号的标准温度，低于 20℃时空气密度大，ECU 增加喷油量，使混合气不致过稀；进气温度高于 20℃时，空气密度减小，ECU 使喷油量减少，以防混合气偏浓。增加或减少的最大修正量约为 10%。由进气温度修正曲线可见，修正在进气温度为−20℃～60℃时进行，如图 1-20 所示。

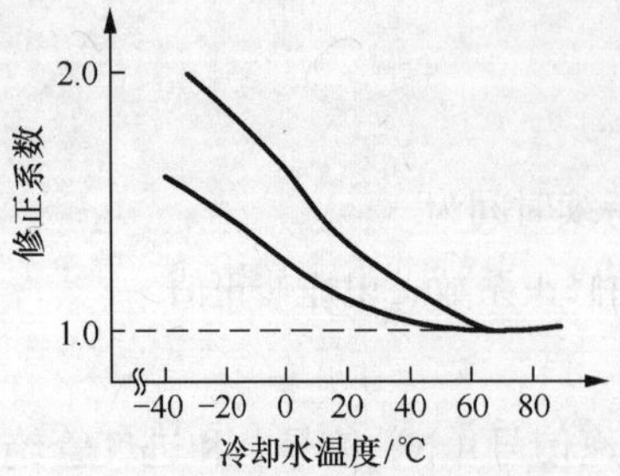

图1-19 暖机加浓修正曲线

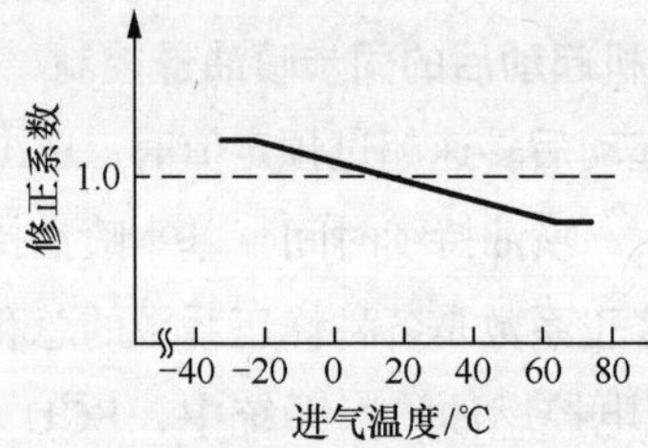

图1-20 进气温度修正曲线

（4）大负荷工况喷油量修正。发动机在大负荷工况下运转时，要求使用浓混合气以获得大功率。ECU 根据发动机负荷增加喷油量。

发动机负荷状况可以根据节气门开度或进气量的大小确定，故 ECU 可根据进气压力传感器、空气流量计、节气门位置传感器输送的信号判断发动机负荷状况，决定相应增加的燃油喷射量。大负荷的加浓量约为正常喷油量的 10%～30%。有些发动机的大负荷加浓量还与冷却液温度信号（THW）有关。

（5）过渡工况喷油量修正。发动机在过渡工况下运行时（汽车加速或减速行驶），为获得良好的动力性、经济性、响应性，空燃比应作相应变化，即需要适量调整喷油量。ECU 能够检测到的相应工况的信号有进气管绝对压力（PIM）或空气量（VS）、发动机转速（Ne）、车速（SPD）、节气门位置、空挡起动开关（NSW）和冷却液温度（THW）。

（6）怠速稳定性修正（只用于 D 型电控燃油喷射系统）。在 D 型 EFI 系统中决定基本喷油时间的进气管压力，在过渡工况时相对于发动机转速将产生滞后。节气门以下进气管容积越大，怠速时发动机转速越低，这种滞后时间也越长，怠速就越不稳定。进气管压力变动，发动机转矩也随之变动。由于压力较转速滞后，转矩也较转速滞后，所以造成发动机转速上升时转矩上升，转速下降时转矩下降。

为了提高发动机怠速运转的稳定性，ECU 根据 PIM 和 Ne 信号对喷油量作修正。压力增大或转速降低时，增加喷油量；压力减小或转速升高时，减少喷油量，如图 1-21 所示。

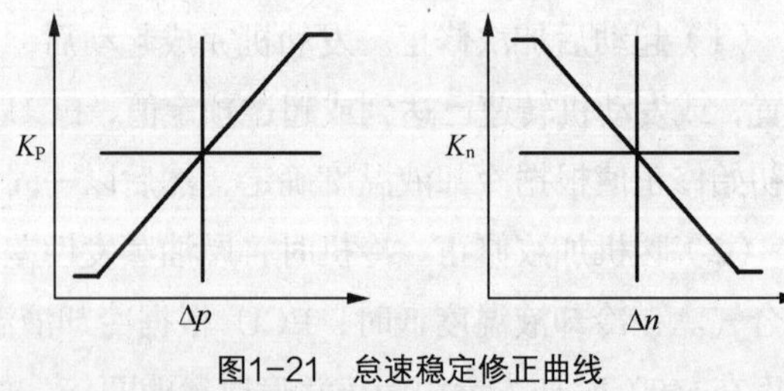

图1-21 怠速稳定修正曲线

3. 异步喷油量控制

发动机起动或加速时的异步喷油量一般是固定的，即各缸喷油器以一个固定的喷油持续时间同时向各缸增加一次喷油。

1.4.4 燃油停供控制

1. 减速断油控制

减速断油控制是指当发动机在高转速运转过程中突然减速时，ECU 自动控制喷油器中断燃油喷射。

当高速行驶的汽车突然松开加速踏板减速时，发动机将在汽车惯性力的作用下高速旋转，由于节气门已经关闭，进入气缸的空气很少，因此，如不停止喷油，混合气将会很浓而导致燃烧不完全，有害气体的排放量将急剧增加。减速断油的目的就是节约燃油，并减少有害气体的排放量。

ECU 根据节气门位置、发动机转速和冷却液温度等传感器信号，判断是否满足以下三个减速断油条件：

① 节气门位置传感器信号表示节气门关闭。

② 发动机冷却液温度达到正常工作温度（80℃）。

③ 发动机转速高于燃油停供转速。

当三个条件全部满足时，ECU 立即发出停止喷油指令，控制喷油器停止喷油。当喷油停止、发动机转速降低到燃油复供转速或节气门开启（怠速触点断开）时，ECU 再发出指令控制喷油器恢复喷油，控制曲线如图 1-22 所示。

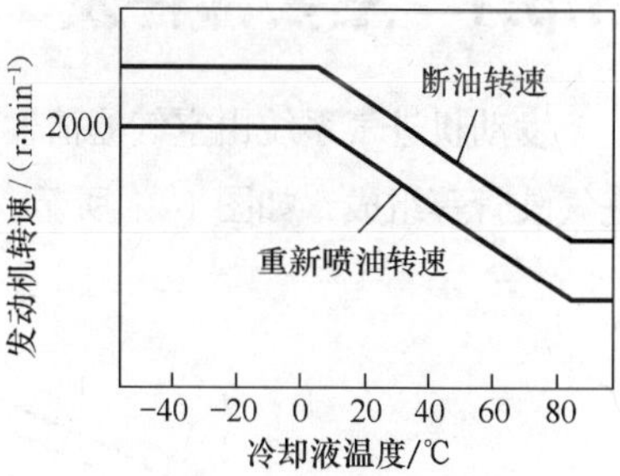

图1-22　减速断油控制

2. 发动机超速断油

为避免发动机超速运行，发动机转速超过额定转速时，ECU 控制喷油器停喷。

3. 汽车超速行驶断油

某些汽车在汽车运行速度超过限定值时即停止喷油。ECU 根据节气门位置、发动机转速、冷却液温度、空调开关、停车灯开关及车速信号完成上述断油控制。

1.4.5 燃油泵控制

燃油泵由燃油泵继电器供电，ECU 根据发动机的状态控制燃油泵继电器电磁线圈负极的通断，从而控制燃油泵工作。点火开关打开或发动机熄火后，电控燃油喷射系统中的燃油泵一般预先或延迟工作 2～3s，以保证燃油系统必需的油压。在发动机起动过程和运转过程中，燃油泵应保持正常工作。打开点火开关但不起动发动机，或关闭点火开关后，就要适时切断燃油泵控制电路，使燃油泵停止工作。

1.5 空气供给系统主要元件的构造与检修

进气系统为发动机可燃混合气的形成提供必需的空气。空气经空气滤清器、空气流量计（D 系统无此装置，其为进气压力传感器）、节气门体、进气总管（或稳压室）和进气歧管进入各气缸（见图 1-23）。

一般行驶时，空气的流量由通道中的节气门来控制（节气门由加速踏板操作）。踩下加速踏板时，节气门打开，进入的空气量多。怠速时，节气门关闭或微开，空气由节气门或旁通气道通过。

怠速空气量的调整一般由 ECU 控制。在气温低、发动机需要暖机时，将暖机时必需的空气量供给进气歧管，此时，发动机转速较正常怠速高，称为快怠速。随着发动机冷却液温度的升高，怠速的空气量逐渐减小，发动机转速逐渐降低至正常怠速。

1.5.1 主要部件及工作原理

发动机进气系统由空气滤清器、空气流量计（进气压力传感器）、进气室、节气门体、进气总管、进气歧管等组成，如图 1-23 所示。

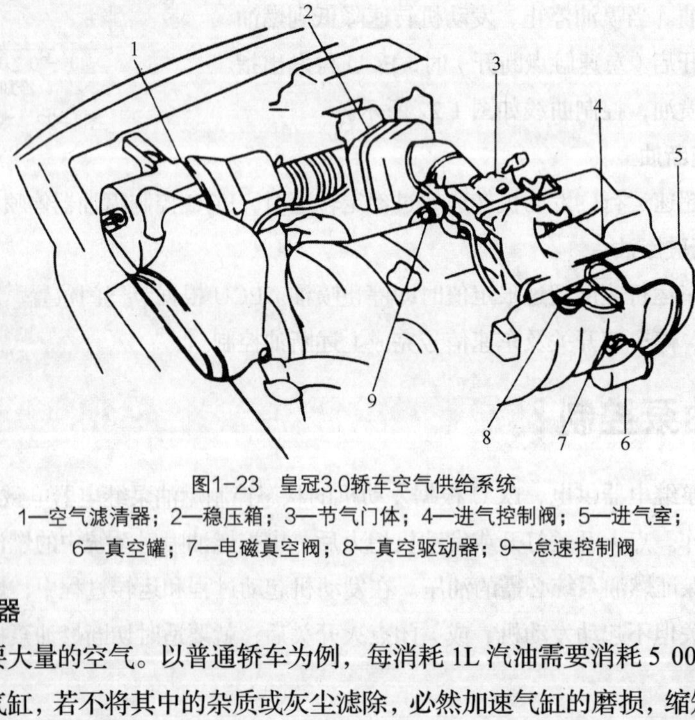

图1-23 皇冠3.0轿车空气供给系统
1—空气滤清器；2—稳压箱；3—节气门体；4—进气控制阀；5—进气室；
6—真空罐；7—电磁真空阀；8—真空驱动器；9—怠速控制阀

1. 空气滤清器

燃油燃烧需要大量的空气。以普通轿车为例，每消耗 1L 汽油需要消耗 5 000～10 000L 空气。大量的空气进入气缸，若不将其中的杂质或灰尘滤除，必然加速气缸的磨损，缩短发动机使用寿命。空气滤清器的功用主要是滤除空气中的杂质或灰尘，让洁净的空气进入气缸。此外，空气滤清器也有降低进气噪声的作用。

空气滤清器一般由进气导流管、空气滤清器盖、空气滤清器外壳和滤芯等组成。图 1-24 所示为捷达轿车发动机空气滤清器的解体图。

空气滤芯是由细钢丝网支撑的折状滤纸，丝网不仅可以提高滤纸的强度，而且可以滤除较大的尘粒。在滤清器两端通常都有类似塑料的厚衬垫，衬垫可以提高滤芯强度，并将滤芯密封在壳体中。如果滤芯在壳体中密封不良，沙尘就会随着气流进入气缸。大多数的空气滤清器，气流在进入进气系统时，都是由滤芯的外部流入滤芯的内部。

滤芯的形状和尺寸取决于滤清器壳体，滤芯的尺寸必须与壳体尺寸匹配，否则灰尘就会被吸入气缸。发动机的滤芯通常为圆筒状或扁平状。空气滤清器的滤纸必须正确地排列并围绕滤清器闭合以保证良好的洁净气流。现代轿车为节省空间往往采用扁平状空气滤芯。

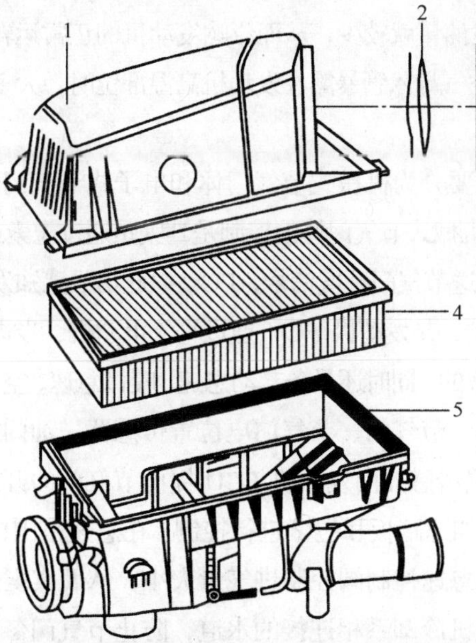

图1-24　捷达轿车发动机空气滤清器的解体图

1—空滤器盖；2—密封圈；3—空气流量计；4—滤芯；5—空滤器壳体

2. 进气导管

进气导管是连接空气滤清器和节气门体的管道，现代轿车进气管一般采用塑料和橡胶材料，一般在进气导管上安装空气流量传感器、谐振器等，如图 1-25 所示。

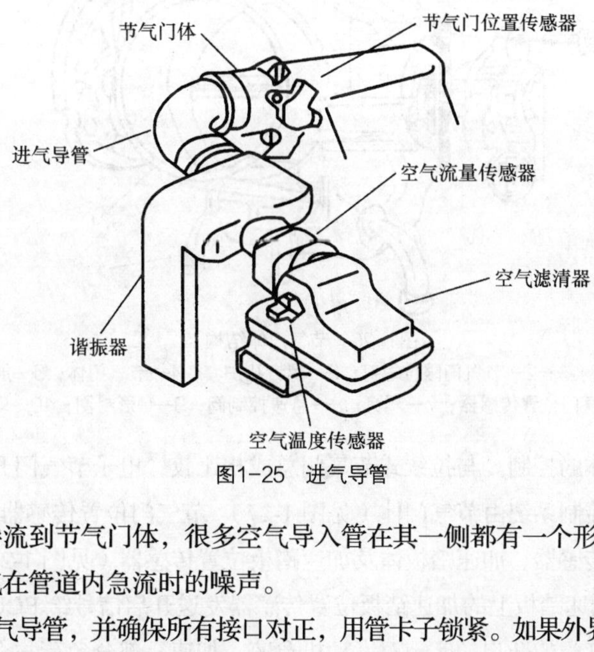

图1-25　进气导管

进气导管将空气导流到节气门体，很多空气导入管在其一侧都有一个形状不规则的突起，即谐振器。它用来降低进气在管道内急流时的噪声。

一定要正确安装进气导管，并确保所有接口对正，用管卡子锁紧。如果外界的空气能漏入管道，这部分空气就不能被过滤和计量。带有空气流量传感器的汽车测量的是从空气滤清器流过的空气量。ECU也是主要根据空气流量传感器的输入信号来确定喷油量的，也就是说，漏进管道内的空气，空气流量传感器测量不到。这样 ECU 控制的喷油量就较少，从而影响发动机的正常运转。在发动机散热充分时，通常采用金属或塑料空气导入管，空气导入管暴露在发动机高温部位时，大多采用金属进气导管。

3. 节气门体

节气门体按照控制方式不同主要分为机械式节气门体和电子式节气门体两种。

（1）机械式节气门体的控制。机械式节气门体的控制是驾驶员通过拉索或传动杆操纵节气门开度，节气门位置传感器向发动机 ECU 发送节气门开度信号，ECU 以此信号感知发动机负荷情况和驾驶员意图。现代机械式节气门体的怠速控制，是发动机 ECU 通过直流电动机、步进电动机或占空比电磁阀等控制节气微小开度或旁通道开度实现的，同时还具备起动怠速、暖机怠速、空调怠速等工况的调节功能。

通用凯越轿车节气门体由壳体、节气门、节气门电位置传感器、油门操纵轮、怠速控制阀等组成，如图 1-26 所示。节气门电位置传感器向发动机 ECU 提供节气门的开度和状态信息。在非怠速工况，节气门的开度由驾驶员通过加速踏板和拉索进行控制；在怠速范围内，发动机 ECU 根据发动机转速、温度、负荷等信息，通过怠速控制阀控制进气量大小，从而实现怠速目标转速的控制。

此外，节气门体上还有与发动机冷却系相连接的水道，防止节气门冬天挂霜，如图 1-26 所示。

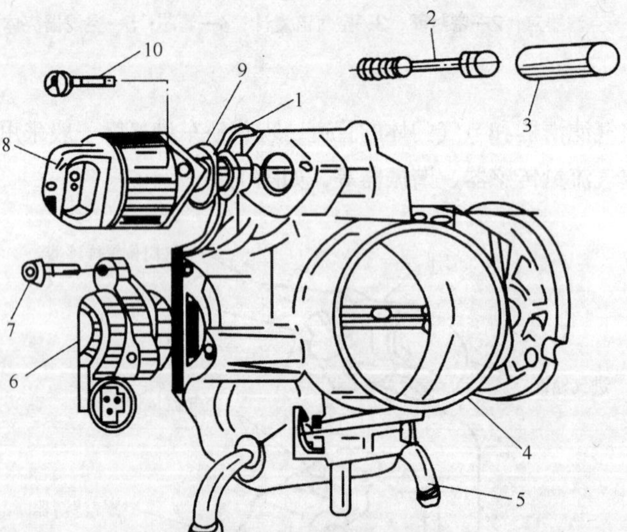

图1-26 节气门体结构

1—节气门体衬垫；2—节气门限位螺钉；3—螺钉孔护套；4—节气门体；5—加热水管；6—节气门位置传感器；7—螺钉；8—怠速控制阀；9—O形封圈；10—螺钉

（2）电子式节气门体的控制。与拉线式节气门总成相比较，电子节气门开启角度不再由油门踏板拉索控制。电子节气控制系统由节气门体（见图 1-27）、节气门位置传感器、节气门调节电动机、节气门调节电动机反馈传感器、加速踏板体及加速踏板位置传感器（见图 1-28）、发动机 ECU 等组成。它的工作是由装在加速踏板上的加速踏板位置传感器发送开启信号给 ECU，ECU 再通过驱动节气门调节电动机控制节气门的开启，实现对发动机怠速、加速、部分负荷与全负荷等工况的全部控制。此类节气门体的优点是功能强、控制灵活、发动机加速响应性好，容易实现驱动牵引力控制（ASR）和定速巡航、自动变速器换挡防冲等多种附加功能，同时简化了整体设计，降低了成本；使用电子节气门体的发动机即使在驾驶员没有踩下加速踏板的情况下，ECU 也可以根据不同的工况调节发动机的转矩，这就显著改善了汽车经济性和排放净化性等发动机性能指标。其缺点是一旦系统出现故障，发动机只在备用模式下以固定转速工作，不能通过加速踏板实现加速和减速。

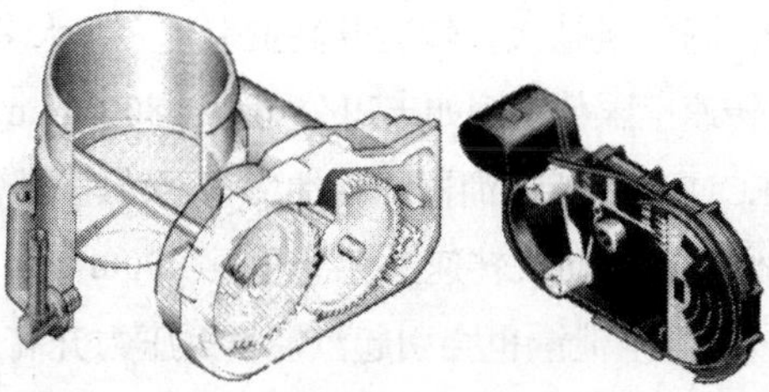

图1-27　电子节气门结构

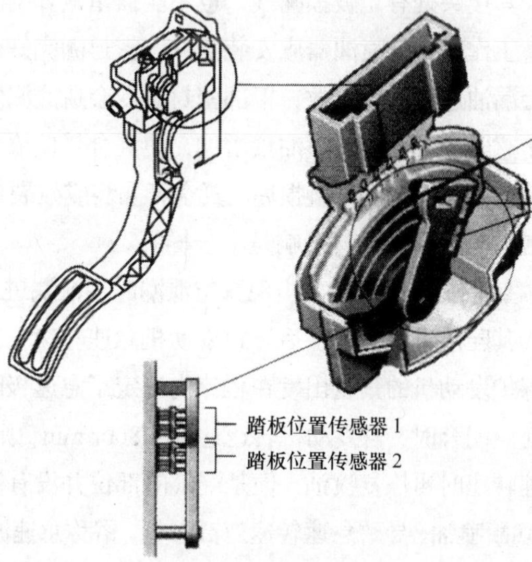

图1-28　加速踏板位置传感器

4. 进气总管和进气歧管

进气总管和进气歧管一般制成一体，轿车进气总管和进气歧管多数采用铝合金或复合塑料制作，大型柴油发动机进气总管和进气歧管多数采用铸铁制作。进气总管的作用是消除进气压力脉动，使各缸进气均匀。进气歧管的作用是将空气（或混合气）输送到各缸进气门前，进气歧管长度尽量相同并圆滑，使各缸进气均匀。

1.5.2　主要部件的检修

空气供给系统各部件的可靠性较好，使用中较少产生故障，在维修中因拆装不当，人为地造成故障的现象较为常见。

电控发动机燃油喷射系统不论是流量型还是压力型，只要进气系统不密封就会影响喷油量，其影响程度要比化油器式发动机更大，所以对进气系统检修应注意以下几点。

1. 检查机油尺、机油加油口盖的密封性

发动机机油尺、机油加油口盖必须安装好，否则会影响发动机运行。

2. 检测进气流量

由于不同发动机的气缸大小不一，因此在单位时间内的进气量有较大的区别。但是对于特定型号的发动机来说，在基本怠速情况下（关闭空调等附属设备）进气流量应是相对恒定的。

有些发动机可以使用解码器的数据流测试功能检测发动机的进气流量，如上海大众 2VQS 发动机怠速时进气流量正常值为 2.0～4.0g/s。若小于 2.0g/s，则说明进气系统存在真空泄漏；若大于 4.0g/s，则说明发动机负荷过大。

3. 漏气检查

对装有空气流量计的 EFI 系统，应注意检查空气流量计、节气门体及怠速电控阀等有无松动，空气软管及其接头处有无破损漏气，也不能插错，真空管插错会使发动机怠速不稳，甚至使各缸无规律地交替工作不良。喷油器应安装舒贴，密封圈完好，如果安装不舒贴或密封圈损坏，上部安装密封不良会漏油造成严重事故，下部密封不良会造成漏气使发动机真空度下降，运行不良，还会使进气压力传感器信号增加，喷油量增加，使混合气偏浓。

进气管壁有裂纹、密封垫损坏、真空管漏装或破裂会导致进气系统真空泄漏，这一故障对 D 型和 L 型电控发动机怠速运转影响是不一样的。

D 型喷射系统节气门后方出现真空泄漏时，泄漏进入进气管的空气经过了 MAP 的检测，ECU 按空燃比为其配油，油多气多后导致发动机怠速转速上升，漏气量越大，转速升高量也越大。大多数车型从保护发动机的角度出发在程序内设定了怠速极限转速上限值，例如丰田公司为 1 800r/min，即当怠速触点闭合时，若发动机转速达到 1 800r/min，则 ECU 会切断喷油器的喷油，直至转速下降至基本怠速转速时再恢复喷油。但是漏气的部位并没有被修复，发动机转速又会上升至 1 800r/min，ECU 再次切断喷油，导致怠速转速忽高忽低，俗称怠速游车。真空泄漏也会引起汽油喷射压力升高，导致混合气偏浓，但这一影响是有限的，多数情况下不会导致发动机淹缸熄火。

L 型喷射系统节气门后方出现真空泄漏时，泄漏进入进气管的空气没有经过 MAP 的检测，因此 ECU 不会为其配油。虽然漏气引起喷射压力升高，但综合来看混合气偏稀，导致怠速转速下降、发动机抖动，漏气严重时甚至导致发动机熄火。

4. 检测怠速转速

汽车仪表板内的发动机转速表可以指示发动机的怠速转速，也可用带转速检测功能的万用表、示波器检测发动机怠速转速。当某些不严重的故障出现后，ECU 的怠速控制和学习控制功能会把怠速转速稳定在目标转速范围内，此时车辆已处于“带病工作”状态，因此必要时须检测发动机的基本怠速转速。检测时需要向 ECU 提供一个触发指令停止怠速控制和学习控制，这一操作因车型而异，具体操作请参阅相关维修手册。

1.6 燃油供给系统主要元件的构造与检修

电控燃油供给系统的作用是在发动机各种运行工况下，供给发动机足够数量的燃油，同时能够使多余的燃油返回油箱。燃油供给系统由燃油箱、电动燃油泵、输油管、燃油滤清器、供油总管、喷油器、燃油压力调节器、回油管等组成，如图1-29所示。装在塑料油箱内的电动燃油泵将燃油从油箱中泵出后使其进入燃油滤清器，经滤清器过滤后输送到装有喷油器和燃油压力调节器的燃油分配管（供油总管），喷油器根据ECU的控制信号准确地将发动机所需的燃油喷入进气歧管，多余的燃油经压力调节器返回油箱。

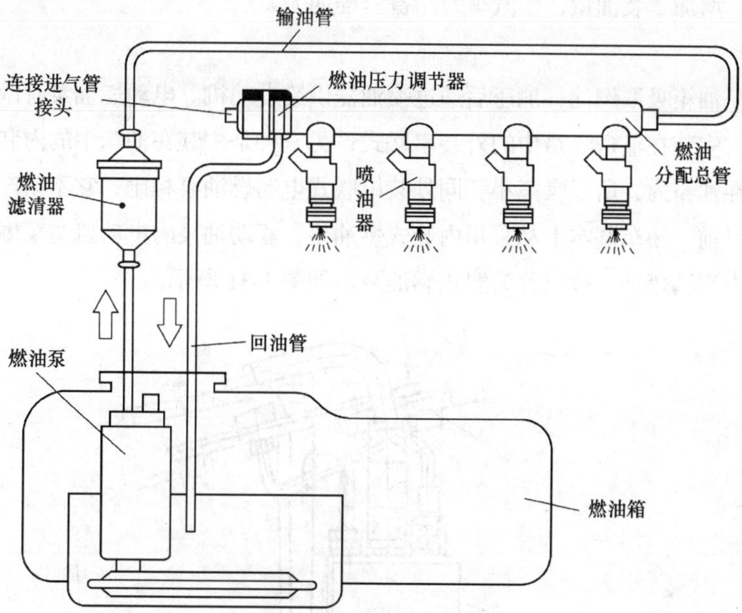

图1-29　燃油供给系统示意图

一般轿车燃油供给系统各部件在车身上的安装位置基本相同，图1-30所示为常见轿车燃油供给系统各部件在车身上的布局。

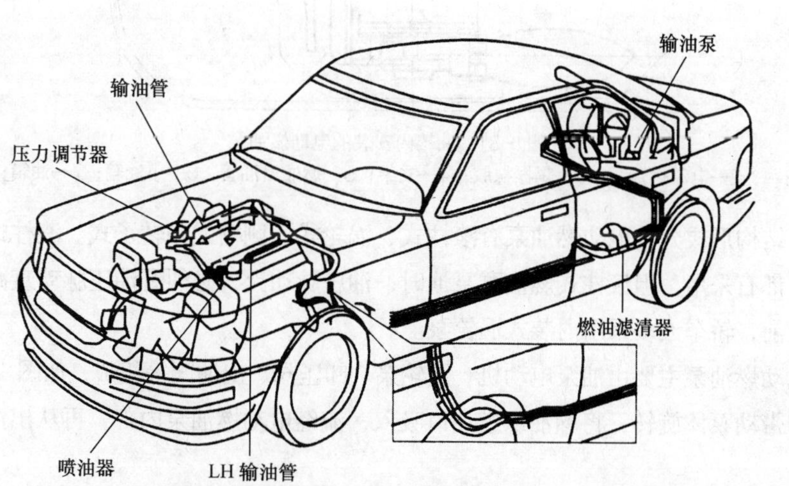

图1-30　轿车燃油供给系统各部件在车身上的布局

1.6.1 电控燃油供给系统的基本元件

1. 燃油箱的构造

常见轿车的燃油箱一般安装于后排座椅的后下部，壳体采用高密度聚乙烯吹塑而成，其优点是抗冲击、防腐蚀、质量小、易成型，并且结构紧凑、位置隐蔽，提高了汽车行驶的安全性。扁平的结构降低了高度，增加了装油量，使汽车的储备里程加大。

2. 燃油泵

电动燃油泵从油箱吸取燃油，加压后通过喷油器供给发动机。电动燃油泵有两种安装方式：一种是在燃油箱外，安装在输送管路中的外装串联式；另一种是安装在油箱中的内装式，内装式电动燃油泵因其安装在油箱内，所以噪声小，同外装串联式电动燃油泵相比，它不易产生气阻，并且不存在燃油泄漏。目前，轿车基本上都采用内装式燃油泵，驱动油泵的电动机与泵做成一体，装在壳体内。工作时泵内充满燃油，故也称为湿式燃油泵，如图 1-31 所示。

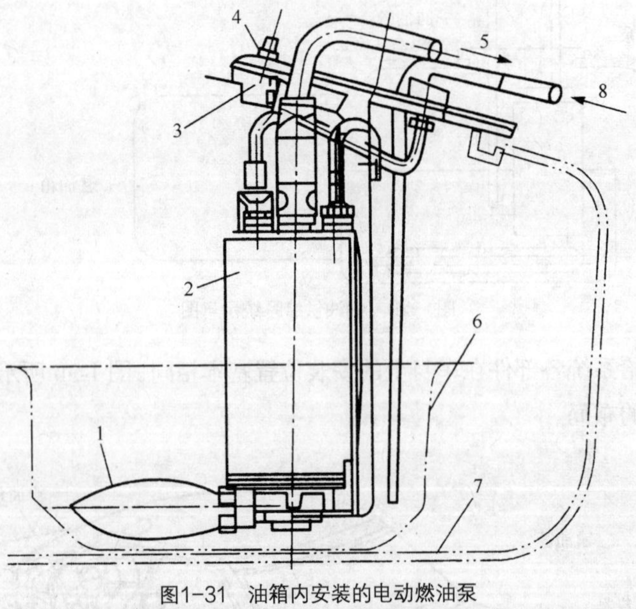

图1-31 油箱内安装的电动燃油泵

1—进油滤网；2—电动燃油泵；3—隔振橡胶；4—支架；5—燃油出油管；6—小油箱；7—油箱；8—回油管

按燃油泵结构形式分，电动燃油泵有滚柱式、涡轮式、侧槽式和转子式。滚柱式燃油泵在外装式和内装式中都有采用，但滚柱式燃油泵泵油时，油压脉动大，必须有油压脉动衰减器，近年来已很少采用。目前，轿车大多采用内装式涡轮泵。

涡轮式电动燃油泵主要由油泵电动机、涡轮泵、卸压阀、出油阀等组成，如图 1-32 所示。永磁电动机通电即带动泵体旋转，将燃油从进油口吸入，流经电动燃油泵内部，再从出油口压出，给燃油系统供油。

（1）油泵电动机。油泵电动机为永磁直流电动机，由固定在外壳上的永久磁铁和产生电磁力矩的电枢以及安装在外壳上的电刷装置组成。电刷与电枢上的换向器相接触，其引线连接到外壳的接柱上，将控制电动燃油泵的电压引到电枢绕组上。

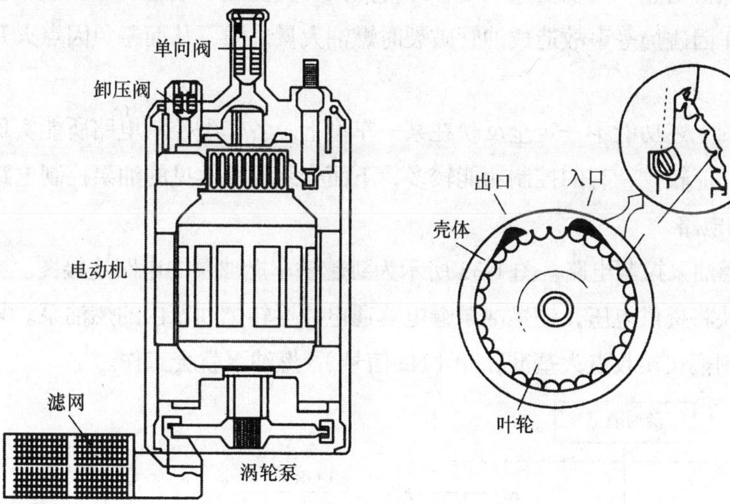

图1-32 油箱内安装的涡轮式电动燃油泵

油泵内的电动机是用汽油冷却和润滑的，因此，油箱内油面一定不能低于某一定值，以免电动机烧毁。

（2）涡轮泵。涡轮泵主要由叶轮、叶片、泵壳体和泵盖组成，叶轮安装在燃油泵电动机的转子轴上。油泵电动机通电时，油泵电动机驱动涡轮泵叶轮旋转，离心力的作用使叶轮周围小槽内的叶片贴紧泵壳，并将燃油从进油室带出油室。由于进油室燃油不断被带走，所以形成一定的真空度，将油箱内的燃油经进油口吸入；而出油室燃油不断增多，燃油压力升高，当油压达到一定值时，则顶开出油阀经出油口输出。

（3）卸压阀。当油泵出口压力达到 0.35～0.50MPa 时，卸压阀打开，泄出的燃油返回油箱，以防止油路堵塞导致油路油压过高。

（4）出油阀。油泵停转，出油阀关闭，油路变成一个封闭体系，在油压调节器内压力弹簧作用下使油路保持一定的残留压力，避免高温时产生气阻，并且便于再次起动。

涡轮式电动燃油泵具有泵油压力较高（可达 0.6MPa）、供油压力稳定、运转噪声小、使用寿命长等优点，所以应用最为广泛。

3. 电动燃油泵的控制功能

（1）预运转功能。当点火开关打开而不起动发动机时，油泵能预先运转 3～5s，向油管中预充压力燃油，保证顺利起动。

（2）起动运转功能。在发动机起动过程中，油泵能同时运转，保证起动供油。

（3）恒速运转功能。在发动机正常运转过程中，油泵能始终恒速运转，保证正常的泵油压力和泵油量。

（4）变速运转功能。燃油泵能根据发动机工况的变化控制油泵高、低速运转变换。发动机高速、大负荷工况下耗油较多时，燃油泵以高速运转；发动机在低速、中小负荷工况工作时，燃油泵以低速运转，以减少不必要的燃油泵磨损和电能消耗。

（5）自动停转保护功能。发动机熄火后，即使点火开关仍处于接通状态，油泵也能自动停转。这一功能可防止汽车因碰撞等事故造成油管破裂时燃油大量外溢，从而避免因点火开关处于接通位置引起火灾。

油泵控制电路的上述功能不一定全反映在某一车型上，各车型控制电路所能实现的控制功能不尽相同，有的控制功能较少，有的控制功能较多，下面介绍几种常见的油泵控制电路。

4. 燃油泵控制电路

（1）凯越轿车燃油泵控制电路。图 1-33 所示为凯越轿车燃油泵的电路连接图。当点火开关接通时，发动机控制模块将提供电压，使燃油泵继电器通电并运转燃油箱内的燃油泵。只要发动机转动或运行且发动机控制模块接收点火基准脉冲（Ne 信号），燃油泵就会工作。

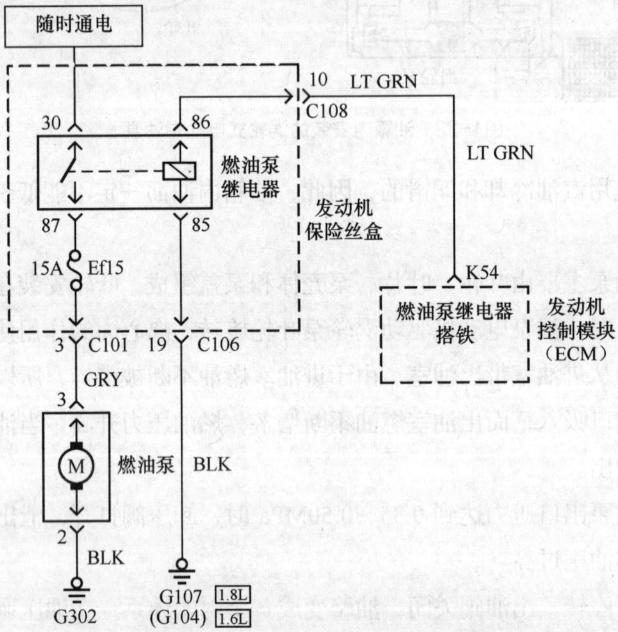

图1-33 凯越轿车燃油泵的电路连接图

如果没有基准脉冲，发动机控制模块将在点火开关接通 2s 后关闭燃油泵。

（2）卡罗拉轿车燃油泵控制电路。图 1-34 所示为卡罗拉燃油泵的电路连接图。当点火开关接通时，ECU MREL 接通，EFI MAIN 继电器闭合，为 C/OPN 继电器 5 端子提供电源；IG_2 继电器接通，为 C/OPN 继电器 1 端子提供电源，同时 ECU FC 接通，C/OPN 继电器闭合，油泵运转。只要发动机转动或运行且发动机控制模块接收点火基准脉冲（Ne 信号），燃油泵就会工作。

如果没有基准脉冲，ECU FC 接通接通 2s 后关闭，C/OPN 继电器断开，油泵停止运转。

5. 燃油滤清器

燃油滤清器安装在燃油泵之后的高压油路中，其功用是滤除燃油中的各种杂质，防止燃油系统堵塞，减小机械磨损，以保证发动机正常工作。

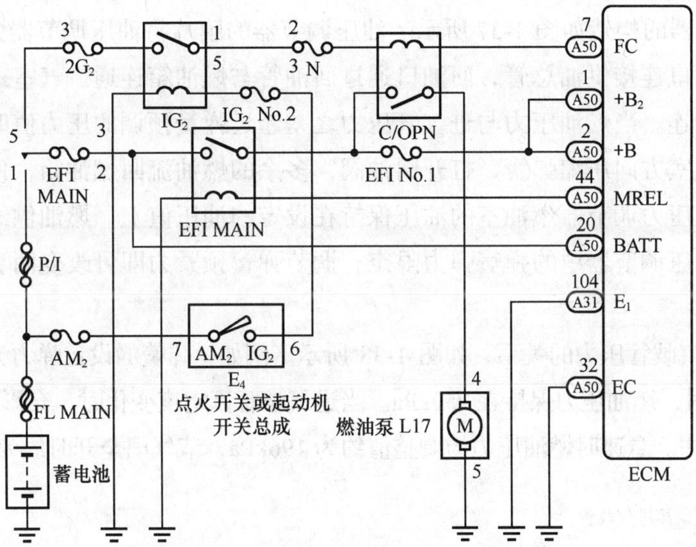

图1-34 卡罗拉燃油泵的电路连接图

燃油滤清器的结构如图 1-35 所示，燃油从入口进入滤清器，经过壳体内的滤芯过滤后，清洁的燃油从出口流出。

在电控燃油喷射式发动机燃油供给系统中，燃油滤清器一般采用的都是纸质折叠滤芯，使过滤面积增大。滤芯不能单独更换，一般汽车每行驶 20 000～40 000km 或两年整体更换，更换燃油滤清器时，应首先释放燃油系统压力，并注意燃油滤清器壳体上的箭头标记为燃油流动方向。

6. 燃油压力调节器

燃油压力调节器的主要功用是调节供油总管的燃油压力，使供油总管中的燃油压力与进气歧管的压力之差保持常数，这样从喷油器喷出的燃油量便只取决于喷油器的开启时间，使 ECU 能够通过控制电脉冲宽度来精确控制喷油量。

燃油压力调节器的安装位置如图 1-36 所示，其中大多数轿车燃油压力调节器与供油总管焊接成一体。

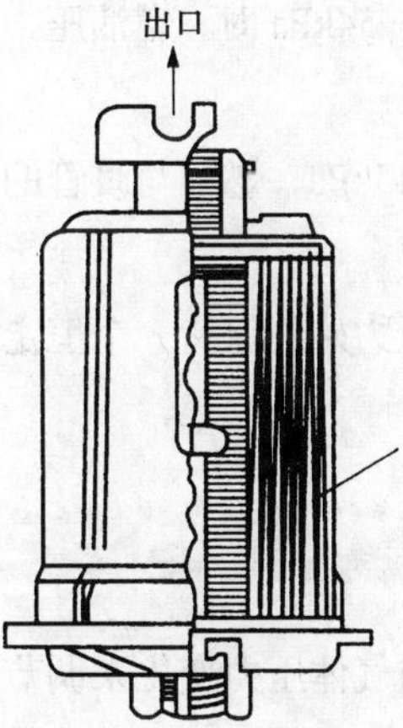

图1-35 燃油滤清器的结构

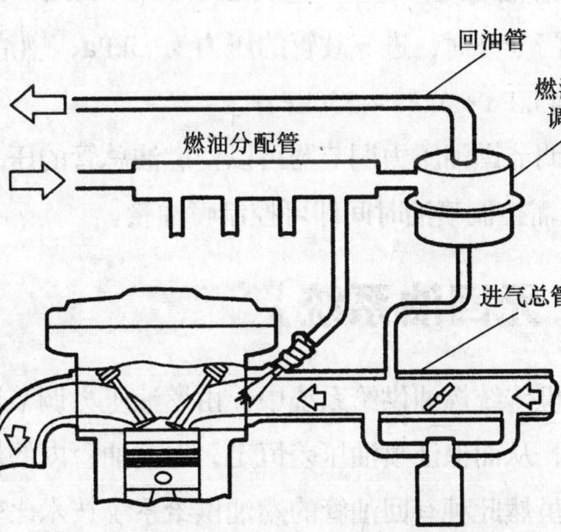

图1-36 燃油压力调节器的安装位置

燃油压力调节器的构造如图 1-37 所示。油压调节器的膜片将油压调节器分隔成气室和油室两个腔。油室进油口连接供油总管，回油口通过回油管与燃油箱连通。气室通过真空接管与节气门后的进气管相连。当燃油压力与进气管压力之差超过弹簧预调的压力值时，膜片上方的燃油就推动膜片向气室方向压缩弹簧，打开回油阀，多余的燃油流回燃油箱，使燃油压力下降，所以使供油总管及压力调节器燃油室的油压保持在设定的油压值上。燃油供给系统的压力与进气管压力之差由油压调节器中的弹簧弹力限定，调节弹簧预紧力即可改变两者的压力差，也就是改变喷油压力。

燃油压力与进气歧管压力的关系，如图 1-38 所示。例如，弹簧的设定弹力为 250kPa，当进气歧管在 101 325Pa 时，燃油压力保持在 250kPa。当进气歧管真空度变化时，会影响到膜片的上下动作，以改变燃油压力。怠速时燃油压力的调整值约为 196kPa，节气门全开时约为 245kPa。

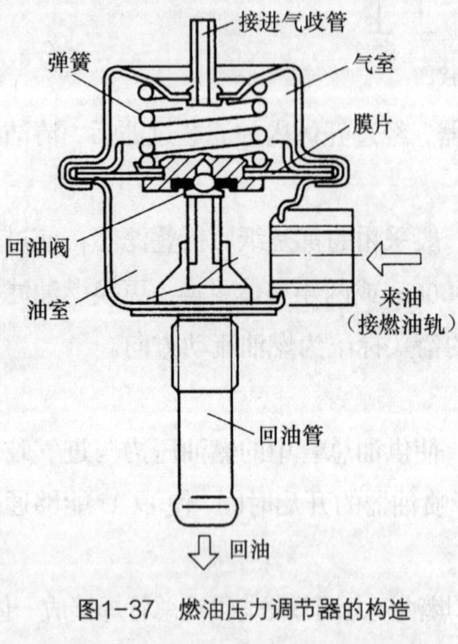

图1-37 燃油压力调节器的构造

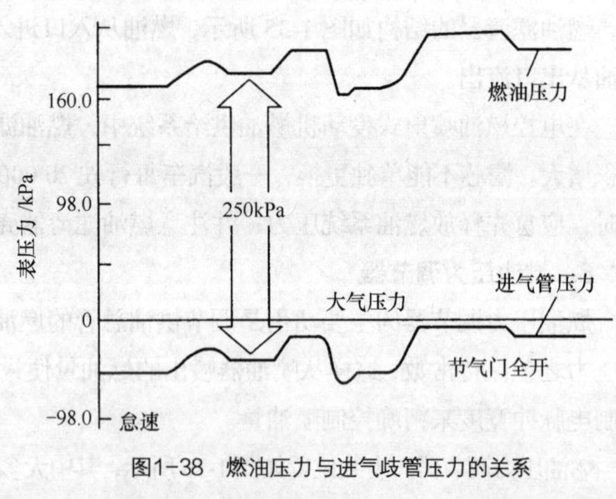

图1-38 燃油压力与进气歧管压力的关系

当发动机起动后，进气歧管产生一定的负压，当怠速时歧管压力为−54kPa 时，燃油压力调整值为 196kPa，燃油与歧管的压力差为 250kPa(196kPa + 54kPa = 250kPa)。

当节气门全开时，进气歧管的压力为−5kPa，燃油压力调整值为 245kPa，燃油与歧管的压力差为 250kPa(245kPa + 5kPa = 250kPa)。

可见，调节燃油压力调节器可以使燃油总管的压力与进气歧管的压力始终保持一个恒定值，这样，ECU 只需控制喷油时间即可控制喷油量。

1.6.2 无回油系统

在汽油机传统燃油供给系统中，由燃油压力调节器根据进气管内的气体压力变化来调节输油管内燃油压力，从而保证喷油压差恒定，但输油管内的燃油压力是不恒定的，多余的燃油从回油管流回到油箱。虽然此种有回油管的燃油供给系统技术比较成熟，但由于输油管和回油管内的燃油吸收发动机热量，回油温度较高，导致油箱内的油温升高，这种情况加速了油箱内燃油蒸发速度，使得油箱内蒸汽压力升高，不仅增加了燃油蒸发损失和蒸发排放控制系统的工作负荷，而且发动机的热起动性能也会变差。为此，无回油管燃油系统应运而生。

无回油管燃油系统实际并不是真的没有回油管，只是将回油管和燃油压力调节器与燃油泵一起组合安装在燃油箱内，燃油压力调节器一般也安装在燃油泵壳体内，如图 1-39 所示。在无回油管燃油系统中，由于燃油泵供给的多余燃油在油箱完成回流，从而避免了回油吸热导致油箱内油温升高的现象。

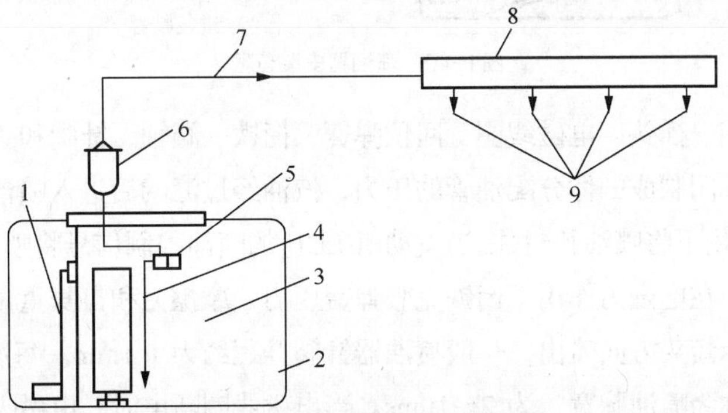

图1-39　无回油管燃油系统示意图

1—油位传感器；2—燃油箱；3—燃油泵；4—回油管；5—燃油压力调节器；
6—燃油滤清器；7—输油管；8—燃油分配管；9—喷油器

在传统有回油管燃油系统中，燃油压力调节器使输油管内的油压相对进气管内的气压保持恒定；发动机工作时，由于进气管内的气压是变化的，所以输油管内的油压也随之变化。而在无回油管燃油系统中，燃油压力调节器上没有感应进气管压力变化的真空管接头（见图 1-39），其功用相当于一个限压阀，可使输油管内的油压相对大气压力保持恒定，由于大气压力不变，发动机工作时输油管内的油压也是不变的，所以该系统又称恒压燃油系统。

采用无回油管燃油系统的发动机，由于进气管内气体压力随发动机工况变化，致使喷油器的喷油压差和在固定时间内的喷油量也随之变化。为保证对喷油量的精确控制，在电控燃油喷射系统中，均必须设有进气管绝对压力传感器，并对 ECU 的控制程序作相应改进，由 ECU 根据进气绝对压力传感器信号对喷油量进行修正和补偿。

无回油管燃油系统减少了油箱外的连接件，不仅使燃油供给系统的结构简化、拆装方便、故障减少、成本降低，而且有利于降低燃油的蒸发损失和排放污染，所以其应用也越来越普遍。

1.6.3　喷油器

喷油器是电控燃油喷射系统的执行元件，喷油器的功用是根据发动机 ECU 的指令控制燃油喷射。电控燃油喷射全部采用电磁式喷油器。大多数电控燃油喷射发动机的喷油器通过绝缘垫圈安装在进气歧管或进气道附近的缸盖上，并由供油总管将其固定，如图 1-40 所示。

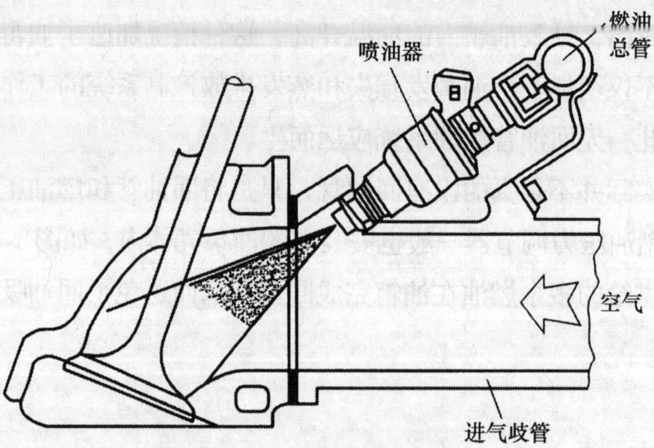

图1-40 喷油器安装位置

喷油器主要由滤网、插头、电磁线圈、回位弹簧、衔铁、阀轴、针阀和壳体等组成，如图 1-41 所示。衔铁、阀轴和针阀制成一体分配油管的压力，汽油经过滤网后进入喷油器，电磁线圈不通电时，针阀在回位弹簧作用下将喷油孔封住。当发动机 ECU 的喷油控制信号将喷油器和电源回路接通，电流流过电磁线圈时，在电磁力作用下衔铁克服弹簧压力、摩擦力和自身重量，带动针阀上移，打开喷口，使汽油按图示箭头方向喷出，一般喷油器针阀升程约为 0.1mm。每次 ECU 控制喷油器电磁线磁通电的时间被称为喷油脉宽，为 2～10ms。当电磁线圈断电时，电磁吸力消失，在回位弹簧的作用下，针阀立即将阀口关闭，喷油器停止喷油。在喷油器结构和油路油压与歧管气压之差一定时，喷油量取决于针阀开启时间。

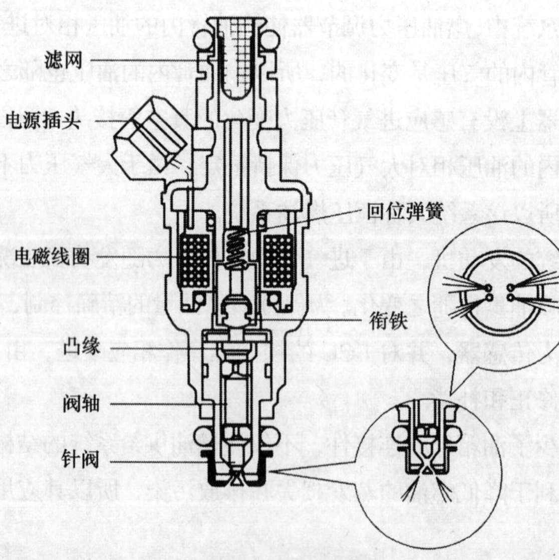

图1-41 喷油器的结构

知识拓展 1-1 喷油器的特性

1. 喷油器的工作特性

图 1-42 所示为喷油器从通电到断电阀体的动作过程，这一过程被称为喷油器的工作特性。图中

1正是ECU喷油控制脉冲，也就是脉冲宽度，2是针阀升程曲线。在实际工作过程中，由于喷油器针阀本身的惯性和电磁线圈通电后的磁滞性，从ECU发出接通喷油器的搭铁回路信号到喷油器阀体达到最大升程喷油器完全打开需要一段时间，这个时间称为喷油器的完全打开时间（T_0）。同样，从ECU切断喷油器回路到阀体落座回到喷油器完全关闭状态也需要一段时间，这个时间称为喷油器的完全关闭时间（T_c）。所以，喷油器实际喷油过程是滞后于ECU喷油控制脉冲的。一般情况下，喷油器的完全打开时间 T_0 比完全关闭时间 T_c 长，其中 T_0-T_c 的值是喷油器没有喷油的时间，被称作无效喷油时间。无效喷油时间越长，喷油器的工作特性就越差。

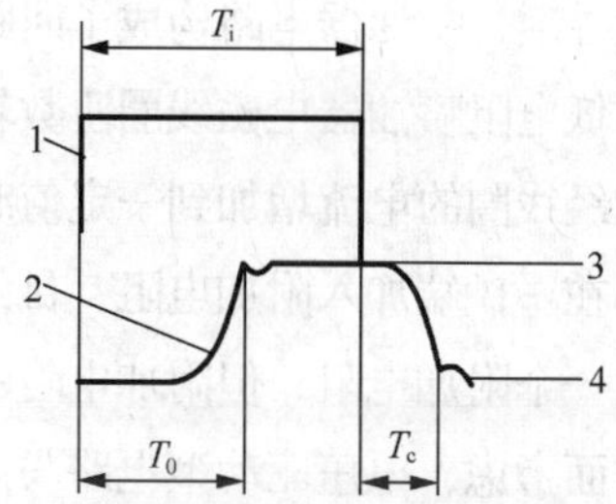

图1-42 喷油器的工作特性
1—ECU喷油控制脉冲；2—针阀升程曲线；3—针阀全开位置；4—针阀全关位置；T_i—脉冲宽度；T_0—完全打开时间；T_c—完全关闭时间

影响喷油器的完全打开时间 T_0 长短的因素有喷油器衔铁的质量、电磁线圈匝数的多少与电阻的大小、蓄电池电压的高低。其中，蓄电池电压的高低对喷油器的完全打开时间影响较大，即蓄电池的电压越高，喷油器的完全打开时间 T_0 越短，而喷油器的完全关闭时间 T_c 与蓄电池的电压无关。因此，一部汽车的蓄电池电压过低，会影响到供油系统中零部件的正常工作。

2. 喷油器的燃油喷射量特性

喷油器的燃油喷射量特性是指喷射的燃油量随喷油器电磁线圈通电时间的变化规律。

喷油器的喷射量包括静态喷射量和动态喷射量。

① 喷油器的静态喷射量，通常是指喷油器在规定的喷油压力和喷油背压（喷油器前方气体的压力）下，使阀体保持在最大开度位置时单位时间内喷射的燃油量，单位是 cm^3/min 或 mL/min，静态喷射量表示了喷油器的理论喷射能力。

② 喷油器的动态喷射量，通常是指某一通电时间内喷油器的实际燃油喷射量，常以通电时间为2.5ms时喷油器的喷射量来表示，单位是 mm^3/str（立方毫米/行程）。所以动态喷射量反映了喷油器的实际供油能力。

1.6.4 喷油器的控制电路

1. 喷油器的驱动方式

对于ECU内部的喷油器驱动电路，根据喷油器电磁线圈电阻不同分为电压驱动和电流驱动两种形式。电流驱动方式只适用于低电阻喷油器，而电压驱动方式同时适用高低电阻喷油器。低电阻喷油器的电阻值为2～3Ω，高电阻喷油器的电阻值为12～17Ω。

（1）电压驱动型电路。电压驱动型电路如图1-43所示，在打开点火开关或发动机工作时，发动机主继电器闭合，喷油器电磁线圈正极电源（+B）电压已经提供，而喷油器是否通电喷油取决于发动机控制单元（ECU）是否控制其内部搭铁，当搭铁回路形成时，喷油器开始工作，向外按喷油脉宽喷射燃油。内部搭铁信号来源于ECU是否向功率晶体管发射脉冲信号，当ECU发出 T_1 脉冲时晶体管导通，喷油器电路构成了回路，喷油器工作。

低电阻喷油器电磁线圈匝数较少，电感小，所以喷油器的响应较快，可使喷油器迅速打开。但当流经线圈的电流增加到一定值时，线圈容易发热出现烧坏的情况，因此低电阻喷油器在控制电路中要在 + B 端加入附加电阻，目的是控制电流的大小。为了简化控制与降低成本，几个喷油器可以共用一个附加电阻，但附加电阻的接入又抵消了低电阻喷油器的优点。所以从减少故障源和降低成本方面考虑，电压驱动型电路与高电阻喷油器共同使用较为可行。

图 1-43 所示的电路中，由于在发动机控制单元（ECU）切断喷油器的搭铁回路时，喷油器电磁线圈两端会产生很高的感应电动势，此反向电压将与电源电压一同作用在发动机控制单元 ECU 的功率晶体管上，容易将其击穿。因此，为了保护发动机控制单元中的电路，在喷油器的驱动回路中增设了消弧回路。

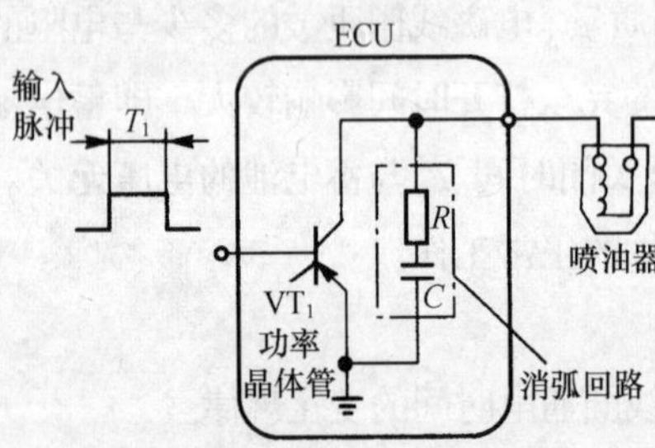

图1-43　电压驱动型电路

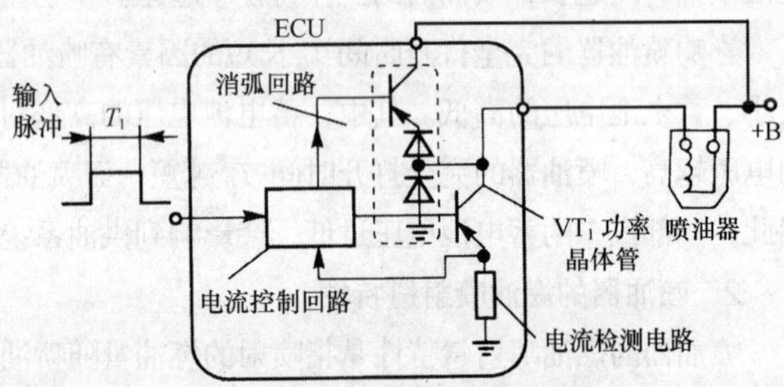

图1-44　电流驱动型电路

（2）电流驱动型电路。喷油器电流驱动型电路中没有附加电阻（见图 1-44）低电阻喷油器直接与蓄电池相连接，因而回路中阻抗小，当发动机控制单元 ECU 向喷油器提供搭铁信号后，喷油器电磁线圈内的电流很快上升，针阀迅速打开，提高了喷油器的响应性。但如果喷油器长时间大电流通电，可能导致其过热而出现烧损喷油器的电磁线圈的现象，因而在电流驱动型回路设计当中，增加了电流控制回路。在 ECU 发出的喷油脉宽使 VT_1 闭合初期，大电流使喷油器迅速开启，同时当流经检测电阻的电流产生的电压降到设定值时，电流控制回路将以高频脉冲控制 VT_1 通断，使电流下降至能够维持喷油器开启的水平上，直到此次喷油结束。例如，某喷油器开启电流为 8A，而维持电流只需 2～3A。这样就可以使用大电流 8A 快速打开喷油器喷油，喷油器打开后，电流控制回路使电路中的电流变为 3A，维持喷油器处在打开的位置，起到了避免其电流过大而烧毁的情况。

2. 喷油器的常见控制电路

图 1-45 所示为卡罗拉轿车喷油器电路，当点火开关打到 ON 位时，IG_2 继电器线圈导通，该继电器闭合，喷油器电源接通，起动及发动机运行时，ECU 通过端子#10～#40 端子分别控制 4 个喷油器顺序喷油。

图 1-46 所示为凯越轿车喷油器电路。

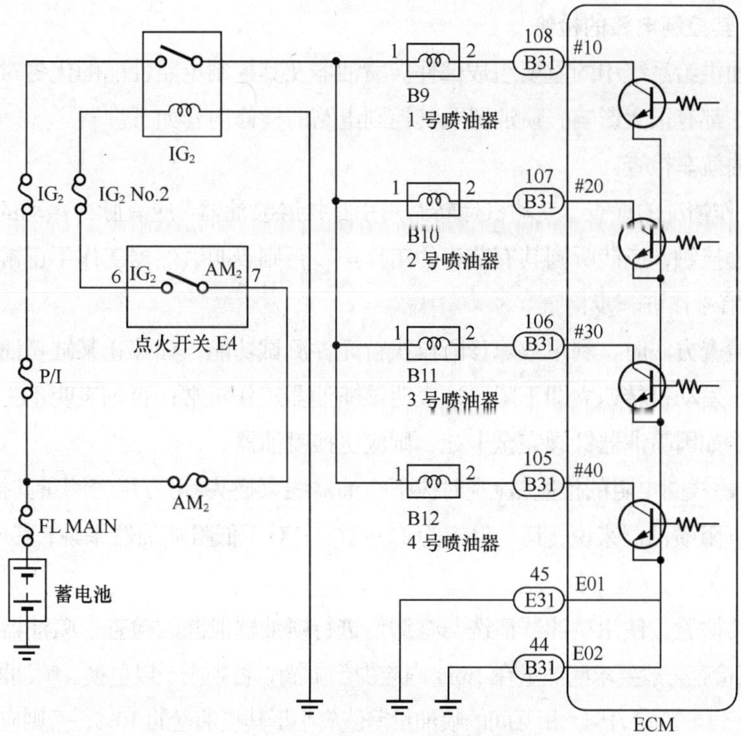

图1-45 卡罗拉轿车喷油器电路

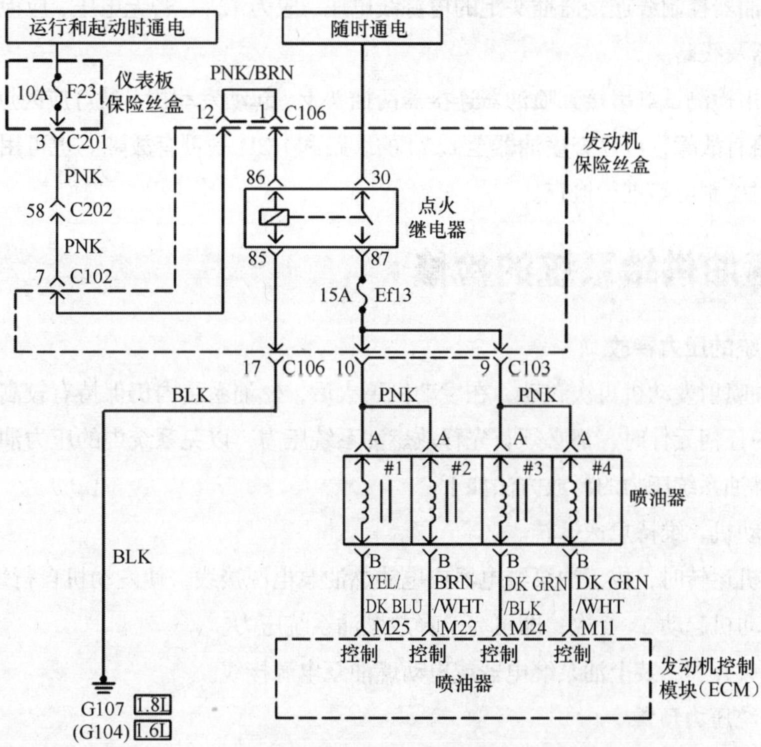

图1-46 凯越轿车喷油器电路

3. 喷油器及其控制电路的检修

喷油器是燃油供给系统中的重要组成部件。喷油器及其控制电路性能的优劣对发动机工作性能优劣甚至能否工作都有很大影响。喷油器及其控制电路的检修内容如下。

（1）喷油器的就车检查。

① 喷油器工作情况的检查。发动机运转时用手指接触喷油器，应有脉冲振动的感觉。用螺丝刀或听诊器与喷油器接触，应能听到其有节奏的工作声，否则表明喷油器工作不正常，应对喷油器或ECU输出的喷油信号作进一步检查。

在采用断油检查方法时，利用故障诊断仪执行元件测试功能，如停止某缸喷油（或拔下某缸喷油器线束插头），发动机转速立即下降，这表明该喷油器工作正常；否则表明不工作或工作不良，应作进一步检查。如因喷油器针阀完全卡死，则应更换喷油器。

② 喷油器电磁线圈电阻的检查。检查时拔下喷油器线束插头，用万用表测量其接线柱间的电阻。在20℃时，对于高阻喷油器来说，其电阻应为12～16Ω；对于低阻喷油器来说，其电阻应为2～5Ω，否则应予以更换。

（2）喷油器的检验。使用喷油器清洗与检测仪进行喷油器泄漏的检查、喷油器喷油量的检验。

喷油器泄漏的检查一般要求漏油量在1min内应少于1滴，否则应予以更换。喷油器喷油量各个车型互不相同，一般为50～70mL/15s。相互间的喷油量差值应小于其喷油量的10%，否则应予以清洗或更换。

（3）喷油器控制电路的检查。喷油器控制电路，应进行以下几个方面的检测。

① 测量喷油器控制线连接器插头上的电源线电压，应为12V，若无电压，应检查点火开关及熔断器或主继电器及线路。

② 使用专用检测试灯串接到喷油器连接器两插头上，起动发动机，试灯应闪烁，不亮或不闪烁则表明控制回路有故障，可检查喷油器至ECU的线路和ECU是否有故障。也可用示波器检测喷油器脉冲波形，对控制电路进行检查。

1.6.5 燃油供给系统的检修

1. 燃油系统的压力释放

为便于汽油喷射发动机再次起动，在发动机熄火后，燃油系统内仍保持有较高的残余压力。在拆卸燃油系统内任何元件时，都必须首先释放燃油系统压力，以免系统内的压力油喷出，造成人身伤害或火灾。燃油系统压力的释放方法如下。

① 起动发动机，维持怠速运转。

② 在发动机运转时，拔下油泵继电器或电动燃油泵电源接线，使发动机自行熄火。

③ 再使发动机起动2～3次，即可完全释放燃油系统压力。

④ 关闭点火开关，装上油泵继电器或电动燃油泵电源接线。

2. 燃油系统压力预置

在拆开燃油系统进行维修之后，为避免首次起动发动机时，因系统内无压力而导致起动时间过长，应预置燃油系统残余压力。燃油系统压力预置可通过以下几种方法进行。

① 反复打开和关闭点火开关数次。

② 使用故障诊断仪执行元件测试功能使油泵运转。

③ 跨接油泵继电器。

3. 燃油系统压力测试

通过测试燃油系统压力，可诊断燃油系统是否有故障，进而根据测试结果确定故障性质和部位。测试时需使用专用油压表和管接头，测试方法如下。

① 检查油箱内燃油应足够。释放燃油系统压力。

② 检查蓄电池电压应在12V左右（电压高低直接影响燃油泵的供油压力），拆开蓄电池负极电缆线。

③ 将专用油压表连接到燃油系统中。不同车型测试压力表的连接方式有所不同，主要有两种连接方式：一种是日本丰田等车型，用专用接头将油压表连接在输油管的进油管接头处，如图1-47所示。另一种是美国通用等车型，用快速接头将油压表连接到燃油总管快速接头处，如图1-48所示。

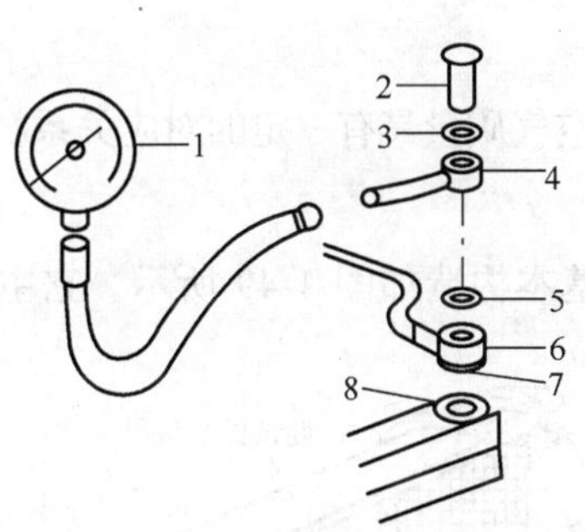

图1-47 采用专用接头连接油压表

1—压力表；2—接头螺栓；3、5、7—垫片；4—油压表接头；6—油管；8—燃油分配管

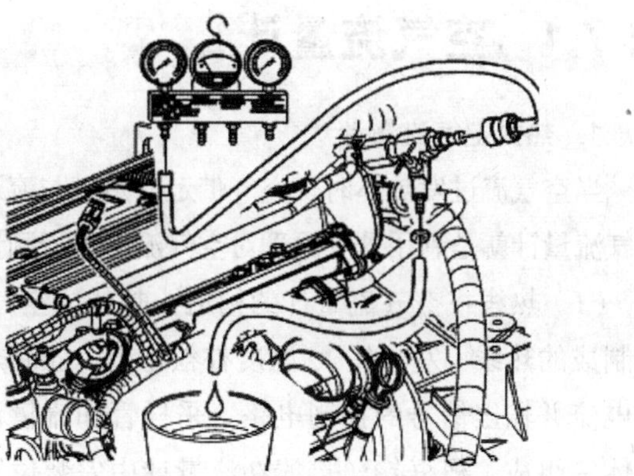

图1-48 采用快速接头连接油压表

④ 将溅出的汽油擦净，重新接好蓄电池负极电缆线。起动发动机并维持怠速运转。

⑤ 拆开燃油压力调节器上的真空软管，并用手指堵住进气管一侧的管口。检查油压表指示压力应符合标准：一般多点喷射系统压力应为0.25～0.35MPa，单点喷射系统压力应为0.07～0.10MPa。

若燃油系统压力过低，可夹住回油软管以切断回油管路，再检查油压表指示压力，若压力恢复正常，说明燃油压力调节器有故障，应更换；若压力仍过低，应检查燃油系统有无泄漏，燃油泵滤网、燃油滤清器和油管路是否堵塞，若无泄漏和堵塞故障应更换燃油泵。

若油压表指示压力过高，应检查回油管路是否堵塞；若回油管路正常，说明燃油压力调节器有故障，应更换。

⑥ 若测试燃油系统压力符合标准，则使发动机运转至正常工作温度后，重新接上燃油压力调节器上的真空软管，检查燃油压力表指示压力应略有下降（约0.05MPa），否则应检查真空管路是否堵塞或漏气；若真空管路正常，说明燃油压力调节器有故障，应更换。

⑦ 使发动机熄火，燃油泵停止工作，等待 10min 后，观察燃油压表压力（即燃油系统残余压力）：多点喷射系统压力应不低于 0.20MPa。若压力过低，应检查燃油系统是否有泄漏，若无泄漏，说明燃油泵出油阀、燃油压力调节器回油阀或喷油器密封不良。

⑧ 检查完毕后，应释放燃油系统压力，并拆下油压表，装复燃油系统。然后，预置燃油系统压力，并起动发动机检查有无泄漏。

1.7 控制系统主要元件的构造与检修

1.7.1 空气流量计

1. 热式空气流量计

当空气流过发热体时，空气带走的热量与流过发热体的空气质量具有一定的对应关系。热线式空气流量计就是利用这一原理对空气流量进行测量的。

（1）热线式空气流量计的构造。热线式空气流量计的基本构造如图 1-49 所示。它主要由铂丝制成的热线（发热体）、温度补偿电阻、控制热线电流并输出信号的控制电路、采样管和流量计壳体等组成。根据铂丝热线在流量计中安装位置的不同，又分为主流测量方式和旁通测量方式两种结构形式。

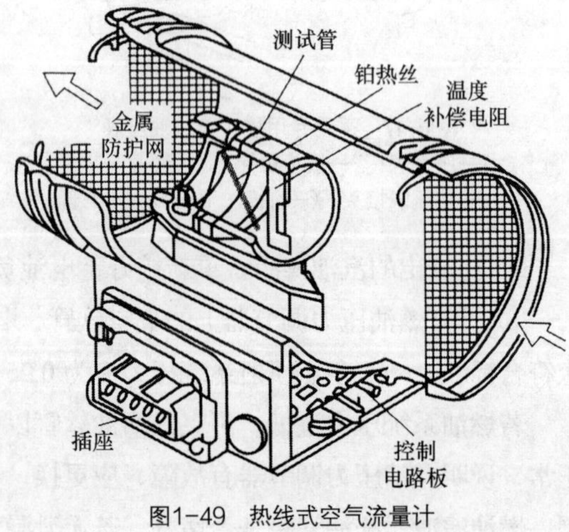

图1-49 热线式空气流量计

主流测量方式采样管置于主空气通道中央，两端为金属防护网，用卡箍固定在壳体上，采样管由两个塑料护套和一个热线支承环构成。直径为 70μm 的铂丝热线布置在热线支承环内，铂丝热线的电阻值 R_2 随温度的变化而变化。热线支承环前端的塑料护套内安装一个铂薄膜电阻 R_4，铂薄膜电阻阻值也随进气温度变化，起温度补偿作用（也称为冷线）。在热线支承环后端的塑料护套上黏结了一个能用激光修正的精密电阻，它是惠斯顿电桥的一个臂 R_1，该电阻上的电压即为热线式空气流量计的输出电压信号。惠斯顿电桥的另一个臂 R_3 装在控制电路板上面，该电阻在最后调试中用激光修正，以便在预定空气流量下调定空气流量计的输出特性。

热线式空气流量计的电控电路板包括电桥平衡电路、烧净电路和怠速混合气调节电位器，电控装置的大多数元件（除 R_1、R_2、R_4 外），都配置在这块混合集成电路板上，其上一般设置六脚插头与发动机微机控制装置相连接，用来传递及反馈信息（见图 1-50）。

旁通测量方式与主流测量方式的热线式空气流量计在结构上的主要差别在于：将铂丝热线和温度补偿电阻（冷线）安装在空气旁通道上；热线和温度补偿电阻铂丝缠绕在陶瓷线管上如图 1-51 所示，其工作原理与主流测量方式相同。

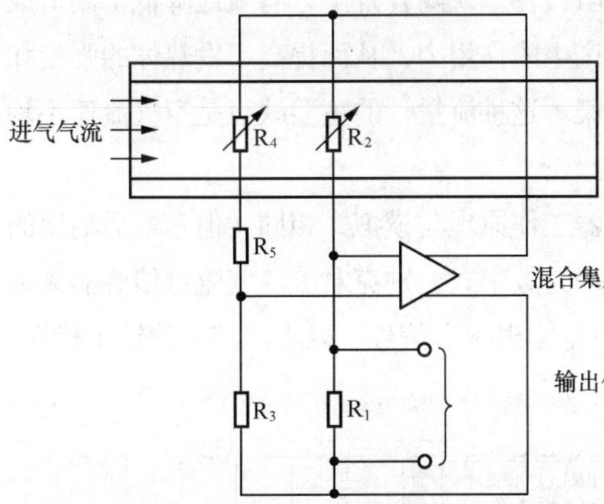

图1-50　热线式空气流量计的工作原理

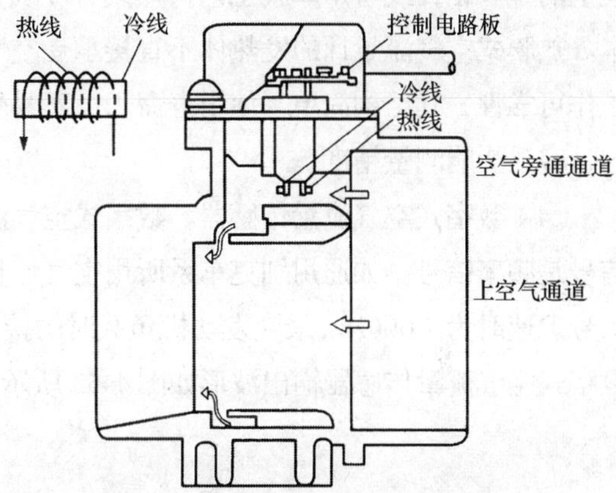

图1-51　旁通测量热线式空气流量计

（2）热线式空气流量计的工作原理。热线式空气流量计的工作原理如图 1-50 所示，当温度较低的进气气流流过放置在空气通道中温度较高的热线时，热线与空气发生热量交换，使热线温度下降。通过热线的空气质量流量越大，被空气带走的热量也越多，热线温度下降也越多。由于热线是惠斯顿平衡电桥电路的一个组成部分（电阻 R_2）。当热线温度下降、电阻值发生变化时，电桥出现不平衡。为了使电桥平衡，必须加大流过热线的电流，使热线温度升高，阻值恢复到使电桥平衡的值。内此可知，流过热线的空气质量越大，空气带走的热量也越多，为保持电桥平衡，维持热线温度所需的电流也越大，反之则越小。热线式空气流量计正是利用流过热线的空气质量与保持热线温度所需热线电流的对应关系测量空气的质量流量的。发动机工作时，热线所需的加热电流一般为 50～120mA。

另外，在空气质量流量不变的情况下，进气温度的变化会使空气从热线带走的热量发生变化，最终使加热热线所需的电流变化，对测量值的精度造成不利影响。为了解决这一问题，在采样管的前端另装一个温度补偿电阻 R_0（冷线），R_0 的阻值也随进气温度变化，起参照基准的作用；流过热线的电流由混合集成电路控制，它使热线和冷线之间的温度差保持不变（一般为 100℃），从而消除了进气温度对测量值的影响。热线式空气流量计的输出信号是精密电阻 R_1 上的电压降，该信号与热线电流成正比。

热线式空气流量计具有响应速度快，能在几毫秒内对空气流量的变化做出响应，具有测量精度高，进气阻力小，不易磨损，可直接测量进气空气的质量流量等优点。但它的缺点有：造价高；热线表面易受空气中尘埃的玷污，使热辐射能力降低，从而影响精度；当空气流速分布不均匀时会产生误差，发动机回火易造成断线。

为了克服热线易受污染的缺陷，有些电控系统在 ECU 中设有自洁电路，在发动机熄火后，自动将热线加热至 1 000℃，持续 1s 将尘埃烧掉；也有一些电控系统将热线的保持温度提高至 200℃，防止污染物玷污热线。

（3）热膜式空气流量计。热膜式空气流量计的结构如图 1-52 所示，它的工作原理与热线式空气流量计基本相同。热膜式空气流量计的主要特点：发热体由热线改为热膜，热膜为固定在薄的树脂膜上的金属铂，或者用厚膜工艺将热线、冷线、精密电阻镀在一块陶瓷片上，有效地降低了制造成本。热膜式空气流量计的发热体不直接承受空气流动所产生的作用力，从而提高了发热体的强度和工作可靠性，其结构简单，使用寿命长，不易受尘埃污染。这种流量计的主要缺点是空气流速不均匀，容易影响测量精度。

（4）数字式空气流量传感器。数字式空气流量传感器工作原理与模拟式相同，但它最后输出的信号是频率信号，如通用别克车系所用空气流量传感器均为数字式。别克君威空气流量传感器频率信号怠速时为 2 000Hz，最大发动机负载时的接近 8 000Hz。输出频率信号可以提高信号的抗干扰性。数字式空气流量传感器输出波形如图 1-53 所示。

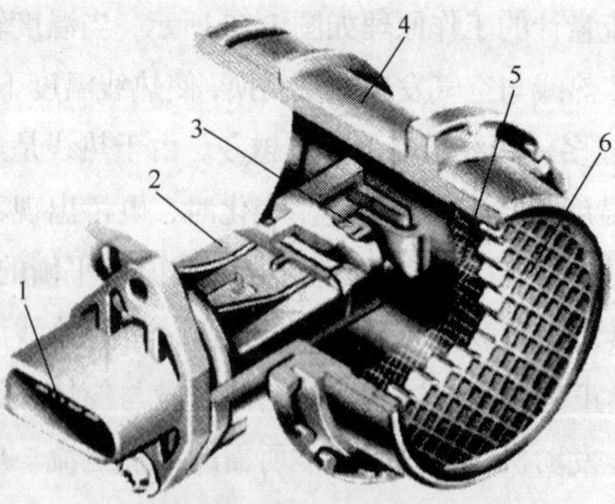

图1-52 热膜式空气流量计

1—电插头；2—混合电路盒；3—热膜；4—壳体；5—滤网；6—金属格栅

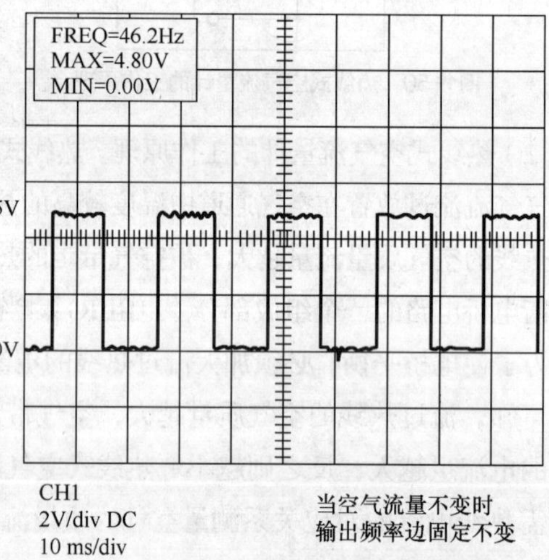

图1-53 数字式空气流量传感器波形

2. 卡门旋涡式空气流量计

卡门旋涡式空气流量计是根据卡尔曼涡流理论，利用超声波或光电信号，通过检测旋涡频率来测量空气流量的一种传感器。根据检测旋涡频率方式的不同，涡流式流量传感器分为超声波检测式和光电检测式两种。

（1）卡门旋涡式空气流量计的测量原理。在流体中放置一个柱状物体（称为涡流发生器）后，在涡流发生器下游流体中就会形成两列平行状旋涡，并且左右交替出现，如图 1-54 所示。旋涡的频率与流体的流速成正比，因此，根据旋涡出现的频率就可测量出流体的流量。由于旋涡与街道两旁的路灯类似，故称其为“涡街”。因为这种现象首先被卡尔曼发现，所以称为卡尔曼涡街或卡尔曼涡流。

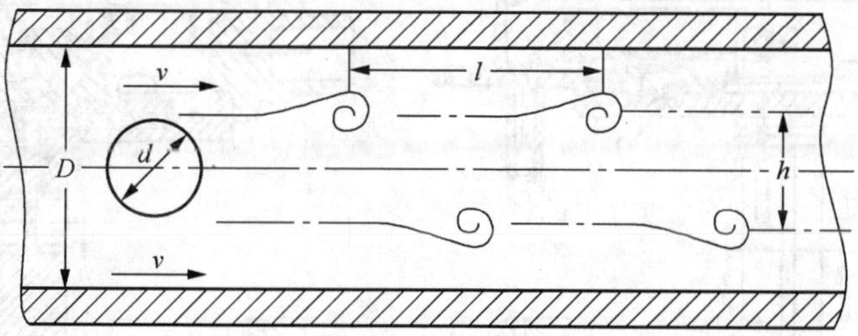

图1-54 卡尔曼涡流产生原理

（2）光电检测涡流式空气流量传感器。

① 传感器的结构特点。丰田凌志 LS400 和皇冠 3.0 型轿车装备的光电检测涡流式流量传感器的结构如图 1-55 所示，主要由涡流发生器、发光二极管 LED、光敏三极管、反光镜、张紧带、集成厚膜控制电路和进气温度传感器组成。

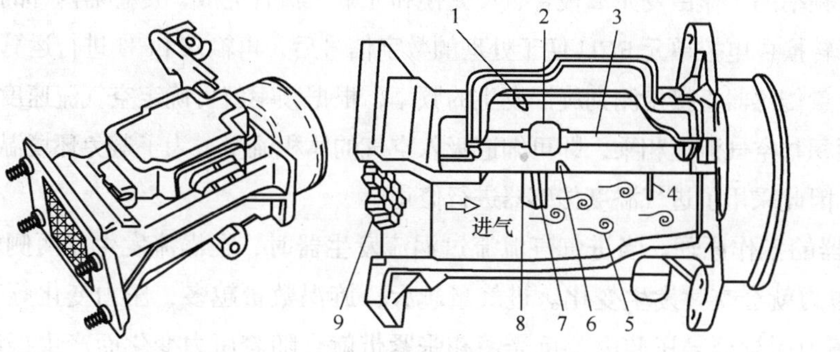

（a）外形结构 （b）内部结构

图1-55 光电检测涡流式流量传感器的结构

1—发光二极管；2—反光镜；3—张紧带；4—进气温度传感器；5—涡流；6—光敏三极管；7—导压孔；8—涡流发生器；9—整流网栅

在传感器气流入口处设有蜂窝状整流网栅，其作用是使吸入的空气在涡流发生器上游形成比较稳定的气流，从而保证涡流发生器产生与流速成正比的涡流。涡流发生器用合成树脂与厚膜集成控制电路封装成一体，传感器内部结构如图 1-56 所示。

在涡流发生器上设有一个稳流槽和两个导压孔。稳流槽使涡流发生器下游产生稳定的涡流，导压孔将涡流发生器两侧的压力引导到导压腔中。

反光镜采用反光能力较强的金属箔片制成，并用细薄的张紧带张紧在导压腔的外表面上，镜面上部设有一只发光二极管 LED 和一只光敏三极管，发光二极管发出的光束由反光镜反射到光敏三极管上。

板簧片设在导压腔内，并紧贴张紧带，其作用是给张紧带施加适当的预紧力，防止张紧带和反光镜振幅过大而变形损坏。

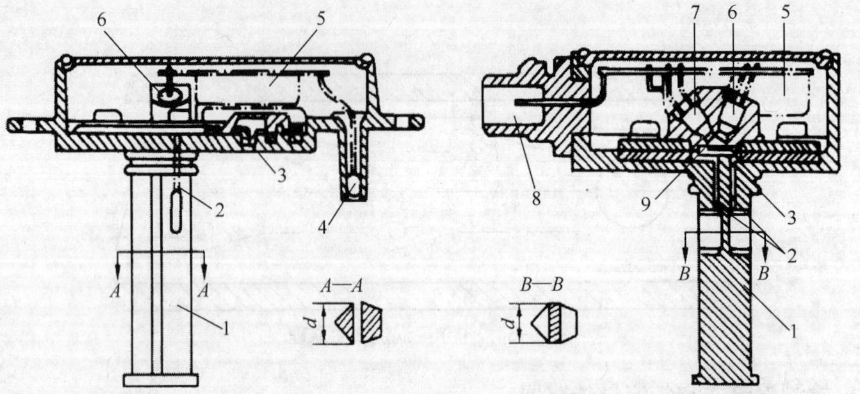

（a）进气气流方向剖视图　　（b）进气气流垂直方向剖视图

图1-56　光电检测涡流式传感器剖视图

1—涡流发生器；2—导压孔；3—板簧片；4—进气温度传感器；5—厚膜IC电路；6—光敏三极管；7—发光二极管LED；8—线束插座；9—导压腔

检测涡流频率的工作由发光二极管、反光镜和光敏三极管完成，传感器内部的信号处理集成电路将频率信号转换成电控单元 ECU 便于处理的数字信号后，再输入 ECU 进行运算处理。

涡流式流量传感器直接检测到旋涡发生的频率，根据频率就可确定空气流速度，再将空气通道的有效截面面积与空气流速相乘，即可知道吸入空气的体积流量。为了避免环境温度变化给流量检测带来误差，因此采用了进气温度传感器进行修正。

② 传感器的工作原理。当进气气流流过涡流发生器时，在涡流发生器两侧就会交替产生涡流，两侧的压力就会交替发生变化。进气量越大，旋涡数量越多，压力变化频率就越高。导压孔将变化的压力引导至导压腔中，反光镜和张紧带就会随着压力变化而产生振动，振动频率与单位时间内产生的旋涡数量（即旋涡频率 f）成正比。反光镜将 LED 的光束反射到光敏三极管上，因为光敏三极管受到光束照射时导通，不受光束照射时截止，所以光敏三极管导通与截止的频率与旋涡频率成正比。信号处理电路将频率信号转换成方波信号输入 ECU 之后，ECU 便可计算出进气流量的大小。利用发动机故障诊断测试系统在丰田皇冠 3.0 型轿车上实测光电检测涡流式空气流量传感器的输出信号周期值如表 1-1 所示。由表可见，发动机转速越高，吸入气缸的进气量越大，产生涡流的频率就越高。卡门旋涡式空气流量传感器的输出信号波形如图 1-57 所示。

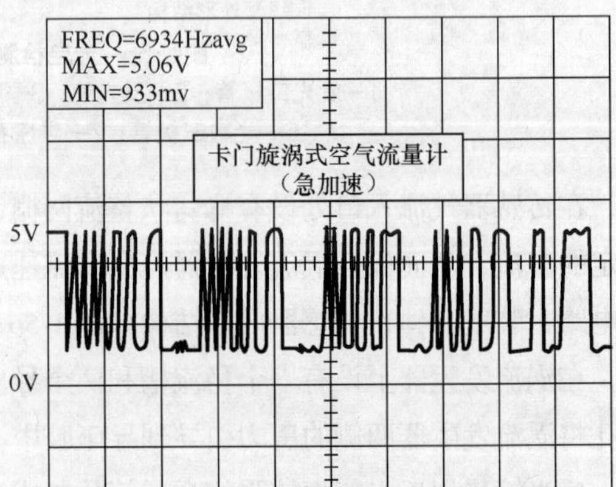

图1-57　卡门旋涡式空气流量传感器的输出信号波形

表 1-1 皇冠 3.0 型轿车光电检测涡流式空气流量传感器输出特性

发动机转速/（r·min^{-1}）	700	1 000	2 000	3 000	4 000	5 000	6 000
信号周期/ms	35.445	23.970	13.770	7.650	4.59	3.825	2.295
信号频率/Hz	28	42	72	130	218	261	436

3. 热式空气流量计典型电路与检测要点

卡罗拉发动机空气流量计电路如图 1-58 所示。

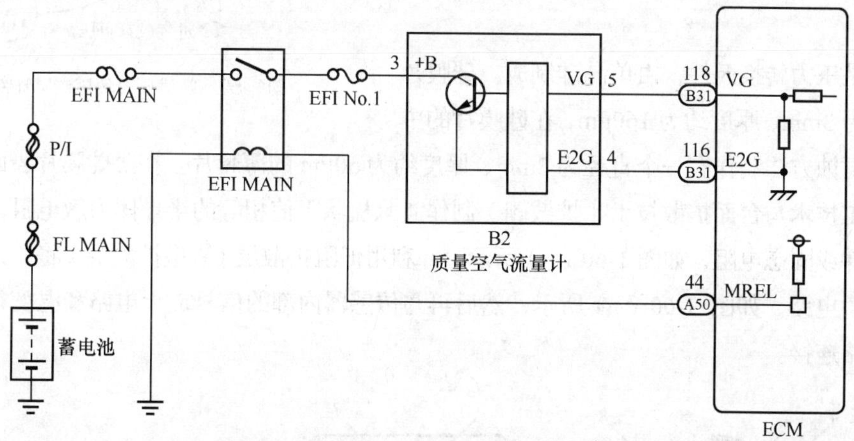

图1-58 卡罗拉发动机空气流量计电路

使用万用表检测时主要进行以下几个方面的检查。

① 检测信号电压。将点火钥匙打到“ON”电压一般在 0.6 V 左右，怠速运行时电压一般在 1.6～1.9V，如电压异常应更换空气流量计，如无电压应进一步检查。

② 检测电源电压，应为 12V，如无电压应检查 EFI 保险丝或电源线路。

③ 搭铁线应连接正常。

1.7.2 进气绝对压力传感器

进气绝对压力传感器安装在进气总管上，它能依据发动机负荷状况测出进气歧管中绝对压力的变化，将其转换成电压信号与转速信号一起送到 ECU，ECU 根据发动机转速、节气门开度、进气管绝对压力与进入发动机气缸的空气流量的对应关系，由进气管内的绝对压力计算出进气量，进而计算出基本喷油量。

这种测量空气流量的方法称为速度-密度法，属于间接测量。进气绝对压力传感器的作用与空气流量计相当，用于 D 型汽油喷射系统中。

1. 进气绝对压力传感器的结构

进气压力传感器种类很多，根据信号产生的原理有半导体压敏电阻式、电容式、膜盒传动的可变电感式和表面弹性波式等，其中以半导体压敏电阻式进气压力传感器应用最广泛。

各型汽车用歧管压力传感器的结构大同小异，主要由硅膜片、真空室、混合集成电路、真空管接头和线束插头等组成，如图 1-59 所示。

歧管压力传感器的安装位置比较灵活，只要将节气门至进气歧管之间的进气压力引入传感器，就可将传感器安放在任何位置。

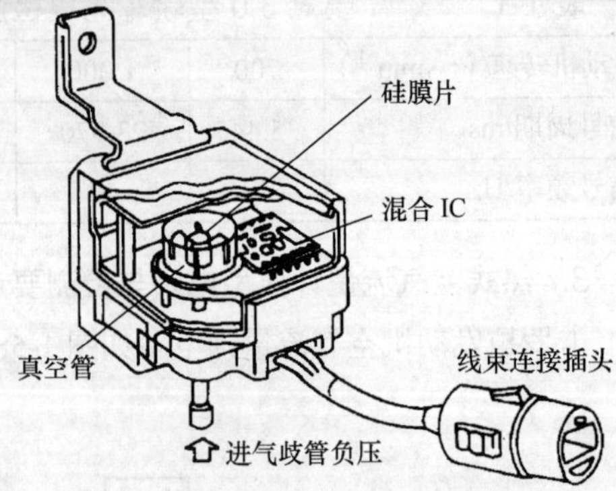

图1-59 歧管压力传感器MAP结构

压敏电阻式歧管压力传感器的内部结构如图 1-60 所示，主要由硅膜片 5、真空室 4、硅杯 3、半导体力敏电阻 7、底座 10、导压管 11 和电极引线 9 等组成。

硅膜片是压力转换元件，由单晶硅制成。硅膜片的长和宽约为 3mm、厚度约为 160μm，在硅膜片的中央部位采用腐蚀方法制作有一个直径为 2mm、厚度约为 50μm 的薄膜片。在薄硅膜片表面上，采用集成电路加工技术与台面扩散技术（扩散硼）制作 4 只梳状阻值相等的半导体力敏电阻，通常称为固态压阻器件或固态电阻，如图 1-60（b）所示，并利用低阻扩散层（P 型扩散层）将 4 只电阻连接成惠斯顿电桥电路，如图 1-60（c）所示，然后再与传感器内部的信号放大电路和温度补偿电路等混合集成电路连接。

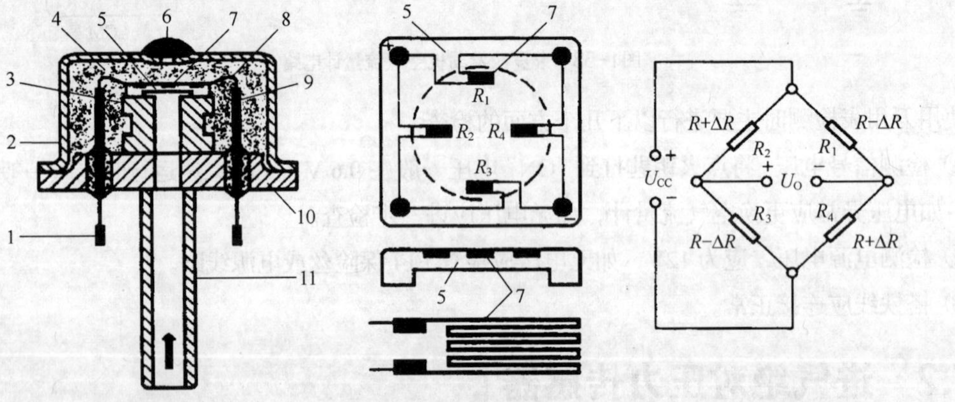

图1-60 歧管压力传感器内部结构

1—引线端子；2—壳体；3—硅杯；4—真空室；5—硅膜片；6—锡焊封口；
7—应变电阻；8—金线电极；9—电极引线；10—底座；11—真空管

在硅膜片上，根据力敏电阻扩散制作的方向不同分为径向电阻和切向电阻，扩散电阻的长边与膜片半径垂直的电阻称为切向电阻 R_1（图中电阻 R_1、R_3 所示），扩散电阻的长边与膜片半径平行的电阻称为径向电阻 R_2（图中电阻 R_2、R_4 所示）。

2. 工作原理

硅膜片一面通真空室，另一面导入进气歧管压力。在歧管压力作用下，硅膜片就会产生应力，在应力作用下，半导体力敏电阻的电阻率就会发生变化而引起阻值变化，惠斯顿电桥上电阻值的平衡就被打破。当电桥输入端输入一定的电压或电流时，在电桥的输出端就可得到变化的信号电压或信号电流。根据信号电压或信号电流的大小，就可检测出歧管压力的高低。

当发动机工作时，进气歧管压力随进气流量的变化而变化。当节气门开度增大（即进气流量增大）时，空气流通截面增大，气流速度降低，进气歧管压力升高，膜片应力增大，力敏电阻的阻值变化量增大，电桥输出的电压升高，经混合集成电路放大和处理后，送到 ECU 的 PIM 端的信号电压升高。反之，当节气门开度由大变小（即进气流量减小）时，进气流通截面减小，气流速度升高，进气歧管压力降低，膜片应力减小，力敏电阻的阻值变化量减小，电桥输出电压降低，输入 ECU 的信号电压降低。

半导体压敏电阻式压力传感器的优点有：尺寸小、精度高、成本低，响应速度快，重复性和抗震性都较好；输出信号与进气歧管绝对压力呈线性关系；在−30℃～100℃的使用温度范围内，测量精度基本不受温度的影响。它在早期的电控汽油喷射系统中应用较为广泛，如博世的 D-Jetronic 系统及丰田 HIACEE 小客车的 2RZ-E 发动机和丰田皇冠 3.0 轿车的 2JZ-GE 发动机等。

进气歧管绝对压力传感器的常见故障有控制线路短路或断路、真空软管连接不当或破裂等。它损坏后的故障现象和空气流量计故障现象相似，即 ECU 不能正常地对喷油量进行控制，造成混合气过浓或过稀，发动机运转不正常。

3. 进气绝对压力传感器典型电路与检测方法

威驰发动机进气压力传感器电路如图 1-61 所示。

使用万用表检测时主要进行以下几个方面的检查。

① 检测信号电压：将点火钥匙打到“ON”电压一般在 3.6V 左右，怠速运行时电压一般为 1.0～1.5V，如电压异常应更换进气压力传感器，如无电压应进一步检查。

② 检测电源电压，电压应为 5V，如无电压应检查电源线路。

③ 搭铁线应连接正常。

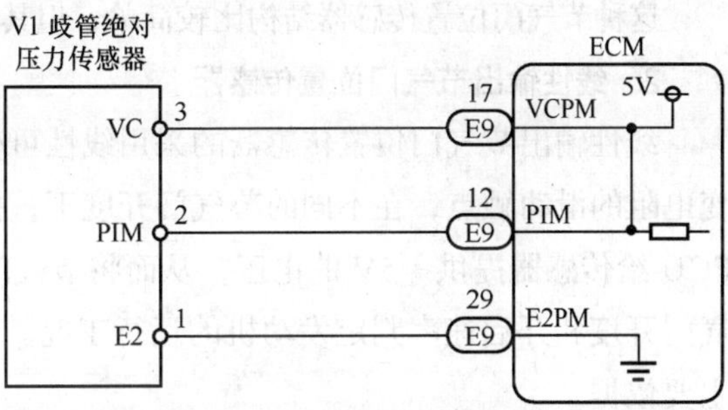

图1-61　威驰发动机进气压力传感器电路

1.7.3　节气门位置传感器

节气门位置传感器用来检测节气门的开度及开度变化，信号输入 ECU。它被安装在节气门体上，将节气门开度转换成电压信号输出，以便微机控制喷油量。节气门位置传感器有开关式输出和线性输出（可变电阻式）两种类型。

1. 开关式节气门位置传感器

这种节气门位置传感器实质上是一种转换开关，又称为节气门开关。它的结构如图 1-62（a）所示。

这种节气门位置传感器由与节气门轴联动的凸轮、动触点、怠速触点、满负荷触点等组成。

动触点接微机电源，当节气门全关闭时，怠速触点与动触点接通；当节气门开度达 50%以上时，满负荷触点与动触点接通；而当节气门开度在全闭至 50%时，动触点悬空。这样，微机就可以根据怠速触点和满负荷触点提供的信号判断节气门位置，以便对发动机进行喷油控制，或对自动变速进行控制。该传感器把节气门打开的角度转换成电压信号传送给 ECU，如图 1-62（b）所示。

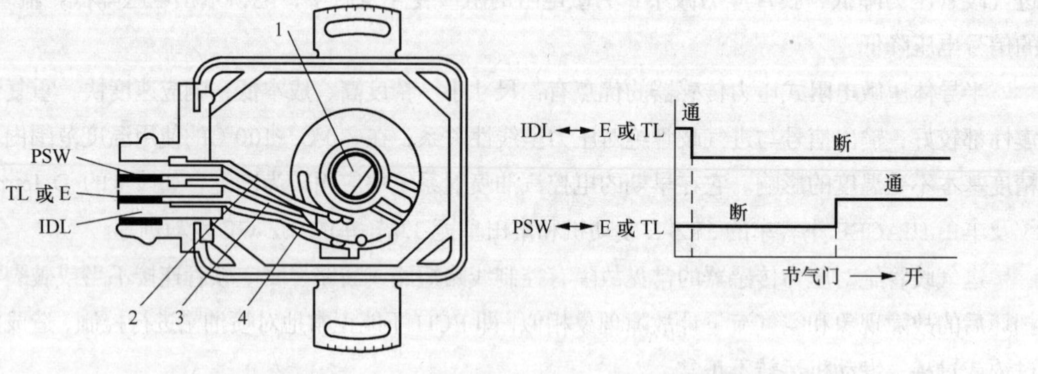

（a）结构图　　（b）工作示意图

图1-62　开关式节气门位置传感器

1—节气门轴；2—满负荷触点；3—动触点；4—怠速触点

这种节气门位置传感器结构比较简单，但其输出是非连续的。

2. 线性输出节气门位置传感器

线性输出节气门位置传感器的采用线性可变电阻，如图 1-63（a）所示，由节气门轴带动可变电阻的滑动触点，在不同的节气门开度下，接入回路的电阻是不同的，如图 1-63（b）所示。ECU 给传感器提供 + 5V 的电压，从而将节气门开度转换成电压信号输送给 ECU。ECU 根据节气门开度和开启速率判定发动机的运行工况。输出信号在自动变速车辆上还可作为换挡条件的主要依据。

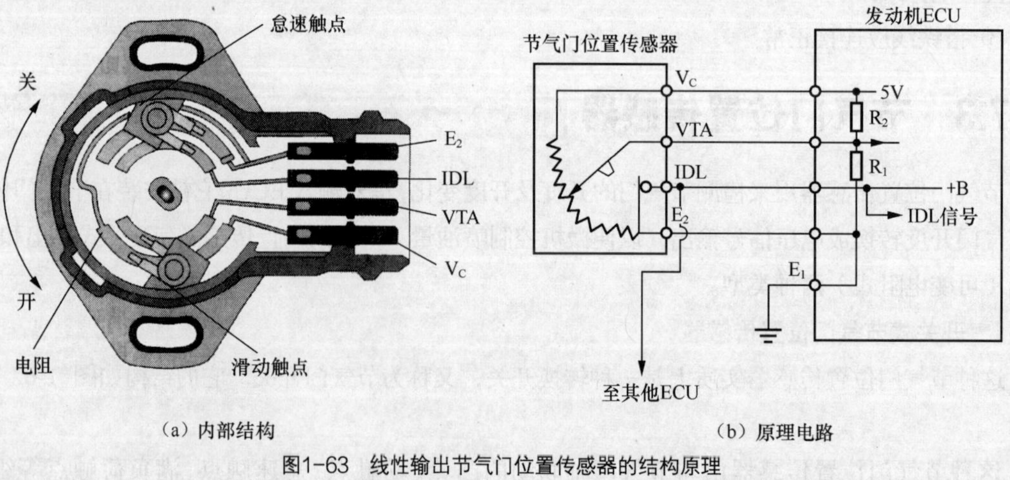

（a）内部结构　　（b）原理电路

图1-63　线性输出节气门位置传感器的结构原理

有些节气门位置传感器上还有怠速触点（IDL）用于检测发动机工况，IDL 信号输出高电平（通），说明发动机处于怠速运行工况。

节气门位置传感器除了作为负荷信号外，其变化率还可作为判断发动机加速和减速的信号。

3. 节气门位置传感器常见故障及其对发动机的影响

开关量输出和线性型节气门位置传感器的常见故障主要有触点接触不良，可变电阻腐蚀等。这些故障会影响发动机的怠速和加速性能，造成发动机怠速不稳或无怠速，加速性变差或加速性时好时坏等故障。

4. 节气门位置传感器典型电路与检测方法

凯越发动机进节气门位置传感器电路如图 1-64 所示。

使用万用表检测时主要进行以下几个方面的检查：

① 检测信号电压。节气门全关时为 0.5V 左右，随节气门开度增大电压逐渐升高，全开时在 4.0V 左右，如有异常应更换节气门位置传感器，如无电压应进一步检测。

② 检测电源电压，电压应为 5V，如无电压应检查电源线路。

③ 断开节气门位置传感器插头，测量节气门位置传感器电阻，信号端与搭铁端电阻在节气门全关时为 0.5kΩ左右，随节气门开度增大电阻逐渐升高，全开时在 1.8kΩ，如有异常应更换节气门位置传感器。

④ 搭铁线应连接正常。

知识拓展 1-2 电子节气门及霍尔式节气门位置传感器

霍尔式非接触式节气门位置传感器，利用霍尔效应制成，霍尔效应是美国约翰·霍普金斯大学物理学家霍尔（Hall）博士于 1879 年首先发现的。他发现把一个通有电流 I 的长方体形铂金导体垂直于磁力线放入磁感应强度为 B 的磁场中时（见图 1-65），在铂金导体的两个横向侧面上就会产生一个垂直于电流方向和磁场方向的电压 U_H，当取消磁场时，电压立即消失。该电压后来称为霍尔电压，U_H 与通过铂金导体的电流 I 和磁感应强度 B 成正比，即

$$U_H = \frac{K_H}{d} IB$$

式中：K_H 为霍尔系数；d 为铂金导体的厚度。

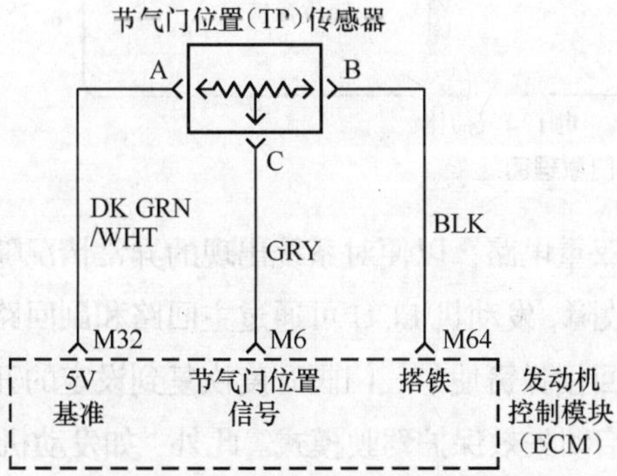

图1-64 节气门位置传感器电阻

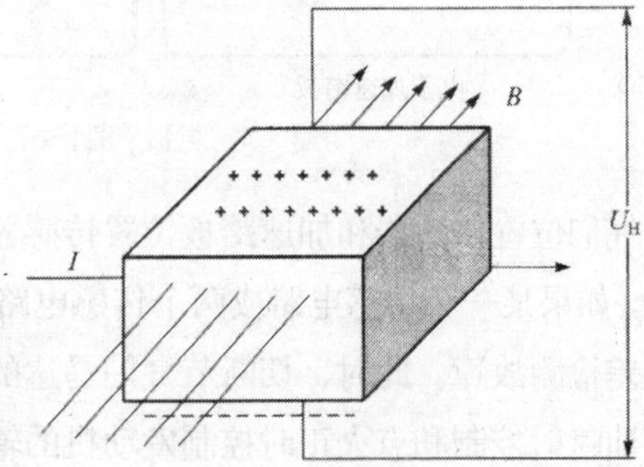

图1-65 霍尔效应原理

利用霍尔效应制成的元件称为霍尔元件，利用霍尔元件制成的传感器称为霍尔式传感器。利用

霍尔效应可以检测磁场强度和电流的大小。

丰田锐志轿车电子节气门结构如图 1-66 所示，工作原理如图 1-67 所示。电子节气门线路图如图 1-68 所示，加速踏板位置传感器线路图如图 1-69 所示。

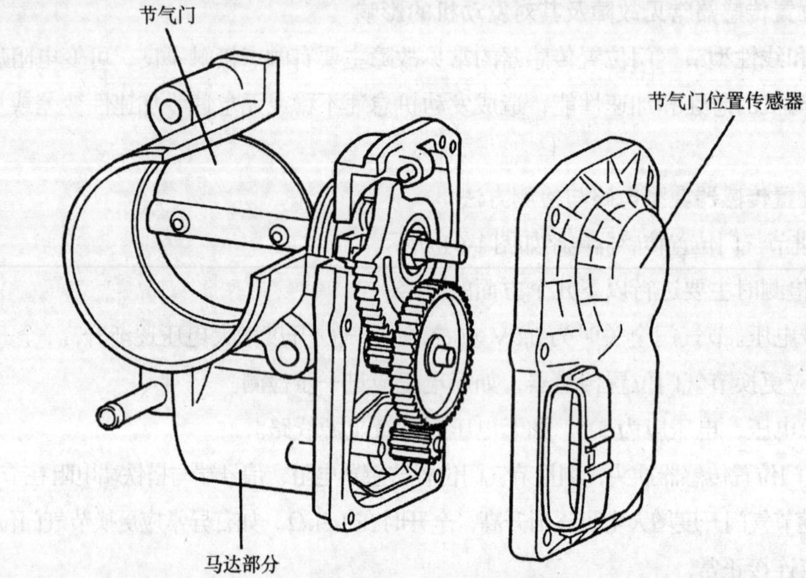

图1-66 电子节气门结构简图

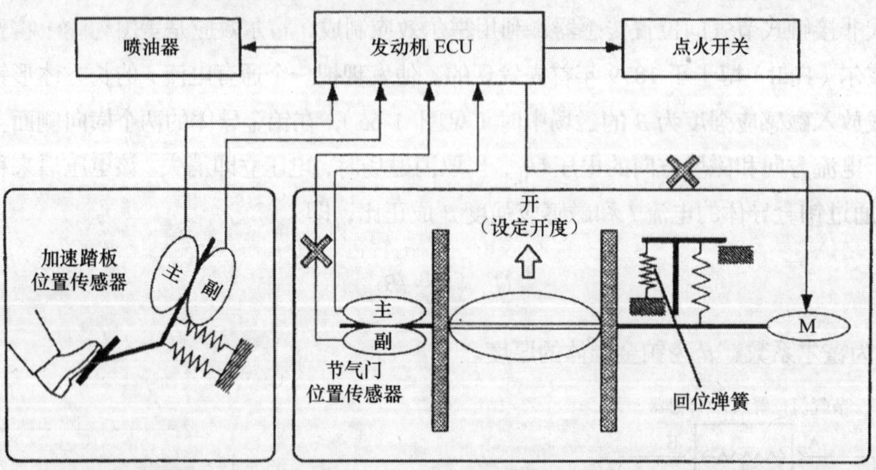

图1-67 电子节气门原理图

节气们位置传感器和加速踏板位置传感器均采用双重电路，以便对系统出现的异常情况随时进行监控。如果某一个传感电路或两个传感电路都出现故障，发动机 ECU 可通过主回路和副回路之间的电压差检测故障。此时，切断节气门马达的电流，回位弹簧使节气门阀开度恢复到设定的开度。通过燃油喷射控制和点火正时控制发动机的输出，可启动失效保护驾驶模式。此外，如发动机 ECU 检测到气节门马达等其他故障，则可通过以上控制方式，也可启动失效保护驾驶模式。

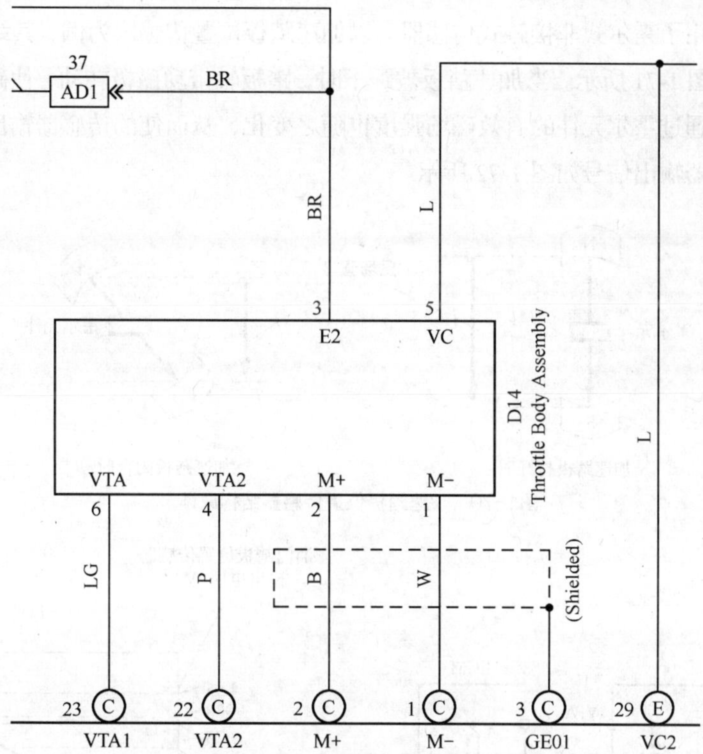

图1-68 电子节气门线路连接图

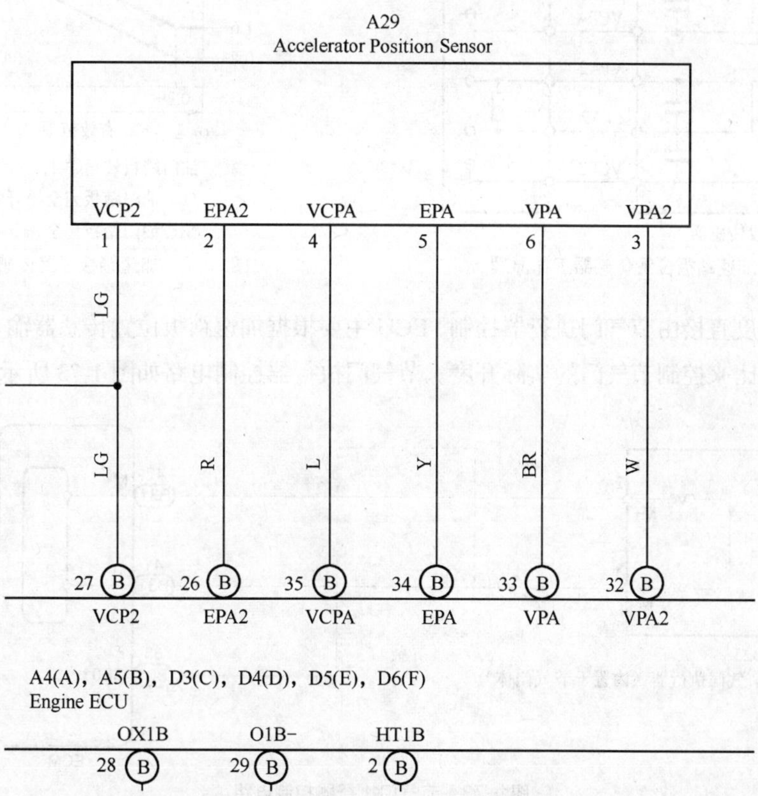

图1-69 加速踏板位置线路连接图

两传感器均采用了霍尔式非接触式传感器。以加速踏板位置传感器为例，其结构原理如图 1-70 所示，工作原理如图 1-71 所示。当加速踏板被踩下时，踏板轴带动磁极转动，使磁感线与霍尔元件的角度产生变化，通过霍尔元件的有效磁场强度也随之变化，从而使的传感器输出电压产生变化。加速踏板位置传感器输出信号如图 1-72 所示。

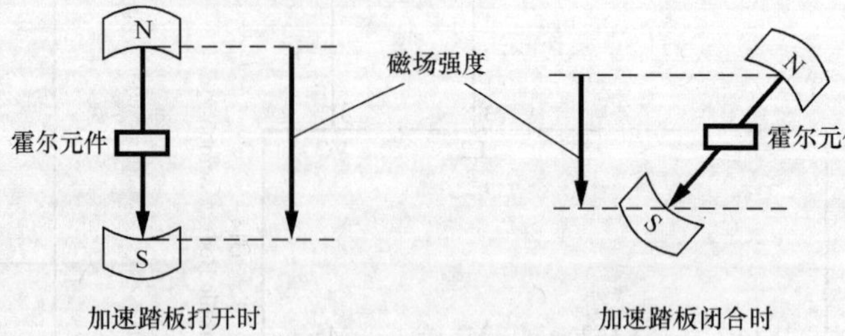

图1-70 加速踏板位置传感器结构原理

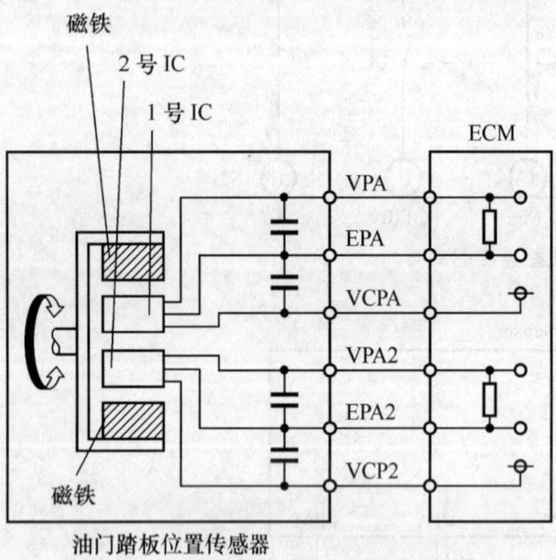

图1-71 加速踏板位置传感器工作原理

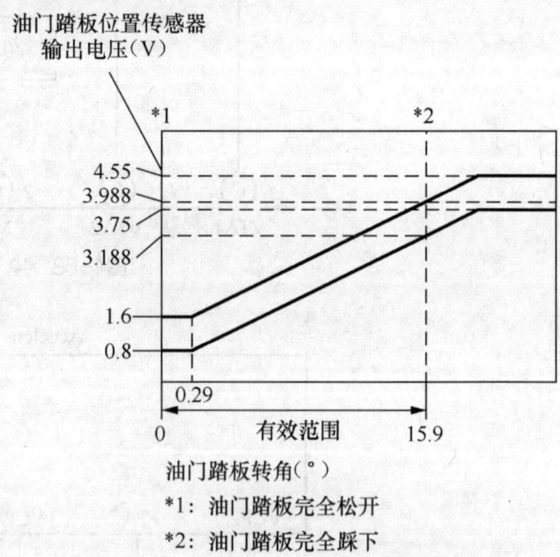

图1-72 加速踏板位置传感器输出信号

节气门的开度直接由节气门执行器控制，ECU 主要根据加速踏板位置传感器输入的信号通过控制执行器的占空比来控制节气门的实际开度。节气门执行器控制电路如图 1-73 所示。

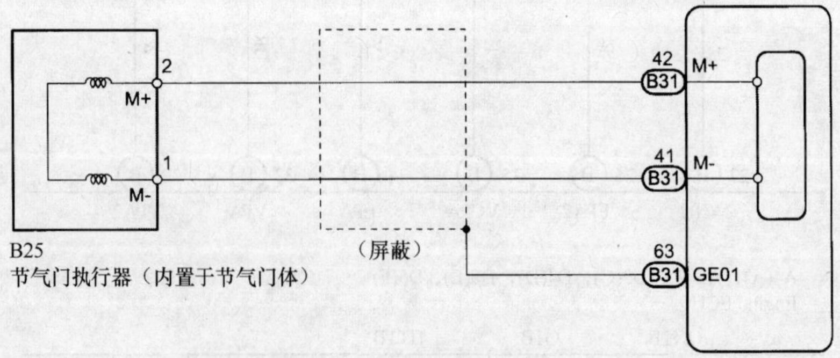

图1-73 节气门执行器控制电路

通过电子节气门可以实现非线性控制、怠速控制、减小换挡冲击控制、驱动力控制（ASR/TRC）、稳定性控制（ESP）、巡航控制（CCS）。以上系统一般均要对节气门开度进行控制，对于传统机械式节气门，必须要加装各种控制节气门开度的执行器，如怠速控制阀、副节气门、CSS执行器，这样使得发动机控制系统的结构变得复杂且容易出现故障。采用电子节气门之后，由节气门执行器可统一完成以上各功能，大大简化了系统结构，减少了故障的发生。

1.7.4　凸轮轴/曲轴位置传感器

凸轮轴位置传感器的功用是采集配气凸轮轴的位置信号，并输入ECU，以便ECU识别气缸1压缩上止点，从而进行顺序喷油控制、点火时刻控制和爆燃控制。此外，凸轮轴位置信号还用于发动机起动时识别出第一次点火时刻。因为凸轮轴位置传感器能够识别哪一个气缸活塞即将到达上止点，所以将其称为气缸识别传感器或判缸传感器。

曲轴位置位置传感器（CKPS）有时也称为转速传感器，用来检测曲轴转角位移，给ECU提供发动机转速信号和曲轴转角信号，以确定基本喷油量和基本点火提前角。

空气流量计只能检测单位时间内的进气量，ECU必须根据发动机转速确定每循环进气量，以便实现对循环喷油量的精确控制。同时，ECU根据曲轴转角基准位置和曲轴转角才能确定各缸工作位置，以控制最佳的喷油时刻和最佳的点火提前角。

凸轮轴位置传感器和曲轴位置传感器的结构和工作原理基本相同，只是各车型安装位置不同，曲轴位置传感器一般安装在曲轴前端，凸轮轴位置传感器一般安装在凸轮轴前端或后端，也有一些安装在凸轮轴中间位置，早期两传感器通常一起安装在分电器处，对于多凸轮轴发动机，通常每根凸轮轴上都装有凸轮轴位置传感器。

凸轮轴/曲轴位置传感器可分为电磁感应式、霍尔式和光电式3种类型。

1. 电感应式曲轴位置传感器

（1）电磁感应式传感器的工作原理。

电磁感应式传感器的工作原理如图1-74所示。磁力线穿过的路径：永久磁铁N极→定子与转子间的气隙→转子凸齿→转子凸齿与定子磁头间的气隙→磁头→导磁板→永久磁铁S极。当信号转子旋转时，磁路中的气隙就会周期性地发生变化，磁路的磁阻和穿过信号线圈磁头的磁通量随之发生周期性变化。根据电磁感应原理，传感线圈中就会感应产生交变电动势。

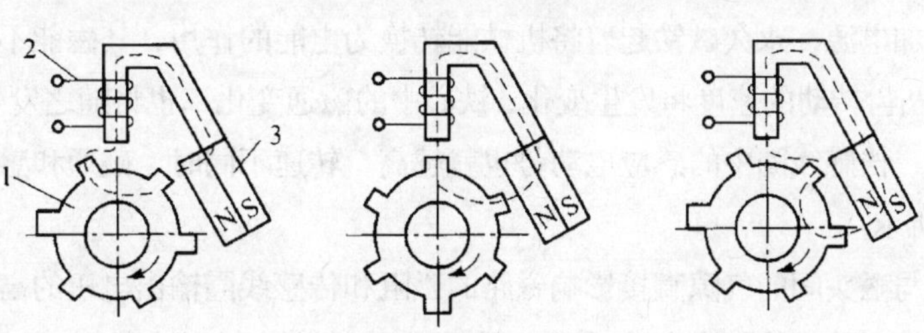

（a）接近　（b）对正　（c）离开

图1-74　电磁感应式曲轴位置传感器工作原理

1—信号转子；2—传感线圈；3—永久磁铁

当信号转子按顺时针方向旋转时，转了凸齿与磁头间的气隙减小，磁路磁阻减小，磁通量Φ增多，磁通变化率增大（$\mathrm{d}\Phi/\mathrm{d}t>0$），感应电动势$E$为正（$E>0$），如图 1-75 中曲线 abc 所示。当转子凸齿接近磁头边缘时，磁通量Φ急剧增多，磁通变化率最大[$\mathrm{d}\Phi/\mathrm{d}t=(\mathrm{d}\Phi/\mathrm{d}t)_{max}$]，感应电动势$E$最高（c），如图 1-75 中曲线 b 点所示。转子转过 b 点位置后，虽然磁通量Φ仍在增多，但磁通变化率减小，因此感应电动势E降低。

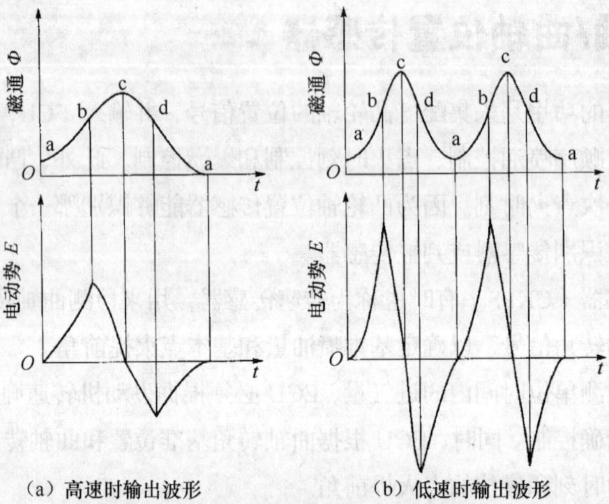

（a）高速时输出波形　　（b）低速时输出波形

图1-75　传感器线圈中的磁通Φ和电动势E的波形

当转子旋转到凸齿的中心线与磁头的中心线对齐时（见图 1-74（b）），虽然转子凸齿与磁头间的气隙最小，磁路的磁阻最小，磁通量最大，但是由于磁通量不可能继续增加，磁通变化率为 0，因此感应电动势E为 0，如图 1-75 中曲线 c 点所示。

当转子沿顺时针方向继续旋转，凸齿离开磁头时（见图 1-74（c）），凸齿与磁头间的气隙增大，磁路磁阻增大，磁通量Φ减少（$\mathrm{d}\Phi/\mathrm{d}t<0$），所以感应电动势$E$为负（$E<0$），如图 1-75 中曲线 cda 所示。当凸齿转到将要离开磁头边缘时，磁通量Φ急剧减少，磁通变化率达到负向最大值[$\mathrm{d}\Phi/\mathrm{d}t=-(\mathrm{d}\Phi/\mathrm{d}t)_{max}$]，感应电动势$E$也达到负向最大值（$E=-E_{max}$），如图 1-75 中曲线上 d 点所示。

由此可见，信号转子每转过一个凸齿，传感线圈中就会产生一个周期性交变电动势，即电动势出现一次最大值和一次最小值，传感线圈也就相应地输出一个交变电压信号。磁感应式传感器的突出优点是不需要外加电源，永久磁铁起着将机械能转换为电能的作用，其磁能不会损失。当发动机转速变化时，转子凸齿转动的速度将发生变化，铁心中的磁通变化率也将随之发生变化。转速越高，磁通变化率就越大，传感线圈中的感应电动势也就越高。转速不同时，磁通和感应电动势的变化情况如图 1-75（b）所示。

由于转子凸齿与磁头间的气隙直接影响磁路的磁阻和传感线圈输出电压的高低,因此在使用中,转子凸齿与磁头间的气隙不能随意变动。气隙如有变化,必须按规定进行调整,气隙一般设计为 0.2～0.4mm。

（2）捷达、桑塔纳轿车磁感应式曲轴位置传感器。

① 曲轴位置传感器结构特点。捷达 AT 和 GTX、桑塔纳 2000GSi 型轿车的磁感应式曲轴位置传感器安装在曲轴箱内靠近离合器一侧的缸体上，主要由信号发生器和信号转子组成，如图 1-76 所示。

信号发生器用螺钉固定在发动机缸体上，由永久磁铁、传感线圈和线束插头组成。传感线圈又称为信号线圈，永久磁铁上带有一个磁头，磁头正对安装在曲轴上的齿盘式信号转子，磁头与磁轭（导磁板）连接构成导磁回路。

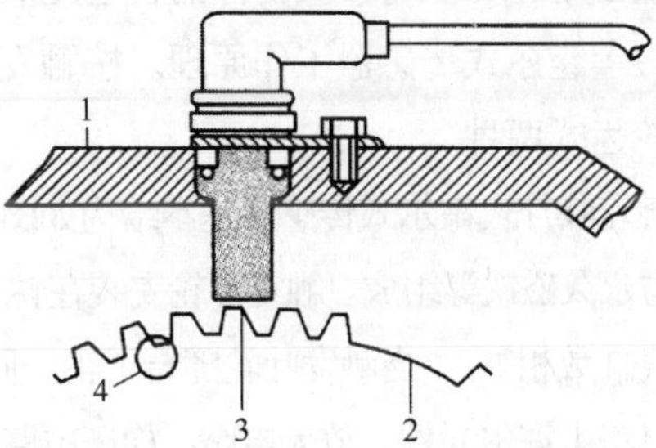

图1-76 捷达轿车曲轴位置传感器结构
1—缸体；2—大齿缺；3—传感器磁头；4—信号转子

信号转子为齿盘式，在其圆周上间隔均匀地装有 58 个凸齿、57 个小齿缺和 1 个大齿缺。大齿缺输出基准信号，对应发动机气缸 1 或气缸 4 压缩上止点前一定角度。大齿缺所占的弧度相当于 2 个凸齿和 3 个小齿缺所占的弧度。因为信号转子随曲轴一同旋转，曲轴旋转一圈（360°），信号转子也旋转一圈（360°），所以信号转子圆周上的凸齿和齿缺所占的曲轴转角为 360°，每个凸齿和小齿缺所占的曲轴转角均为 3°(58 × 3°+57 × 3°=345°)，大齿缺所占的曲轴转角为 15°(2 × 3°+3 × 3°=15°)。

② 曲轴位置传感器工作情况。当曲轴位置传感器随曲轴旋转时，由磁感应式传感器工作原理可知，信号转子每转过一个凸齿，传感线圈中就会产生一个周期性交变电动势（电动势出现一次最大值和一次最小值），线圈相应地输出一个交变电压信号。因为信号转子上设有一个产生基准信号的大齿缺，所以当大齿缺转过磁头时，信号电压所占的时间较长，即输出信号为一宽脉冲信号，该信号对应于气缸 1 或气缸 4 压缩上止点前一定角度。ECU 接收到宽脉冲信号时，便可知道气缸 1 或气缸 4 上止点位置即将到来，至于即将到来的是气缸 1 还是气缸 4，则须根据凸轮轴位置传感器输入的信号来确定。由于信号转子上有 58 个凸齿，因此，信号转子每转一圈（发动机曲轴转一圈），传感线圈就会产生 58 个交变电压信号输入 ECU。

每当信号转子随发动机曲轴转动一圈，传感线圈就会向 ECU 输入 58 个脉冲信号。因此，ECU 每接收到曲轴位置传感器 58 个信号，就可知道发动机曲轴旋转了一圈。如果在 1min 内 ECU 接收到曲轴位置传感器 116 000 个信号，ECU 便可计算出曲轴转速 $n-2\,000(116\,000/58-2\,000)$r/min；如果 ECU 每分钟接收到曲轴位置传感器 290 000 个信号，ECU 便可计算出曲轴转速 $n=5\,000(290\,000/58=5\,000)$r/min。依此类推，ECU 根据每分钟接收的曲轴位置传感器脉冲信号的数量，便能计算出发动机曲轴旋转的转速。发动机转速信号和负荷信号是电子控制系统最基本、最重要的控制信号，ECU 根据这两个信号就能计算出基本喷油提前角（时间）、基本点火提前角（时间）和点火导通角（点火线圈一次电流接通时间）3 个基本控制参数。

捷达 AT 和 GTx、桑塔纳 2000GSi 型轿车磁感应式曲轴位置传感器信号转子上大齿缺产生的信号为基准信号，ECU 控制喷油时间和点火时间是以大齿缺产生的信号为基准进行控制的。当 ECU 接收到大齿缺产生的信号后，再根据小齿缺信号来控制点火时间、喷油时间和点火线圈一次电流接通时间（点火导通角）。

2. 霍尔式凸轮轴位置传感器

霍尔式凸轮轴位置传感器根据霍尔效应制成的。20 世纪 80 年代以来，汽车上应用的霍尔式传感器与日俱增，主要原因在于霍尔式传感器有两个突出优点：一是输出电压信号近似于方波信号；二是输出电压高低与被测物体的转速无关。霍尔式传感器与磁感应式传感器不同的是需要外加电源。

（1）霍尔式传感器工作原理。按触发信号装置的结构不同，霍尔式传感器可分为触发叶片式和触发轮齿式两种。

触发叶片式霍尔式传感器基本结构如图 1-77 所示，主要由触发叶轮、霍尔集成电路、导磁钢片（磁轭）与永久磁铁等组成。触发叶轮安装在转子轴上，叶轮上制有叶片（在霍尔式点火系统中，叶片数与发动机气缸数相等）。当触发叶轮随转子轴一同转动时，叶片便在霍尔集成电路与永久磁铁之间转动。霍尔集成电路由霍尔元件、放大电路、稳压电路、温度补偿电路、信号变换电路和输出电路等组成。

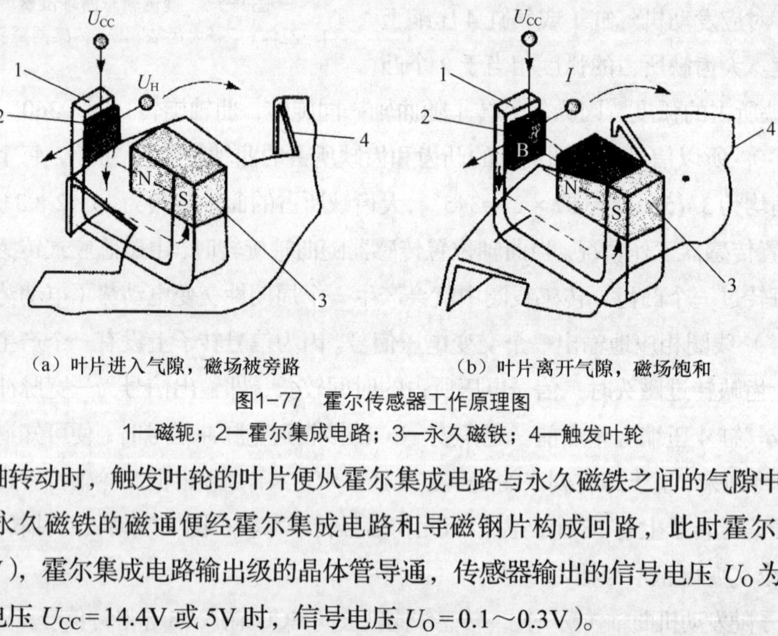

（a）叶片进入气隙，磁场被旁路　　（b）叶片离开气隙，磁场饱和

图1-77 霍尔传感器工作原理图

1—磁轭；2—霍尔集成电路；3—永久磁铁；4—触发叶轮

当传感器轴转动时，触发叶轮的叶片便从霍尔集成电路与永久磁铁之间的气隙中转过：当叶片离开气隙时，永久磁铁的磁通便经霍尔集成电路和导磁钢片构成回路，此时霍尔元件产生电压（U_H=1.9～2.0V），霍尔集成电路输出级的晶体管导通，传感器输出的信号电压 U_O 为低电平（实测表明：当电源电压 U_{CC}=14.4V 或 5V 时，信号电压 U_O=0.1～0.3V）。

当叶片进入气隙时，霍尔集成电路中的磁场被叶片旁路，霍尔电压 U_H 为 0，集成电路输出级的晶体管截止，传感器输出的信号电压 U_O 为高电平（实测表明：当电源电压 U_{CC}=14.4V 时，信号电压 U_O=9.8V；当电源电压 U_{CC}=5V 时，信号电压 U_O=4.8V）。

（2）采用触发叶片的霍尔式曲轴位置传感器。美国通用汽车公司的霍尔式曲轴位置传感器就采用了触发叶片的结构形式，如图 1-78 所示。在发动机的曲轴传动带轮前端固装着内外两个带触发叶片的信号轮，它们与曲轴一起旋转。外信号轮外缘上均匀分布着 18 个触发叶片和 18 个窗口，每个触发叶片和窗口的宽度均对应 10° 弧长；内信号轮外缘上设有 3 个触发叶片和 3 个窗口，3 个触发叶片的宽度不同，分别对应 100°、90° 和 110° 弧长，3 个窗口的宽度亦不相同，分别对应 20°、30° 和 10° 弧长。由于内信号轮的安装位置关系，宽度对应 100° 弧长的触发叶片前沿位于第 1 缸和第 4 缸上止点（TDC）前 75°，90° 弧长的触发叶片前沿在第 6 缸和第 3 缸上止点前 75°，110° 弧长的触发叶片前沿在第 5 缸和第 2 缸上止点前 75°。

发动机工作时，信号轮转动，当叶片进入永磁铁与霍尔元件之间的空气隙时，不产生霍尔电压；当触发叶片离开空气隙时，永磁铁的磁通便通过导磁板穿过霍尔元件，产生霍尔电压。将霍尔电压信号经霍尔集成电路放大整形后，送往 ECU，输出的电压脉冲信号如图 1-79 所示。外信号轮每旋转 1 周产生 18 个脉冲信号，常被称为 18X 信号，1 个脉冲周期相当于曲轴旋转 20° 转角的时间，ECU 再将 1 个脉冲周期均分为 20 等份，即可求得曲轴每旋转 1° 所对应的时间，并根据这一信号，控制点火开始时刻。内信号轮每旋转 1 周产生 3 个不同宽度的电压脉冲信号，常被称为 3X 信号，脉冲周期均为 120° 曲轴转角的时间，脉冲上升沿分别产生于第 1、4 缸，第 3、6 缸和第 2、5 缸的上止点前 75°，此信号是作为 ECU 判别气缸和计算点火时刻的基准信号。

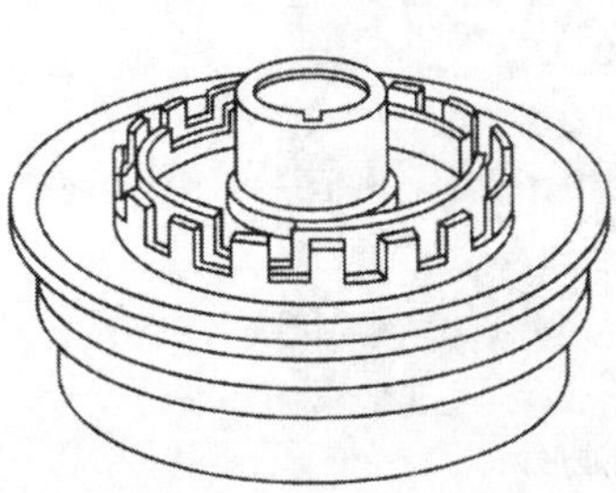

图1-78 触发叶片的霍尔式曲轴位置传感器

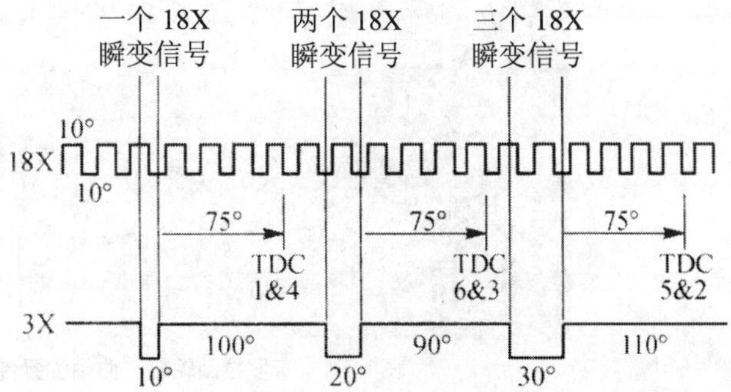

图1-79 霍尔式曲轴位置传感器输出信号

由此可知，这种叶片所产生的信号不仅可以给出活塞压缩行程上止点的参考信号，而且根据高电平到来之前，低电平所持续的曲轴转角还可以区分出即将进行点火的气缸。

（3）采用触发轮齿式的霍尔式凸轮轴位置传感器。丰田卡罗拉轿车采用触发轮齿式的霍尔式凸轮轴位置传感器，其霍尔安装在传感器磁头中，触发轮齿在凸轮轴末端加工而成，由 3 个不同宽度的凸齿和齿缺组成。实物图如图 1-80 所示，进气侧凸轮轴位置传感器波形图如图 1-81 所示。

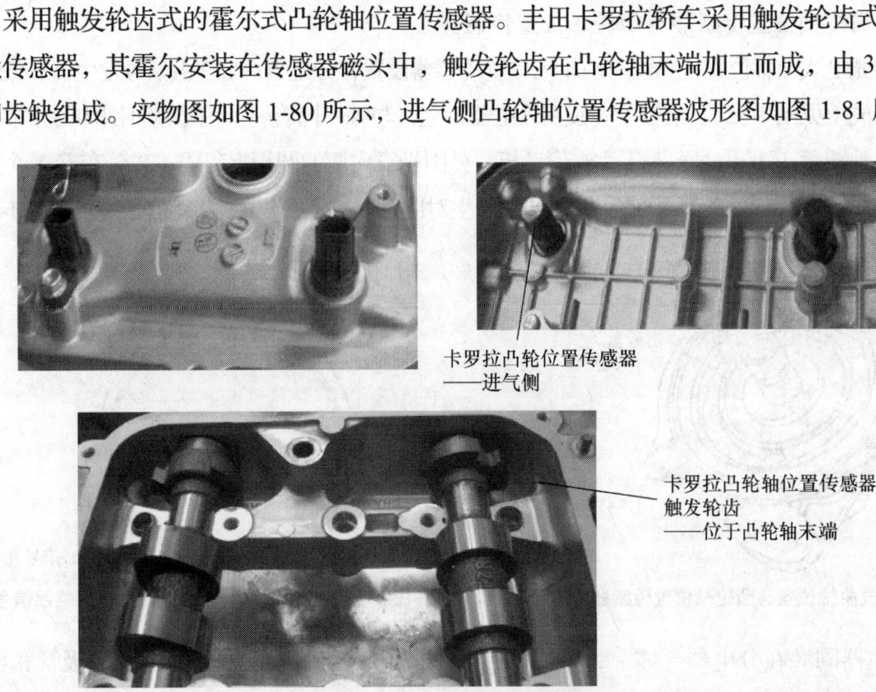

图1-80 卡罗拉凸轮轴位置传感器实物

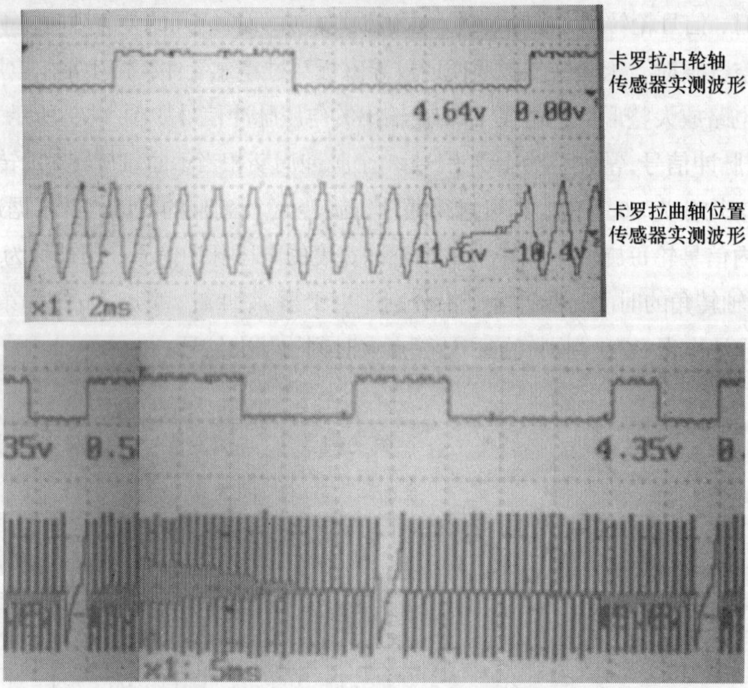

图1-81 卡罗拉凸轮轴、曲轴位置传感器实测波形

由图 1-81 可以看出，对于卡罗拉发动机，其曲轴位置传感器有一宽齿信号，为标志信号，该标志信号到来时标志一缸将要到达上止点，如果此时进气侧凸轮轴位置传感器给出高电平则表明一缸将要到达压缩上止点。

3. 光电式曲轴位置传感器与凸轮轴位置传感器

日产公司光电式曲轴位置传感器与凸轮轴位置传感器设置在分电器内，它由信号发生器和带缝隙与光孔的信号盘组成（见图 1-82）。信号盘安装在分电器轴上，与轴一同旋转。信号盘外围均匀分布有 360 条缝隙，产生曲轴转角 1° 的信号；对于六缸发动机，外围稍靠内侧的圆周上每隔 60° 分布着 1 个光孔，工作时会产生 120° 信号，其中有 1 个较宽的光孔是产生对应第 1 缸上止点的 120° 信号的，如图 1-83 所示。

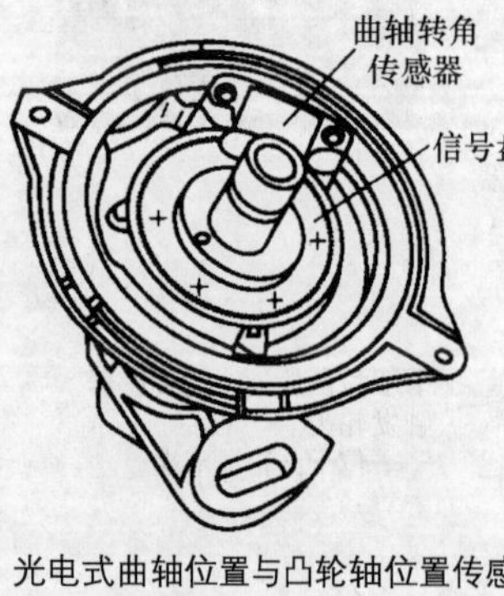

图1-82 光电式曲轴位置与凸轮轴位置传感器结构

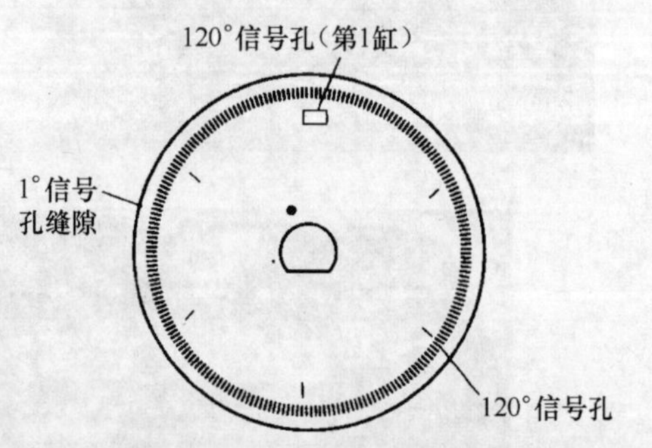

图1-83 光电式曲轴位置与凸轮轴位置传感器信号盘

信号发生器固装在分电器壳体上，其主要组成有两只发光二极管、两只光敏二极管和电子电路（见图 1-84）。两只发光二极管分别正对着光敏二极管，发光二极管以光敏二极管为照射目标。信号

盘位于发光二极管和光敏二极管之间，当信号盘随发动机曲轴运转而旋转时，因信号盘上有光孔，产生透光和遮光的交替变化，使信号发生器输出曲轴位置和转角的相应脉冲信号。图 1-85 所示为光电式信号发生器的工作原理。

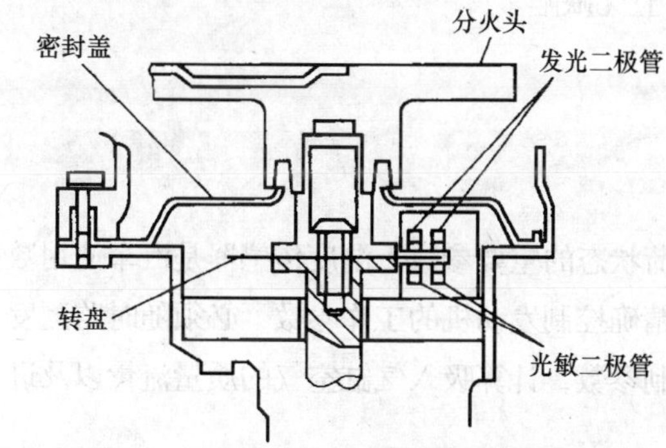

图1-84 光电式曲轴位置与凸轮轴位置传感器信号盘布置

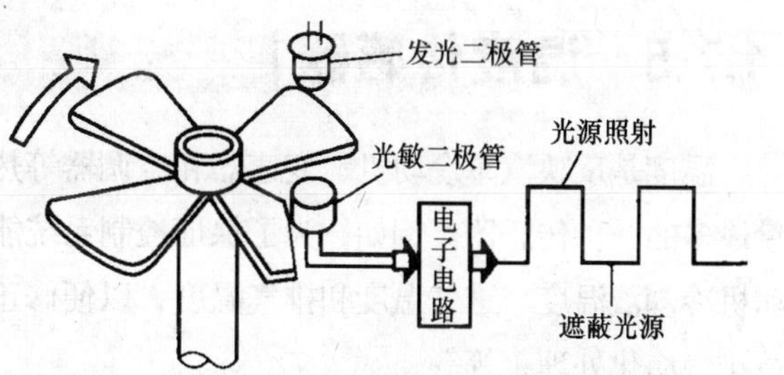

图1-85 光电式信号发生器的工作原理

当发光二极管的光束照射到光敏二极管上时，光敏二极管感光而导通；当发光二极管的光束被遮挡时，光敏二极管截止。信号发生器输出的脉冲电压信号送至电子电路放大整形后，即向电控单元输送曲轴转角 1° 信号和 120° 信号。因信号发生器安装位置的关系，120° 信号在相应缸活塞上止点前 70° 输出。发动机曲轴每转 2 圈，分电器轴转 1 圈，则 1° 信号发生器输出 360 个脉冲，每个脉冲周期高电位对应 1°，低电位也对应 1°，共代表曲轴转角 720°。与此同时，120° 信号发生器产生 6 个脉冲信号。

4. 电磁感应式曲轴位置传感器典型电路与检测要点

卡罗拉发动机曲轴位置传感器电路见图 1-86。

使用万用表检测时主要进行以下几个方面的检查。

① 感应线圈电阻的测试。断开传感器的线束插头，检测线圈电阻，阻值应为 280～2 000Ω。

② 用万用表交流电压挡测量曲轴位置传感器输出信号，起动发动机时，应出现大于 0.2V 的交流电压。

③ 波形测试，用示波器检查波形，波形类似正弦波，且均匀无缺陷。

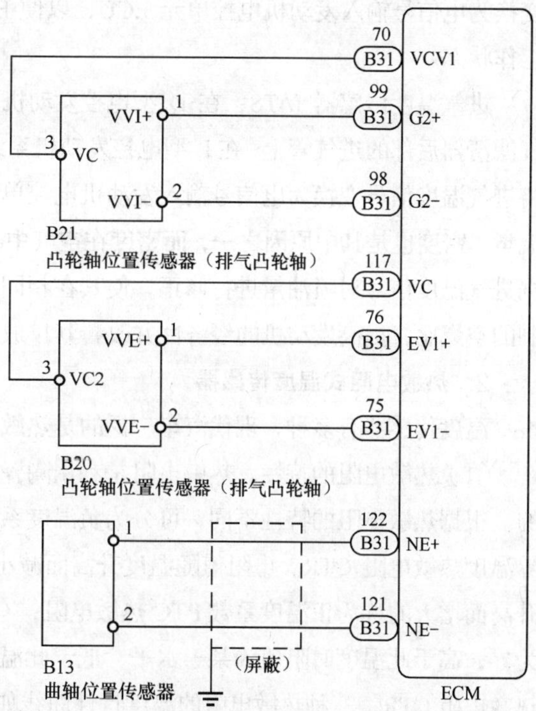

图1-86 卡罗拉轿车曲轴、凸轮轴位置传感器电路图

5. 霍尔式凸轮轴位置传感器典型电路与检测要点

卡罗拉发动机凸轮轴位置传感器电路如图 1-86 所示。

使用万用表检测时主要进行以下几个方面的检查：

① 检测信号电压：使用测试灯测试信号电压，起动发动机时，测试灯应闪亮。

② 检测电源电压，电压应为 5V，如无电压应检查电源线路。

③ 波形测试，用示波器检查波形，波形为方波，且无缺陷。

④ 搭铁线应连接正常。

1.7.5 温度传感器

温度是反映汽车发动机、变速器和空调器等热负荷状态的重要参数。温度传感器是汽车使用数量最多的一种传感器。例如，为了保证控制系统能够精确控制发动机的工作参数，必须随时监测发动机冷却液温度、进气温度和排气温度，以便修正控制参数，计算吸入气缸空气的质量流量以及进行排气净化处理，等等。

1. 温度传感器的功用

温度传感器的功用是将被测对象的温度信号转变为电信号输入电控单元 ECU，以便 ECU 修正控制参数或判断检测对象的热负荷状态。

冷却液温度传感器 CTS：安装在发动机冷却液出水管道上。功用是：将发动机冷却液温度信号变换为电信号输入发动机电控单元 ECU，以便 ECU 修正喷油时间和点火时间，使发动机处于最佳工作状态。

进气温度传感器 IATS：在 D 型电控发动机系统中安装在发动机的空气滤清器壳体内或者是空气滤清器后部的进气管上，在 L 型电控发动机系统中往往与空气流量传感器合成做在一起。功用是：将进气温度信号变换为电信号输入发动机电控单元 ECU，在进气过程中，影响进气量的因素不仅有流量，密度也是其中原因之一，而密度在空气中的大小就是以空气的温度和压力来反映的。ECU 根据进气温度信号对喷油量进行修正，使其在相同的压力下随着温度的改变而改变，从而获得最佳控制的空燃比，提高发动机的经济性并改善其排放的性能。

2. 热敏电阻式温度传感器

温度传感器有多种，现代汽车广泛的是热敏电阻式温度传感器。

（1）热敏电阻的特性。热敏电阻是利用陶瓷半导体材料的电阻值随温度变化而变化的特性制成的。根据热敏电阻的特性不同，可分为负温度系数 NTC 热敏电阻、正温度系数 PTC 热敏电阻和临界温度热敏电阻 CTR。电阻值随温度升高而减小的称为负温度系数 NTC 热敏电阻；电阻值随温度升高而增大的称为正温度系数 PTC 热敏电阻；有一类热敏电阻的阻值以某一温度（称为临界温度）为界，高于此温度时阻值为某一水平，低于此温度时阻值为另一水平，这类热敏电阻称为临界温度热敏电阻 CTR。三种热敏电阻的温度特性曲线如图 1-87 所示。

（2）热敏电阻式温度传感器的结构。热敏电阻式温度传感器的结构型式如图 1-88 所示，主要由热敏电阻、金属引线、接线插座、壳体等组成。

热敏电阻是温度传感器的主要部件，汽车用热敏电阻是在陶瓷半导体材料中掺入适量金属氧化物，并在 1 000℃以上的高温条件下烧结而成。控制掺入氧化物的比例和烧结温度，即可得到不同特性的热敏电阻，从而满足使用要求。例如，如果测量发动机冷却液温度，则热敏电阻的工作温度为 −30℃～＋130℃；如果测量发动机的排气温度，热敏电阻的工作温度则为 600℃～1 000℃。

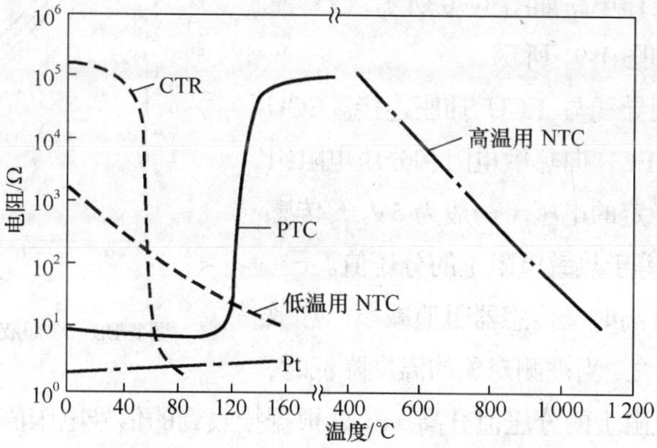

图1-87 热敏电阻与铂（Pt）金属电阻的特性

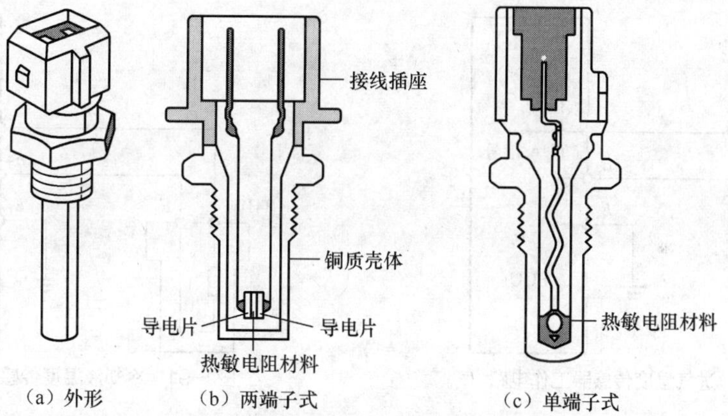

（a）外形 （b）两端子式 （c）单端子式

图1-88 热敏电阻式温度传感器的结构

热敏电阻的外形可制作成珍珠形、圆盘形、垫圈形、梳状芯片形、厚膜形等，放置在传感器的金属管壳内。在热敏电阻的两个端面各引出一个电极并连接到传感器插座上。

传感器壳体上制作有螺纹，以便安装与拆卸。接线插座分为单端子式和两端子式两种，中高档轿车燃油喷射系统一般采用两端子式温度传感器，低档轿车燃油喷射系统以及汽车仪表一般采用单端子式温度传感器。如传感器插座上只有一个接线端子，则壳体为传感器的一个电极。目前电控系统使用的温度传感器插座大多数都有两个接线端子，分别与 ECU 插座上的相应端子连接，以便可靠传递信号。

3. 车用温度传感器的特性与电路

热敏电阻式温度传感器的突出优点是灵敏度高、响应特性好、结构简单、成本低廉。因此，汽车电子控制系统普遍采用了负温度系数 NTC 热敏电阻式温度传感器，如冷却液温度传感器 CTS、进气温度传感器 IATS、排气温度传感器 EATS、燃油温度传感器 FTS 等。

一典型冷却液温度传感器的阻值与温度的关系曲线如图 1-89 所示。可见，其电阻值具有温度升高阻值减小、温度降低阻值增大的特性，而且呈明显的非线性关系。

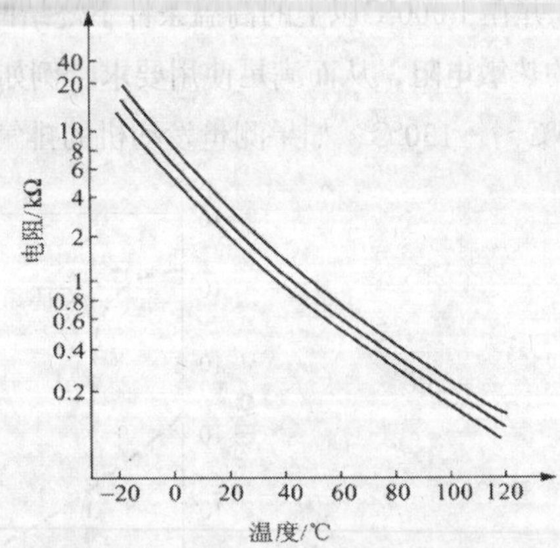

图1-89 冷却液温度传感器特性曲线

进气温度传感器的工作电路如图 1-90 所示，冷却液温度传感器的工作电路如图 1-91 所示。

传感器的两个电极用导线与 ECU 插座连接。ECU 内部串联一只分压电阻，ECU 向热敏电阻和分压电阻组成的分压电路提供一个稳定的电压（一般为 5V），传感器输入 ECU 的信号电压等于热敏电阻上的分压值。

当被测对象的温度升高时，传感器阻值减小，热敏电阻上的分压值降低；反之，当被测对象的温度降低时，传感器阻值增大，热敏电阻上的分压值升高。ECU 根据接收到的信号电压值便可计算求得对应的温度值，从而进行实时控制。

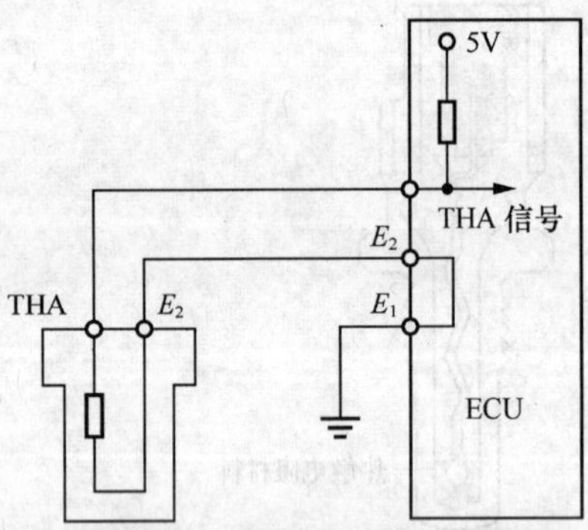

图1-90 进气温度传感器工作电路

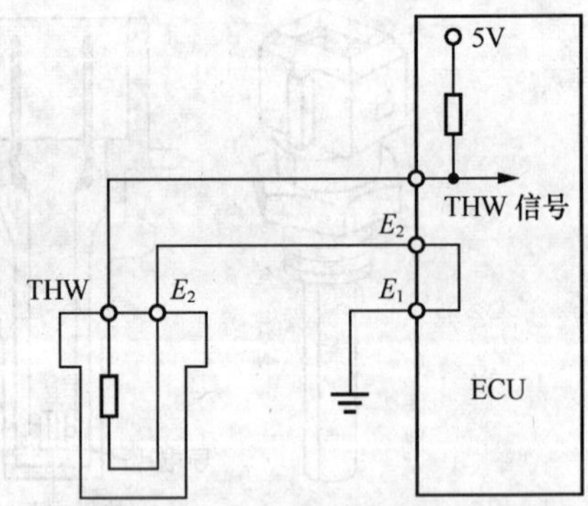

图1-91 冷却液温度传感器工作电路

4. 温度传感器的检测要点

使用万用表检测时，对于冷却液传感器主要进行以下几个方面的检查：

① 测量冷却液传感器电阻。冷却液温度在 20°C，阻值为 3.5kΩ 左右，随发动机温度的上升电阻应逐渐下降。冷却液温度为 80℃时，阻值为 290～360 Ω。也可将水温传感器拆下，置于相应温度的水中进行检测，与维修手册标准参数对比，如有异常应更换冷却液传感器。

② 测试信号电压。断开冷却液传感器线束端子，测量信号线束端电压，应为 5V。连接好线路，测量信号端电压，常温时，电压在 2.5V 左右，随发动机温度的上升电压应逐渐下降。冷却液温度为 80℃时，电压为 0.2～1.0V。

以上电压如异常应检查信号线路。

1.7.6 车速传感器（SPD）

车速传感器用来测量汽车的行驶速度。此信号主要用于发动机怠速，汽车加速、减速时的空燃比控制，自动变速器的变扭器锁止，自动变速器换挡及发动机冷却风扇的开闭和巡航定速等功能。

车速传感器通常安装在变速器输出轴上或驱动桥壳内，有电磁感应式、霍尔式等。电磁感应式和霍尔式的车速传感器工作原理与前面所讲的曲轴位置传感器和凸轮轴位置传感器相同，不再赘述。

知识拓展 1-3 舌簧开关式车速传感器

早期车速传感器常采用舌簧开关式，它一般都安装在车速表内，其结构如图 1-92 所示，主要由舌簧开关和永磁转子组成。

舌簧开关由一对触点封装在一个真空或充入惰性气体的玻璃管内构成，触点臂用铁钴镍等磁性材料制成。永磁转子一般制成 N、S 极相间排列的 4 个磁极，并与车速表和变速器输出轴之间的钢缆连接。当车速表钢缆随变速器输出轴旋转时，永磁转子一同旋转。

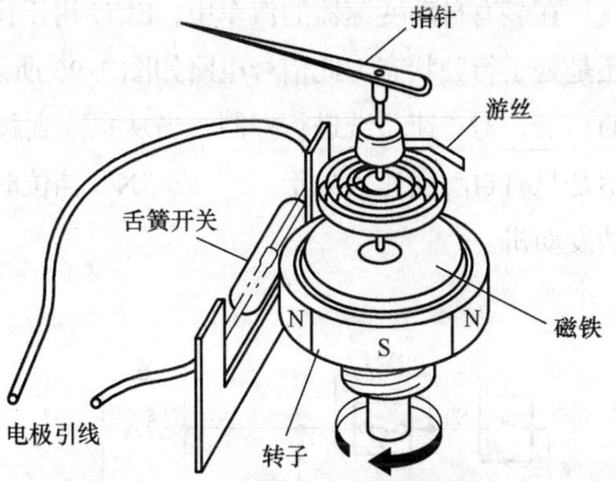

图1-92 舌簧开关式车速传感器

当开关触点处在两个磁极之间时，如图 1-93（a）所示，在同向磁力线作用下，上下两个触点臂被磁化为两个极性不同的磁极，因此触点在磁力作用下闭合。当开关触点仅受一个磁极作用时，如图 1-93（b）所示，上下两个触点臂中的磁力线方向相反，在两个触点处将产生与转子磁极的极性相反的磁极，因此触点在磁力作用下断开。永磁转子每转一圈，舌簧开关就会开闭 4 次，即输出 4 个脉冲信号。脉冲信号频率的高低，就反映了汽车行驶速度的快慢。

图 1-94 所示为舌簧开关传感器与 ECU 的连接电路。

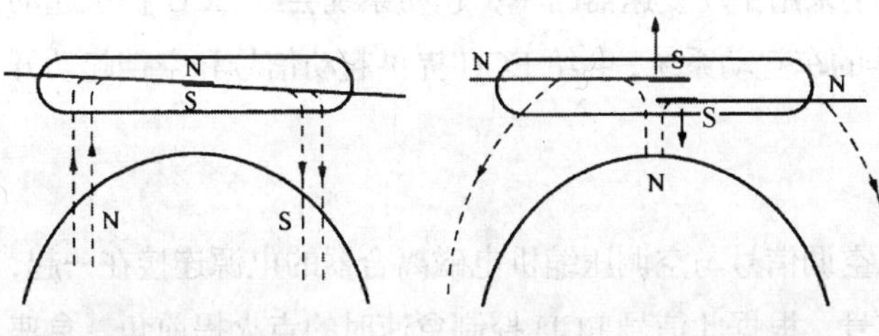

（a）受两个磁极作用时闭合 （b）受一个磁极作用时断开

图1-93 舌簧开关工作原理

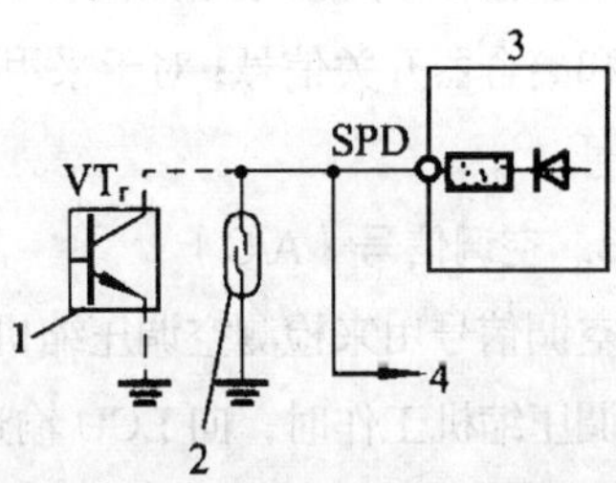

图1-94 舌簧开关传感器与ECU的连接电路

1—数字式仪表；2—舌簧开关；3—ECU；4—至其他计数装置

1.7.7 信号开关

在发动机控制系统中，ECU 还必须根据一些开关的信号确定发动机或其他系统的工作状态，常用的信号开关有起动开关（STA）、空调开关（A/C）、挡位开关、制动灯开关、动力转向开关、巡航（定速）控制开关等。

1. 起动开关信号（STA）

起动开关信号用来判断发动机是否处于起动状态。它和起动机的电源连在一起，由空挡起动开关控制，如图 1-95 所示。当空挡起动开关接通时，ECU 检测到起动开关信号，认为发动机在起动状态。由于起动时气体流动速度低，进气温度低，汽油雾化不良，因此，须增加喷油量，以提高混合气浓度。

2. 空挡起动开关信号（NSW）

在装有自动变速器的汽车中，ECU 用于识别变速器是否处于“P”或“N”（驻车或空挡）位置，还是处于行驶状态。此信号电路如图 1-96 所示。其作用有两点：一是 ECU 通过空挡起动开关信号的识别，对怠速系统进行控制，当从怠速到起步或从某挡位换至怠速时，进行喷油量修正；另一作用是只有自动变速器处于“P”或“N”挡位时，空挡起动开关闭合，起动电动机才能接通电源，起动发动机。

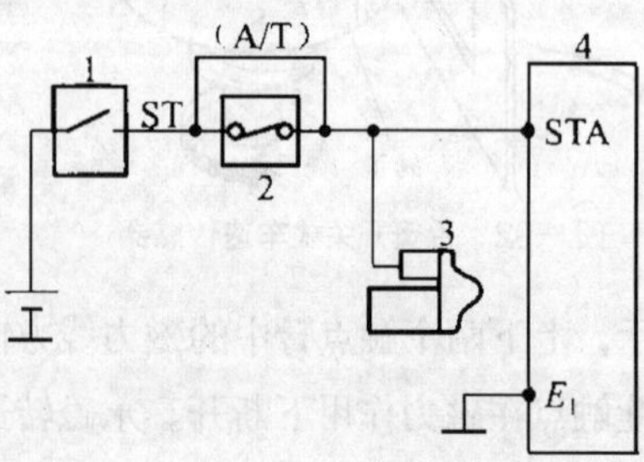

图1-95 起动开关信号电路
1—点火开关；2—空挡起动开关（A/T）；
3—起动机；4—ECU

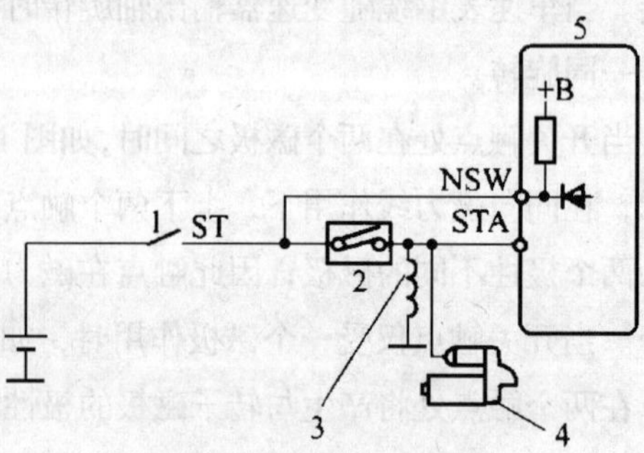

图1-96 空挡起动开关信号电路
1—点火开关；2—空挡起动开关；
3—电路断路器继电器；4—起动机；5—ECU

卡罗拉轿车起动电路如图 1-97 所示。对于采用手动变速器的车，起动系统会给 ECU 提供起动信号和离合器开关信号；对于采用自动变速器的车起动系统，会给 ECU 提供起动信号和空挡起动开关信号。

3. 空调信号（A/C）

空调信号用来检测空调压缩机是否工作。空调信号与空调压缩机电磁离合器的电源连接在一起，当空调压缩机工作时，向 ECU 输送高电平信号，根据此信号 ECU 控制怠速时的点火提前角、怠速转速、断油转速和修正怠速时的喷油量等。

4. 制动灯开关

在制动时，由制动灯开关向 ECU 提供制动信号，作为燃油喷射控制和点火控制的修正信号。

5. 动力转向开关

采用动力转向装置的汽车，当转向盘由中间位置向左右转动时，由于动力转向油泵工作而使发动机负荷加大，此时动力转向开关向 ECU 输入信号，作为燃油喷射控制和点火控制的修正信号。

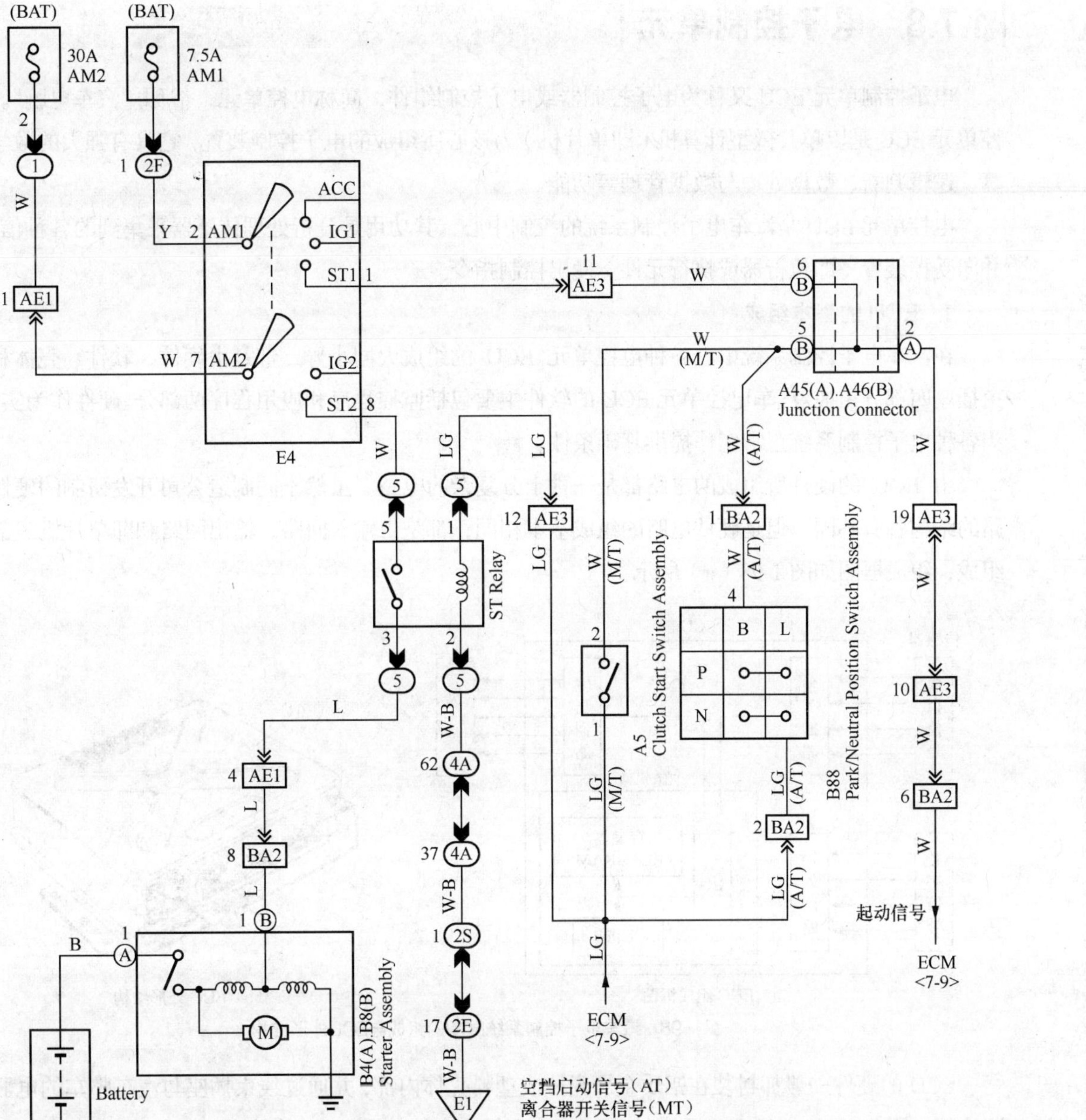

图1-97 卡罗拉轿车起动电路

6. 巡航（定速）控制开关

当进入巡航控制状态时，由巡航控制开关向 ECU 输入巡航控制状态信号，由 ECU 对车速进行自动控制。

7. 信号开关的检查

信号开关的状态可以使用故障诊断仪的读取数据流功能进行检查，如发现某信号则需使用万用表等工具进一步对开关信号及信号电路进行检查。

1.7.8 电子控制单元

电子控制单元ECU又称为电子控制器或电子控制组件，简称电控单元，俗称“汽车电脑”。电控单元ECU是以单片微型计算机（即单片机）为核心所组成的电子控制装置，它具有强大的数学运算、逻辑判断、数据处理与数据管理等功能。

电控单元ECU是汽车电子控制系统的控制中心，其功用是分析处理传感器采集到的各种信息，并向受控装置（即执行器或执行元件）发出控制指令。

1. ECU的基本组成

在汽车电子控制系统中，各种电控单元 ECU 的组成大同小异，都是由硬件、软件、壳体和线束插座四部分组成。汽车电控单元ECU的软件主要包括监控程序和应用程序两部分。硬件作为实体，为各种电子控制系统正常工作提供基础条件。

由 ECU 的硬件所组成的电路都是一种十分复杂的电路。虽然不同制造公司开发研制的硬件电路的结构各有不同，但是硬件电路的组成基本相同，都是由输入回路、输出回路和即单片机三部分组成，组成框图如图1-98（a）所示。

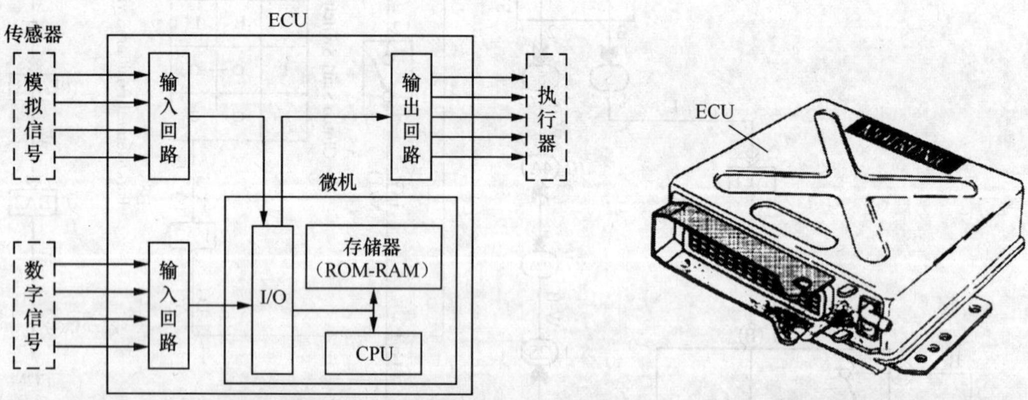

（a）EUC组成框图　（b）EUC外形结构

图1-98 汽车电子控制系统ECU的组成与ECU外形结构

ECU的硬件一般都封装在铝质金属壳体或塑料壳体内部，并通过线束插座与汽车整车的电器线路连接，图1-98（b）所示为桑塔纳2000GLi型轿车电控单元ECU的外形，一典型ECU内部硬件结构如图1-99所示。

汽车电控单元 ECU 设装在车内不易受到碰撞的部位，如仪表台下面或座椅下面等。具体安装位置依车而异，桑塔纳GLi、2000GLi型轿车安装在驾驶室副仪表盘下方转向柱旁边，桑塔纳2000GSi型轿车安装在驾驶室杂物箱后面，捷达 AT、GTX 型轿车安装在驾驶室仪表盘后面，切诺基吉普车安装在发动机舱内。

2. ECU的内部结构

ECU主要由输入回路、模/数（A/D）转换器、微型计算机和输出回路组成，如图1-100所示。

图1-99　ECU内部硬件结构

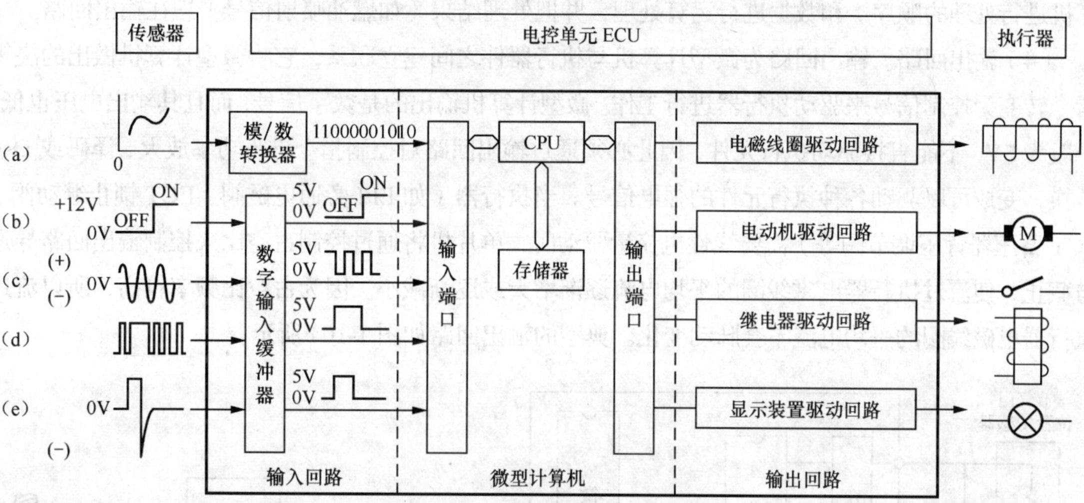

图1-100　ECU的内部结构框图

（1）输入回路。输入回路的作用是将系统中各传感器检测到的信号经 I/O 接口送入微型计算机，从传感器来的模拟信号（吸入空气量、空气温度、发动机冷却水温度、发动机负荷和电源电压以及在闭环控制系统中来自氧传感器的余氧电压）和数字信号（发动机转速信号），首先进入输入回路（见图 1-101），在除去杂波并把正弦波转变为矩形波后，再转换成输入电平，通过 I/O 接口直接进入微型计算机。

（2）模拟/数字转换器（A/D）。传感器输送给 ECU 的信号有数字信号（如卡门旋涡式空气流量计信号、转速信号等）和模拟信号（如叶片式空气流量计信号、进气温度传感器信号、节气门位置传感器信号等）两种，如图 1-102 所示。数字信号可直接输入微机，但微机不能直接接收模拟信号，必须由 A/D 转换器转换成数字信号后再输入微机。以节气门位置传感器的信号为例，模拟信号的处理如图 1-103 所示。

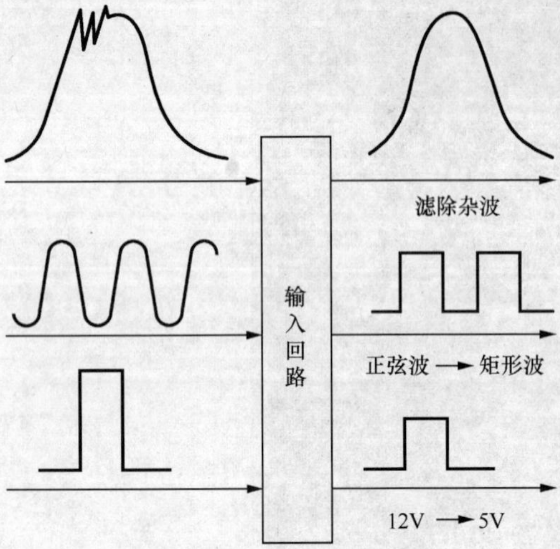

图1-101　输入回路的作用

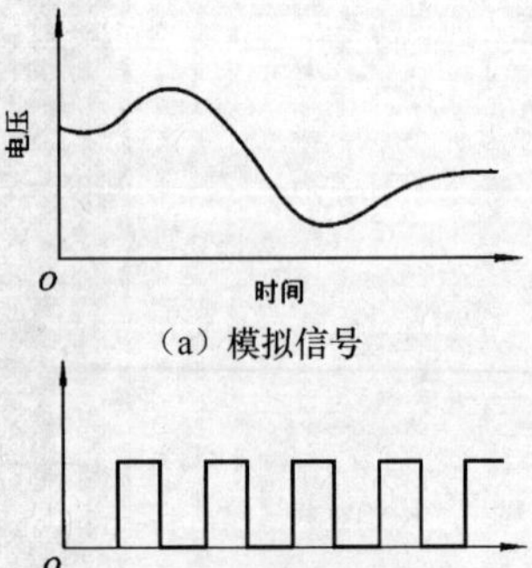

（a）模拟信号

（b）数字信号

图1-102　传感器信号类型

（3）微型计算机。微型计算机能够根据需要，把各种传感器送来的信号用内存的程序（微型计算机进行处理的顺序）和数据进行运算处理，并把处理结果（如燃油喷射信号）送往输出回路。

（4）输出回路。输出回路为微型计算机与执行器件之间建立联系，它将微型计算机做出的决策指令转变为控制信号来驱动执行器进行工作。微型计算机输出的是数字信号，而且其输出电压也低，一般为 5V，不能直接驱动执行元件，因此必须通过输出回路对控制指令进行功率放大、译码或 D/A 转换，变成可以驱动各种执行元件的强电信号。当执行器（如 EFI 旁通电磁阀、ECT 锁止继动阀、ECT 蓄压器背压调节阀等）需要线性电流量驱动时，单片机将通过控制占空比来控制输出回路导通与截止，使流过执行器电磁线圈的平均电流逐渐增大或逐渐减小。因为占空比频率较高，所以流过执行器电磁线圈的平均电流不会脉动变化。典型的输出回路如图 1-104 所示。

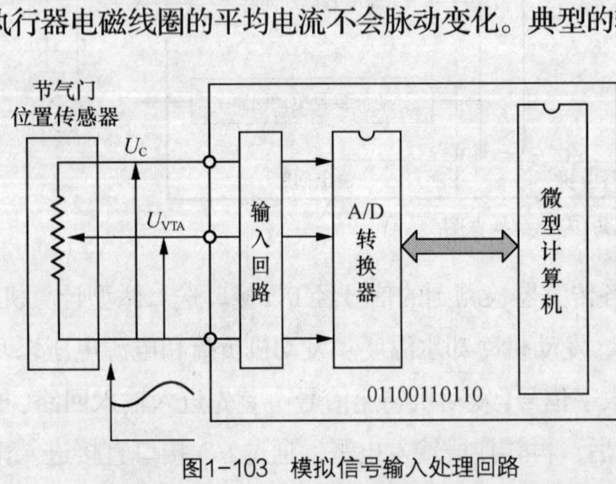

图1-103　模拟信号输入处理回路

U_C—基准电压；U_{VTA}—节气门位置传感器信号电压

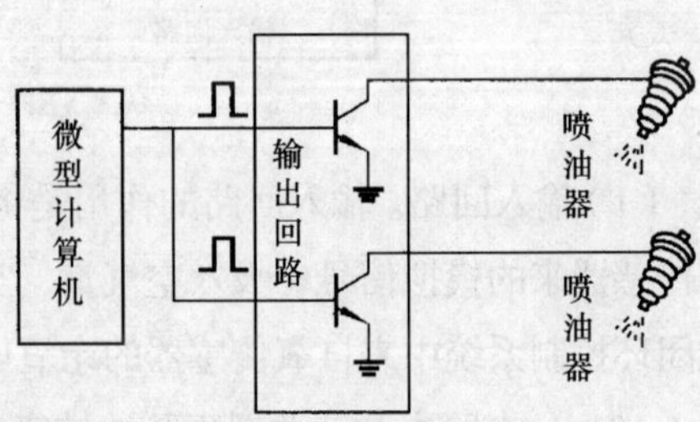

图1-104　输出回路

3. 微型计算机

微型计算机的外形如图 1-105（a）所示，内部结构如图 1-105（b）所示，它是由读取命令并执行数据处理任务的中央处理器（CPU）、存储程序和数据的记忆装置（即存储器）以及在外部传感器和执行元件之间执行数据传递任务的输入/输出装置（I/O）构成的。

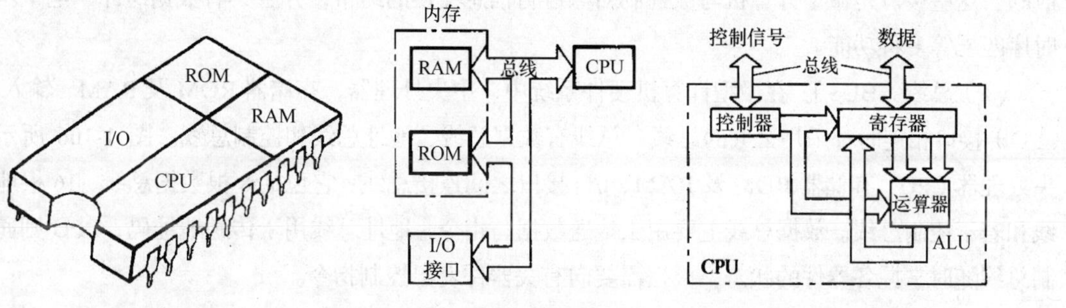

（a）微型计算机的外形 （b）微型计算机内部结构 （c）CPU的结构

图1-105 微型计算机的外形与内部结构

存储器和输入/输出装置以CPU为中心，用称作信息传送通道的信号传导线（总线）连接起来。信息传送通道有3种：一种是进行数据互换的数据信息传送通道，另一种是指定存储器和输入/输出地址的信息传送通道，还有一种是控制系统工作的管理信息传送通道。另外，为了使控制同步，可以使用晶体振荡器的基准信号（同步信号）发生器，实现微型计算机总体同步控制。

（1）中央处理器（CPU）。中央处理器是整个控制系统的核心，它通过接口向各个部分发出指令，并对系统所需要的各个参数进行检测、数据处理、控制运算与逻辑判断。

中央处理器由进行逻辑运算的运算器（ALU）、暂时存储数据的寄存器、按照程序进行各装置之间信号传送及控制任务的控制器等构成（见图1-105（c））。

（2）存储器（ROM/RAM）。存储器具有记忆程序和数据（暂时记忆）的功能。一般由多个只读存储器（ROM）和随机存储器（RAM）构成。

① 只读存储器。它用来永久性地存储控制程序软件、点火脉谱和喷油脉谱的特性曲线和特性数据等预定的控制参数。ROM是读出专用存储器，它的内存一次写入就不能变更，即便是可以调出使用，但ROM的内存，CPU也只能读出而不能写入。ROM用来存储由制造厂家编写的CPU运行程序。由于ROM的内存即使切断电源其记忆内容也不消失，所以适用于程序和数据的长期保存。

② 随机存储器。随机存储器（RAM）与只读存储器（ROM）相比有两点不同：一是RAM中的信息既可随时写入或读出，也可随时改写，改写时不必先擦除原有内容；二是半导体RAM中的信息会因突然断电而丢失。因此在汽车上，RAM通常用来存储单片机工作时暂时需要存储的数据（如输入输出数据、单片机运算得出的结果、故障代码、空燃比修正数据等），这些数据根据需要可随时调用或被新的数据改写。

由此可见，RAM起到一个寄存器的作用。为了保证故障代码、空燃比修正数据等能够较长时间保存，汽车电控系统都将RAM的电源与专用的后备电源电路或蓄电池直接连接，不受点火开关控制。但是，当后备电源电路中断、蓄电池正极或负极端子断开时，存入RAM中的数据仍会丢失。因此在检修或更换蓄电池之前，必须事先调取故障代码或采取必要的不断电措施。

（3）输入/输出装置（I/O口）。I/O口是根据CPU的命令在各传感器或执行件之间执行数据传送任务的装置。由于传感器和执行件种类繁多，它们在速度、电平、功率等信息形式方面都不能与CPU

匹配，必须经过 I/O 口的转换、匹配。因此，微型计算机与外界进行数据交换都是通过 I/O 口来完成的。这些接口是微型计算机与被控制对象进行信息交换的纽带，并且具有数据缓冲、电平匹配、时序匹配等多种功能。

（4）总线（BUS）。在微型计算机硬件系统中，中央处理器、存储器 ROM 及 RAM、输入/输出（I/O）接口相连时都采用公共的总线。总线有数据总线、地址总线和控制总线。图 1-106 所示为中央处理器 CPU、存储器 ROM 及 RAM、I/O 接口之间连接总线，它包括 8 根数据总线、16 根地址总线和若干控制总线。数据总线主要用于传送数据与指令，地址总线用于传送地址码，CPU 则通过控制总线随时掌握各器件的状态，根据需要向有关器件发出控制指令。

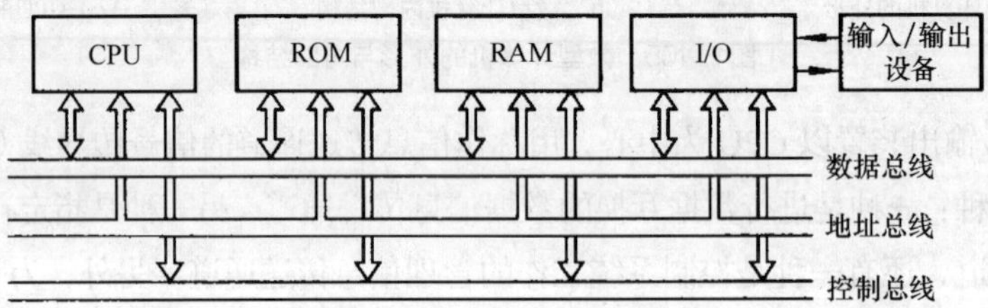

图1-106 微型计算机系统的总线

4. 系统软件

控制系统中最主要的软件是主控程序，它主要负责对整个系统进行初始化，实现系统的工作时序、判定控制模式、控制点火角度和喷油脉冲信号的输出等。

软件中还有转速与负荷的处理程序，中断处理程序及查表程序。针对发动机使用要求预先确定点火角脉谱及喷油量脉谱，以及其他为匹配各工况而选定的修正系数、修正函数和常数等，都以离散数据的形式存储在微型计算机的存储器中。

5. ECU 的工作过程

电子控制器 ECU 的工作过程复杂而有序、工作速度快捷而有条不紊，用几句话是难以说明的。为了帮助读者建立一个初步印象，下面以发动机电控单元为例，简要介绍电控单元的工作过程。

发动机启动时，电子控制器 ECU 进入工作状态，某些运行程序或操作指令从存储器 ROM 中调入中央处理单元 CPU。这些程序可以控制燃油喷射、点火时刻、怠速转速，等等。在 CPU 的控制下，一个个指令按照预先编制的程序有条不紊地进行循环。在程序运行过程中所需要的发动机工况信息由各种传感器提供。

在曲轴位置传感器 CPS 检测的发动机转速与转角信号（脉冲信号）、进气歧管压力传感器 MAP 检测的负荷信号（模拟信号）和冷却液温度传感器 CTS 检测的温度信号（模拟信号）等输入 ECU 后，首先通过输入回路进行信号处理。如果是数字信号，就根据 CPU 的安排经缓冲器和 I/O 接口电路直接进入 CPU；如果是模拟信号，则首先经过模/数（A/D）转换器转换成数字信号，以便数字式单片机处理，然后才能经 I/O 接口电路输入 CPU。大多数信息暂时存储在 RAM 中，根据控制指令再从 RAM 传送到 CPU。

下一步是将预先存储在 ROM 中的最佳试验数据输入 CPU，将传感器输入的信息与其进行比较。CPU 将来自传感器的各种信息依次取样，与最佳试验数据进行逻辑运算，通过比较作出判定结果并发出指令信号，经 I/O 接口电路、输出回路控制执行器动作。如果是喷油器驱动信号，就控制喷油开始时刻、喷油持续时间，完成控制喷油功能；如果是点火器驱动信号，就控制点火导通角和点火时刻，完成控制点火功能。如果执行器需要线性电流量驱动，单片机就控制占空比来控制输出回路导通与截止，使流过执行器电磁线圈的平均电流线性增大或减小。

发动机工作时，微机运行速度相当快，如点火时刻控制，每秒钟可以修正上百次，因此控制精度很高，点火时刻十分准确。

6. ECU 的检测

（1）检测注意事项。在用万用表检测 ECU 端子的电压和电阻时应注意以下事项。

① 在检测之前，应先检查各熔断器、熔丝及有关的线束插接器是否良好。

② 蓄电池电压应不低于 11V，蓄电池电压过低会影响测量结果。

③ 必须使用高阻抗（大于 10MΩ/V）的万用表，最好使用汽车专用万用表检测。

④ 必须在线束插接器处于连接状态时测量 ECU 相应端子间的电压，并且万用表的测笔应从线束插头的导线一侧插入（见图 1-107）。

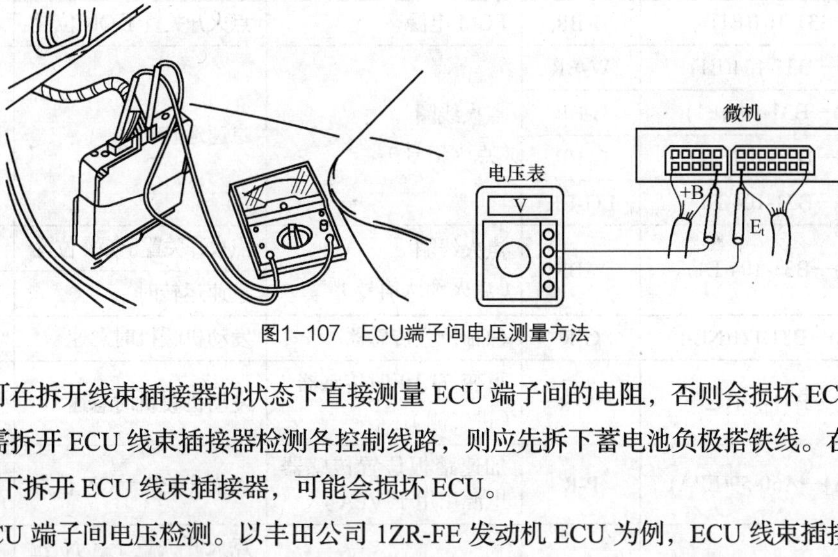

图1-107 ECU端子间电压测量方法

⑤ 不可在拆开线束插接器的状态下直接测量 ECU 端子间的电阻，否则会损坏 ECU。

⑥ 若需拆开 ECU 线束插接器检测各控制线路，则应先拆下蓄电池负极搭铁线。在蓄电池连接完好的状态下拆开 ECU 线束插接器，可能会损坏 ECU。

（2）ECU 端子间电压检测。以丰田公司 1ZR-FE 发动机 ECU 为例，ECU 线束插接器端子如图 1-108 所示，部分端子代号说明见表 1-2。

ECU 端子间电压检测方法如下。

① 用万用表检测蓄电池电压，应大于或等于 11V，否则充电后再测量。

② 保持线束插接器处于连接状态，从汽车上拆下 ECU。

③ 将点火开关置于“ON”位置。

④ 用万用表电压挡按表 1-2 给出的测试条件，依次检测 ECU 相应端子之间的电压（注意万用表的测笔应从线束插头的导线一侧插入），测得电压值应符合标准。如不符合否则说明元器件、控制线路或 ECU 有故障，需根据实际出问题的端子进一步检测。表 1-2 所示为部分端子的测试条件，其他可参阅维修手册。

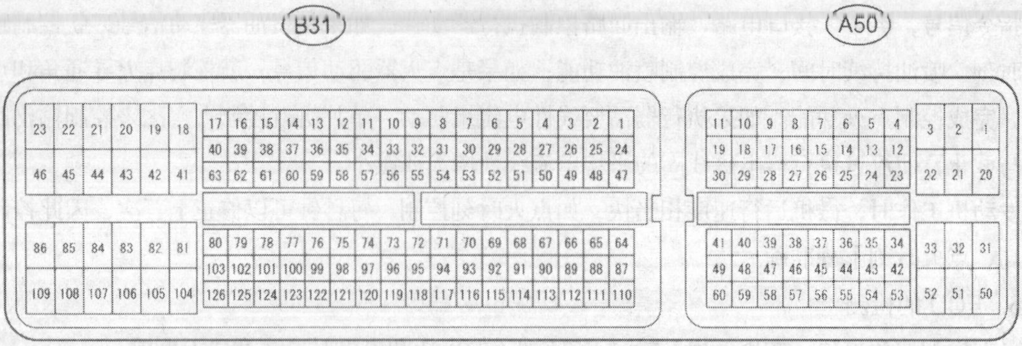

图1-108 丰田公司1ZR-FE发动机ECU线束插接器

表 1-2 丰田公司 1ZR-FE 发动机 ECU 端子电压检测标准（部分）

端子号（符号）	配线颜色	端子描述	条件	规定状态
A50-20(BATT)—B31-104(E1)	P-BR	蓄电池（用于测量蓄电池电压和 ECM 存储器）	始终	9 至 14V
A50-2(+B)—B31-104(E1)	B-BR	ECM 电源	点火开关置于 ON 位置	9 至 14V
A50-1(+B2)—B31-104(E1)	B-BR	ECM 电源	点火开关置于 ON 位置	9 至 14V
B31-85(IGT1)—B31-104(E1)	W-BR	点火线圈（点火信号）	怠速运转时	产生脉冲
B31-84(1GT2)—B31-104(E1)	B-BR			
B31-83(IGT3)—B31-104(E1)	G-BR			
B31-82(IGT4)—B31-104(E1)	LG-BR			
B31-81(1GF1)—B31-104(E1)	Y-BR	点火线圈（点火确认信号）	点火开关置于 ON 位置	4.5 至 5.5V
			怠速运转时	产生脉冲
B31-122(NE＋)—B31-121(NE-)	G-R	曲轴位置传感器	发动机暖机时怠速	产生脉冲
B31-99(G2＋)—B31-98(G2-)	W-R	可变气门正时传感器（进气侧）	发动机暖机时怠速	产生脉冲
A50-57(VCPA)—A50-59(EPA)	P-R	加速踏板位置传感器电源（用于 VPA）	点火开关置于 ON 位置	4.5 至 5.5V
A50-55(VPA)—A50-59(EPA)	L-R	加速踏板位置传感器（用于发动机控制）	点火开关置于 ON 位置，松开加速踏板	0.5 至 1.1V
			点火开关置于 ON 位置，完全踩下加速踏板	2.6 至 4.5V
A50-56(VPA2)—A50-60(EPA2)	Y-O	加速踏板位置传感器（用于传感器故障检测）	点火开关置于 ON 位置，松开加速踏板	1.2 至 2.0V
			点火开关置于 ON 位置，完全踩下加速踏板	3.4 至 5.0V
A50-58(VCP2)—A50-60(EPA2)	B-O	加速踏板位置传感器电源（用于 VPA2）	点火开关置于 ON 位置	4.5 至 5.0V

续表

端子号（符号）	配线颜色	端子描述	条件	规定状态
B31-42(M＋)—B31-43(ME01)	G-BR	节气门执行器	发动机暖机时怠速	产生脉冲
B31-41(M-)—B31-43(ME01)	R-BR	节气门执行器	发动机暖机时怠速	产生脉冲
A50-36(STP)—B31-104(E1)	L-BR	刹车灯开关	踩下制动踏板	9 至 14V
			松开制动踏板	低于 1.5V
B31-49(PRG)—B31-104(E1)	B-BR	清污 VSV	怠速运转时	产生脉冲
A50-7(FC)—B31-104(E1)	O-BR	燃油泵控制	点火开关置于 ON 位置	9 至 14V
			怠速运转时	低于 1.5V
A50-15(TACH)—B31-104(E1)	GR-BR	发动机转速	怠速运转时	产生脉冲
A50-27(TC)—B31-104(E1)	P-BR	DLC3 的端子 TC	点火开关置于 ON 位置	9 至 14V
B31-100(OC1＋)—B31-123(OC1-)	BR-R	凸轮轴正时机油控制阀（进气侧）	怠速运转时	产生脉冲
A50-41(CANH)—B31-104(E1)	Y-BR	CAN 通信线路	点火开关置于 ON 位置	产生脉冲
A50-49(CANL)—B31-104(E1)	W-BR	CAN 通信线路	点火开关置于 ON 位置	产生脉冲
A50-28(IGSW)—B31-104(E1)	B-BR	点火开关	点火开关置于 ON 位置	9 至 14V
A50-44(MREL)—B31-104(E1)	L-BR	EFI MAIN 继电器	点火开关置于 ON 位置	9 至 14V
B31-60(OE1＋)—B31-61(OE1-)	BR-P	凸轮轴正时机油控制阀（排气侧）	怠速运转时	产生脉冲

（3）ECU 端子间电阻检测。ECU 端子间电阻检测的方法如下。

① 从汽车上拆下 ECU。

② 拆开 ECU 线束插接器。

③ 用万用表Ω挡测量导线插接器相应端子间电阻值（注意不要触碰 ECU 的接线端子，应将测笔从导线侧插入线束插接器中），如图 1-109 所示。

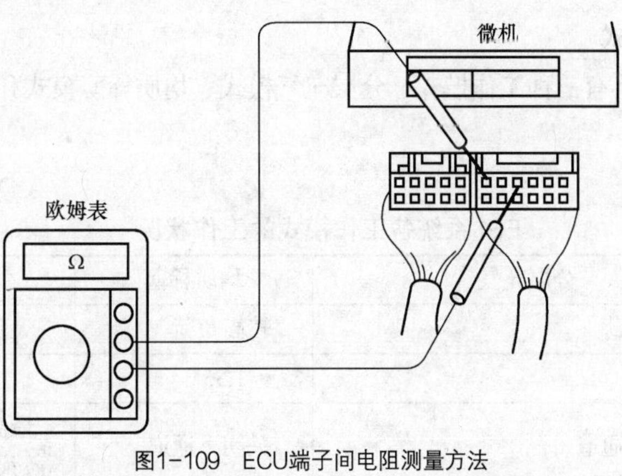

图1-109　ECU端子间电阻测量方法

若通过上述检查确认 ECU 有故障，一般需更换 ECU。

知识拓展 1-4　汽油发动机缸内直喷技术

汽油机缸内直喷技术与 EFI 系统的歧管内喷射不同，它是将汽油直接喷入发动机燃烧室，配合稀薄燃烧技术，实现节油和环保，如大众公司 FSI（Fuel Stratified Injection）系统。

FSI 是指燃料的缸内直喷，并且形成分层燃烧。在发动机中小负荷转速范围内，只在火花塞周围形成可以点燃的相应浓度可燃混合气，而在其他部分则是不能燃烧的新鲜空气和再循环的废气。

汽油缸内直喷技术是伴随着稀薄燃烧技术的产生而产生的。由于环保和节油的需要，要求除对于 NO_x、CO、HC 这些有害气体尽可能的减少外，还应尽量减少能形成温室效应的 CO_2 并相应地减少能源的消耗。FSI 发动机在 $\lambda=3$ 的情况下照样可以工作，因此采用 FSI 技术其节油效果最高可达 20%，这是一个相当可观的数字。

1. 稀薄燃烧和缸内直喷技术的特点

① 节油效果明显。在分层充气工作模式下，发动机在过量空气系数为 1.6～3 的状态运行；在均质稀薄模式下，过量空气系数保持在 1.55 左右，以此实现更为经济的燃油消耗。

② 减少缸壁的热量损失。在分层充气模式下，燃烧只出现在以火花塞为中心的区域，减少了气缸壁的热量损失，提高了热效率；在稀薄燃烧模式下，可燃混合气燃烧后在其周围有空气和回流气体形成的隔热层，使得向缸壁传导的热量减少，因此能量转化率高。

③ 废气再循环率高。废气再循环在分层充气模式和均质模式（转速低于 4 000r/min 且中等负荷时）下工作。由于进气系统发生的变化，废气再循环率最多可达 25%，使全负荷功率有所降低。

④ 发动机压缩比高。由于汽油直接喷入燃烧室，汽化时对气缸内的空气起到冷却作用，从而降低了爆震的可能性，所以可适当提高压缩比，从而提高了热效率。

⑤ NO_x 处理技术。稀薄燃烧技术的一个障碍是 NO_x 的净化，这是因为在富氧环境中会产生大量的 NO_x。目前采用的废气再循环技术和 NO_x 储存式转化器使得 NO_x 能得到有效控制。

⑥ 在中小负荷节气门处于全开状态。在稀薄燃烧时，节气门基本处于全开位置，其节流效果变差，气流在没有阻力的情况下进入气缸，使得充气效率提高。

2. FSI 系统工作模式

FSI 系统除怠速外具有三种工作模式：分层充气模式、均质稀薄模式和均质模式，各种模式的工作状况见表 1-3。

表 1-3　　FSI 系统各工作模式的工作状况

工作模式	分层充气	均质稀薄	均　质
功率范围	中等负荷	较高负荷	大负荷
λ值	1.6～3	≈1.55	1
进气翻板	关闭下通道	关闭下通道	最高转速和负荷时打开，中等转速和负荷时关闭

续表

工作模式	分层充气	均质稀薄	均 质
节气门开度	最大开度	最大开度	由驾驶员根据负荷大小调节
混合气形成	可燃混合气聚集在火花塞周围，外层是新鲜空气和倒流的尾气	均匀的混合气分布在整个燃烧室内	均匀的混合气分布在整个燃烧室内
燃烧	可燃混合气被点燃，外层空气作为绝热层		

3. 燃油供给系统

奥迪 2.0 TFSI 发动机上燃油系统由供油单元、输油管、燃油滤清器、高压泵、燃油分配管（油轨）、喷油阀等组成，如图 1-110 所示。

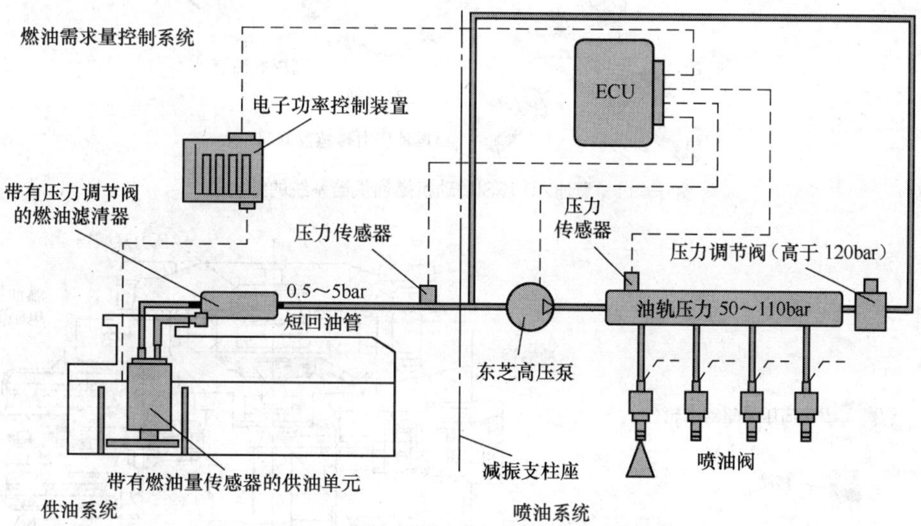

图1-110 奥迪2.0TFSI发动机上燃油系统

新的直喷发动机安装了按需供油的油泵，按需控制系统降低了油泵所需的能量，从而节省了燃油。ECU 通过控制功率电子装置调节脉冲宽度控制油泵转速，使油泵仅供应发动机所需要的燃油并且维持特定的系统压力。

（1）燃油供给系统结构。奥迪 2.0 TFSI 发动机燃油供给系统的结构如图 1-111 所示。在燃油低压系统中采用电动燃油泵给高压泵供应压力约为 6 bar 的燃油，ECU 根据发动机负荷和转速通过燃油压力调节阀控制高压系统中燃油压力为 50～110 bar。

在奥迪 2.0 TFSI 发动机上，燃油压力是由一个单柱塞高压泵经燃油计量阀建立起来的，然后再经燃油分配管输送到 4 个高压喷油阀上。压力限制阀是用来保护高压部件的，该阀在压力超过 120bar 时打开。

（2）单柱塞高压泵。单柱塞高压泵由凸轮轴轴端的高压泵驱动凸轮以机械方式驱动，如图 1-112 所示。电动燃油泵给高压泵提供油压力约为 6bar 的预供燃油，高压泵产生燃油轨内所需的 50～110bar 压力，压力缓冲器会吸收高压系统内的压力波动。单柱塞高压油泵内部构造如图 1-113 所示。

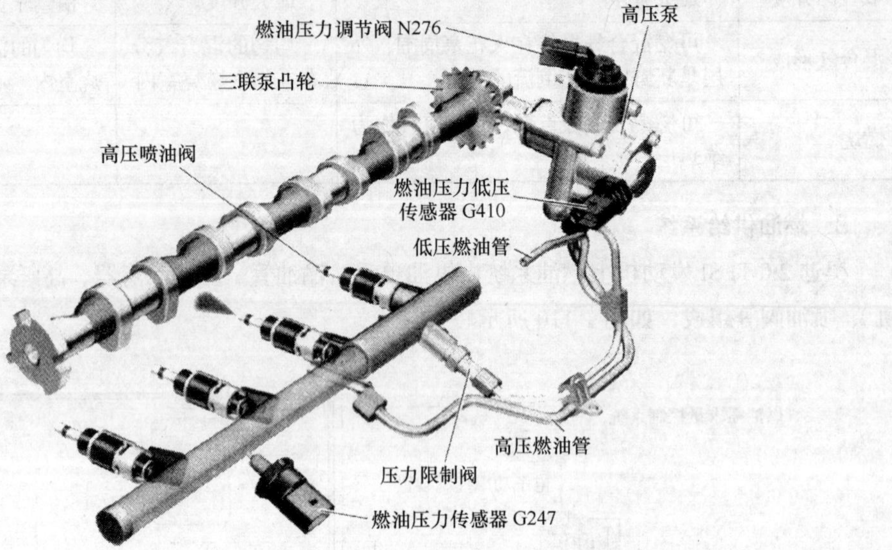

图1-111　奥迪2.0 TFSI发动机燃油供给系统的结构

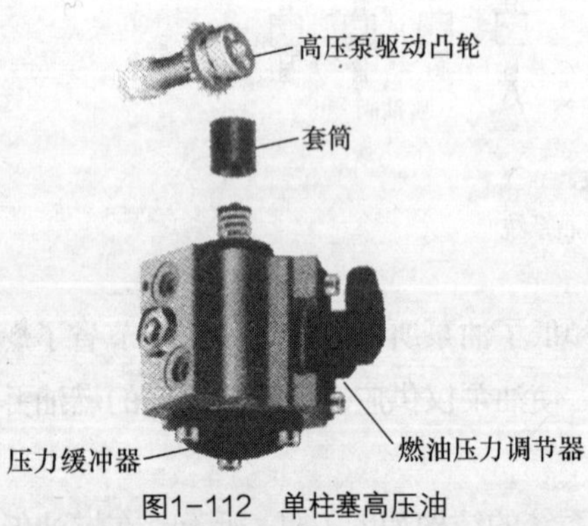

图1-112　单柱塞高压油

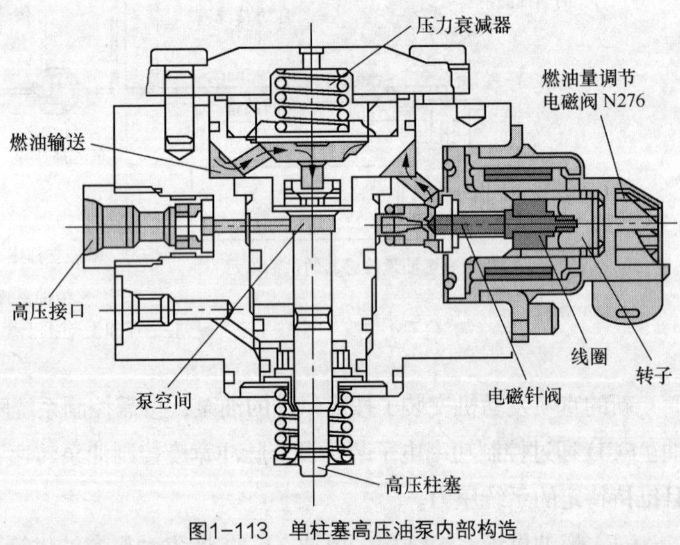

图1-113　单柱塞高压油泵内部构造

（3）燃油压力的建立。泵柱塞向下运动，油腔容积增大，燃油以最高 6bar 的压力经进油阀进入泵腔。泵活塞向上运动，油腔容积减小，燃油被压缩，当压力超过燃油分配管压力和出油单向阀弹簧压力时，高压燃油就被输送到燃油分配管内（见图 1-114）。

（4）燃油压力的调节。燃油压力由 ECU 根据发动机工况和燃油分配管中的油压通过燃油压力调节阀控制。当压力超过设定的压力时，该阀在供油升程结束前开启，泵腔内的压力就会被卸掉，燃油流向泵的吸油一侧。出于安全考虑，燃油压力调节阀为常开阀，线圈通电时产生磁场，阀针就被压靠到阀座上，使阀关闭；压力高时，电磁线圈断电磁场消失，针阀开启燃油被送回进油腔中，如图 1-115 所示。

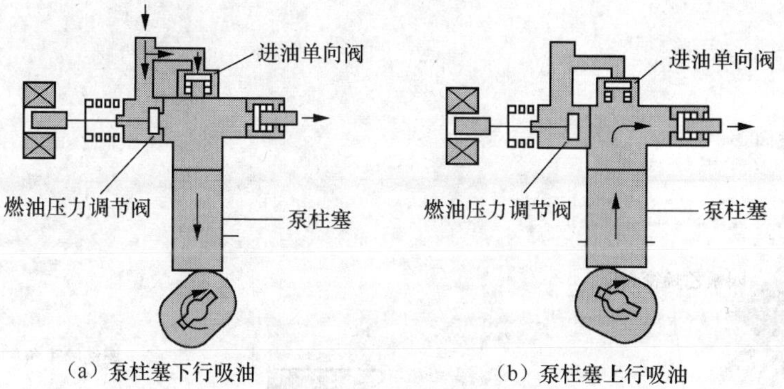

（a）泵柱塞下行吸油 （b）泵柱塞上行吸油

图1-114 单柱塞高压油

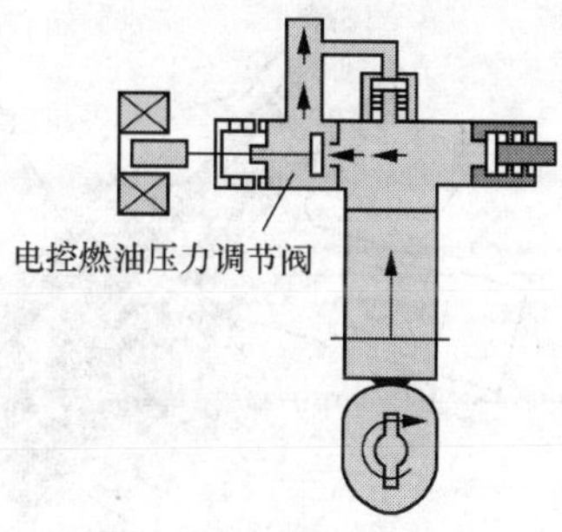

图1-115 燃油压力的调节

（5）燃油分配管燃油压力的监测。油轨内的压力保持恒定对减少排放、降低噪声和提高功率有重要作用。ECU 通过燃油压力传感器监测燃油分配管内燃油压力。燃油压力传感器（见图 1-116）安装在燃油分配管（油轨）上，发动机 ECU 给传感器提供 5V 电压。该传感器的核心就是一个钢膜，在钢膜上镀有应变电阻。一旦要测的压力经压力接口作用到钢膜的一侧时，由钢膜弯曲引起应变电阻的阻值发生变化，从而使信号电压发生变化，ECU 通过信号电压即可检测出燃油分配管内的燃油压力，如图 1-117 所示。

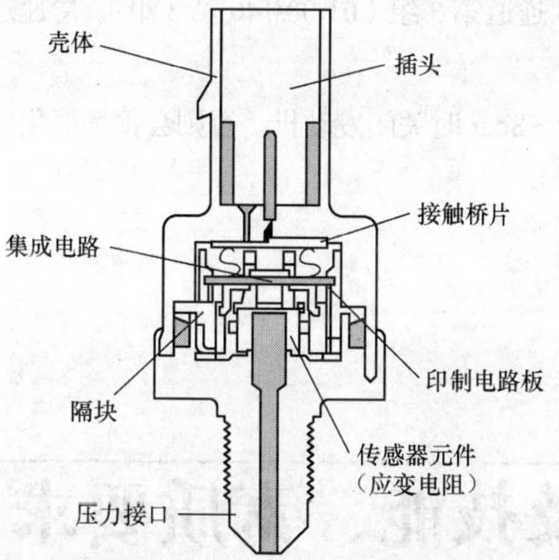

图1-116 燃油压力传感器

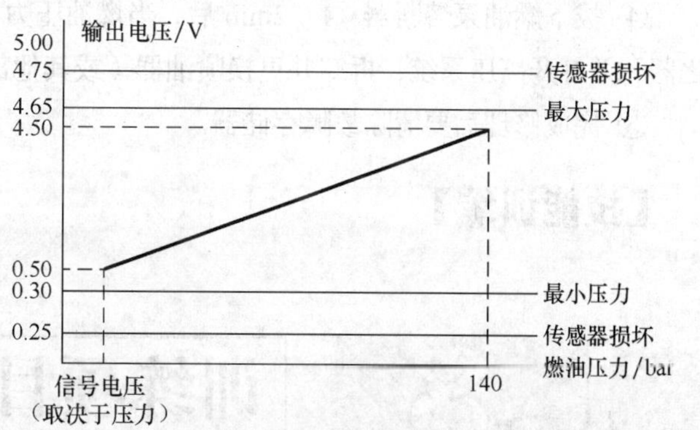

图1-117 燃油压力与传感器信号电压的关系

（6）高压喷油阀。高压喷油阀的作用是使燃油精细雾化、按照发动机做功顺序和喷油正时，定时定量地把燃油喷入燃烧室正确的喷射范围内。喷油阀的构造见图 1-118，由带衔铁的阀针、阀座、电磁线圈、压力弹簧、供电接头、四氟乙烯密封圈等组成。ECU 控制电磁线圈通电建立磁场，使带衔铁的阀针上移打开出油孔喷油。喷油阀是个单孔喷嘴，燃油喷束角为 70°，喷束倾角为 20°，如图 1-119 所示。

（7）喷油阀的更换。拆装注意事项：拆装喷油阀，必须更换四氟乙烯密封环。密封环推到喷射阀时会使密封环扩大，推上后必须使密封环缩回，因此必须使用专用工具 T 10133/7 和 T 10133/8 分两步校准。安装过程不得涂润滑油。

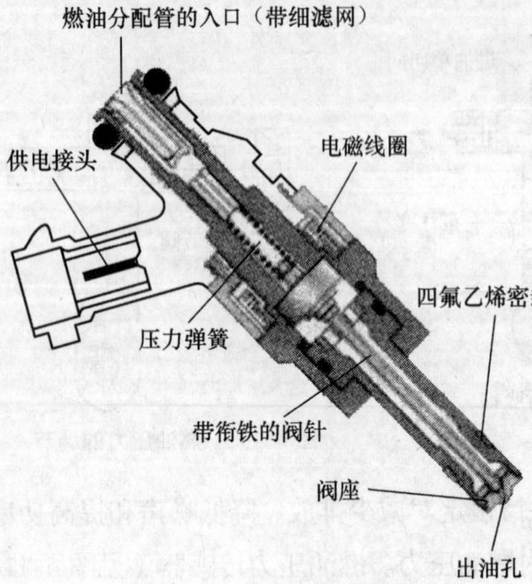

图1-118 高压喷油阀构造

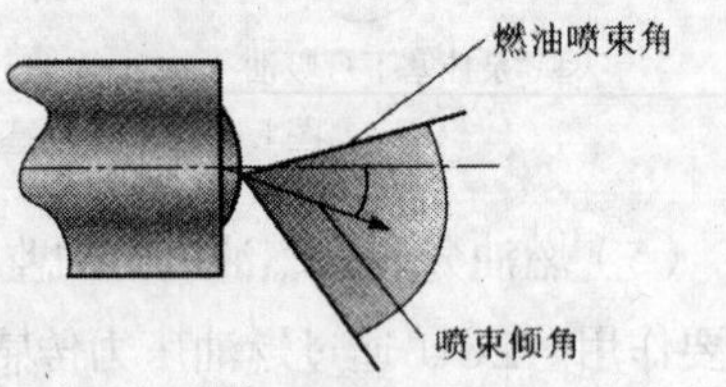

图1-119 喷油阀喷束角与喷束倾角

拆卸步骤如下：

① 拔下活性炭罐插头。

② 连接 V.A.S 505 × 诊断仪器。

③ 起动发动机，观察燃油压力，在发动机数据块 140 通道第 3 组（01/08/140 第 3 组），怠速运转时约为 50bar。

④ 拔下燃油泵熔断器，1～2min 后，当燃油压力在 6～8bar 时关闭发动机（否则会损坏催化净化器）并打开高压系统，拆卸并更换喷油器（或其他部件）。

⑤ 完成修理后要清除故障存储器。

【技能训练】

1.8 训练项目及技能、素质要求

1.8.1 训练项目

本项目需实施的训练项目如下。

1. 本项基本训练项目

项目 1-1 发动机电控基本结构认知

项目 1-2 燃油压力过低故障检修

项目 1-3 喷油器工作不良检修

项目 1-4 冷却液温度传感器的检修

项目 1-5 曲轴/凸轮轴位置传感器的检修

项目 1-6 空气流量计与进气管绝对压力传感器检修

项目 1-7 节气门位置传感器与电子节气门系统检修

项目 1-8 空气供给系统与燃油系统的检测与清洗

2. 本项目综合训练项目

项目 1-9 发动机不能起动故障的检修

项目 1-10 发动机运转不稳、加速不良故障的检修

3. 项目实施的主要内容

（1）参考维修手册认识电控系统总体构成。

（2）万用表、故障诊断仪、示波器的使用。

（3）燃油压力的测试、燃油压力调节器的检查、电动燃油泵及其电路的检修。

（4）喷油器等执行元件电源、控制信号、控制线路的检查，控制信号的测试，应用故障诊断仪读取喷油数据并进行主动测试。

（5）空气流量计、进气管绝对压力传感器、温度传感器、节气门位置传感器等传感器电源、信号、信号线路的检查。

（6）曲轴/凸轮轴位置传感器、空气流量计等信号波形的测试。

（7）节气门位置传感器、温度传感器、曲轴位置传感器等传感器电阻的检查。

（8）对各传感器、执行器进行数据流分析，注意不同工况、不同故障时的数据对比分析。

（9）空气供给系统检查与清洗，燃油系统的清洗。

（10）由燃油喷射系统故障造成的发动机不能起动、运转不稳等故障的诊断分析与检修。

项目训练时应根据实际实训设备进行，不同发动机电控系统具体检测方法、检测参数有所不同，不同的检测仪器具体操作也有所不同，因此项目的实施指导不再写入教材，而是单独编为学材，项目实施时参考学材进行。

1.8.2 项目技能点

1. 基础技能

（1）能认识发动机电控系统基本组成结构。

（2）能参阅维修手册找到电控系统各元器件的位置。

（3）能正确使用维修手册识读电子控制系统信号电路。

（4）能正确使用故障诊断仪、万用表、示波器等检测仪器。

2. 专项技能

（1）能进行燃油压力测试。

（2）能进行燃油泵、喷油器及控制电路等执行器件及控制电路的检修。

（3）能进行进行空气流量计、进气压力传感器、冷却液温度传感器、曲轴位置传感器、凸轮轴位置传感器、节气门位置传感器等传感器及其信号电路的检修。

（4）能进行空气供给系统与燃油系统的清洗。

3. 综合技能

（1）掌握发动机电控系统故障诊断的基本方法和诊断程序。

（2）能综合利用各种诊断仪器、各专项检修技能进行发动机不能起动故障的初步检测。

（3）能进行发动机运转不稳、加速不良故障的初步检测。

1.8.3 素质要求

在学习知识、训练技能的同时，逐渐具备以下素质。

（1）严格遵守实训室、实训车间规章、制度，遵守工作纪律。

（2）具有较强的口头与书面表达能力、组织协调能力。

（3）具有良好的心理素质和克服困难的能力。

（4）具有团队协作精神。

（5）能通过各种媒体资源查找所需信息，自主学习新知识、新技术。

（6）能不断积累经验，从个案中寻找共性。

知识点练习

一、填空题

（1）汽车发动机电子控制系统主要包括：__________，__________，辅助系统（__________、尾气排放控制、进气控制、增压控制、失效保护、后备系统）和诊断系统等功能。

（2）发动机电控系统由__________、__________和__________3 部分组成。

（3）ECU 主要由__________、__________、__________和输出回路 4 部分组成。

（4）__________是将模拟信号转换为数字信号后再输入微机。

（5）微型计算机由以下几部分组成：__________、__________、__________、总线和输出回路。

（6）__________是控制系统的执行机构，其功用是接收 ECU 发出的控制指令并完成具体的执行动作。

（7）喷油量控制由计算机根据__________输出氧浓度信号来判断进入气缸中的可燃混合气浓度（空燃比）是否合适，从而修正燃油供给量，使混合气空燃比保持在理想状态。

（8）点火时刻的闭环控制采用__________传感器检测发动机是否产生爆燃作为反馈信号，从而决定点火时刻是应提前还是推迟，使实际点火时刻能贴近爆燃界限曲线变化。

（9）____________喷射，在每个气缸进气门前安装一个喷油器，直接将燃油喷入各气缸气道的进气门前方，目前大多数汽油车采用此种喷射方式。

（10）按喷射位置的不同分类有____________和____________。

（11）D 型 EFI 系统是通过检测____________和发动机的转速推算发动机吸入的空气量，并计算燃油流量的速度密度控制方式。

（12）L 型 EFI 系统是用空气流量计直接测量____________，其测量的准确程度高于 D 型，故可更精确地控制空燃比。

（13）空气供给系统的功用是为发动机提供清洁的空气并____________发动机正常工作时的供气量。

（14）燃油供给系统的功用是供给喷油器一定____________的燃油，喷油器则根据计算机指令喷油。燃油供给系统一般由油箱、____________、燃油滤清器、燃油脉动阻尼器、____________、____________及燃油分配管等组成。

（15）____________的功能是根据发动机运转状况和车辆运行状况确定燃油的最佳喷射量。

（16）____________指在既定的曲轴转角进行喷射，在发动机稳定工况的大部分运转时间里，喷油系统以同步方式工作。

（17）____________也叫独立喷射。曲轴每转两转，各缸喷油器都轮流喷射一次，且像点火系统一样，按照规定的顺序依次进行喷射。

（18）断油控制包括____________、____________、____________。

（19）为防止寒冷季节流经节气门体的空气中水分在节气门体上冻结，有些节气门体上设有供____________的管路。

（20）____________型喷射系统节气门后方出现真空泄漏时，导致发动机怠速转速上升，漏气量越大，转速升高量也越大，并会导致怠速转速忽高忽低，俗称怠速游车。

（21）L 型喷射系统节气门后方出现真空泄漏时，会导致混合气偏____________，导致怠速转速下降、发动机抖动，漏气严重时甚至导致发动机熄火。

（22）____________式燃油泵安装管路较简单，不易产生气阻和漏油。

（23）燃油泵出口处有一个____________。在燃油泵不工作时，它阻止燃油倒流回油箱，这样可保持油路中有一定的残余压力，便于下次起动。

（24）为防止油压过高，它设有____________，在出油口还设有一个止回阀。

（25）在燃油泵运转时，燃油不断穿过燃油泵和电动机，使之得到____________和____________。

（26）进行燃油压力测试时，如果油压过低，则应夹住油压调节器回油管检查油压。若油压升高至正常，说明____________有故障；若压力不升高，则应检查____________是否堵塞。

（27）发动机熄火，燃油泵停止工作，等待 10min 后，观察燃油压力表压力应不低于 0.20MPa。若压力过低，再次起动发动机，油压正常后，关闭发动机，夹住回油管：压力恢复正常____________

故障，仍过低__________等泄露。

（28）燃油滤清器滤芯阻塞时，将使油压__________、起动困难、发动机功率降低。

（29）__________器的作用是使压力脉动衰减，以减小这种波动和降低噪声。

（30）__________的作用是使燃油压力相对于大气压力或进气管负压保持一定，即保持喷油压力与喷油环境压力的差值一定。

（31）如果节气门开度增大使得进气管真空度降低，此时燃油压力应__________。

（32）喷油器由滤网、电接头、__________、回位弹簧、衔铁和__________等组成。

（33）低阻喷油器指电磁线圈电阻值为__________Ω的喷油器，高阻喷油器指电磁线圈电阻值为__________Ω的喷油器。

（34）电流驱动适合__________型喷油器，电压驱动适合__________型喷油器。

（35）喷油器喷油量一般为__________mL/15s。

（36）卡门旋涡的__________与空气流速 v 之间存在如下关系：$f = 0.2\ v/d$。测得卡门旋涡的频率就可以求得空气流速，空气流速乘以空气通路面积，就可以得到进气的体积流量。这样测出卡门旋涡的频率，即可得知空气流量的大小。

（37）热线式和热膜式空气流量计的响应速度很__________，能在几毫秒时间内反映出空气流量的变化。

（38）怠速时进气管内真空度较__________，进气压力传感器输出电压较__________。

（39）节气门位置传感器安装在__________上，与节气门轴同轴设置。它将节气门打开的__________转换成电压信号送到 ECU，以便在节气门不同开度时控制喷油量。

（40）节气门位置传感器根据结构不同可分为__________、__________和组合式 3 种。

（41）__________传感器（CMPS）给 ECU 提供曲轴转角基准位置（第 1 缸压缩上止点）信号，作为燃油喷射控制和点火控制的主控制信号。

（42）曲轴位置位置传感器（CKPS）有时称为__________传感器，用来检测曲轴__________位移，给 ECU 提供发动机转速信号和曲轴转角信号，作为燃油喷射控制和点火控制的主控制制信号。

（43）曲轴位置传感器由__________和__________组成。

（44）发动机电控系统应用的各种传感器中__________、__________、凸轮轴位置传感器、节气门位置传感器是控制燃油喷射和点火时刻最重要的 4 种传感器。

（45）汽车发动机燃油喷射系统 EFI 是由__________、__________电子控制系统 3 个子系统组成。

（46）根据卡尔曼涡流理论，单侧涡流产生的频率 f 与__________之间具有正比关系。

（47）凸轮轴位置传感器作为__________控制和__________控制的主控制信号。

（48）发动机起动后，在达到正常工作温度之前，ECU 根据__________信号对喷油时间进行修正。

（49）起动时喷油量主要根据__________信号确定。

（50）空气流量传感器根据工作原理不同有叶片式、__________和__________式 3 种。

（51）D 型系统中空气流是根据__________传感器和转速信号而测量到的。

（52）当电流 I 流过处在磁场中的霍尔块（一种半导体基片），且电流方向与磁场方向垂直时，在垂直于电流与磁场的霍尔块的横向侧面上，就产生一个与电流和磁场强度成正比的霍尔电压，此现象称为__________效应。

（53）光电式曲轴位置传感器主要由__________、光电二极管、__________和控制电路组成。

（54）__________安装在发动机冷却液通路上，冷却液温度的变化将引起电阻值下降。

（55）断开发动机冷却液温度传感器连接器，使用跨接线连接线束侧发动机冷却液温度传感器连接器的端子 1 和 2（见图 1-120），测量其信号 THW 端的电压应为__________V。

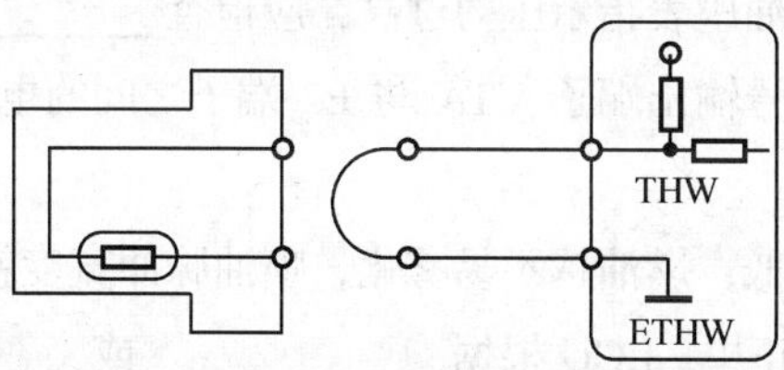

图1-120

（56）断开冷却液温度传感器连接器（见图 1-121），测量其信号 THW 端的电压应为__________V。

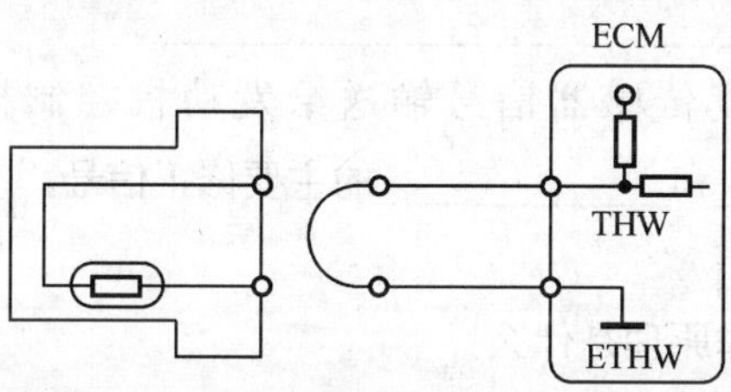

图1-121

（57）__________用来判断发动机是否处于起动状态。起动时，进气管内混合气流速慢，温度低，燃油雾化不良，为改善起动性能，需__________喷油量以加浓混合气。

（58）__________用于测量汽车行驶速度。SPD 信号主要用于发动机怠速和汽车加减速时的空燃比控制。

（59）车速传感器通常安装在__________或__________内，车速传感器信号线通常装在屏蔽的外套内。

（60）__________用来检测空调压缩机是否工作，该信号与空调压缩机电磁离合器的电源接在一起。ECU 根据其控制发动机怠速时的点火提前角并进行怠速喷油量修正等。

（61）汽车发动机燃油喷射系统总体构成可划分__________、__________、电子控制系统（ECU）3 个部分。

（62）按喷油器的总体结构不同，喷油器可分为________和扎式两种；按喷油器电磁线圈阻值大小，可分为________和低阻型两种。

（63）在对电动汽油泵进行就车检查时，点火开关转至________位置，但不起动发动机。

（64）汽车发动机电控系统由________、________、执行器 3 大部分组成。

（65）目前常用的燃油泵按结构不同有________、________、________、侧槽泵和叶片泵等几种。

（66）在对供油系统进行油压检测时，如供油系统油压过高，应更换________；如油压过低，应检查油管是否弯折，油路或________是否堵塞。

（67）当喷油器的结构和喷油压差一定时，喷油量的多少就取决于________。

（68）更换燃油滤清器时，应首先释放________压力。

（69）若测试燃油系统时，油压表指示压力过高，应检查________________。

（70）节气门位置传感器信号输出端子 VTA 与 E2 端子之间的电阻值应随节气门开度的增大而________。

（71）发动机冷却液温度越低，燃油越不易雾化，喷油脉冲宽度就应该________。

（72）大负荷工况喷油量修正中，ECU 根据________或________以及________输送的全负荷信号或________判断发动机负荷状况，大负荷时适当________喷油时间。

（73）在观察喷油器有无滴漏现象时，若在 1min 内喷油器滴油超过________滴，应更换喷油器。

（74）A/D 转换器的作用是________________。

（75）发动机冷却液温度传感器信号输送给发动机控制模块，作为________、________、________和________的主要修正信号。

二、问答题

（1）发动机电控系统的工作原理是什么？

（2）ECU 的功能是什么？

（3）什么是同步喷射，什么是异步喷射？

（4）发动机启动时基本喷油量为什么根据冷却液温度确定？

（5）为什么要有电压修正？

（6）燃油喷射系统由哪 3 个系统构成？

（7）电控汽油机燃油喷射系统的优点有哪些？

（8）EFI 系统的作用有哪些？

（9）起动喷油量是如何确定的？发动机启动后喷油时间如何确定的，其中基本喷油时间如何确定的，喷油量的修正又包括哪些？

（10）按照燃油走向依次列出燃油供给系统的组成部分。

（11）电动燃油泵的控制功能是什么？

（12）脉动阻尼器的作用是什么？

（13）为什么需要燃油压力调节器？

（14）燃油压力调节器的作用是什么？对于无回油系统，燃油分配管中油压和喷油压差哪个是恒定的？

（15）如果一发动机不能起动，技师想检查一下燃油泵是否正常工作，他应如何检查？

（16）如果一发动机不能起动，技师想检查一下喷油器能否正常工作，他应如何检查？

（17）空气流量计的作用是什么？说明热膜式空气流量计的工作原理。

（18）空气流量计有几个接线端子，如何使用万用表检测其各是什么端子？

（19）简述进气压力传感器的基本原理。

（20）节气门位置传感器的功用是什么？

（21）曲轴位置传感器的作用是什么？

（22）凸轮轴位置传感器的作用是什么，根据工作原理不同有哪几种形式？

（23）磁感应式曲轴位置传感器的工作原理是什么？

（24）指出图 1-122 所示的波形是什么波形，瞬时高压是怎样产生的？

（25）电子控制单元 ECU 的功能是什么？

（26）什么是多点燃油喷射系统？

（27）进气温度、冷却液温度传感器的具体作用是什么，安装位置在哪？

（28）目前车速传感器通常安装在哪，采用什么类型？

（29）电子控制单元由哪些部分组成，各部分的作用是什么？

（30）微型计算机由哪些部分组成？

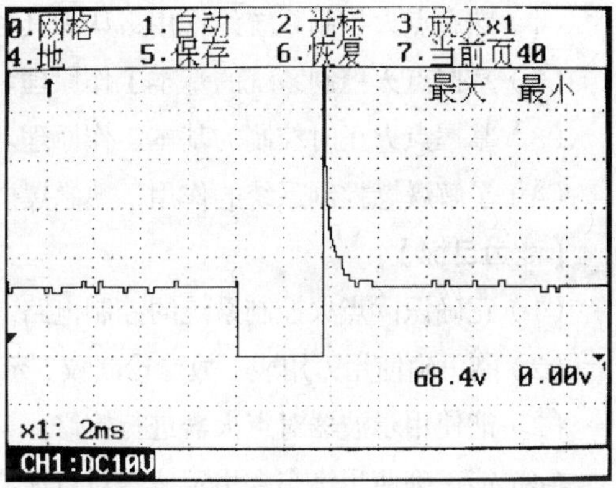

图1-122

（31）一辆凯越轿车（或威驰）轿车怠速不稳、有抖动，技师制定检查方案需要对节气门位置传感器、进气压力传感器、喷油器等进行检查，假如其他技师正在使用故障诊断仪，你只能利用万用表去做检查，请说明如何检查上述几种元件是否有故障？

Chapter 2

项目二

电控点火系统检修

【知识目标】

（1）熟悉点火控制系统的作用，认识其各部分组成结构。

（2）掌握点火控制系统的基本工作原理。

（3）掌握点火正时控制的基本工作原理。

（4）了解爆燃控制系统的作用，熟悉爆燃控制系统基本工作原理。

【能力目标】

（1）正确识读点火控制系统的控制电路。

（2）能正确使用万用表、故障诊断仪、示波器对点火控制系统进行检测，并能分析检测数据等。

（3）能使用示波器对点火器进行检修。

（4）能正确使用汽车专用示波器对点火波形进行检查。

（5）能正确使用故障诊断仪、汽车专用示波器、正时灯对点火正时进行检查。

（6）能进行发动机不能起动故障的初步检测。

（7）能进行发动机运转不稳、加速不良故障的初步检测。

【项目案例】

（1）一辆丰田凌志 LS400 轿车，行驶里程超过 100 000km，装配 1UZ-FE 型 V8 发动机，起动困难，曾一度凑合着用，直到最后不能起动（起动机可以正常带动曲轴旋转，转速也够，但毫无着车征兆）。

（2）一辆已行驶数万公里的丰田 2.8L 排量轿车，发动机冷车起动困难，着火时发动机突然震动，然后趋于平稳，加大油门，中低速时发动机开始抖动，高速时有所改善。经检查火花塞正常。

（3）一辆夏利 N3 1.3，行驶里程 50 000km，一次行驶时，冷车一切正常，行驶一段时间后，故障灯亮，车子熄火后再次起动时，车主感觉发动机不太正常，行驶时发动机无力。

【项目知识点】

2.1 点火系统的作用及分类

2.1.1　汽油机点火系统的作用

汽车发动机的工作循环由进气、压缩、做功与排气四个行程组成。虽然在压缩终了时，气缸内的混合气温度很高，但由于汽油的燃点较高，还不能像柴油机那样产生自燃，所以必须采用明火进行点燃。汽油机就是采用高压电火花点燃混合气的点火方式。

为了在气缸中定时地产生高压电火花，汽油发动机设置了专门的点火装置，称为发动机点火系统。点火系统的基本功用是在发动机各种工况和使用条件下，在气缸内根据发动机的工作顺序和点火时间要求，适时、准确、可靠地产生足够能量的电火花，以点燃可燃混合气，使发动机做功。

2.1.2　汽油机点火系统的分类

发动机点火系统，按照其组成和产生高压电方式的不同可分为传统点火系统、电子点火系统、微机控制点火系统和磁电动机点火系统。

传统点火系统以蓄电池和发电机为电源，借助点火线圈和断电器的作用，将电源提供的6V、12V或24V的低压直流电转变为高压电，再通过分电器分配到各缸火花塞，使火花塞两电极之间产生电火花，点燃可燃混合气体。传统蓄电池点火系统由于存在产生的高压电比较低、高速时工作不可靠、使用过程中须经常检查和维护等缺点，目前已被电子点火系统和微机控制点火系统所取代。

电子点火系统以蓄电池和发电机为电源，借助点火线圈和由半导体器件（晶体三极管）组成的点火控制器将电源提供的低压电转变为高压电，再通过分电器分配到各缸火花塞，使火花塞两电极之间产生电火花，点燃可燃混合气。与传统点火系统相比具有点火可靠、使用方便等优点，但随着发动机电控技术的发展，除少部分在用车使用外，近几年已经被微机控制点火系统取代。

微机控制点火系统与上述两种点火系统相同，也是以蓄电池和发电机为电源，借点火线圈将电源的低压电转变为高压电，再由分电器将高压电分配到各缸火花塞，并由微机控制系统根据各种传感器提供的发动机工况的信息，发出点火控制信号，控制点火时刻，点燃可燃混合气。它还可以取消分电器，由微机控制系统直接将高压电分配给各缸。微机控制点火系统是目前最新型的点火系统，已被广泛应用于各种汽车中。

磁电动机点火系统由磁电动机本身直接产生高压，不需另设低压电源。它主要用于在高速满负荷工作条件下的赛车发动机。

为了便于理解发动机点火系统的工作原理，本书首先介绍传统点火系统和电子点火系统的工作原理，再详解微机控制点火系统的结构原理和检测维修。

2.1.3 对点火系统的基本要求

点火系统应在发动机各种工况和使用条件下都能保证可靠而准确地点火。为此点火系统应满足以下基本要求。

1. 能产生足以击穿火花塞两电极间隙的电压

使火花塞两电极之间的间隙击穿并产生电火花所需要的电压，称为火花塞击穿电压。火花塞击穿电压的大小与中心电极和侧电极之间的距离（火花塞间隙）、气缸内的压力和温度、电极的温度、发动机的工作状况等因素有关。火花塞电极示意图如图 2-1 所示。

电极间隙越大，电极周围气体中的电子和离子距离越大，受电场力的作用越小，越不易发生碰撞电离，因此要求有更高的击穿电压方能点火。

气缸内的压力越大或者温度越低，则气缸内可燃混合气的密度越大，单位体积中气体分子的数量越多，离子自由运动的距离越小，越不易发生碰撞电离。只有提高加在电极上的电压，增大作用于离子上的电场力，使离子的运动加速才能发生离子间的碰撞电离，使火花塞电极间隙击穿。因此气缸内的压力越大或者温度越低，所要求的火花塞击穿电压越高。

电极的温度对火花塞击穿电压也有影响。电极的温度越高，包围在电极周围的气体的密度越小，越容易发生碰撞电离，所需的火花塞击穿电压越小。实践证明，当火花塞的电极温度超过混合气的温度时，击穿电压可降低 30%～50%。

发动机工况不同时，火花塞的击穿电压将随发动机的转速、负荷、压缩比、点火提前角以及混合气浓度的变化而变化。

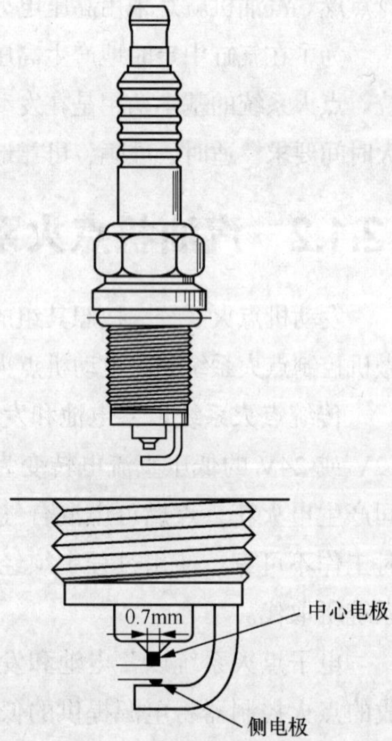

图2-1 火花塞电极示意图

起动时的击穿电压最高，因为此时气缸壁、活塞及火花塞的电极都处于冷态，吸入的混合气温度低、雾化不良。压缩时混合气的温度升高不大，加上火花塞电极间可能积有汽油或机油，因此所需击穿电压最高。此外，汽车加速时，由于大量冷的混合气被突然吸入气缸内，也需要较高的电压。

实验表明，发动机正常运行时，火花塞的击穿电压为 7～8kV，发动机冷起动时达 19kV。为了使发动机在各种不同的工况下均能可靠地点火，要求火花塞击穿电压应为 15～20kV。

2. 电火花应具有足够的点火能量

为了使混合气可靠点燃，火花塞产生的火花应具备一定的能量。发动机正常工作时，由于混合气压缩时的温度接近自燃温度，因此所需的火花能量较小，火花能量为 15～50mJ 就足以点燃混合气。但在起动、怠速以及突然加速时需要较高的点火能量。为保证可靠点火，一般应保证 50～80mJ 的点火能量，起动时应能产生大于 100mJ 的点火能量。

3. 点火时刻应与发动机的工作状况相适应

首先，发动机的点火时刻应满足发动机工作循环的要求；其次，可燃混合气在气缸内从开始点火到完全燃烧需要一定的时间（千分之几秒），所以要使发动机产生最大的功率，就不应在压缩行程终了（上止点）点火，而应适当地提前一个角度，这样当活塞到达上止点时，混合气已经接近充分燃烧，发动机才能发出最大功率。

2.2 传统点火系统及电子点火系统

2.2.1 传统点火系统的组成

传统点火系统主要由电源（蓄电池和发电机）、点火开关、点火线圈、电容器、断电器、配电器、火花塞、阻尼电阻和高压导线等组成，如图 2-2 和图 2-3 所示。

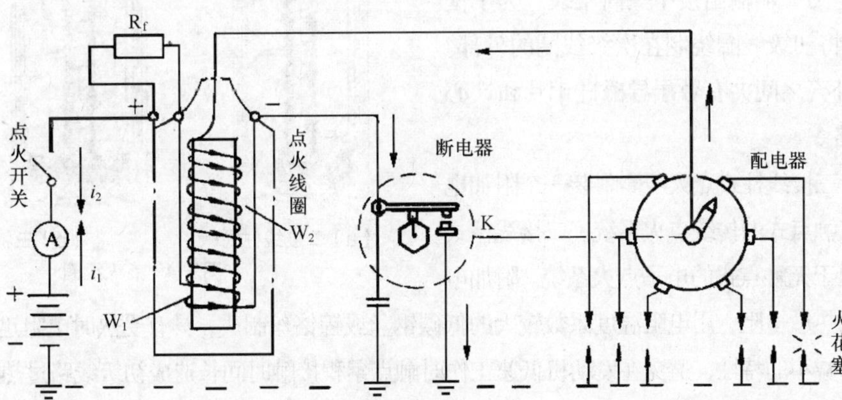

图2-2　传统点火系统的组成

W_1—初级点火线圈；W_2—次级点火线圈

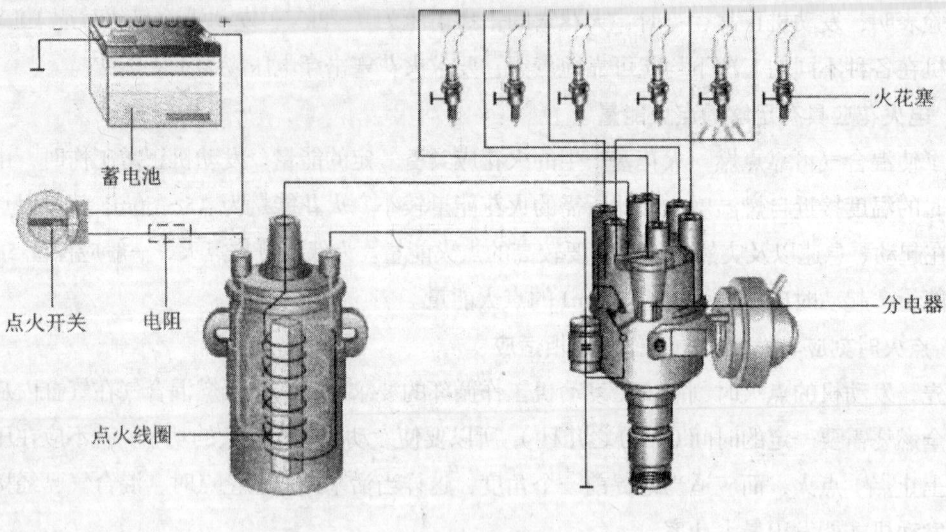

图2-3 传统点火系统的结构示意图

蓄电池供给点火系统所需的电能。点火开关用来控制仪表电路、点火系统初级电路以及起动机继电器电路的开与闭。

1. 点火线圈

点火线圈相当于自耦变压器，储存点火能量，点火线圈用来将电源供给的 6V、12V 或 24V 的低压直流电转变为 15～20kV 的高压直流电。它是用电磁互感原理制成的自耦变压器，其结构主要包括硅钢片叠成的铁心及铁心上的初级线圈、次级线圈以及壳体（见图 2-4）。

初级线圈的导线较粗，直径为 0.5～1.0mm，匝数较少，为 230～370 匝漆包线。次级线圈的导线较细，直径为 0.06～0.10mm，匝数较多，为 11 000～26 000 匝漆包线。次级线圈的一端与初级线圈相连，另一端输出接中央高压线。为了便于散热，一般将初级线圈绕制在次级线圈的外部。初级线圈与外壳之间夹有数层导磁硅钢片和铁心一起组成磁路。

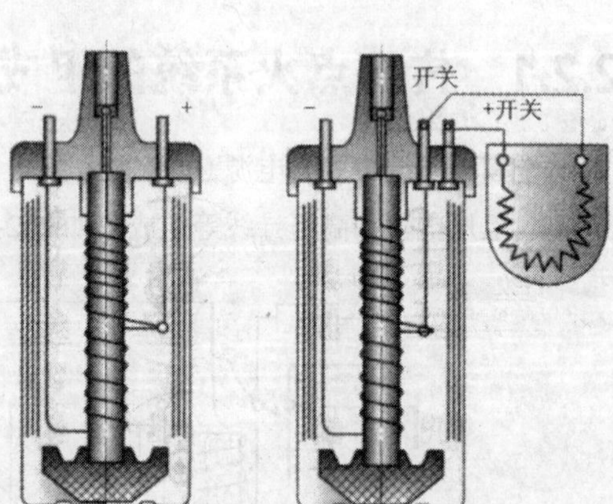

（a）二接线柱式；（b）三接线柱式

图2-4 点火线圈

图 2-4 中三接线柱式点火线圈附装一个附加电阻，应用于有触点式的传统点火系统。二接线柱式点火线圈应用于无触点式的电子点火系统。附加电阻平时又称为热敏电阻，用电阻温度系数较大的低碳钢丝或镍铬丝制成，具有受热时电阻迅速增大，冷却时电阻迅速减小的特性，避免在发动机低速工作时触点累积接触时间长造成初级线路过热现象。

传统点火线圈磁路的上、下部分是从空气中通过的，因此漏磁较多，能量损失大，效率低。这种点火线圈被称为开磁路点火线圈。

现代汽车大都采用闭磁路点火线圈，闭磁路点火线圈有口字形铁心和日字形铁心两种（见

图 2-5），这两种点火线圈磁场能量损失小，效率高，体积小。

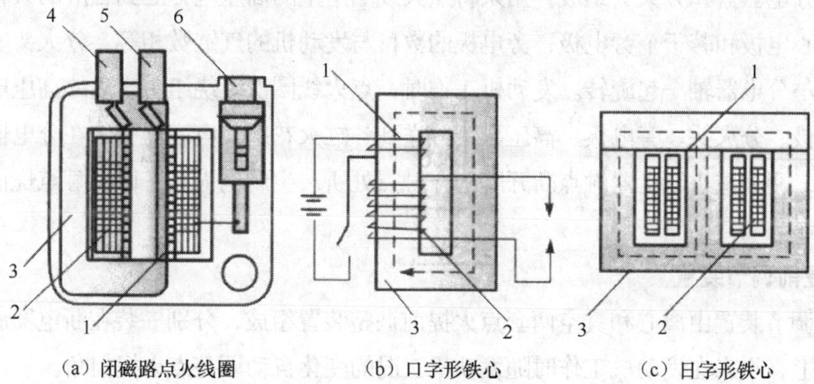

（a）闭磁路点火线圈　（b）口字形铁心　（c）日字形铁心

图2-5　闭磁路点火线圈

1—次绕组；2—二次绕组；3—铁心；4—正接线柱；5—负接线柱；6—高压插孔

2. 分电器

分电路由断电器、配电器、电容器、点火提前调节装置等组成（见图 2-6）。它用来在发动机工作时接通与切断点火系统的初级电路，使点火线圈的次级绕组产生高压电，并按发动机要求的点火时刻与点火顺序将点火线圈产生的高压电分配到相应气缸的火花塞上。

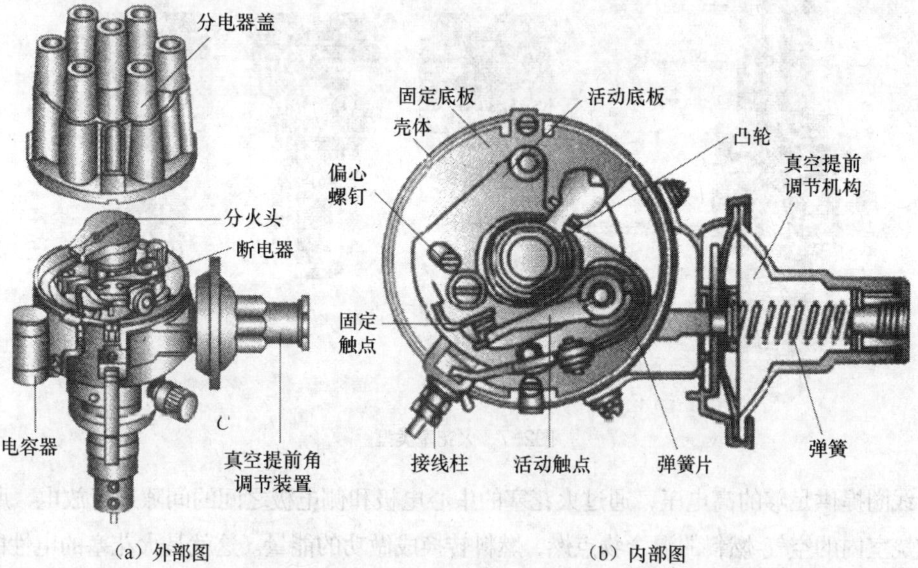

（a）外部图　（b）内部图

图2-6　点火提前调节装置

3. 断电器

断电器主要由断电器凸轮、断电器触点、断电器活动触点臂等组成。其作用是接通和切断点火线圈的初级电路，通过自感使次级线圈产生高压电。活动触点臂与点火低压电路及点火线圈低压线圈相连，固定触点通过分电器搭铁。断电器凸轮由发动机凸轮轴驱动，并以同样的转速旋转，即发动机曲轴每转两周，断电器凸轮转一周，断电凸轮使触点断开与接合从而切断和接通低压电路。

4. 配电器

配电器由分电器盖和分火头组成，用来将点火线圈产生的高压电分配到各缸的火花塞。分电器盖上有一个中心电极和若干个旁电极，旁电极的数目与发动机的气缸数相等。分火头安装在分电器的凸轮轴上，与分电器轴一起旋转。发动机工作时，点火线圈次级绕组中产生的高压电，经分电器盖上的中心电极、分火头、旁电极、高压导线分送到各缸火花塞。电容器安装在分电器壳上，与断电器触点并联，用来减小断电器触点断开瞬间在触点处所产生的电火花，以免触点烧蚀，从而延长触点的使用寿命。

5. 点火提前调节装置

点火提前调节装置由离心和真空两套点火提前调整装置组成，分别安装在断电器底板的下方和分电器的外壳上，用来在发动机工作时随发动机工况的变化自动调整点火提前角。

6. 火花塞

火花塞由中心电极和侧电极组成，安装在发动机的燃烧室中，用来将点火线圈产生的高压电引入燃烧室，点燃燃烧室内的可燃混合气（见图 2-7）。

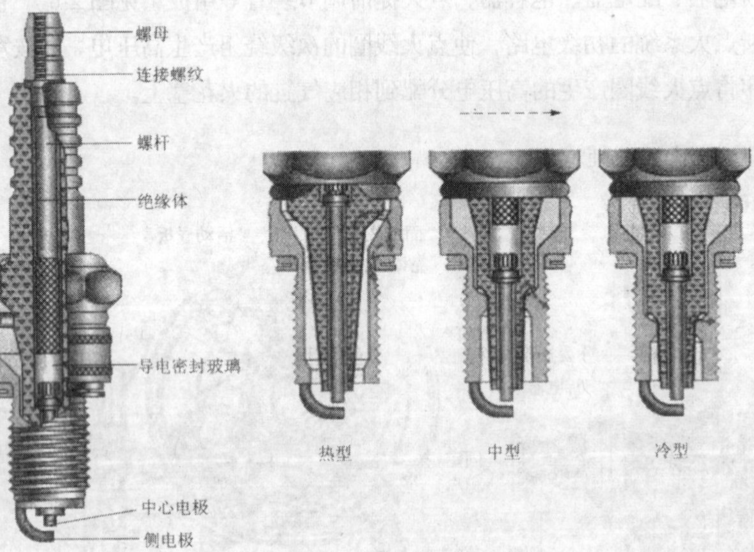

图2-7 火花塞类型

点火线圈提供足够的高电压，通过火花塞的中心电极和侧电极之间的间隙进行放电，所产生的火花将燃烧室内的空气-燃料的混合物点燃，燃料转换成做功的能量。这就是火花塞的电性能。由于尖端放电的特性，要求中心电极直径越细越好。但是电极的直径越细，电腐蚀就越大，其寿命就越短。为提高火花塞的工作寿命，放电处的直径小于 1mm 的铂金、铱金等以硬质贵金属材料作为电极的火花塞应运而生。而普通电极材料（如镍合金等）的火花塞，为使其寿命得以保证，电极直径也从原来的 2.6mm 降至 2.1mm，同时镍钇合金等一些新型材料也在火花塞的电极上广泛运用。为了使中心电极同时具备良好的导电性能和导热性能，中心电极内部一般还包裹铜芯。有些火花塞为延长侧电极的寿命，使侧电极同样具备良好的导电性能和导热性能，侧电极内部也包裹铜心。

火花塞在燃烧室内点火完毕后，其温度不能太高，不能因火花塞自身的温度过高而引起早燃。但其温度也不能过低，否则火花塞就不能自净，容易积炭积垢。火花塞的热性能可以通过选取火花塞的热值来确定。

火花塞自身不会产生热量，但它可以像散热器一样，将燃烧室内多余的热量带走，移至发动机的冷却系统中。火花塞的散热情况，主要是由下列因素决定：绝缘嘴的长度，围绕绝缘嘴的气体量，中心电极的材料、结构和陶瓷绝缘体的结构等。

绝缘嘴长度就是瓷件从发火端的绝缘体至金属外壳接触的那段距离，如图 2-7 所示。热型火花塞的绝缘嘴比较长，较多的瓷件表面和燃烧气体接触，散热慢；而冷型火花塞正好相反，绝缘嘴比较短，较少的瓷件表面和燃烧气体接触，散热快。

火花塞的顶端是火花塞的最热部位，该部位的温度是影响火花塞积炭和早期点火的主要因素。任何点燃式发动机，火花塞顶端的温度必须控制在 500℃～850℃。火花塞的工作温度如图 2-8 所示，如果顶端的温度低于 500℃，围绕中心电极的绝缘体部位将因温度过低而不能将在燃烧室内所积的炭和其他沉积物烧掉，火花塞上的这些积垢将直接导致发动机失火。顶端的温度高于 850℃，则会造成中心电极熔化及早燃，进而引起发动机爆燃。由于这种爆燃的产生无法控制，更无法避免，因此发动机将会在很短的时间内损坏。

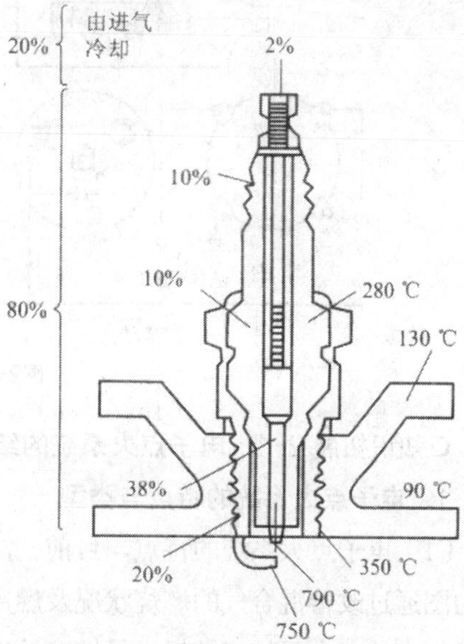

图2-8　火花塞受热示意图

点火系统工作时所需的能量由蓄电池和发电动机提供，其标称电压一般为 12V。

2.2.2　传统点火系统的工作原理

接通点火开关，发动机开始运转。发动机运转过程中，断电器凸轮不断旋转，使断电器触点不断地开、闭。当断电器触点闭合时，蓄电池的电流从蓄电池正极出发，经点火开关、点火线圈的初级绕组、断电器活动触点臂、触点、分电器壳体搭铁流回蓄电池的负极。当断电器的触点凸轮初级绕组中的电流迅速下降到“0”时，线圈周围和铁心中的磁场也迅速衰减以至消失，因此在点火线圈的次级绕组中产生感应电压称为次级电压，其中通过的电流称为次级电流，次级电流流过的电路称为次级电路。

触点断开后，初级电流下降的速率越高，铁心中的磁通变化率越大，次级绕组中产生的感应电压越高，越容易击穿火花塞间隙。当点火线圈铁心中的磁通发生变化时，不仅在次级绕组中产生高压电（互感电压），同时也在初级绕组中产生自感电压和电流。在触点分开、初级电流下降的瞬间，自感电流的方向与原初级电流的方向相同，其电压高达 300V。它将击穿触点间隙，在触点间产生强烈的电火花，这不仅使触点迅速氧化、烧蚀，影响断电器正常工作，同时使初级电流的变化率下降，次级绕组中的感应电压降低，火花塞间隙中的火花变弱，以致难以点燃混合气。为了消除自感电压和电流的不利影响，在断电器触点之间并联有电容器 C_1。在触点分开瞬间，自感电流向电容器充电，可以减小触点之间的火花，加速初级电流和磁通的衰减，并提高了次级电压。传统点火系统的工作原理见图 2-9。

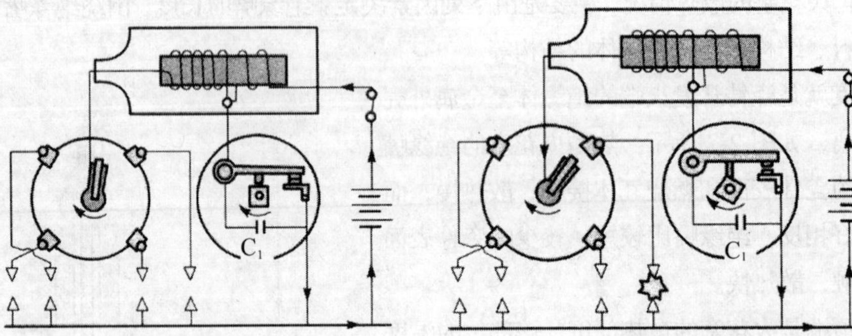

（a）接通状态　（b）断开状态

图2-9　传统点火系统工作原理

知识拓展 2-1　电子点火系统的结构

1. 电子点火系统的特点与类型

（1）电子点火系统的特点。目前，汽车发动机向着多缸、高转速、高压缩比的方向发展，人们还力图通过改善混合气的燃烧状况及燃用稀混合气以达到减少排气污染和节约燃油的目的。这些都要求汽车的点火系统能够提供足够高的次级电压、火花能量和最佳点火时刻。传统点火系统已经不能满足这些要求了。因此，近几十年来各国都在积极探索改进途径，并研制了一系列的电子点火系统。这是因为电子点火系统具有以下优点。

① 可以减少触点火花，避免触点烧蚀，延长触点的使用寿命；有的还可以取消触点，因而克服了与触点相关的一切缺点，改善了点火性能。

② 可以不受触点的限制，增大初级电流，提高次级电压，改善发动机高速时的点火性能。一般传统点火系统的低压电流不超过 5A，而电子点火系统可提高到 7～8A，次级电压可达 30kV。

③ 次级电压和点火能量的提高使其对火花塞积炭不敏感，且可以加大火花塞电极间隙，点燃较稀的混合气，从而有利于改善发动机的动力性、经济性和排气净化性能。

④ 大大减轻了对无线电的干扰。

⑤ 结构简单，质量小，体积小，使用和维修方便。

（2）电子点火系统的基本组成。电子点火系统结构如图 2-10 所示，它主要由蓄电池、点火开关、点火线圈、电子点火控制器、传感器、火花塞等组成。

（3）电子点火系统的类型。电子点火均指无触点电子点火系统，按点火信号发生器类型的不同，电子点火系统可分为霍尔式、磁感应式和光电式电子点火系统 3 种类型。

① 霍尔式电子点火系统。霍尔式信号发生器用霍尔元件制成，又称为霍尔效应式传感器，其突出优点是输出信号准确可靠，不受发动机转速影响。桑塔纳、捷达、奥迪 100、红旗 CA7220、解放

CA1040 和 CA6440 等车都采用过霍尔式点火系统。

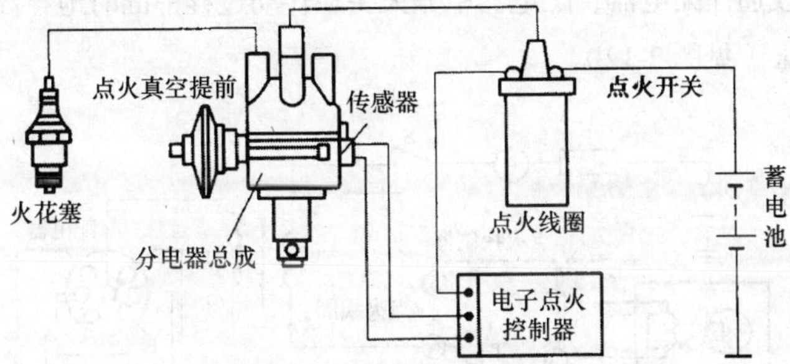

图2-10 电子点火系统结构图

② 磁感应式电子点火系统。磁感应式信号发生器又称为磁感应式传感器，其突出优点是结构简单、工作可靠，但是其输出信号在发动机低速时不如霍尔式可靠。北京切诺基 BJ2021、解放 CA1092、东风 EQ1092 等车都采用过磁感应式电子点火。

③ 光电式电子点火系统。光电式信号发生器又称为光电式传感器，是利用发光元件（发光二极管）和光电转换元件（光电晶体管）制成的传感器。由于发光元件和光电转换元件的工作性能受环境条件影响较大，因此采用光电式电子点火系统的汽车较少，国产猎豹、日本三菱吉普车采用过光电式电子点火系统。

2. 磁感应式电子点火系统

（1）磁感应式电子点火系统组成与工作原理。解放 CA1092、东风 EQ1092、北京 BJ2020 等型汽车以及早期生产的部分轿车，都装配了磁感应式电子点火系统。它主要由磁感应式分电器、点火控制器、点火线圈和火花塞等组成（见图 2-11）。

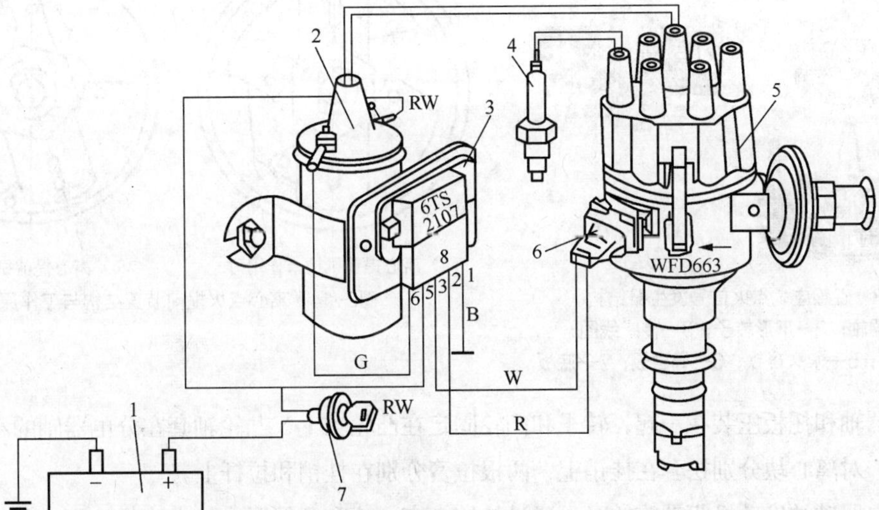

图2-11 解放CA1092型汽车电子点火系统

1—蓄电池；2—点火线圈；3—点火控制器；4—火花塞；5—分电器；6—信号发生器；7—点火开关

磁感应式分电器中磁感应传感器（信号发生器）产生点火正时信号给点火控制器，点火控制器控制点火线圈初级电路的接通和断开，从而在点火线圈次级线圈产生 15 000～20 000V 的高压电，高压电通过中央高压线通往配电器，配电器中分火头在转动过程中准时地将高压电按点火顺序分配给各工作缸火花塞跳火（见图 2-12）。

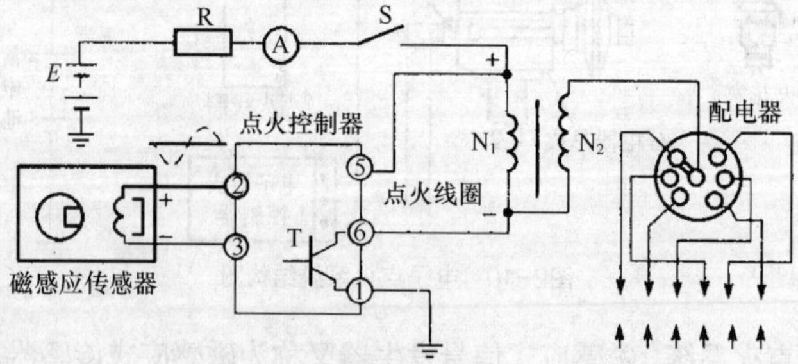

图2-12　磁感应式电子点火系统原理图

（2）分电器总成。磁感应式分电器主要由磁感应式信号传感器、点火提前调节装置、配电器等组成。

① 磁感应式信号传感器。磁感应式信号传感器由转子、定子、永久磁铁、传感线圈等组成，如图 2-13 所示。当发动机工作时，分电器通过转子、定子，使传感线圈内的磁通发生变化，产生电压信号，供给点火控制器。其突出优点是结构简单，不需外加电源。

② 离心点火提前装置。解放 CA1092 磁感应式分电器采用的离心点火提前装置结构与工作原理见图 2-14。

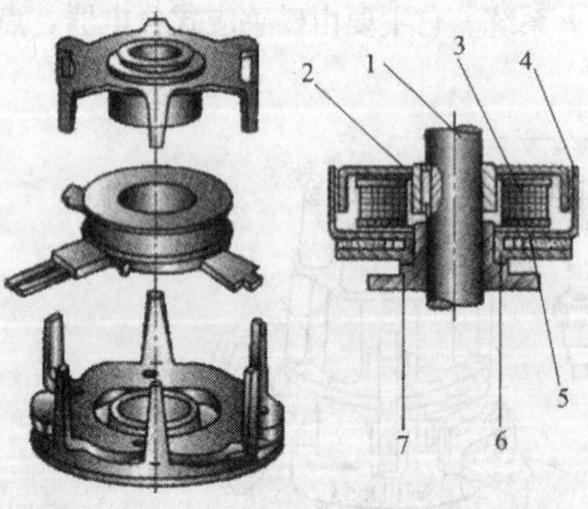

图2-13　磁感应式点火信号发生器结构

1—分电器轴；2—爪形转子；3—传感线圈；4—爪形定子；5—永久磁铁；6—导磁板；7—底板

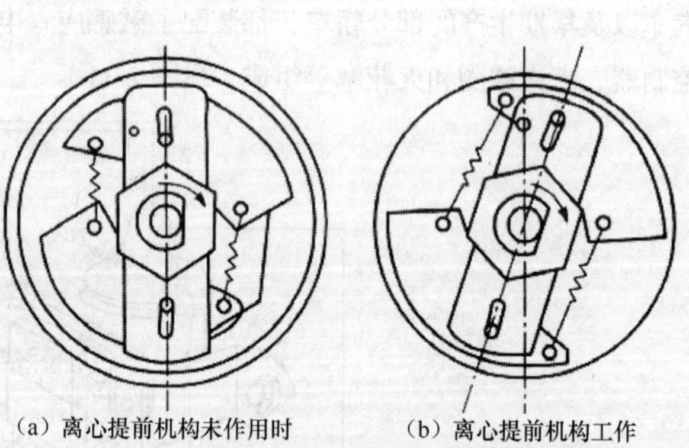

（a）离心提前机构未作用时　（b）离心提前机构工作

图2-14　离心点火提前装置结构与工作原理

分电器轴和托板压装在一起，转子和凸轮固定在凸轮轴上，凸轮轴套在分电器轴的小端，能灵活转动。一对离心块分别松套在挂销上，两根拉簧分别在挂销和拉杆上。

当分电器轴被发动机驱动旋转时，通过挂销、离心块和凸轮形成传力路径，驱动凸轮轴旋转。离心块由于运动而产生离心力，当此离心力超过拉簧施加拉力时，离心块便围绕挂销向甩开，其圆弧面拨动凸轮，使本来随分电器轴同步旋转的凸轮轴相对分电器轴超前转过一个角度，从而使转子爪极提前与定子爪极对齐，点火触发信号在凸轮轴转角上提前出现，并通过点火控制模块实现提前点火。

③ 真空点火提前装置。真空点火提前装置结构原理如图 2-15 所示。当发动机在部分负荷下工作时，进气歧管内真空度大，通过真空管使膜片在真空吸力作用下向左移，拉杆通过拉销拉动定子组件向着与分电器轴旋向的相反方向转过一定角度，实现点火提前的功能。

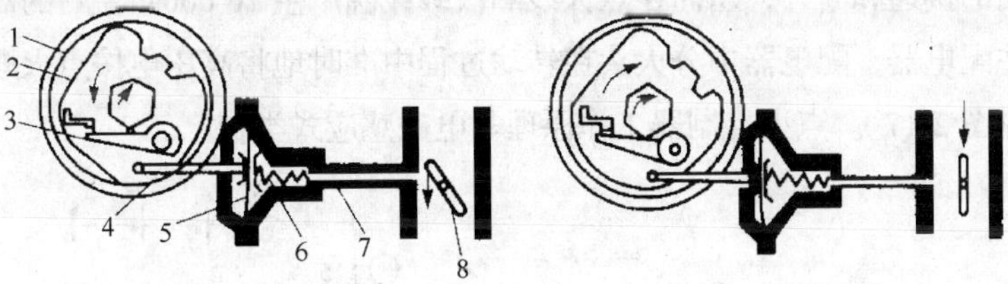

（a）小负荷工况　　（b）大负荷工况

图2-15　真空点火提前装置结构

1—分电器外壳；2—信号发生器底板；3—信号发生器；4—拉杆；5—膜片；6—弹簧；7—真空连接管；8—节气门

④ 配电器。解放 CA1092 汽车用磁感应式分电器中的配电器由分电器盖和分火头组成，结构与原理与和传统式配电器相同。

（3）电子点火控制器。电子点火控制器又称电子点火模块或电子点火组件，主要由点火专用的集成电路和一些辅助电子元件组成。它的主要作用是根据磁感应传感器输出的电压信号控制点火线圈初级绕组电路的导通与截止，使点火线圈产生高压电，如图 2-16 所示。对于电子点火系统，为了使其点火能量恒定，一般采用限制通过点火线圈初级电流峰值和控制其流通时间比率的方法实现。此外，点火控制器还有停车断电控制、过压保护等功能。

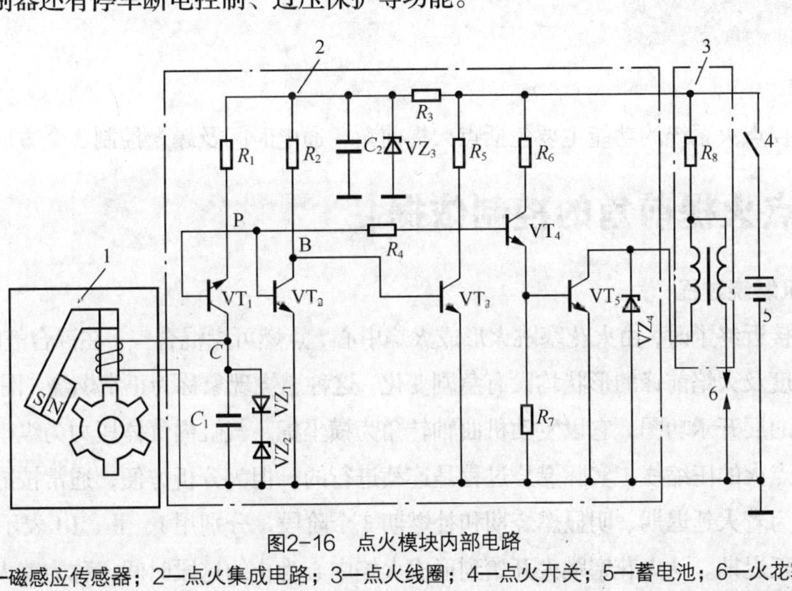

图2-16　点火模块内部电路

1—磁感应传感器；2—点火集成电路；3—点火线圈；4—点火开关；5—蓄电池；6—火花塞

（4）点火线圈。解放 CA1092 汽车磁感应式无触点点火系采用 JDQ2172 高能点火线圈。其初级绕组电阻为 0.7～0.8Ω，次级绕组电阻为 3 000～4 000Ω，次级电压可达到 15 000～25 000V，上升率大于 600V/ms，火花能量大于 70mJ。

3. 霍尔式电子点火系统

解放 CA6440、解放 CA1040 型汽车以及早期生产的部分轿车，大都采用了霍尔式电子点火系统。它主要由霍尔式分电器、点火控制器、高能点火线圈、火花塞等组成。

霍尔式分电器中霍尔传感器（信号发生器）产生点火正时信号给点火控制器，点火控制器控制点火线圈初级电路的接通和断开，从而在点火线圈次级线圈产生 20 000V 左右的高压电，高压电通过中央高压线通往配电器，配电器中分火头在转动过程中准时地将高压电按点火顺序分配给各工作缸火花塞跳火（见图 2-17）。点火控制器工作原理与电磁感应式类似。

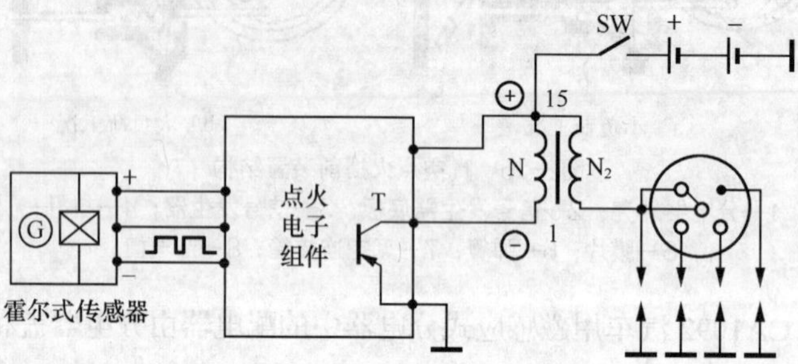

图2-17 霍尔式电子点火系统电路图

2.3 电控点火系统的功能

汽油机电控点火系统的功能主要包括点火提前角、通电时间及爆燃控制 3 个方面。

2.3.1 点火提前角的控制依据

1. 汽油机燃烧过程

压缩行程接近终了时，由火花塞跳火形成火焰中心，点燃可燃混合气。在混合气的燃烧过程中，火焰的传播速度及火焰前锋的形状均没有急剧变化，这种燃烧现象称为正常燃烧。图 2-18 所示为汽油机燃烧过程的展开示功图，它以发动机曲轴转角为横坐标，气缸内气体压力为纵坐标。图中虚线表示只压缩不点火的压缩线。实际燃烧过程是连续进行的，但为分析方便，通常按缸内压力的变化特征，将其分为着火延迟期、明显燃烧期和补燃期 3 个阶段，分别用 Ⅰ、Ⅱ、Ⅲ 表示。

（1）着火延迟期。从火花塞跳火开始到形成火焰中心为止的这段时间，称为着火延迟期（见图 2-18 中第 Ⅰ 阶段）。

从火花塞跳火开始到活塞运行至上止点的曲轴转角，称为点火提前角，用 θ 表示。

（2）明显燃烧期。从火焰中心形成到气缸内出现最高压力为止这段时间，称为明显燃烧期（见

图 2-18 中第Ⅱ阶段）。

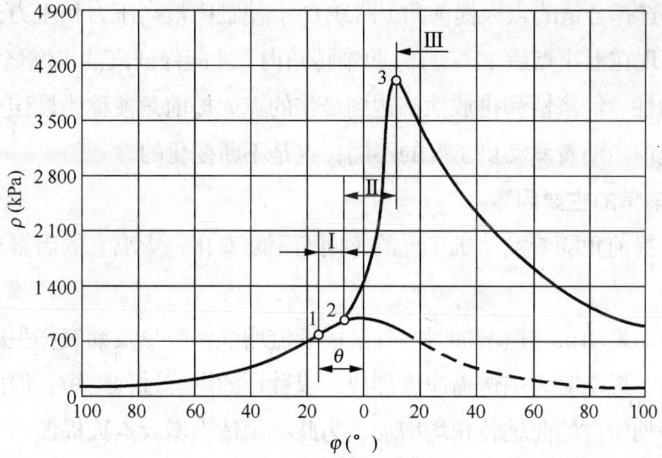

图2-18 汽油机燃烧过程

（3）补燃期。从出现最高压力开始，到燃料基本燃烧完为止，称为补燃期（见图 2-18 中第 III 阶段）。

2. 点火提前角对发动机性能的影响

点火提前角大小对汽油机爆燃倾向、示功图上最高压力点的位置有很大影响。汽油机不同点火提前角时的示功图，如图 2-19 所示。

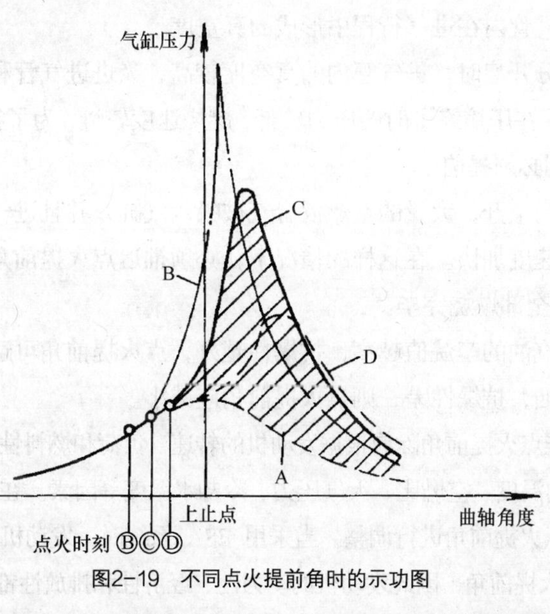

图2-19 不同点火提前角时的示功图

点火提前角越大（即点火越早），最高压力越高，且最高压力点越靠近压缩上止点，甚至最高压力点出现在压缩上止点以前。点火过早（曲线 B）时，不仅因最高压力升高，使爆燃倾向增大，机件承受的机械负荷增加，而且因最高压力点的提前，使压缩行程消耗的功和传热损失均增加，导致发动机过热。而点火过晚（曲线 D）时，由于最高压力的降低，使作功行程初期所作的功减少，同时因燃烧过程是在气缸容积不断增大的膨胀行程进行，高温气体与气缸壁接触面积大，使传热损失增加，燃烧放热用来充分作功的机会减小，因此也会导致发动机功率降低、热效率降低和过热。

由此可见，只有选择合适的点火提前角（曲线 C），使缸内最高压力和压力升高率保持在适当的范围，使最高压力出现在上止点后 12°～15° 曲轴转角内，才能保证汽油机燃烧正常、性能最好。能够保证发动机在动力性、经济性和排放性都达到最佳的点火提前角被称为最佳点火提前角。但一台发动机的最佳点火提前角随着发动机工况的不同，也是不断变化的。

3. 影响点火提前角的主要因素

使用中最佳点火提前角随着发动机工况的不同而不断变化，影响它的因素有很多，如转速、负荷、混合气浓度等。

（1）发动机转速。发动机转速增加时，气缸中紊流增强，散热及漏气损失减少，压缩终了时工质的温度和压力较高，燃烧时火焰传播速度加快，以秒计的燃烧过程缩短，但由于转速的提高，着火延迟期和明显燃烧期所占的曲轴转角均增加，为此必须适当增大点火提前角，以保持最高压力点的最佳位置；反之，发动机转速降低时，应适当减小点火提前角。如发动机在 850 r/min 的怠速时，点火提前角为 6°～12°，而转速增加到 4 000 r/min 时，点火提前角增大到 28°。但当转速继续增加时，混合气压力与温度的提高及进气扰流的增强会使燃烧速度加快，为避免发生爆燃，最佳点火提前角的增加速度就要适当减慢。

（2）发动机负荷。作用在发动机上的负荷是发动机必须完成的功。爬坡或者牵引更大的重量会使发动机的负荷增加。在负荷作用下，活塞运动速度减慢，发动机运行效率下降。表示发动机负荷的一个很好的指标是进气管内在进气行程中形成的真空度。

在轻载和节气门部分开启时，进气管内的真空度较高，吸进进气管和气缸内的空燃混合气的数量少。这些稀薄的混合气在压缩终了时的压力较低，燃烧速度较慢，为了在上止点后（ATDC）10°～15° 完成燃烧，点火时刻必须提前。

在大负荷时，节气门全开，大量的空燃混合气被吸入气缸，并且进气管的真空度低，这就会导致燃烧压力增高，燃烧速度加快。在这样的情况下，必须推迟点火提前角，以防止气体在上止点后（ATDC）10°～15° 以前全部燃烧完毕。

（3）燃料的性质。汽油的辛烷值越高，抗爆性越好，点火提前角可适当增大，以提高发动机的性能；辛烷值较低的汽油，抗爆性差，则点火提前角应减小。

（4）其他因素。最佳点火提前角除应根据发动机的转速、负荷和燃料性质确定之外，还应考虑发动机燃烧室形状、燃烧室内温度、空燃比、大气压力、冷却水温度等因素。在传统点火系统中，当上述因素变化时，系统无法对点火提前角进行调整。当采用 ESA 系统时，发动机在各种工况和运行条件下，ECU 都可保证理想的点火提前角，因此发动机的动力性、经济性和排放性都可以达到最佳。

2.3.2 点火提前角的控制

在发动机起动时，电子控制单元是不进行点火提前角控制的，此时的点火提前角是直接由发动机 ECU 中给出的一个固定值。当发动机起动以后，其转速超过一定值进入稳定运转阶段时，ECU

开始进行最佳点火提前角的控制。

发动机起动后，电控单元对最佳点火提前角的计算和控制一般按照如下步骤进行：首先根据凸轮轴位置传感器的 G 信号和曲轴位置传感器的 Ne 信号确定初始点火提前角，然后根据发动机转速和负荷确定基本点火提前角，最后根据有关传感器（冷却液温度传感器等）的信号确定修正点火提前角，这三项点火提前角的代数和即为实际的最佳点火提前角，如图 2-20 所示。在发动机正常工作的工况中，最佳点火提前角也可用公式表达为：

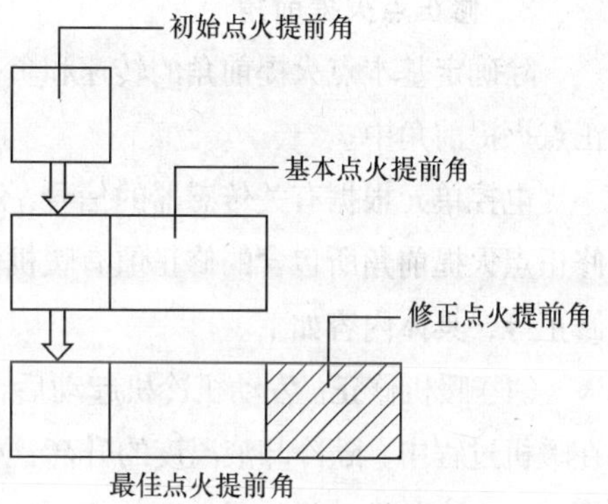

图2-20 点火提前角的确定

最佳点火提前角 = 初始点火提前角 + 基本点火提前角 + 修正点火提前角

1. **初始点火提前角**

点火提前角的确定是很复杂的，需要通过大量的反复实验，不同的发动机初始点火提前角的大小是不同的。一般来讲，为了控制点火正时，电子控制单元（ECU）根据上止点位置来确定点火提前角。在一些电子控制点火系统中，有些发动机电控单元把 G_1 或 G_2 信号后第一个 Ne 过零点信号定为压缩行程上止点前 10°，并以这个角度作为点火正时计算的基准点，称之为初始点火提前角。

2. **基本点火提前角**

发动机正常运转时，电子控制单元按怠速工况和非怠速工况两种情况确定基本点火提前角。

发动机处于怠速工况时，电控单元根据节气门位置信号（怠速触点闭合信号）、发动机转速信号 Ne 及空调开关信号来共同确定基本点火提前角。

发动机处于非怠速工况时，电控单元根据发动机转速和节气门位置及空气流量传感器信号，从 ECU 存储器中的点火提前角数据表中查出相应的基本点火提前角去控制点火的时刻。对于每种发动机都会通过实验的方式确定其基本点火提前角，并以数据表的形式储存在 ECU 中，如图 2-21（a）所示。如果以图的形式绘制出来便得到三维脉谱图，如图 2-21（b）所示。

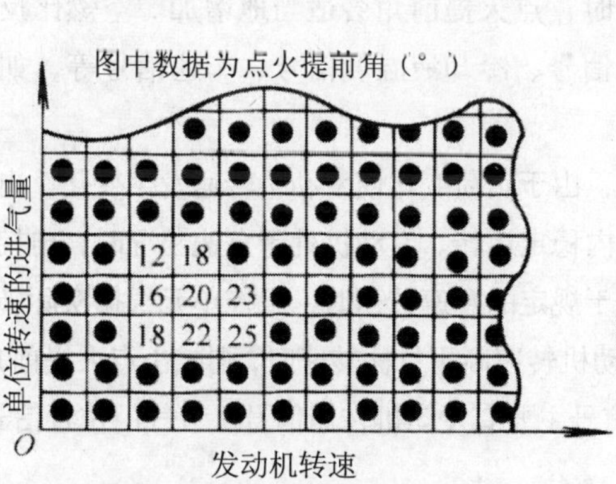

（a）点火提前角数据表模型

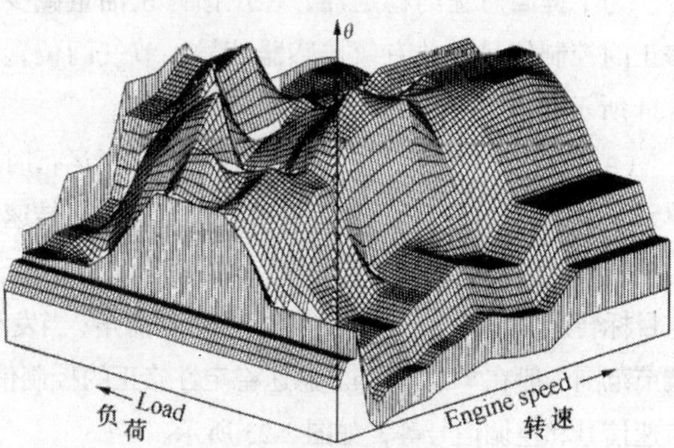

（b）点火提前角三维脉谱图

图2-21 点火提前角基本值

3. 修正点火提前角

除确定基本点火提前角的转速和负荷信号以外，其他对点火提前角有影响的因素均要纳入到修正点火提前角中。

电控单元根据有关传感器的信号，分别给出对应的修正值，它们的代数和就是修正点火提前角。修正点火提前角所包含的修正值有暖机修正、过热修正、空燃比反馈修正、怠速稳定性修正、爆燃修正等，具体内容如下。

（1）暖机修正。发动机冷机起动后，冷却液温度较低且汽油雾化不良，此时应增大点火提前角。在暖机过程中，随冷却液温度的升高，点火提前角修正值逐渐减小，如图 2-22 所示。修正值的变化规律及大小与发动机暖机修正的主要控制信号（如冷却液温度信号、空气流量信号、节气门位置信号等）有关。

（2）过热修正。发动机处于正常运行工况时（怠速触点断开），若冷却液温度过高，则很可能造成发动机爆燃，此时应将点火提前角适当推迟。而在发动机处于怠速工况时（怠速触点闭合），若冷却液温度过高，则为了避免发动机长时间过热，应将点火提前角增大（提高发动机的转速）。过热时需修正的主要控制信号有冷却液温度信号、节气门位置信号等，如图 2-23 所示。

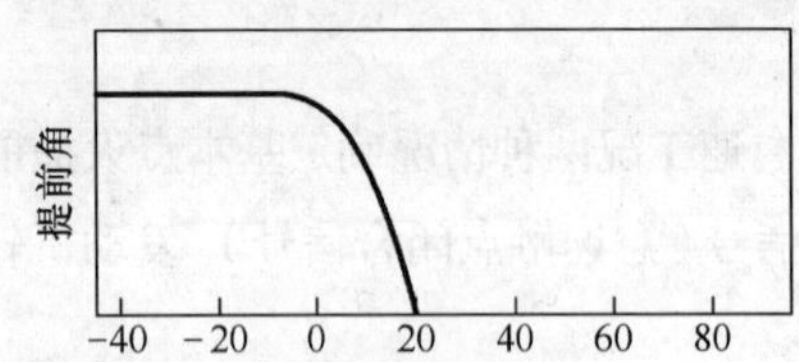

图2-22 暖机修正

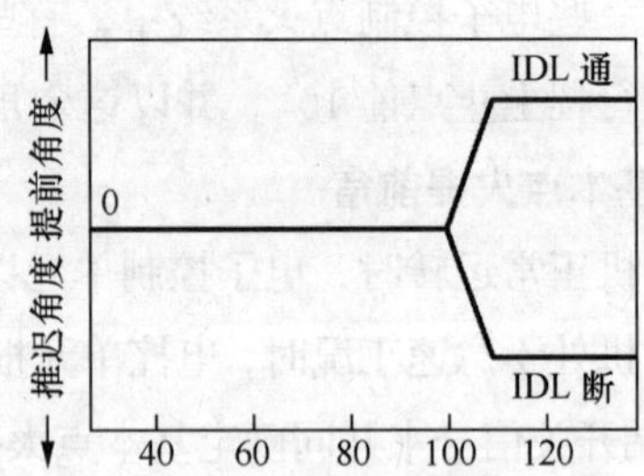

图2-23 过热修正

（3）空燃比反馈修正。现在的发动机都装有氧传感器，ECU 根据氧传感器反馈出来的电信号对空燃比进行修正。随着修正喷油量的增加或减少，发动机转速在一定范围内波动。

为了提高怠速的稳定性，在反馈修正油量减少时，点火提前角会适当地增加。空燃比反馈修正的控制信号主要有氧传感器信号、节气门位置信号、冷却液温度信号、车速信号等，如图 2-24 所示。

（4）怠速稳定性修正。发动机在怠速工况运行时，由于负荷变化使发动机转速发生变化，电控单元要调整点火提前角，使发动机在规定的怠速转速内稳定运转。发动机处于怠速工况时，电控单元不断地计算发动机的平均转速，当发动机的转速低于规定的怠速转速时，电控单元根据实际转速与目标转速差值的大小相应地增大点火提前角；当发动机转速高于目标转速时，则减小点火提前角。调节范围一般在 ± 20 r/min。怠速稳定性修正的控制信号主要有发动机转速信号、节气门位置信号、车速信号和空调信号等，如图 2-25 所示。

应当注意的是，发动机的修正点火提前角不是没有限制的，最大和最小点火提前角的一般范围是：最大点火提前角 35°～45°，最小点火提前角-10°～0°。

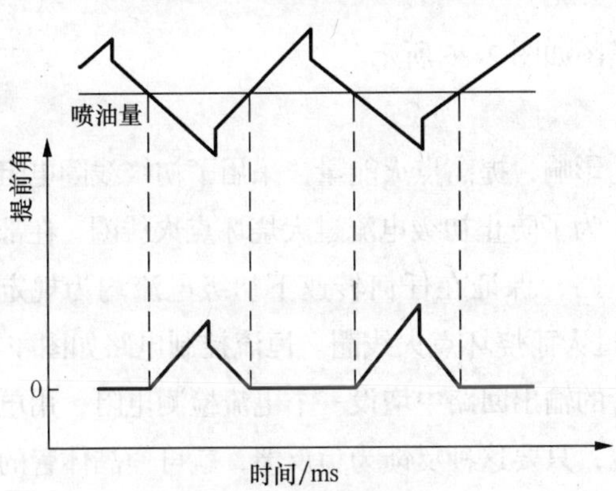

图2-24　空燃比反馈修正

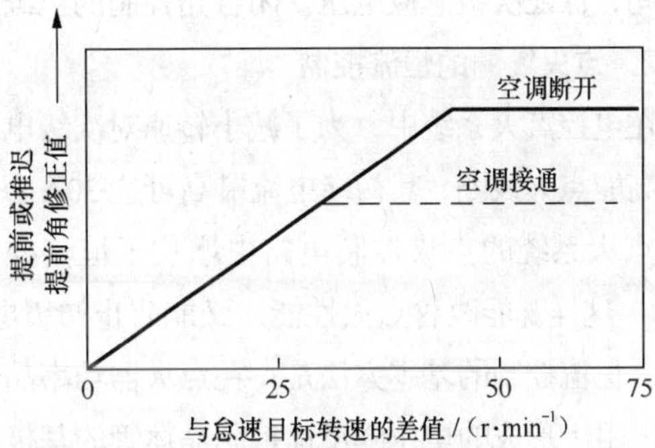

图2-25　怠速稳定性修正

2.3.3　点火能量的控制

1. 通电时间控制

为了使混合气可靠点燃，火花塞产生的火花应具备一定的能量。按点火能量的储存方式，汽油机点火系统可分为电感储能式（电感放电式）和电容储能式（电容放电式）两大类。对于电感储能式电控点火系统，在点火线圈一定的条件下，点火能量的大小主要取决于初级电流的大小。

对于电感储能式电控点火系统，当点火线圈的初级线圈被接通后，通过线圈的电流是按指数规律增大的。初级线圈被断开瞬间所能达到的断开电流值与初级线圈接通时间长短有关。只有通电时间达到一定值时，初级电流才可能达到饱和。换句话来描述，只有通电时间达到一定值时，点火线圈的储能才能保证在次级感应出来的高压电能够充分地点火，所以次级线圈高压的最大值与初级断开电流成正比，为了获得足够的点火能量，必须使初级电流达到饱和。如某八缸发动机，怠速时点火模块使初级电路通电闭合 15° 曲轴转角，而高速时增加到 32° 曲轴转角。

当然如果通电时间过长，点火线圈又会发热并增大电能消耗。要兼顾上述两方面的要求，就必须对点火线圈初级电路的通电时间进行控制。

点火线圈初级通电时间控制也就是通常所说的闭合角控制，也可简称为通电时间控制。

所谓闭合角是指在点火线圈的初级线圈通电时，对应曲轴所转过的角度。一般在传统点火系统中将此处的控制称为闭合角控制，而在微机控制点火系统中多称为初级线圈通电时间的控制。

影响初级线圈通过电流时间长短的主要因素有发动机转速和蓄电池电压。为了保证在不同的蓄电池供电电压和不同的转速下都具有相同的初级断开电流，保证感应次级电压的稳定，ECU 根据蓄电池与发动机传来的电压与转速信号，从 ECU 中存储的闭合角数据表中查出相应的数值，对闭合角进行控制，也就控制了点火线圈的初级通电时间。

当发动机转速较高时，适当增加初级线圈通电时间（增大闭合角），以防止初级线圈通过的电流值下降造成次级高压下降、点火困难。当蓄电池电压下降时，也应适当增大闭合角，保证足够的通电时间，保证次级感应电压。闭合角控制的三维脉谱图如图 2-26 所示。

2. **点火线圈的恒流控制**

在电控点火系统中，为了减小转速对次级电压的影响，提高点火能量，采用了初级线圈电阻很小的高能点火线圈，其初级电流最高可达 30A 以上。为了防止初级电流过大烧坏点火线圈，在部分电控点火系统的点火控制电路中增加了恒流控制电路，保证在任何转速下初级电流均为规定值（7A），这样既能改善点火性能，又能防止初级电流过大而烧坏点火线圈。恒流控制电路如图 2-27 所示。恒流控制的基本方法是：在点火器功率晶体管的输出回路中增设一个电流检测电阻，用电流在该电阻上形成的电压降反馈控制晶体管的基极电流，只要这种反馈为负反馈，就可使晶体管的集电极电流稳定，从而实现恒流控制。

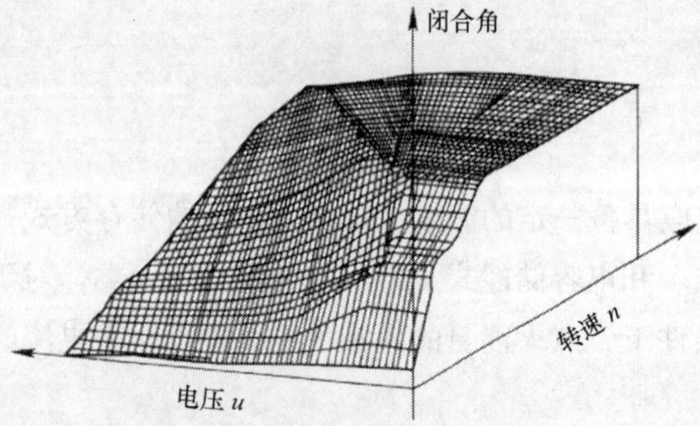

图2-26 闭合角控制的三维脉谱图

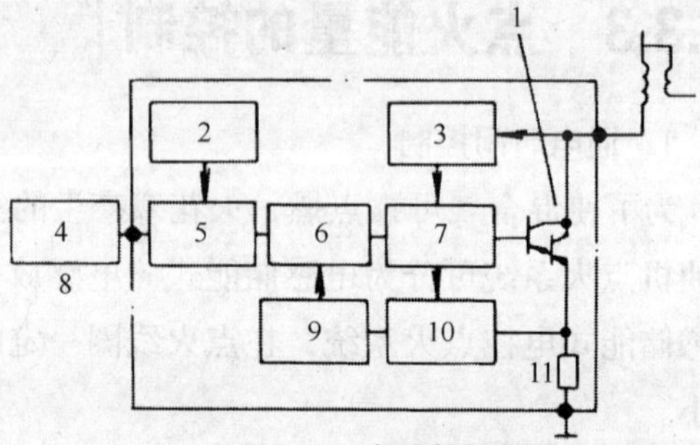

图2-27 恒流控制电路

1—功率晶体管；2—偏流回路；3—过压保护回路；4—传感器；5—波形整形回路；6—通电率发生回路；7—放大回路；8—点火器；9—通电率控制回路；10—恒流控制回路；11—电流检测电阻

2.4 电控点火系统的组成与工作原理

现代轿车发动机上普遍采用的是电子控制点火系统。电子控制点火系统可以使发动机在任何工况下均处于最佳点火提前时刻，实现最佳通电时间控制、点火提前角控制和爆燃反馈控制，使发动机在动力性、经济性方面达到更高的水平，尾气排放污染也得到了极大的控制，达到了当前的国Ⅲ甚至是国Ⅳ的排放标准。

2.4.1 电子控制点火系统的类型

电子控制式点火系统可分为两大类：一类是有分电器式的电子控制点火系统，另一类是无分电器式的电子控制点火系统。两种类型的点火系统在控制原理上是相同的，只是在具体的执行过程中存在差别。

有分电器式电子控制点火系统的特点：由于仍然有机械装置，因此发动机在一些工况下仍存在缺陷，无法保证在各种工况下点火提前角均处于最佳时刻。此外，由于分电器在工作运转过程中有磨损的情况，所以无法保证点火提前角的稳定性与准确性。

无分电器式电子控制式点火系统是一种全新的点火系统，其又可以细分为分组式电子点火系统和独立式电子点火系统。无分电器式电子点火系统的特点是：不存在机械磨损，因此不存在各间隙间跳火的能量损失及由于机械的不确定性对点火产生的干扰；无分电器也使得发动机上的构件在布置上更合理，方便检测与维修；外界的人为因素不能改变点火时刻，取消了在维修作业中的失误情况，如在安装的时候由于装配不到位而使点火时刻不正确的现象等。

2.4.2 电子控制点火系统的组成

电子控制点火系统也称微机（ECU）控制的点火系统，是现代轿车中广泛应用的一种新型点火系统。其组成主要有监测发动机运行的曲轴位置（转速）传感器、凸轮轴位置传感器、处理各种信号和发出点火指令的电控单元ECU、对ECU点火指令做出响应的点火控制器和点火线圈等执行器，如图2-28所示。因此，在宏观上可以说电子控制点火系统由传感器、ECU、执行器等组成。

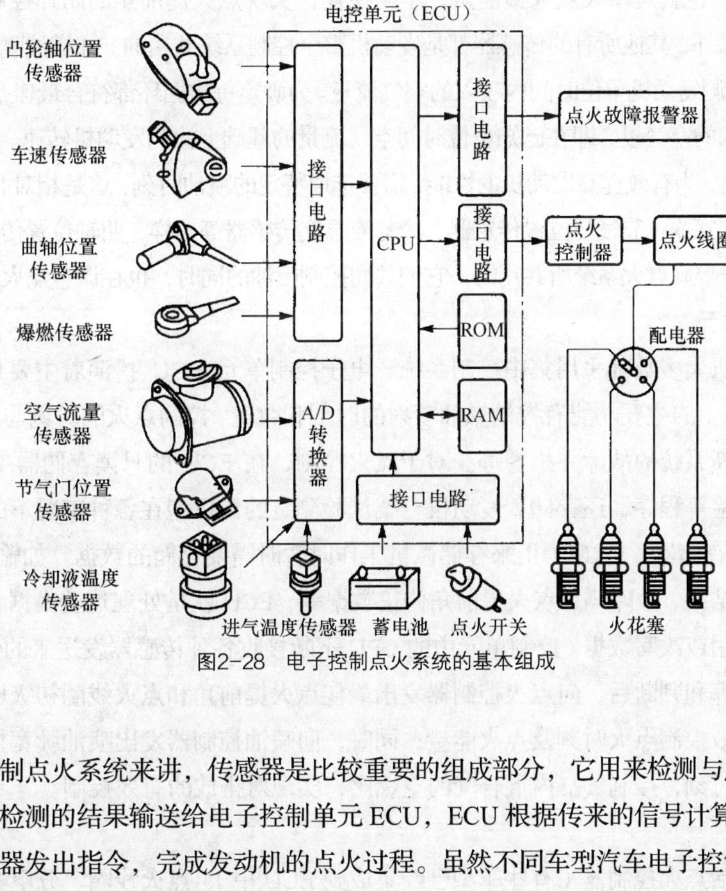

图2-28 电子控制点火系统的基本组成

1. 传感器

对于电子控制点火系统来讲，传感器是比较重要的组成部分，它用来检测与点火有关的发动机工况信息，并将检测的结果输送给电子控制单元ECU，ECU根据传来的信号计算和控制点火时刻，并向相关的执行器发出指令，完成发动机的点火过程。虽然不同车型汽车电子控制点火系统采用的传感器在类型、数量、结构和安装位置上会有些不同，但主要的曲轴位置传感器、凸轮轴位置传感器、空气流量传感器、节气门位置传感器、冷却液温度传感器、进气温度传感器、车速传感器及爆燃传感器等大多与燃油喷射系统、怠速控制系统等电子控制系统共用，而且都由一个 ECU 集中控制，共同参与发动机的整个控制工作过程。

在上述的各个传感器所采集到的信号输入到 ECU 后，ECU 主要根据曲轴位置信号和凸轮轴位置信号来保证 ECU 控制电子点火系统最基本的正常工作。换句话来理解就是，曲轴位置传感器与凸轮轴位置传感器决定着发动机的基本点火是否正常。曲轴位置传感器向 ECU 提供发动机转速、曲轴转角信号，因此有些书上也将此传感器称作发动机转速传感器或曲轴转角传感器。其中转速信号是 ECU 用于计算并确定点火提前角的依据，转角信号是用来控制点火产生时刻（点火提前角）的依据。而凸轮轴位置传感器采集凸轮轴的位置信号输送给 ECU，目的是让 ECU 识别出各缸达到压缩上止点的时刻，从而相应地进行点火时刻控制及爆燃反馈控制。由于凸轮轴位置传感器能够识别是哪一缸活塞即将到达上止点，所以有时又将其称为判缸传感器。

在电子点火控制系统当中，另一个比较重要的传感器是爆燃传感器。爆燃传感器是电子控制点火系统专用的传感器，其主要是判断发动机是否发生爆燃，并将爆燃信号输送给 ECU，ECU 做出对点火提前角进行修正的计算。当出现爆燃时，ECU 会推迟点火，也就是减小点火提前角，爆燃消除后又会让点火提前，也就是增大点火提前角，不断往复，实现点火提前角的闭环控制。

除爆燃传感器以外，其他所有的传感器都是发动机整个控制系统共用的。如燃油喷射系统中的空气流量传感器，用于检测发动机单位时间内吸入的空气流量。为确定每次循环都符合最佳空燃比的喷油量，应求得每次循环吸入的空气量，即在已知单位时间空气流量的基础上检测发动机转速。另外，在采用顺序喷射和分组喷射时，为有效提高发动机的性能，需要选取特定的喷油时刻，这是相对曲轴转角而言的。因此，与空气流量传感器、节气门位置传感器、冷却液温度传感器等一样，曲轴位置传感器是电子控制燃油喷射系统和电子控制点火系统所共用的，它们共同控制喷油的同时，也在调整点火的时刻。

2. 电子控制单元

现代汽车发动机大多数都采用集中控制系统，电子控制单元 ECU 扮演着主要角色。电子控制单元 ECU 在发动机上的主要功能有控制燃油喷射的时刻和数量、控制点火的时刻与能量、测量进入气缸的空气量、诊断系统的故障并报警等。对于点火控制，在 ECU 的只读存储器（ROM）中，不仅存储有监控和自检等程序，还存储着发动机台架试验测定的该机型在各种工况下的最佳点火提前角。ECU 中的随机存储器（RAM）用来存储微机工作时暂时需要存储的数据，如输入和输出数据、单片机运算得出的结果、故障码、点火提前角修正数据等，ECU 就是处理这些数据，根据发动机工况的需要可随时调用或改写数据。控制单元中的 CPU 不断接收各种传感器发送来的信号，并按预先编制的程序进行计算和判断后，向点火控制器发出最佳点火提前角和点火线圈初级电路导通时间的控制信号，从而有效控制点火时刻及点火能量；同时，向喷油控制器发出喷油脉宽控制信号，精确调控喷油量及喷油时刻，控制气缸内混合气的空燃比，实现对排放的有效控制。

3. 执行器

执行器主要包括点火控制器（有些车型已经集成到 ECU 中）、点火线圈、分电器（有些系统中已经没有）及火花塞。

点火控制器在有些资料上也被称为点火模块、点火电子组件、点火器或功率放大器，是微机控制点火系统的功率输出极，它接收ECU输出的点火控制信号并进行功率放大，以便驱动点火线圈工作。点火控制器的电路、功能与结构根据车型的不同而不同，有的与ECU制作在同一块电路板上，有的为独立总成，安装在发动机机体处，并用线束与ECU相连。

点火线圈、分电器及火花塞的结构与工作原理与传统点火系统基本相同，此处就不做讲解了。

2.4.3 工作原理

电子控制点火系统的工作原理如图2-29所示，曲轴位置传感器向ECU提供发动机转速信号、曲轴转角信号，凸轮轴位置传感器提供各缸上止点位置信号，ECU 利用转速信号计算并确定点火提前角，利用转角和各缸上止点位置信号控制点火时刻（点火提前角）。而其他传感器当中的空气流量传感器和节气门位置传感器向ECU提供发动机负荷信号，用于计算确定点火提前角；冷却液温度信号、进气温度信号、车速信号、空调开关信号以及爆燃传感器信号用于修正点火提前角，以保证发动机在最佳的状态下工作。

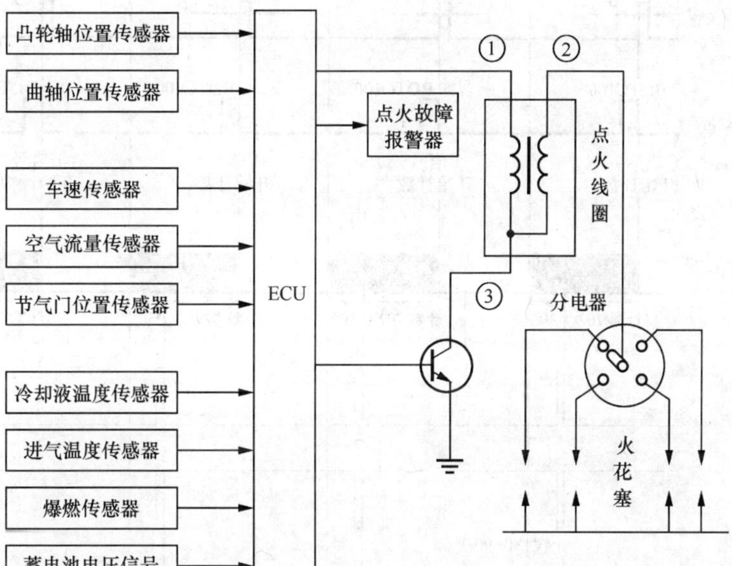

图2-29 电子控制点火系统的工作原理

当发动机正常工作时，ECU通过以上传感器采集到发动机的工况信息后，首先将其存储到存储器RAM中，并不断检测凸轮轴位置传感器信号（即判缸信号），判定是哪一缸即将到达压缩上止点。当接收到凸轮轴位置传感器信号后，ECU立即开始对曲轴转角信号进行计数，以便控制点火提前角。与此同时，ECU根据反映发动机工况的转速信号、负荷信号以及与点火提前角有关的传感器信号，从相应的只读存储器中查询出相应工况下的最佳点火提前角。在此期间，ECU一直在对曲轴转角信号进行计数，判断点火时刻是否到来。当曲轴转角等于最佳点火提前角时，ECU立即向点火控制器发出控制指令，使功率晶体管（开关）截止，点火线圈初级电流切断，次级绕组产生高压，对于带有分电器的发动机，点火系统按发动机点火顺序分配到各缸的火花塞；对于无分电器的发动机则直接将高压电送到所需点火的气缸火花塞上，火花塞跳火，点燃气缸内的可燃混合气。

1. 点火提前角的控制

以四缸发动机点火时刻控制来说明 ECU 对点火提前角的控制，其控制过程如图 2-30 所示。设四缸发动机的气缸判别信号在上止点前 105° 时产生，发动机转速 2 000r/min 时，最佳点火提前角为上止点前 30°。当 ECU 接收到凸轮轴位置传感器信号时，表明某缸活塞处于压缩上止点前 105° 位置，如图 2-30（a）所示。ECU 从接收到凸轮轴位置传感器信号后 5° 开始（计数开始的信号称为基准信号，由 ECU 内部电路控制），对曲轴位置传感器输入的转速和转角信号（1° 信号）进行计数，如图 2-30（b）所示。当 ECU 计数到第 71 个 1° 信号时向点火控制器发出指令，即 IG_t 信号，使功率晶体管截止，如图 2-30（c）、（d）所示，切断点火线圈初级电流，使次级线圈产生高压电并送至火花塞跳火，所以点火提前角为 105°−5°−70°=30°。

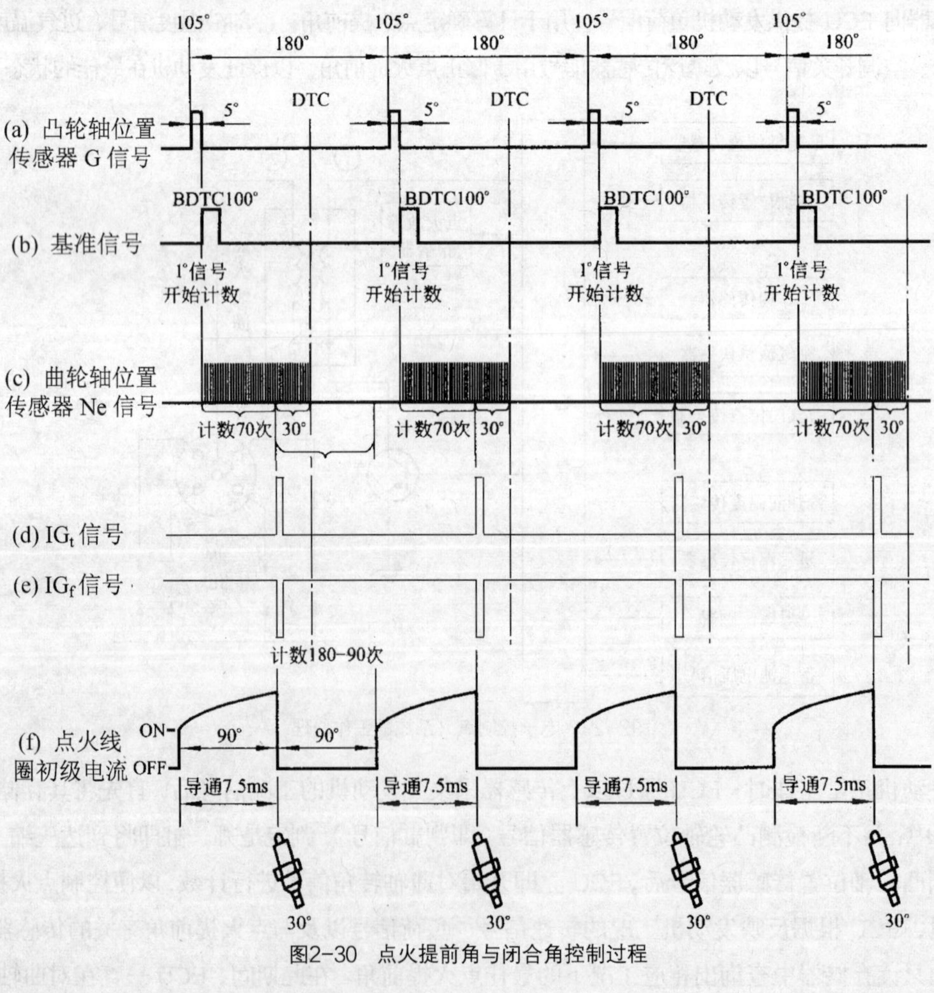

图2-30 点火提前角与闭合角控制过程

在点火系统完成正常点火的同时，电子点火器向发动机电控单元发出点火确认信号，即将点火线圈初级电路的通、断信号反馈给发动机电控单元。在发动机工作过程中，当 IG_f 信号连续 3～5 次无反馈信号时，电控单元则判断为点火系统有故障，发出指令强制停止喷油器工作，以免造成缸内喷油过多以致再次起动困难或加大三元催化剂系统负荷。

2. 闭合角的控制

对闭合角进行控制时，在 ECU 的内存中存储了根据发动机转速和电源电压确定的闭合角三维数据图谱，如图 2-26 所示。在发动机的实际工况中，ECU 通过查找图谱中的数据，就可以计算出最佳点火提前角。例如，如果电源电压为 14V，则大功率晶体管导通时间为 8ms，若此时发动机转速为 2 000r/min，则导通 8ms 相当于曲轴转角：

$$\frac{360°\times 2\,000}{60}\times\frac{8}{1\,000}=96°$$

即在这种状况下，大功率晶体管从导通到截止，必须保持 96°的曲轴转角，也即闭合角为 96°。又因四缸发动机的做功间隔为 180°，即大功率晶体管截止到下一次截止为 180°。在此期间大功率晶体管截止时，曲轴转角为 180°−96°=84°，那么微型计算机从大功率晶体管截止时开始计数 84 个 1°信号，计完 84 个 1°信号时大功率晶体管开始导通，即初级电流开始导通，见图 2-30（f）。

2.4.4 有分电器点火系统

有分电器的点火控制系统电路见图 2-31，为皇冠 3.0L 2JZ-GE 发动机点火电路。其配电方式是传统的分电器式的。ECU 根据传感器输送来的各个信号确定点火时间（点火提前角），同时将点火正时信号送至点火控制器，当点火正时信号变为低电平时，点火线圈初级电流被切断，次级线圈中感应出高压电，由分电器送至相应要工作的气缸火花塞产生电火花。

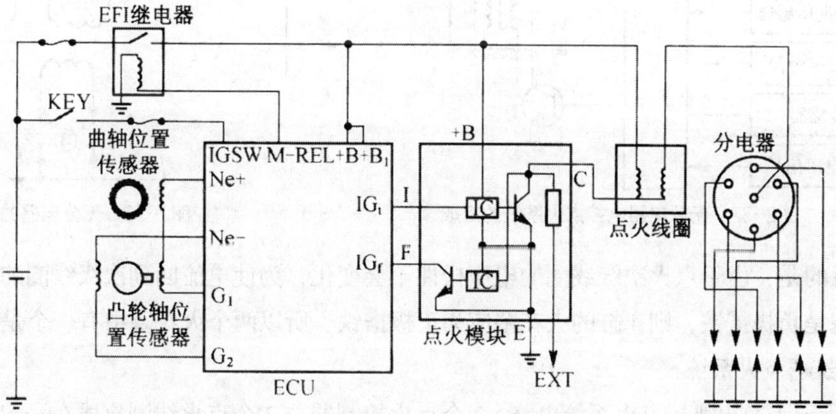

图2-31 皇冠3.0L 2JZ-GE发动机点火电路

2.4.5 无分电器点火系统

电子控制点火系统的分类已经在前面介绍过了，有分电器式点火系统的火花分配原则与传统点火系统的没有什么区别，其特点就是在传统的点火系统中增加了曲轴位置与凸轮轴位置传感器，增加了由 ECU 控制点火控制器，将高压火花的产生时刻变得更加合理。无分电器式点火系统式完全取消了分电器，其组成如图 2-32 所示，它是将点火线圈产生的高压电直接通过高压线或相关零部件传递给火花塞，使其点火。本节主要介绍无分电器式点火系统的火花产生原理与分配。

1. 同时点火

无分电器式的同时点火是在初级电路中的电流瞬间中断的时候，在次级线圈中互感出来的高压电直接经过高压线送到两个气缸中的火花塞上，使火花塞同时出现跳火的一种方式，见图 2-33。图中所指跳火是 1、4 缸和 2、3 缸分别共用一个点火线圈同时跳火。其中接近压缩上止点的 1 缸点火后，混合气被引燃而做功，此处点火称为有效点火；处于接近排气上止点的 4 缸，缸内压力比压缩上止点的压力低很多，火花塞间隙阻抗很小，所以只需消耗很小的放电能量（很低的电压）就能使电流通过，此处点火称为无效点火，点火线圈的能量主要消耗于有效点火。当曲轴再次到达该位置时，1、4 缸的点火状态与上述情况相反。

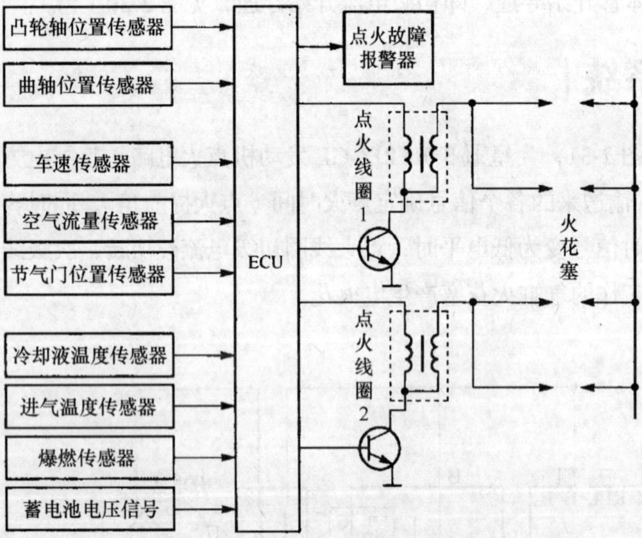

图2-32 无分电器电控点火系统的组成

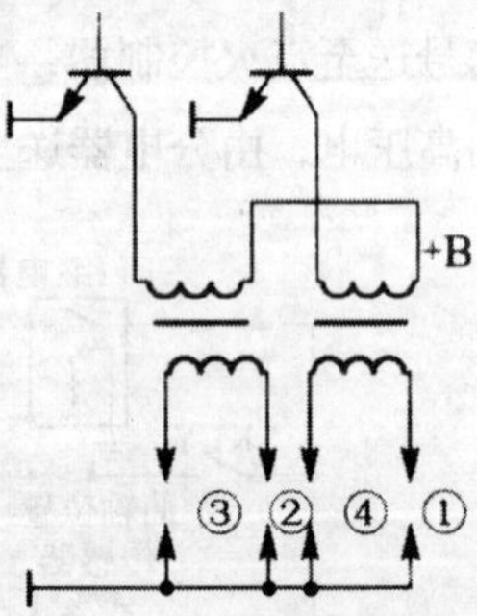

图2-33 无分电器的双缸同时点火

需要注意的是：由于点火次级线圈的电压极性不会变化，为使电流回到次级线圈的另一端，如果 1 缸火花塞是负极搭铁，则 4 缸的火花塞应为正极搭铁。所以两个火花塞中有一个是负极放电。

2. 通用凯越点火系统

图 2-34 所示为通用凯越点火系统电路，2 个点火控制器与 2 个点火线圈集成在一起，有 A、B、C 三个接线端子，其中 A 端子为 2、3 缸点火控制信号端，B 端子为电源端子，电源通过燃油泵继电器供给，C 端子为 1、4 缸点火控制信号端。当 C 端子接收到 ECU 信号时 1、4 缸同时点火，当 A 端子接收到 ECU 信号时 2、3 缸同时点火。

3. 独立点火

在无分电器式点火系统中，如果每个气缸的火花塞都配用一个点火线圈，则被称为独立点火方式（单独点火方式），如图 2-35 所示。独立点火一般均采用直接点火的形式，也就是此时点火线圈不通过高压线，而是直接与火花塞相连接，如图 2-36 所示。对于独立点火方式，点火线圈可以做得更小或直接布置在火花塞上。

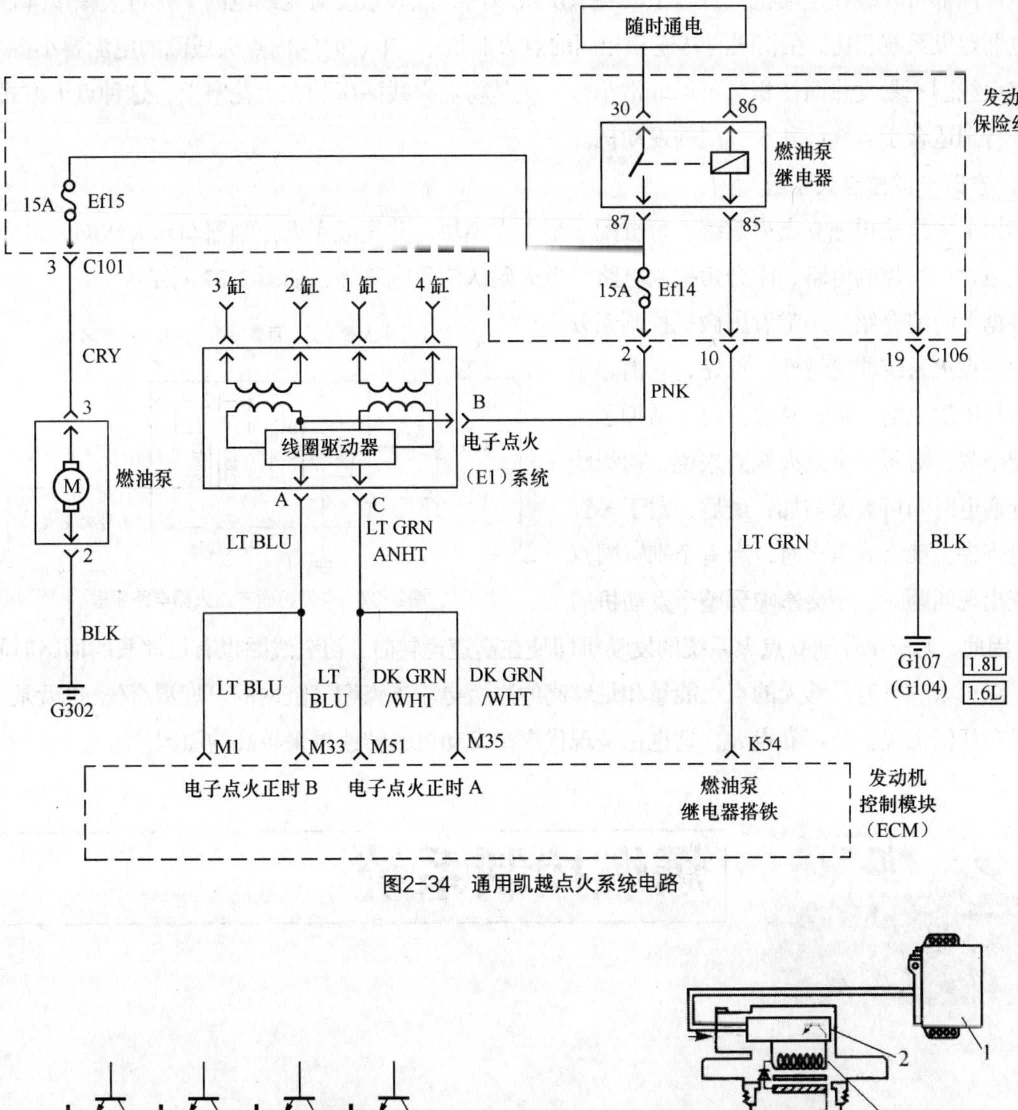

图2-34　通用凯越点火系统电路

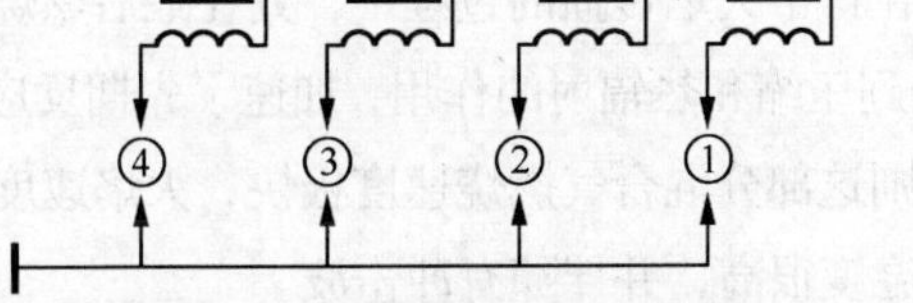

图2-35　无分电器式的独立点火

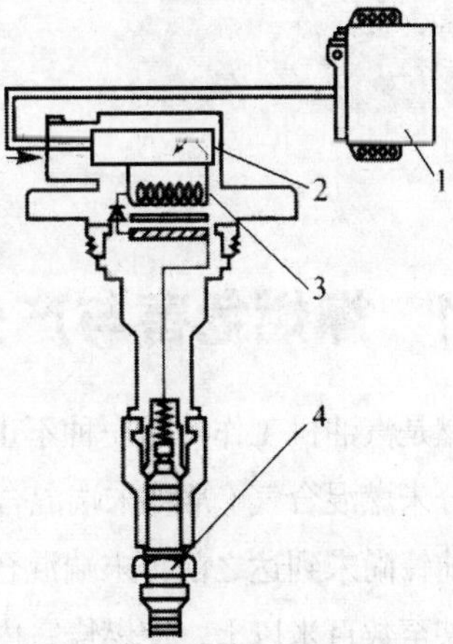

图2-36　无分电器式的独立点火机构

1—ECU；2—点火控制器；3—点火线圈；4—火花塞

独立点火方式时，在基本组成和工作原理上与同时点火方式相同。但是，它省去了高压线，点火能量损耗也进一步减少。由于每缸都有独立的点火线圈，所以即使发动机的转速高达 10 000 r/min 以上，初级线圈也有较长的通电时间（大的闭合角），可以提供足够高的点火能量和电压。此外，所有高压部件都可安装在发动机气缸盖上的金属屏蔽罩内，点火系统对无线电的干扰可大幅度降低。与分电器点火系统相比，在相同的转速和相同的点火能量下，单位时间内点火线圈的电流要小得多，因此点火线圈不易发热而体积又可以非常小，一般是将点火线圈压装在火花塞上，这种点火方式控制系统特别适合于 4 气门和 5 气门的发动机。

4. 丰田卡罗拉点火系统

丰田卡罗拉采用独立点火系统，每缸配一个点火模块，并集成点火控制器与点火线圈，点火控制器又包含恒流控制电路、闭合角控制电路、点火确认信号电路等，如图 2-37 所示。

根据上面的介绍，不难看出微机控制无分电器独立点火系统的优越性。首先，它消除了分电器高压配电的不足；其次，由于增加了点火线圈个数，对每一个点火线圈来说，初级线圈允许通电时间可大大增加；最后，对于多缸发动机来讲，独立式点火时，当有个别缸因点火系统出现问题时，不会影响到整个发动机的工作。因此，无分电器独立点火系统的发动机即使在高速运转时，初级线圈也有足够长的通路时间，保证了点火系统具有足够大的点火能量和足够高的次级电压来点燃气缸内的可燃混合气，也就是说，发动机在任何工况都能可靠点火，这也正是现代汽车发动机的转速越来越高的原因。

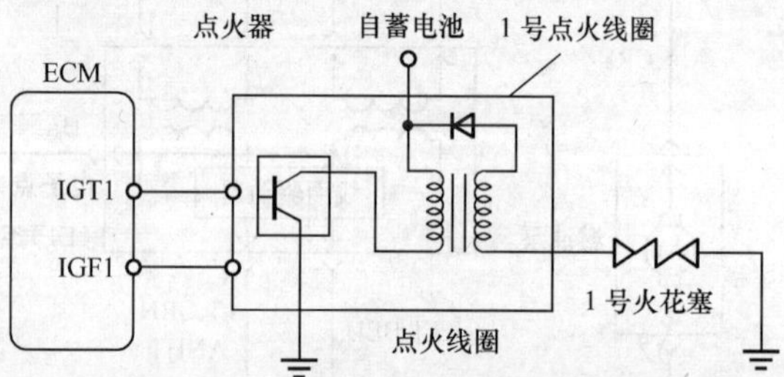

图2-37 卡罗拉轿车点火器电路原理

2.5 爆燃控制系统

2.5.1 爆燃危害与产生原因

爆燃是汽油机工作时的一种不正常燃烧现象，在正常火焰传播的过程中，处在最后燃烧位置上的那部分未燃混合气（常称末端混合气），进一步受到压缩和热辐射的作用，加速了先期反应。如果在火焰前锋尚未到达之前，末端混合气已经自燃，则这部分混合气燃烧速度极快，火焰速度可达每秒百米甚至数百米以上，使燃烧室内的局部压力、温度很高，并伴随有冲击波。

压力冲击波反复撞击缸壁，发出尖锐的敲缸声，严重时会破坏附着在气缸壁表面的气膜和油膜，使传热增加，气缸盖和活塞顶温度升高，冷却液过热，汽油机功率下降，耗油率增加，甚至出现活塞、气门烧坏，轴瓦破裂，火花塞绝缘体破坏，润滑油氧化成胶质，活塞环卡死在环槽内等故障。因此，爆燃是汽油机运行过程中产生的一种危害最大的故障现象，汽油机工作时，应对爆燃加以控制。

汽油机运行时产生爆燃的具体原因通常有以下几方面。

① 积炭聚集过多。发动机燃烧室内积炭过多，其容积相对变小，致使压缩比相应变大，积炭的蓄热和不导热性使可燃混合气由于炽热提前燃烧，同时会降低混合气在压缩终了时产生的涡流强度，延长了燃烧时间，增大了自燃倾向，故而极易诱发爆燃的产生。

② 发动机过热。当发动机长期处于大功率、超负荷工况或低挡高速连续行驶时，尤其是在炎热的夏季，外界气温高，机件散热不良，容易造成发动机过热。当过热故障较严重且得不到及时改善时，可燃混合气在进入燃烧室的同时会被预热，造成局部混合气温度过高，提前达到着火点，等不到燃油的正常点燃就自行燃烧，从而引发爆燃。

③ 燃油使用不当。汽油的牌号越低，其抗爆性能越差。存放过久或密封不良的汽油辛烷值会自然降低，其抗爆性能变差。若被误用，容易使混合气燃烧不完全，先燃的混合气部分膨胀，压缩其余未燃的混合气，使其达到自燃温度，瞬间突然全部起火而导致高压爆炸性燃烧。

2.5.2 爆燃的控制与爆燃传感器

点火提前角是影响爆燃的主要因素之一，推迟点火（即减小点火提前角）是消除爆燃的最有效措施。在无爆燃控制的传统点火系统中，为防止爆燃的产生，其点火时刻的设定必须远离爆燃边缘，必然会导致发动机的动力性、经济性不能达到最佳状态。从最佳点火提前角控制原理中可知，为了最大限度地发挥汽油机的功率，应把点火提前角控制在接近临界爆燃点，同时又不能使发动机发生爆燃的现象。想控制点火系统达到这样的性能要求，除了必须采用电子控制（ECU 控制）的点火系统外，还必须对点火提前角采用爆燃反馈（闭环）控制。

爆燃控制系统实际上就是在发动机的机体上加装了爆燃传感器的点火控制系统，或者说，是带有爆燃传感器的点火提前角闭环控制系统。爆燃控制系统如图 2-38 所示，ECU 在接收到爆燃产生信号后，根据其中存储的数据，相应减小点火提前角（ESA 点火提前角控制）。同时，ECU 也会监控其他传感器的信号，对点火提前角进行修正。

发动机爆燃的检测可以分为气缸压力检测、燃烧噪声检测和发动机缸体振动检测 3 种。其中，燃烧噪声检测是一种非接触式检测方法，其耐久性好，但精度和灵敏度偏低；气缸压力检测方法精度最高，但传感器的耐久性差，安装困难；发动机缸体振动检测，也称缸壁振动型检测方法，这种检测方法具有较高的检测精度，传感器安装方便灵活，耐久性也较好，是目前比较常用的爆燃检测方法。

利用缸体振动检测方法监测爆燃时，所使用的爆燃传感器安装在发动机缸体上，常见的爆燃传感器有两种：一种是压电式爆燃传感器，另一种是磁致伸缩式爆燃传感器。

1. 压电式爆燃传感器

压电式爆燃传感器是利用晶体或陶瓷多晶体的压电效应而工作的，也有一些传感器使用硅材料作为压电材料。这里所说的压电效应是指某些晶体的薄片受到压力或机械振动之后产生电荷的现象。

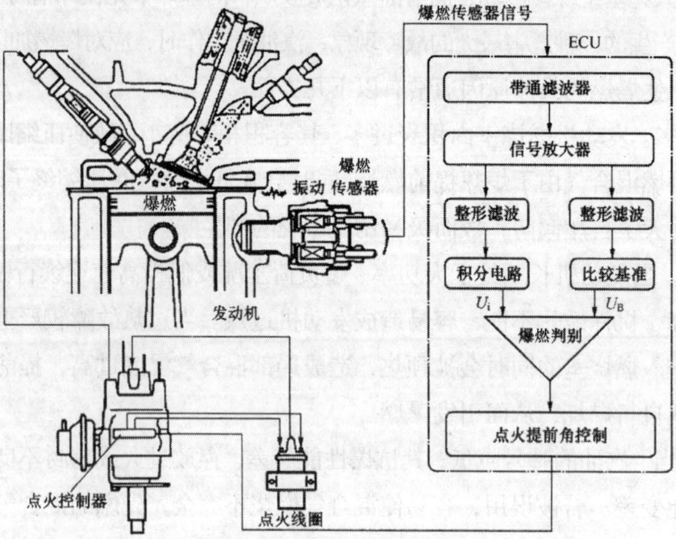

图2-38 爆燃控制系统组成与爆燃控制过程

目前，国内外大多数汽车微机控制点火系统都采用了非共振型压电式爆燃传感器。压电式爆燃传感器的结构如图 2-39 所示，主要由套筒底座、压电元件、惯性配重、塑料壳体和接线插座等组成。

压电元件是爆燃传感器的主要部件，由压电材料制成，制作成垫圈形状，在其两个侧面安放有金属垫圈作为电极，并用导线将其引到接线插座上。惯性配重与压电元件以及压电元件与传感器套筒之间安放有绝缘垫圈，套筒中心制作有螺孔，传感器用螺栓安装并固定在发动机缸体上，调整螺栓的拧紧力矩便可调整传感器输出的信号电压(注意：传感器的输出特性出厂时已经调好，使用中拧紧力矩不得随意调整，捷达 AT、GTx 型、桑塔纳 2000GSi、3000 型轿车的标准拧紧力矩为 25±5N·m)。惯性配重与塑料壳体之间安装有盘形弹簧，借弹簧张力将惯性配重、压电元件和垫圈等部件压紧在一起。

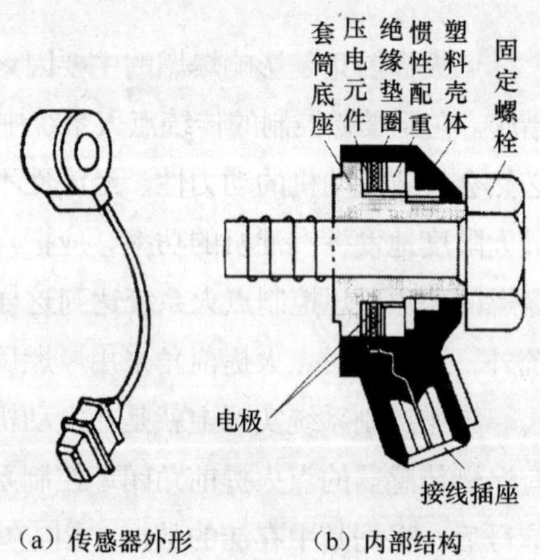

图2-39 压电式爆燃传感器的结构

压电式爆燃传感器也可制作成共振型爆燃传感器，其结构与非共振型基本相同，不同的是在壳体内设有一个共振体。

惯性配重用来传递发动机振动产生的惯性力，当发动机缸体产生振动时，传感器套筒底座及惯性配重随之产生振动，套筒底座和配重的振动作用在压电元件上，由压电效应可知，压电元件的信号输出端就会输出与振动频率和振动强度有关的交变电压信号，如图 2-40 所示。实验证明：发动机爆燃产生的压力冲击波频率为 6～9kHz 时振动强度较大，所以信号电压较高。发动机转速越高，信号电压幅值越大。

发动机爆燃是在活塞运行到压缩上止点前后产生的，此时缸体振动强度最大，所以爆燃传感器在活塞运行到压缩上止点前后产生的输出电压较高。爆燃传感器输出信号与曲轴转角的对应关系如图 2-41 所示，传感器的灵敏度约为 20mV/g（$g = 9.8m/s^2$）。

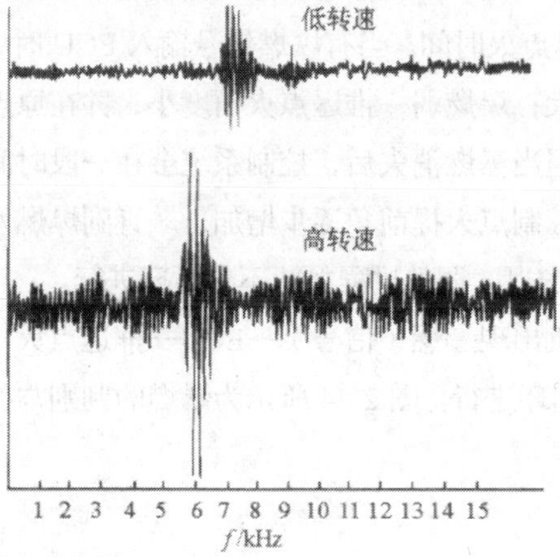

图2-40　转速不同时压电式非共振型爆燃传感器的输出波形

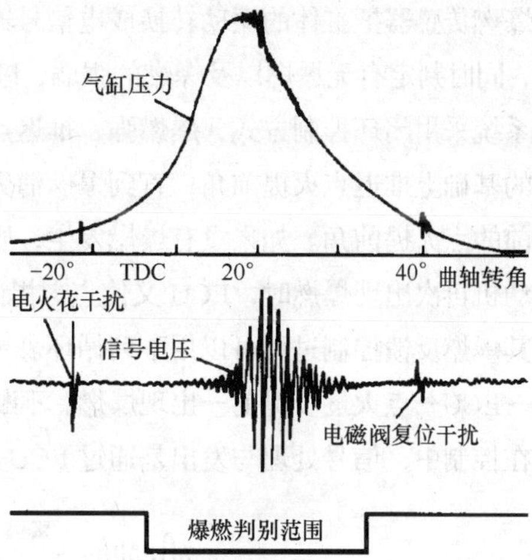

图2-41　爆燃传感器输出信号的对应关系

2. 磁致伸缩式爆燃传感器

磁致伸缩式爆燃传感器，属于共振型传感器，外形结构如图 2-42 所示，其内部有永磁铁、靠永磁铁励磁的强磁性铁心以及铁心周围的线圈。其工作原理是：当发动机的气缸体发生振动时，该传感器在 7kHz 左右处与发动机产生共振，强磁性材料铁心随之震动，致使永磁铁穿过铁心的磁通密度也发生变化，从而在铁心周围的绕组中产生感应电动势，并将这一电信号输入 ECU。

3. 压力检测式爆燃传感器

直接检测燃烧压力来检测发动机爆燃是测量精度最高的测量方法，但传感器安装困难且耐久性较差。汽车实用的是一种间接检测燃烧压力的方法，检测燃烧压力的传感器安装在火花塞垫圈下面，如图 2-43 所示。这种传感器又称为垫圈式爆燃传感器，奥迪轿车采用过这种传感器。

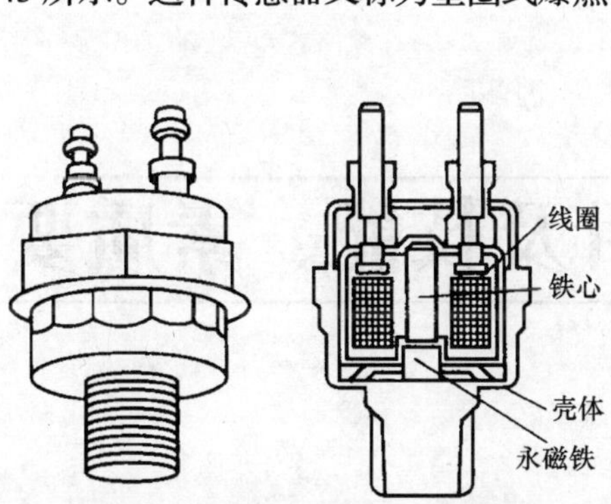

图2-42　磁致伸缩式爆燃传感器结构

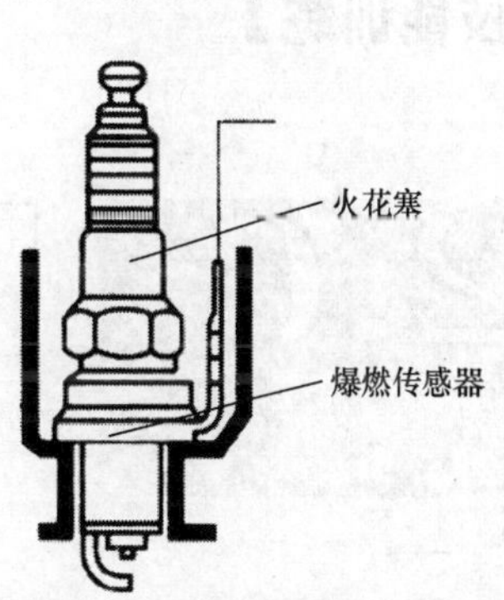

图2-43　垫圈式爆燃传感器结构

垫圈式爆燃传感器是一种非共振型压电效应式传感器，其结构原理与前述压电式爆燃传感器相同。传感器安装在火花塞垫圈与发动机气缸盖之间，燃烧压力作用到火花塞上，经过火花塞垫圈再传递给传感器。作用力变化时，传感器信号电压也随之变化，从而间接地测量到了燃烧压力。

2.5.3 爆燃的检测与控制

爆燃传感器把缸体的振动转换成电信号输入到 ECU，ECU 把爆燃传感器输出的信号进行滤波处理，同时判定有无爆燃以及爆燃的强弱，进而去推迟点火时间。当有爆燃信号输入 ECU 时，点火控制系统采用闭环控制方式，爆燃强，推迟点火角度大；爆燃弱，推迟点火角度小，并在原点火提前角的基础上推迟点火提前角，直到爆燃消失为止。但当爆燃消失后，控制系统会在一段时间内维持当前的点火提前角。如果没有爆燃发生，则系统会控制点火提前角逐步增加，一直到爆燃发生，当发动机再次出现爆燃时，ECU 又使点火提前角再次推迟，调整过程如此不断循环进行。

其爆燃反馈控制过程可以用下列循环表示：发动机出现爆燃（信号）→ECU→推迟点火→爆燃停止→ECU→点火逐步提前→出现爆燃，不断往复，循环进行。图 2-44 所示为爆燃的判别与控制过程，在控制中，信号处理与发出是通过 ECU 进行的。

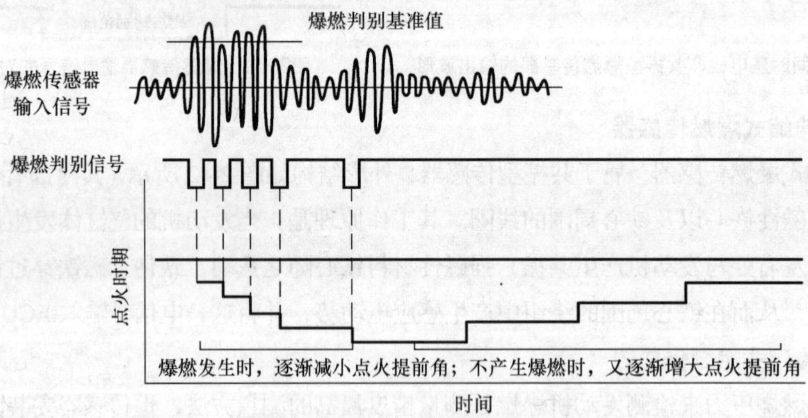

图2-44 爆燃的判别与控制

【技能训练】

2.6 训练项目及技能、素质要求

2.6.1 训练项目

本项目需实施的训练项目如下：

1. 本项基本训练项目

项目 2-1 点火系统的检查

项目 2-2 点火模块的检修

项目 2-3 点火波形及点火正时的检查

项目 2-4 发动机爆燃控制系统检修

2. 本项目综合训练项目

项目 2-5 发动机不能起动故障的检修

项目 2-6 发动机运转不稳、加速不良故障的检修

项目 2-7 发动机功率不足故障的检修

项目实施时参考学材进行。

3. 项目实施的主要内容

（1）点火系统基本元件的检查，包括：点火线圈、火花塞、高压线、分电器等。

（2）点火器或点火模块的检查，包括工作电源、控制信号、控制线路等。

（3）点火系统初级、次级电压波形的测试，以及点火正时的检查、调整。

（4）爆燃传感器的电阻、信号波形、信号线路的检查，利用故障诊断仪进行爆燃控制功能的检查。

（5）对点火提前角、各传感器等进行数据流分析，注意不同工况、不同故障时的数据对比分析。

（6）由点火系统故障造成的发动机不能起动、运转不稳、功率不足等故障的诊断分析与检修。

项目实施时参考学材进行。

2.6.2 项目技能点

1. 基础技能

（1）能参阅维修手册找到点火控制系统各元器件的位置。

（2）能正确使用维修手册、识读点火控制系统电路。

（3）能正确使用故障诊断仪、万用表、示波器等检测仪器。

2. 专项技能

（1）正确识读点火控制系统的控制电路。

（2）能进行点火控制系统的基本检查。

（3）能进行点火器的检修。

（4）能进行点火波形的测试。

（5）能进行点火正时的检查。

3. 综合技能

（1）掌握发动机电控系统故障诊断的基本方法和诊断程序。

（2）能综合利用各种诊断仪器、各专项检修技能进行发动机不能起动故障的检修。

（3）能进行发动机运转不稳、加速不良故障的检修。

2.6.3 素质要求

在学习知识、训练技能的同时，逐渐具备以下素质。

（1）严格遵守实训室、实训车间规章、制度，遵守工作纪律。

（2）具有较强的口头与书面表达能力、组织协调能力。

（3）具有良好的心理素质和克服困难的能力。

（4）具有团队协作精神。

（5）能通过各种媒体资源查找所需信息，自主学习新知识、新技术。

（6）能不断积累经验，从个案中寻找共性。

知识点练习

一、填空题

（1）实际点火提前角通常包括初始点火提前角、__________和__________3 部分。

（2）压电式非共振爆燃传感器中，当发生爆燃时，压电元件将__________信号转变为电信号输送给 ECU。

（3）发动机运行时，微机根据__________和负荷信号来确定相应的基本点火提前角。

（4）微机控制的点火提前角由初始点火提前角、__________、__________三部分组成。

（5）点火提前角随发动机负荷的减小而__________。

（6）点火系统的作用是将蓄电池或发电机的低压电转变成__________，再按照__________适时地将高压电分送给需要点火气缸的火花塞，进而产生电火花点燃可燃混合气。

（7）当发动机转速一定时，随着负荷的加大，节气门开度增大，点火提前角应适当__________。

（8）当发动机节气门开度一定时，随着转速的提高，点火提前角应适当__________。

（9）汽油的辛烷值越高，抗爆性越好，点火提前角可适当__________，以提高发动机的性能。

（10）按初级电路控制方式，点火系统可分为有触点式和__________式。

（11）电控点火系按照是否保留分电器可分为非直接点火系统和__________点火系统。

（12）直接点火系统又可分为以下两类，即__________点火方式和__________点火方式。

（13）__________点火提前角是电子控制单元根据发动机的__________和__________所确定的点火提前角，是发动机运转过程中最主要的点火提前角。

（14）当节气门位置传感器中的怠速触点闭合时，发动机处于怠速运行工况，电控单元根据__________和__________是否接通确定基本点火提前角。

（15）修正点火提前角包含的修正值有__________修正、__________修正、__________修正、__________修正和__________修正等。

（16）火花塞主要由接触头、瓷绝缘体、__________、__________和壳体等部分组成。

（17）对于功率小、转速低、压缩比小的发动机，气缸的工作温度低，应采用＿＿＿＿＿＿的火花塞；而对于功率大、转速高、压缩比大的发动机，气缸内的工作温度高，则应采用＿＿＿＿＿＿的火花塞。

（18）在汽车正常工作期间，如果经常因火花塞积炭而断火，就可能是所用火花塞太"＿＿＿＿＿＿"；如果经常发生炽热点火，则可能是所用火花塞太"＿＿＿＿＿＿"。

（19）＿＿＿＿＿＿的作用是将低压电转变为 15 000～40 000V 的高压电，以满足火花塞跳火的需要。

（20）＿＿＿＿＿＿的作用是将点火线圈的高压电送至分电器盖的中央插孔，再从分电器盖的旁电极插孔传至火花塞。

（21）＿＿＿＿＿＿线具有一定的电阻，能抑制和衰减点火系统产生的高频电磁波，减轻对无线电设备的干扰。

（22）使发动机产生最大输出功率的点火提前角称为＿＿＿＿＿＿。

（23）最佳点火提前角应使发动机气缸内的最高压力出现在上止点后＿＿＿＿＿＿。

（24）最佳点火提前角的数值与＿＿＿＿＿＿、＿＿＿＿＿＿、＿＿＿＿＿＿、＿＿＿＿＿＿等很多因素有关。

（25）点火提前角的主要修正项目有＿＿＿＿＿＿、＿＿＿＿＿＿、＿＿＿＿＿＿等。

（26）水温修正可分为＿＿＿＿＿＿、＿＿＿＿＿＿修正。

（27）爆燃传感器一般安装在＿＿＿＿＿＿，其功用是＿＿＿＿＿＿＿＿＿＿＿＿。

（28）汽油机电控点火系统的功能主要包括＿＿＿＿＿＿、＿＿＿＿＿＿、＿＿＿＿＿＿三个方面。

（29）点火提前角随着发动机的负荷增大而＿＿＿＿＿＿。

（30）点火线圈初级电路接通时间取决于＿＿＿＿＿＿和＿＿＿＿＿＿。

（31）在检测爆燃传感器时，用＿＿＿＿＿＿检测传感器端子与传感器壳体之间的电阻应＿＿＿＿＿＿，否则说明内部短路。

（32）压电式非共振爆燃传感器中，当发生爆燃时，压电元件将＿＿＿＿＿＿信号转变为＿＿＿＿＿信号输送给 ECU。

（33）气缸判别信号是＿＿＿＿＿＿产生的信号。

二、问答题

（1）以下工况，即起动时、起动后怠速运行、起动后怠速以外工况，实际点火提前角怎样确定，起动后的基本点火提前角如何确定，点火提前角的修正又包括哪些项目？

（2）根据本书图 2-30 所示的电控点火系统的工作过程，分析电控点火系统的工作原理。

（3）常用的无分电器点火系统有哪两种形式？

（4）爆燃传感器的作用是什么，常用的是哪种形式？当该传感器输出较强的信号时，点火提前角应如何控制？

（5）简述爆燃控制的控制过程。

（6）点火器的功能有哪些？

（7）对一辆丰田轿车点火系统进行波形测试时得到图 2-45（a）所示的 A、B 两种信号波形，请指出 A、B 分别是什么信号。如果测得的信号如图 2-45（b）所示，可以判断是什么元件（元件电源正常）有故障？如果测得的信号如图 2-45（c）所示，可能是什么有故障？

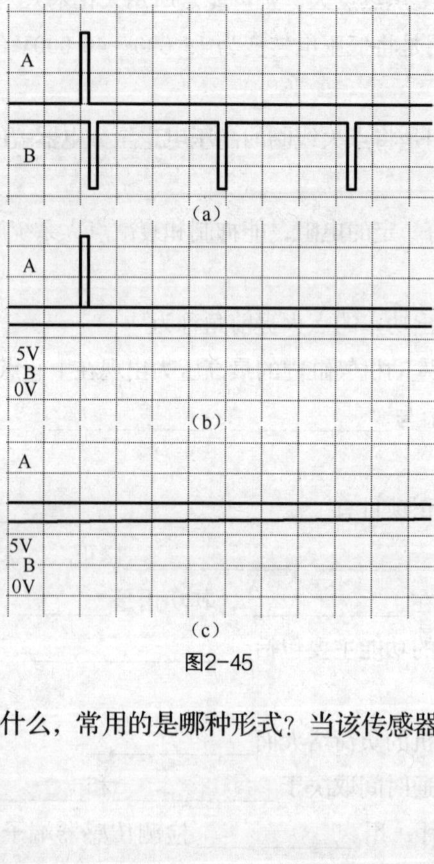

图2-45

（8）爆燃传感器的作用是什么，常用的是哪种形式？当该传感器输出较强的信号时，点火提前角应如何控制？

Chapter 3

项目三

进气控制系统检修

【知识目标】

（1）了解怠速控制系统的作用、类型。

（2）掌握怠速控制阀的结构及工作原理。

（3）了解谐波增压系统的作用、类型。

（4）掌握可变配气正时系统的工作原理。

（5）熟悉涡轮增压系统的结构及工作原理。

【能力目标】

（1）能正确使用故障诊断仪、汽车专用示波器、万用表等对怠速控制系统进行检修。

（2）能正确使用故障诊断仪、万用表等对可变配气正时系统故障进行检修。

（3）能正确使用故障诊断仪、万用表等对涡轮增压系统故障进行检修。

（4）能进行发动机怠速不稳、功率不足故障的检修。

【项目案例】

（1）一辆配备自动变速器的皇冠 3.0 轿车，发动机型号是 2JZ-GE，怠速不能起步，起步时只要松开加速踏板就熄火。

（2）宝来轿车 1.8L，手动挡车，车主在汽车装饰市场加装防盗器后，出现怠速抖动，加速无力故障。

（3）2001 年产桑塔纳 2000GSi 轿车，行驶里程 110 000km，装备 AJR 发动机，BOSCH Motronic 3.8.2 电控系统。该车高速行驶中松开加速踏板就会熄火，加速时排气管冒黑烟，而且油耗很高。已经更换过高压线和火花塞，喷油器和节气门也都清洗过。

【项目知识点】

3.1 怠速控制系统

3.1.1 怠速控制系统的功能与组成

1. 怠速控制系统的功能

怠速控制的目的是在保证发动机排放要求且运转稳定的前提下，尽量使发动机的怠速转速保持最低，以降低怠速时的燃油消耗量。

2. 怠速控制系统的组成

怠速控制系统主要由传感器、ECU 和执行元件三部分组成，如图 3-1 所示。

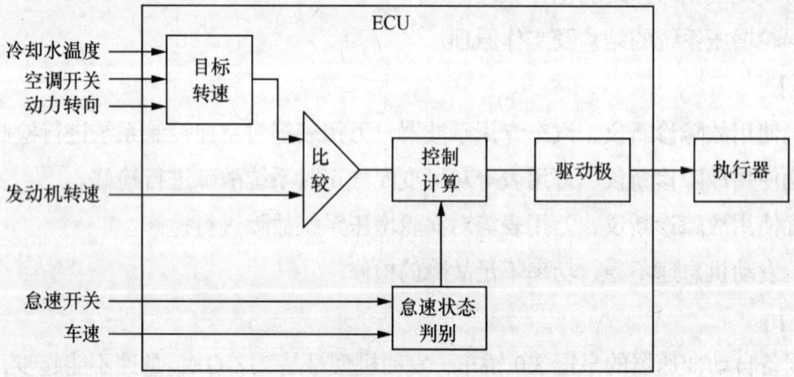

图3-1 怠速控制系统的组成

3. 怠速控制的方法

怠速控制的实质就是对怠速工况下的进气量进行控制。

控制怠速进气量的方法可分为两种基本类型：节气门直动式和旁通道式，如图 3-2 所示。节气门直动式通过执行元件改变节气门的最小开度来控制怠速进气量，而在旁通道式怠速控制系统中设有旁通节气门的怠速空气道，由执行元件控制流经怠速空气道的空气量。

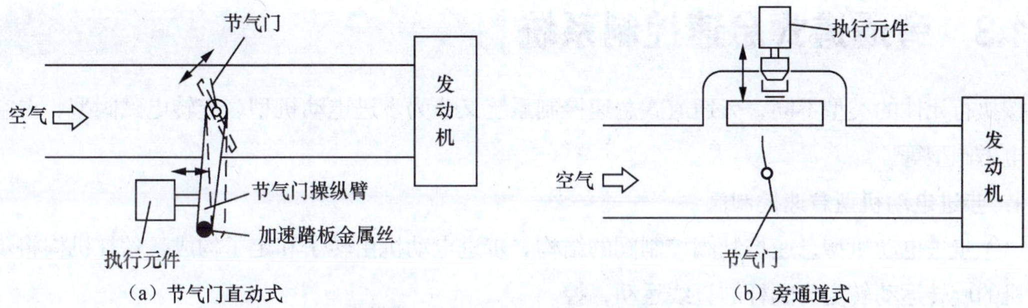

图3-2 怠速进气量的控制类型

3.1.2 节气门直动式怠速控制系统

1. 捷达轿车节气门直动式怠速控制系统

节气门体由壳体、节气门、节气门电位计、油门操纵轮、怠速开关、怠速节气门电位计、怠速电动机等组成，如图 3-3 所示。

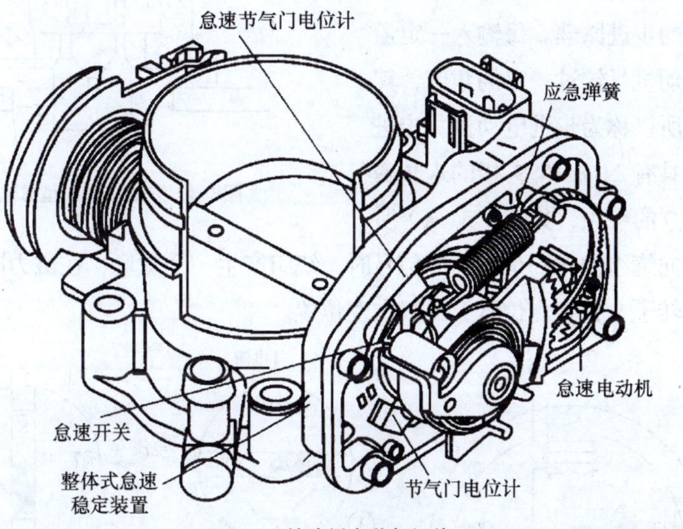

图3-3 捷达轿车节气门体

在怠速范围内，发动机 ECU 根据发动机转速、温度、负荷等信息，通过怠速电动机控制节气门开度，从而实现怠速目标转速的控制。

2. 电子节气门控制怠速

现在很多轿车已开始采用电子节气门，电子节气门没有设置单独的怠速控制电动机。对于电子节气门的怠速控制，是 ECU 根据踏板位置传感器、车速传感器和发动机转速传感器等信号，直接控制节气门电动机完成对发动机怠速的控制。

丰田锐志轿车电子节气门见项目一的知识拓展 1-2。

3.1.3 旁通道式怠速控制系统

按执行元件的类型不同，旁通道式怠速控制系统又分为步进电动机型、旋转电磁阀型、占空比控制电磁阀型等。

1. 步进电动机型怠速控制阀

（1）步进电动机型怠速控制阀控制阀的结构。步进电动机由转子和定子构成，丝杠机构将步进电动机的旋转运动转变为阀杆的直线运动，控制阀与阀杆制成一体，如图 3-4 所示。步进电动机型怠速控制阀安装在节气门体上，控制阀伸入到设在怠速空气道内的阀座处，发动机怠速运转时，ECU 根据各传感器的信号控制步进电动机的正反转和转动量，以调节控制阀与阀座之间的间隙，从而改变怠速空气道的流通截面，控制发动机怠速工况下的空气供给量。

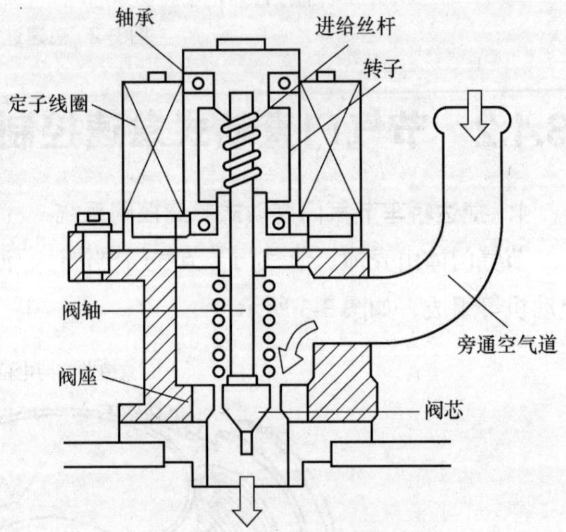

图3-4 步进电动机型怠速控制阀的结构

（2）步进电机的步进原理。每输入一定量的脉冲电压步进电动机只转过一定的角度，其转动是不连续的，所以称为步进电动机。步进电机的转子是一个具有 N 极和 S 极的永久磁铁，定子有两相独立的绕组，如图 3-5（a）所示。当从 B_1 到 B 向绕组输入一个电脉冲信号时，绕组产生一个磁场，在磁力同性相斥、异性相吸原理的作用下，使转子 S 极在右位置，N 极在左位置。

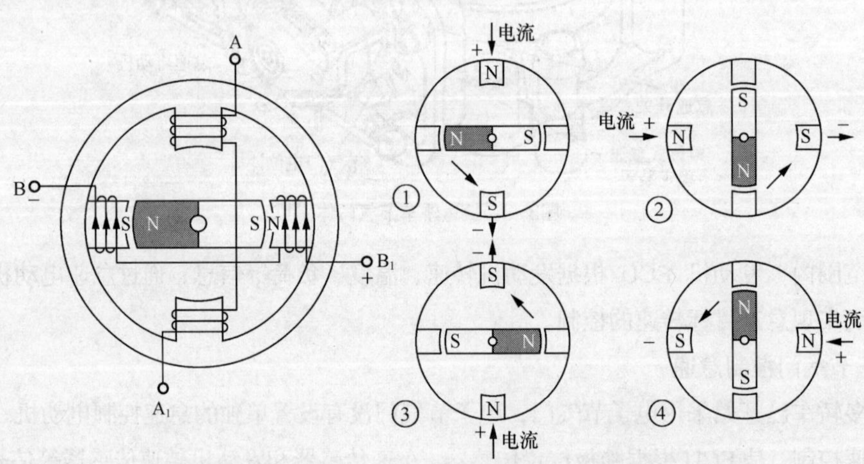

图3-5 永磁转子式步进电机基本结构与步进原理

在从 B_1 到 B 输入的脉冲信号消失后，在从 A 到 A_1 向绕组输入另一个脉冲信号时，绕组产生一个磁场，N 极在上、S 极在下，如图 3-5①所示。在同性相斥、异性相吸原理的作用下，转子就会沿逆时针方向转动 90°，如图 3-5②所示。

在从 A 到 A_1 输入的脉冲信号消失后，从 B 到 B_1 向绕组输入另一个脉冲信号时，绕组产生磁场，N 极在左、S 极在右，如图 3-5②所示。在同性相斥、异性相吸原理的作用下，转子就会沿逆时针方向转动 90°，如图 3-5③所示。

在从 B 到 B_1 输入的脉冲信号消失后，从 A_1 到 A 向绕组输入另一个脉冲信号时，绕组产生磁场，N 极在下、S 极在上，如图 3-5③所示。在同性相斥、异性相吸原理的作用下，转子就会沿逆时针方向转动 90°，如图 3-5④所示。

如果依次按 B_1—B、A—A_1、B—B_1、A_1—A 的顺序向绕组输入 4 个脉冲信号，如图 3-6（a）所示，电机就会沿逆时针方向转动一圈，如图 3-6（b）所示。同理，如果依次按 B_1—B、A_1—A、B—B_1、A-A_1 的顺序向绕组输入 4 个脉冲信号，如图 3-6（b）所示，电机就会沿顺时针方向转动一圈。

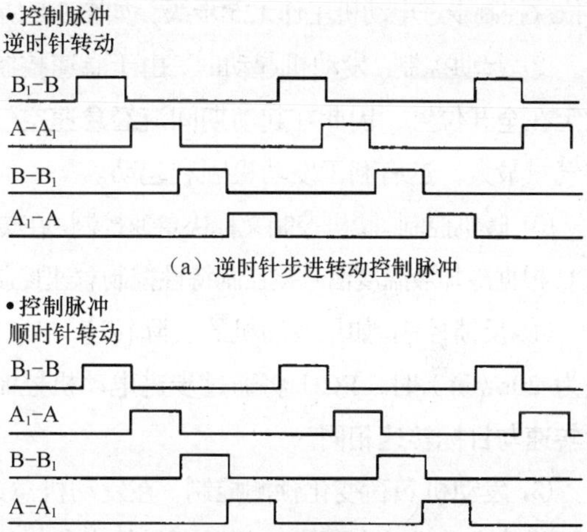

（a）逆时针步进转动控制脉冲

（b）顺时针步进转动控制脉冲

图3-6　步进电动机控制脉冲

（3）步进电动机型怠速控制阀的工作原理。怠速控制阀中所用的步进电动机的结构如图 3-7 所示，主要由永久磁铁制成的有 16 个（8 对）磁极的转子和两个定子铁心组成。每个定子都由两个带 16 个爪极的铁心交错装配在一块，两个定子上分别绕有 1、3 相和 2、4 相两级线圈，每个定子上两线圈的绕制方向相反。

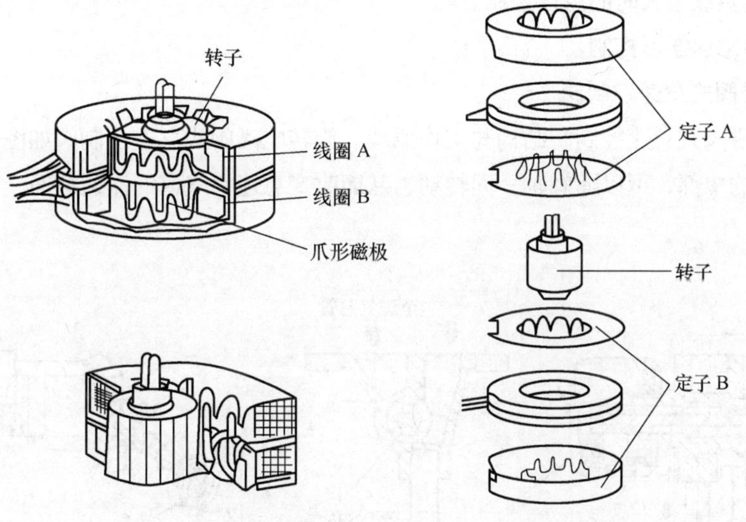

（a）整体结构　　（b）分解结构

图3-7　步进电动机的结构

ECU 控制步进电动机工作时，给线圈输送的是脉冲电压，4 个线圈的通电顺序（相位）不同，步进电动机的转动方向就不同。当按一定顺序输入一定数量的脉冲时，步进电动机就向某一方向转过一定角度，步进电动机的转动量取决于输入脉冲的数量。因此，ECU 通过对定子线圈通电顺序和输入脉冲数量的控制，改变步进电动机型怠速控制阀的位置（开度），从而控制怠速空气量。

（4）步进电动机式怠速控阀的控制内容。

① 起动初始位置的设定。为了保证发动机再起动时怠速控制阀处于全开状态，在点火开关关闭使发动机熄火后，ECU 的 M-REL 端子向 EFI 主继电器电磁线圈延续供电 2～3s。ECU 将依次控制步进电动机工作 125 步级，如图 3-8 所示。

② 起动控制。发动机起动时，由于怠速控制阀被预先设定在全开位置，因此在起动期间流经怠速空气道的旁通空气量最大，这有利于发动机顺利起动。

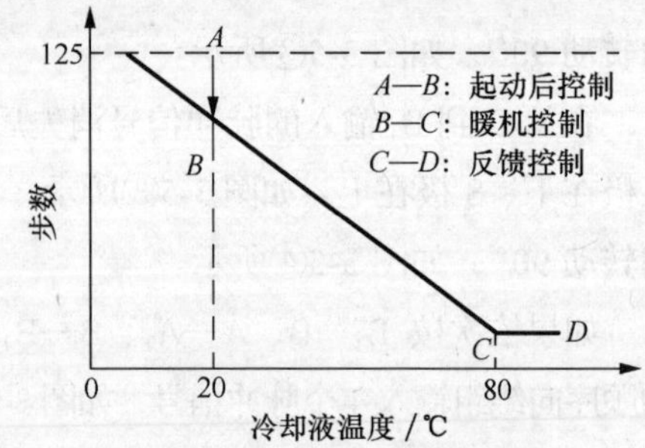

图3-8 怠速控制特性曲线图

③ 暖机控制。暖机控制又称快怠速控制。在暖机过程中，ECU 根据冷却液温度信号按控制特性控制怠速控制阀的开度，随着温度上升怠速控制阀开度逐渐减小。

④ 反馈控制。如果发动机的实际转速与 ECU 存储器中所存放的目标转速的差值超过一定值（一般为 20r/min）时，ECU 将通过步进电动机控制怠速控制阀，调节怠速空气供给量，使发动机的实际转速与目标转速相同。

⑤ 发动机负荷变化预测控制。在发动机怠速运转过程中，接入或断开空调开关、空挡起动开关等都将使发动机的负荷发生可以预见的变化。为了避免发动机怠速转速波动或熄火，在发动机负荷出现变化时，ECU 不等发动机转速变化，就会根据各负载设备开关（A/C 开关等）信号，通过步进电动机提前调节怠速控制阀的开度，使之开大或开小到一事先预定的开度。

⑥ 汽车电器负载增大时的怠速控制。

⑦ 发动机的怠速学习控制。

2. 旋转电磁阀式怠速控制阀

（1）旋转电磁阀式怠速控制阀结构与工作原理。旋转电磁阀式怠速控制阀如图 3-9 所示。控制阀芯安装在阀轴的中部，可以随阀轴一同转动，从而改变怠速空气道的流通截面，控制流过怠速空气道的空气量。

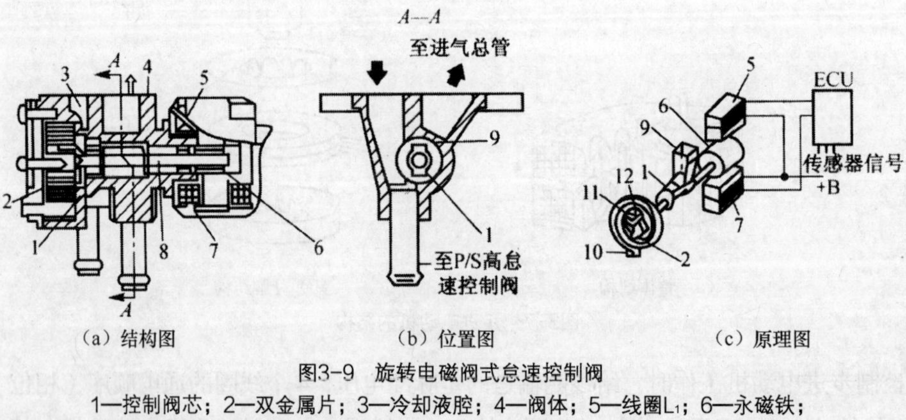

（a）结构图 （b）位置图 （c）原理图

图3-9 旋转电磁阀式怠速控制阀

1—控制阀芯；2—双金属片；3—冷却液腔；4—阀体；5—线圈L_1；6—永磁铁；7—线圈L_2；8—阀轴；9—怠速空气口；10—固定销；11—挡块；12—阀轴限位杆

阀轴的一端装有圆柱形永磁铁，永磁铁对应的圆周位置上装有位置相对的两个线圈 L_1 和 L_2。永磁铁的磁场与线圈 L_1 和 L_2 产生的电磁场相互作用会使圆柱形永磁铁带动阀轴、阀芯一起旋转，如图 3-10（a）所示。

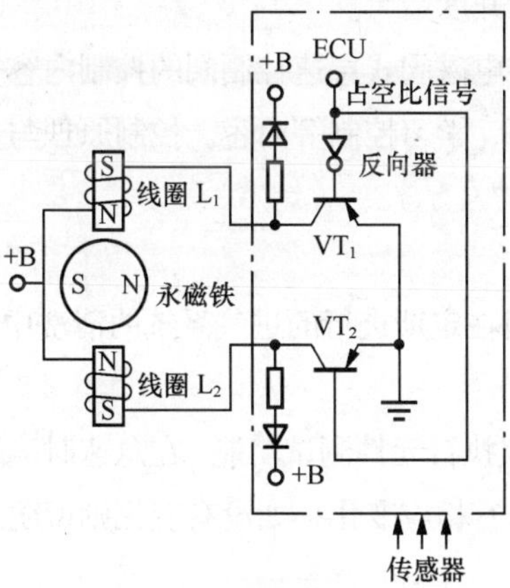

（a）控制电路

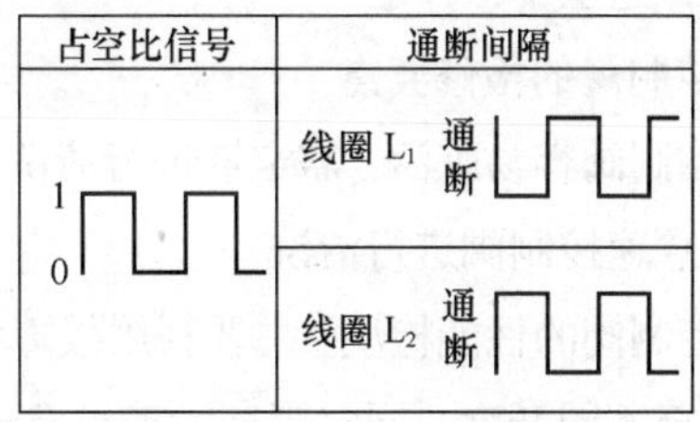

（b）占空比信号

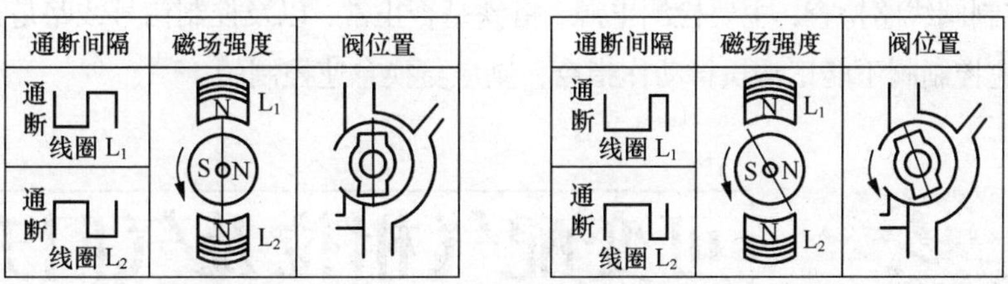

（c）工作原理

图3-10　旋转电磁阀式怠速控制阀控制原理图

由 ECU 控制线圈 L_1 和 L_2 的通电或断电来改变两个线圈产生的磁场强度，并改变控制阀芯的位置，以实现对怠速空气量的控制。

双金属片制成卷簧形，此装置主要起保护作用，可防止怠速控制系统电路出现故障时发动机转速过高或过低。只要怠速控制系统正常工作，阀轴限位杆就不与挡块的凹槽两侧接触。

在发动机怠速运转过程中，ECU 通过占空比控制信号（见图 3-11），控制线圈 L_1 和 L_2 的平均通电时间，从而改变怠速控制阀开度。

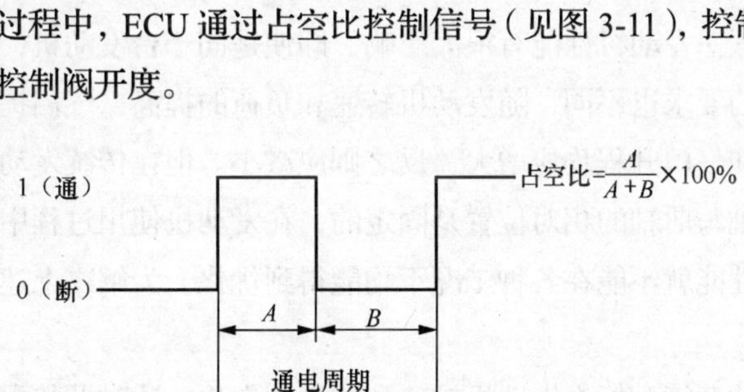

图3-11　占空比

当占空比为 50%时，线圈 L_1 和 L_2 的平均通电时间相等，两者产生的磁场强度相同，电磁力相互抵消，阀轴不发生偏转，如图 3-10（c）所示。

当占空比小于 50%时，线圈 L_1 的平均通电时间增加，线圈 L_2 的平均通电时间减小，两者合成的电磁转矩将使阀轴带动阀芯顺时针转动，使控制阀开度减小。

当占空比大于 50%时，线圈 L_1 的平均通电时间减小，线圈 L_2 的平均通电时间增加，两者合成的电磁转矩将使阀轴带动阀芯逆时针转动，使控制阀开度增大。

（2）旋转电磁阀式怠速控制阀的控制内容。旋转电磁阀式怠速控制阀的控制内容也包括起动控制、暖机控制、反馈控制、发动机负荷增大时的控制、学习控制等内容。控制原理与步进电机式怠速控制阀类似，这里不再详述。

3. 怠速控制阀的检修要点

① 怠速控制阀容易脏污，需定期进行清洗，一般在定期进行的进气系统的清洗中完成。如有需要也可单独对怠速控制阀进行清洗。

② 怠速控制阀的性能检测：主要利用故障诊断仪执行元件测试功能，在怠速时通过诊断仪将怠速控制阀打开至不同开度，同时观察发动机怠速是否有相应变化，如没有变化则说明怠速控制阀或其线路存在故障。

③ 怠速控制阀线路检查：主要检测电源、搭铁是否正常，以及控制信号线路是否正常。如线路正常但②中怠速控制阀不能正常执行动作指令，则应更换怠速控制阀。

3.2 可变配气相位及气门升程控制系统

实际发动机的工作中，为使进气充分、排气干净，进气门和排气门均存在早开晚关的情况，进气门和排气门的开启持续时间也大于 180°曲轴转角。发动机进气门、排气门实际开启或关闭的时刻和开启持续时间称为配气相位，通常用曲轴转角来表示。

配气相位和气门升程对发动机性能有很大影响，即使是同一台发动机，随转速和负荷的不同，对配气相位和气门升程的要求也不同，随发动机转速和负荷的提高，气门提前开启角、气门迟后关闭角、气门持续开启角和气门升程均应增大，反之则应减小。但在传统发动机的配气机构中，气门驱动凸轮的形状、凸轮轴与曲轴的相对位置是固定的，在发动机使用过程中，配气相位和气门升程不能改变，自然发动机性能就不能在各种工况下均能得到优化。为解决上述问题，气门可变驱动技术应运而生。

气门驱动控制系统的功能：根据发动机转速和负荷的变化，适时调整配气相位和气门升程。

目前，由于进气门配气相位和气门升程对发动机性能的影响比排气门大，为简化发动机结构并降低成本，气门驱动控制系统一般只控制进气门配气相位和升程。对柴油机和汽油机气门驱动控制系统均可使用。

典型的可变配气相位控制系统有本田可变气门正时及气门升程电子控制（VTEC）系统、丰田VVT系统、宝马公司VCC系统、大众可变进气相位控制系统等。

3.2.1 德国大众可变进气相位及气门升程控制系统

1. 可变进气相位控制系统

大众公司可变进气相位控制系统功能：根据发动机运行工况的变化，使进气凸轮轴相对曲轴转动，来实现对进气相位的控制。大众公司可变进气相位控制机构如图3-12所示。排气凸轮轴安装在发动机每列气缸的气缸盖外侧，进气凸轮轴安装在内侧。曲轴通过同步带驱动排气凸轮轴，排气凸轮轴通过链驱动进气凸轮轴。发动机工作时，ECU根据发动机转速信号控制正时电磁阀动作，以此改变通向液压缸的油路，而液压缸则带动正时调节器向上或向下移动。当正时调节器向上或向下移动时，进气凸轮轴与排气凸轮轴间传动链紧边的位置随之改变。由于排气凸轮轴与曲轴间采用同步带传动，排气门的配气相位不变，所以进气凸轮轴与排气凸轮轴间传动链紧边的变化，会改变进气凸轮轴与曲轴间的相对位置，从而调节进气门的配气相位。发动机转速较低时，进气相位推迟；发动机转速较高时，进气相位提前。

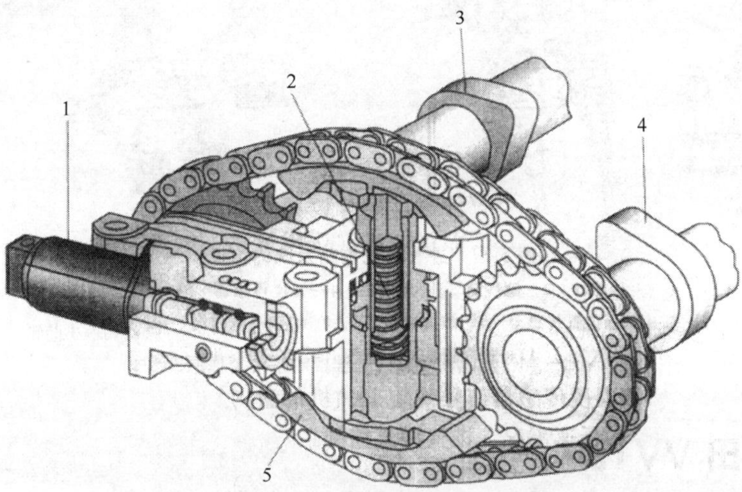

图3-12 大众公司可变进气相位控制机构
1—正时电磁阀；2—液压缸；3—排气凸轮轴；4—进气凸轮轴；5—正时调节器

2. 奥迪可变气门升程控制系统

可变气门升程控制系统结构：凸轮轴由一个带有花键的基本轴组成，在该啮合齿轮上轴向安装4个可移动的凸轮，如图3-13所示。每个凸轮上，针对一个气缸的两个气门各有两个凸轮廓，通过8个电磁致动器实现切换。但需要调整配气相位时，定位销每隔事先精确确定的时间从这些致动器中移出，插入转换槽，并通过倾斜的槽壁使凸轮移动。在每个气缸上都需要两个致动器，左侧的致动器动作可使凸轮向左移动，从小凸轮切换到大凸轮，如图3-14（a）所示；右侧的致动器动作可使凸轮向右移动，从大凸轮切换到小凸轮，如图3-14（b）所示。

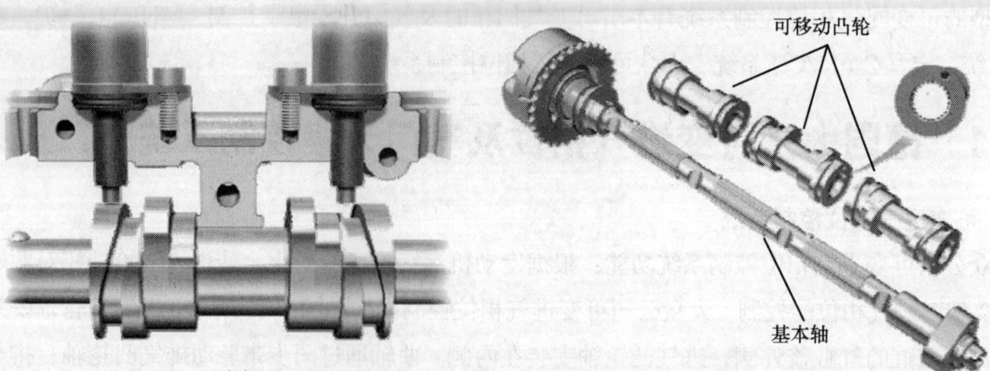

（a） （b）

图3-13 奥迪可变气门升程控制系统结构

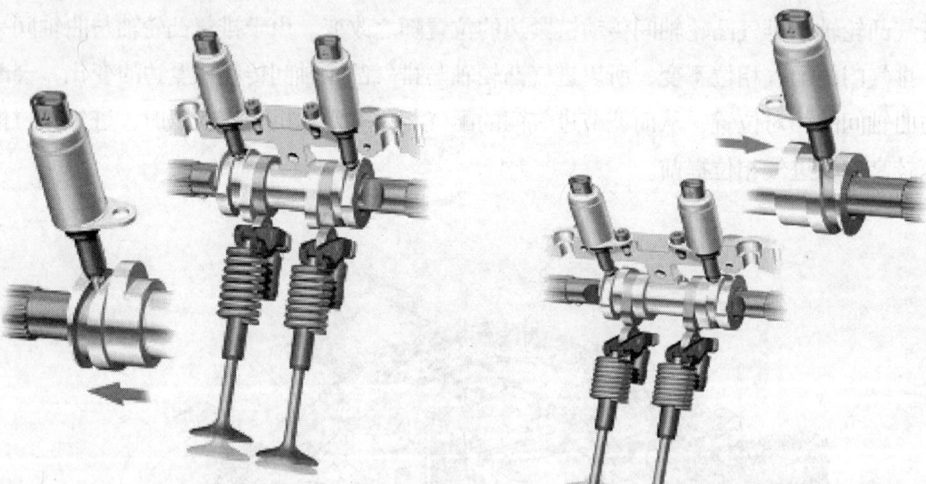

（a）切换大凸轮 （b）切换小凸轮

图3-14 奥迪可变气门升程控制系统工作原理

3.2.2 丰田 VVTL-i 控制系统

丰田公司 VVTL-i（智慧型可变进气门正时及升程）控制系统功能：根据发动机运行工况的变化，通过使进气凸轮轴相对曲轴转动实现对进气相位的控制，通过变换驱动进气门的凸轮来改变气门升程。

丰田公司 VVTL-i 控制机构的组成如图 3-15 所示。该机构可分为两部分：一部分由 VVL-i 液压控制器和液压控制阀组成，用来改变进气凸轮轴与其带轮的相对位置，以控制进气门的配气相位；另一部分主要由 VVTL-i 液压控制阀、进气凸轮轴和摇臂总成等组成，用来变换驱动进气门的凸轮，以改变进气门升程。两个液压控制阀为电液比例阀，用于执行 ECU 的指令控制液压油路，系统所用液压油为发动机润滑油。

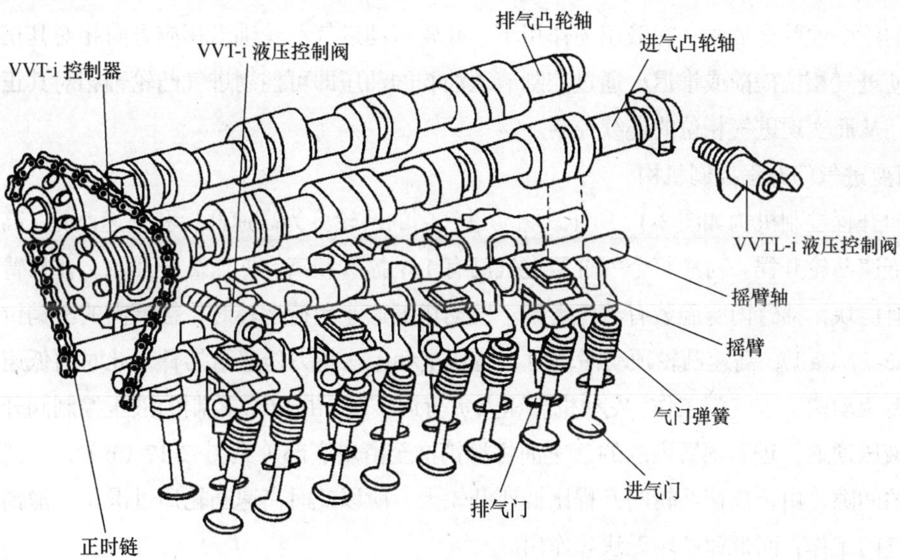

图3-15　丰田公司VVTL-i控制机构组成

1. 可变配气相位系统 VVT

丰田公司 VVT-i 液压控制器有螺旋槽式和叶片式两种类型。叶片式液压控制器有带正时齿圈的壳体、转子、叶片等部分，如图 3-16 所示。

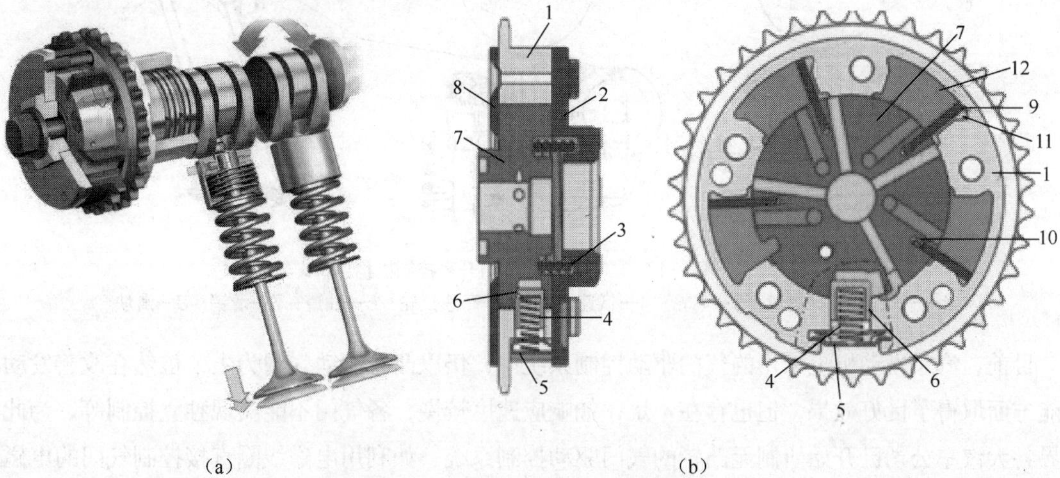

图3-16　丰田公司VVT-i液压控制器
1—带齿圈的壳体；2—前端板；3—扭簧；4—锁止弹簧；5—锁止弹簧定位板；6—锁止销；
7—转子；8—后端板；9—叶片；10—弹簧；11—压力通道A；12—压力通道B

壳体、转子、叶片三者之间形成液压腔，在正时电磁阀控制下，可分别通过油道 A 或 B 向液压腔施加液压，从而通过叶片推动转子旋转，进气凸轮轴与其正时链轮就会相对转动。因为正时链轮与曲轴的相对位置是固定的，所以当进气凸轮轴相对其正时带轮转动时，进气相位就会改变，液压活塞的移动量不同，进气相位的变化量就不同，进气相位可以连续变化。叶片式液压控制器主要由与进气凸轮轴连接的叶轮和与正时带轮制成一体的管壳组成。叶轮的叶片两侧均有液压油腔，当叶片某一侧的液压油腔充油时，在液压力作用下，叶轮带动进气凸轮轴沿相应方向相对其正时带轮转动，从而使进气相位提前或推迟；通过控制液压油腔的油压即可控制进气凸轮轴相对其正时带轮转动的角度，从而实现进气相位的连续控制。

2. 可变进气门升程控制机构

进气门升程控制机构如图 3-17 所示。驱动进气门的凸轮分为高速凸轮和低速凸轮，高速凸轮的升程大于低速凸轮升程。对应每个气缸两进气门有 1 个摇臂和高、低速 2 个凸轮，在摇臂高速凸轮的位置装有滑块，摇臂内空腔装有液压滑销。发动机低速小负荷运转时，摇臂内的滑销位于初始位置（见图 3-17（a）），高速凸轮顶动滑块时，滑块空动无法将力传递给摇臂，此时由低速凸轮通过滚轮和摇臂驱动两个进气门工作。发动机高速大负荷运转时，由 ECU 控制的液压控制阀开启通向摇臂内腔的液压通道，进入摇臂内腔的液压油将滑销推至滑块底部（见图 3-17（b）），以消除滑块底部与摇臂的间隙，由于高速凸轮的升程比低速凸轮大，所以此时高速凸轮通过滑块、滑销和摇臂驱动两个进气门工作，而低速凸轮无法起作用。

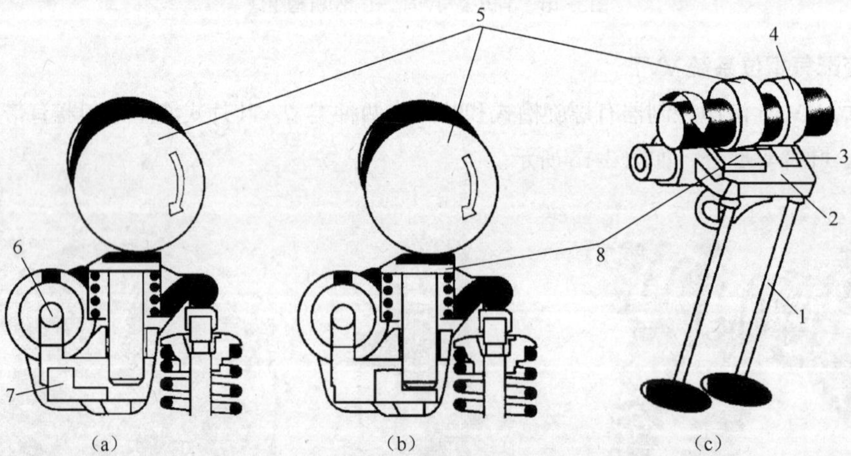

图3-17 丰田公司进气门升程控制机构

1—进气门；2—摇臂；3—滚轮；4—低速凸轮；5—高速凸轮；6—油道；7—滑销；8—滑块

目前，汽车发动机上采用的气门驱动控制系统中，仍以凸轮驱动气门为主，虽然在改善发动机性能方面取得了良好效果，但也存在不足，如响应速度较慢，各气门不能实现独立控制等。为此，世界各大汽车公司已开始研制无凸轮的气门驱动控制系统，如利用电磁线圈直接控制气门的电磁式气门驱动系统、利用电控液压装置驱动气门的电液式气门驱动系统等，有些已进入试用阶段，气门驱动新技术必将为改善发动机性能作出更大贡献。

3. VVT 正时阀电路与检修要点

卡罗拉轿车 VVT 正时阀控制电路图如图 3-18 所示。对该阀进行检测时主要进行以下几个方面的检测。

① 使用故障诊断仪指令 VVT 正时阀提前开启，提前至 5%、10%等特定值，观察发动机怠速转速是否改变，如无变化则说明 VVT 正时阀故障或线路故障。

② 测量正时阀两端子之间电阻，阻值应在 20～50Ω，如有异常应更换正时阀。

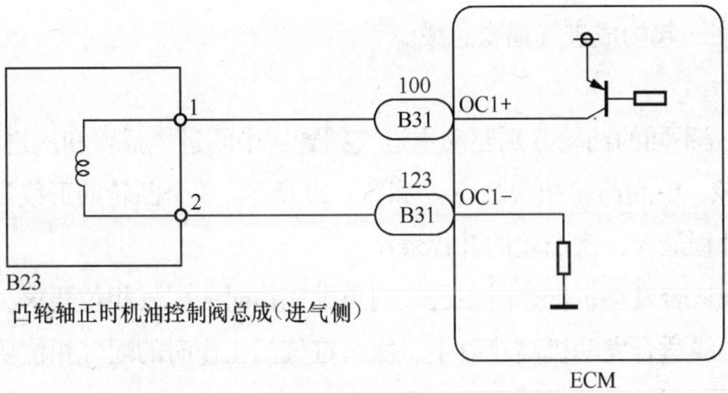

图3-18 卡罗拉轿车VVT正时阀控制电路图

③ 将蓄电池正电压施加到端子 1，负电压施加到端子 2，检查阀是否动作，如无动作应更换正时阀。

④ 检查正时阀控制线路是否正常。

3.2.3 本田 VTEC 系统的组成

VTEC 发动机的组成如图 3-19 所示。与普通发动机相比，VTEC 发动机同样是每缸 4 气门（2 进 2 排），由凸轮轴通过摇臂驱动，不同的是凸轮和摇臂的数目及其控制方法。

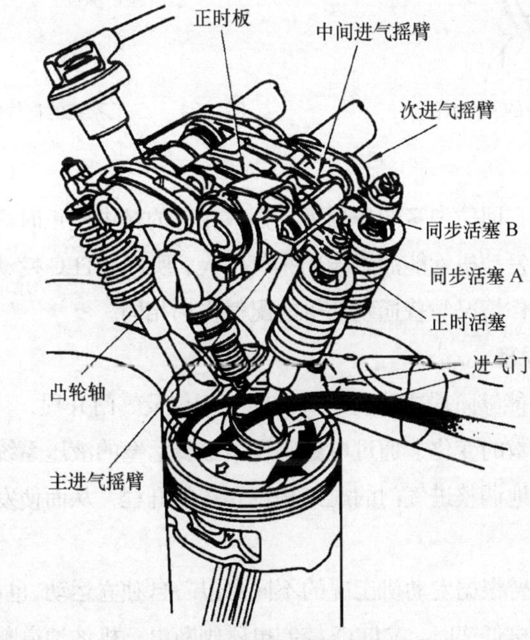

图3-19 本田VTEC系统的组成

VTEC 发动机的每个气缸上的 2 个进气门分为主进气门和次进气门。两个进气门上使用了 3 个凸轮及 3 个摇臂，除了原有控制两个进气门的一对凸轮（主凸轮和次凸轮）和一对摇臂（主摇臂和次摇臂）外，还增加了一个较高的中间凸轮和相应的摇臂（中间摇臂），中间摇臂不与任何气门直接接触，3 个摇臂并列在一起构成进气摇臂总成。

1. 凸轮

凸轮轴上 3 个升程不同的凸轮分别驱动主进气摇臂、中间进气摇臂和次进气摇臂，相应地，这 3 个凸轮被称为主凸轮、中间凸轮和次凸轮，如图 3-20 所示。3 个凸轮的形线设计要满足以下要求。

① 中间凸轮的升程最大，次凸轮的升程最小。

② 主凸轮的形线适合发动机低速时主进气门单独工作时的配气相位要求。

③ 中间凸轮的形线适合发动机高速时主、次双进气门工作时的配气相位要求。

2. 进气摇臂总成

进气摇臂总成如图 3-21 所示，在 3 个摇臂靠近气门的一端设有液压缸孔，内部装有由液压控制的可以移动的小活塞，由正时活塞、同步活塞 A、同步活塞 B、阻挡活塞以及弹簧等组成。

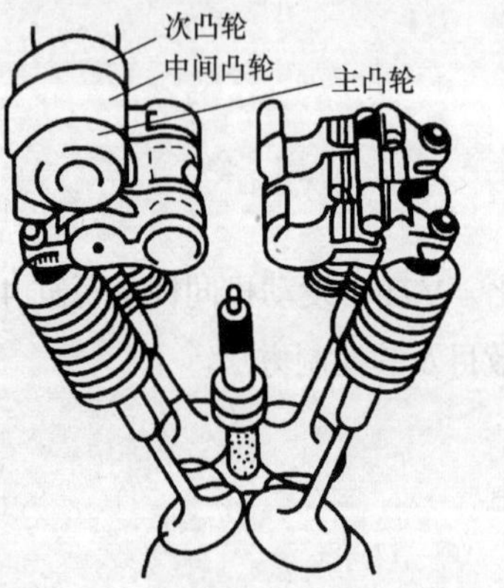

图3-20 VTEC系统中的3个凸轮

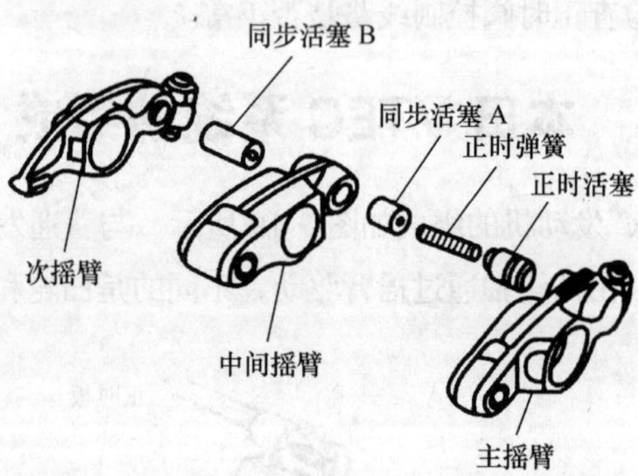

图3-21 VTEC系统的进气摇臂总成

3. 正时板

正时板的作用：正时板在回位弹簧的作用下，插入相应的槽中使正时活塞定位。

由于进气门配气相位对发动机性能的影响比排气门大，所以 VTEC 发动机只对进气门的配气机构进行控制，而排气门的工作情况与普通发动机的配气机构相同。

4. VTEC 系统的工作原理

本田雅阁的 VTEC 系统能够阶段式改变进气门配气相位及气门升程，其工作原理：根据发动机的转速、负荷以及水温等参数的变化，通过电磁阀调节摇臂活塞的液压系统，使发动机在不同工况下由不同的凸轮控制，适当地调整进气门的配气相位和气门升程，从而使发动机在高、低速下均能达到最高效率。

进气摇臂总成的 3 个摇臂根据发动机工况的不同可以各自独立运动，也可以连成一体共同运动。

（1）低速工况时。发动机低速时，VTEC 控制电磁阀断电，机油油道断开，机油压力不能作用在正时活塞上，在位于次进气摇臂液压缸孔中的阻挡活塞和回位弹簧的作用下，摇臂液压缸孔中的 3 个活塞都位于初始位置上，即正时活塞和同步活塞 A 位于主进气摇臂的液压缸孔中；与中间进气摇臂等宽的同步活塞 B 位于中间进气摇臂的液压缸孔中，3 个摇臂彼此分离，如图 3-22 所示。

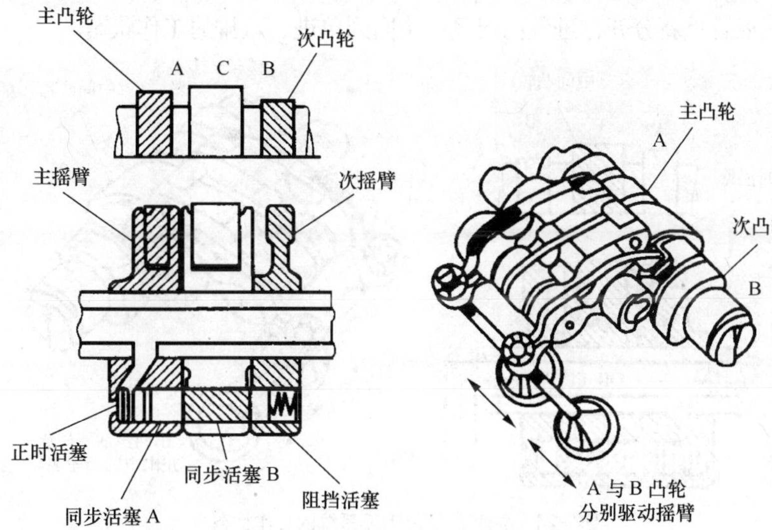

图3-22 低速工况下VTEC系统的工作状态

由于3个摇臂之间已分离，中间进气摇臂无法顶动气门，只是在摇臂轴上做无效的运动，所以此时主凸轮A和次凸轮B分别推动主进气摇臂和次进气摇臂，控制主、次两个进气门的开闭，中间凸轮C驱动中间进气摇臂空摆，如图3-23（a）所示。主进气门以正常的开度开启，而次进气门则只是稍稍开启，以防燃油积聚在进气门附近，进气气流主要通过主进气门进入发动机气缸内，这种情形与普通发动机的进气门配气机构的工作类似，处于单进、双排的工作状态。

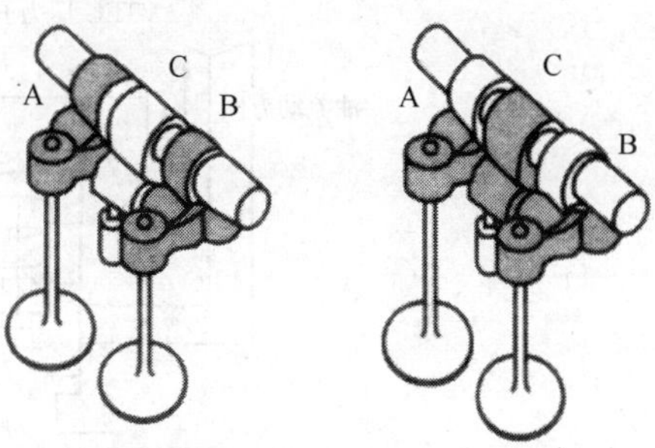

（a）低速工况时 （b）高速工况时

图3-23 进气摇臂总成

（2）高速工况时。当发动机到达某一个预先设定好的高转速值（如 3 000r/min）时，并且发动机的负荷、水温以及车速信号也达到某一设定值后，发动机 ECU 就会发出使 VTEC 电磁阀通电的控制信号，机油油道打开，机油压力作用在正时活塞的左侧，如图3-24所示，此时位于主进气摇臂液压缸孔中的正时活塞将克服位于次进气摇臂液压缸孔中回位弹簧的作用力推动同步活塞A、B以及阻挡活塞向右移动，从而在同步活塞A、B的作用下，主进气摇臂、次进气摇臂与中间进气摇臂被连接在一起，成为一个同步运动的组合摇臂。

由于3个摇臂已经连成一体，而中间凸轮C的升程最大，因此组合摇臂受中间凸轮C驱动，主、次两个进气门同步运动，如图3-23（b）所示，改变了进气门的配气相位和气门升程（气门开启时间延长并且升程变大）使之适应发动机的高速运转工况，进气门配气机构处于双进、双排的工作状态。

当发动机的转速、水温或者车速不满足VTEC系统的控制条件时，发动机ECU将重新使VTEC控制电磁阀断电，切断机油通道，并使压力机油泄出，作用在正时活塞左侧的机油压力下降，此时在次进气摇臂液压缸孔中回位弹簧的作用下，正时活塞和同步活塞A、B复位，主进气摇臂、次进气摇臂与中间进气摇臂重新分开，进气门配气机构回到单进、双排的工作状态。

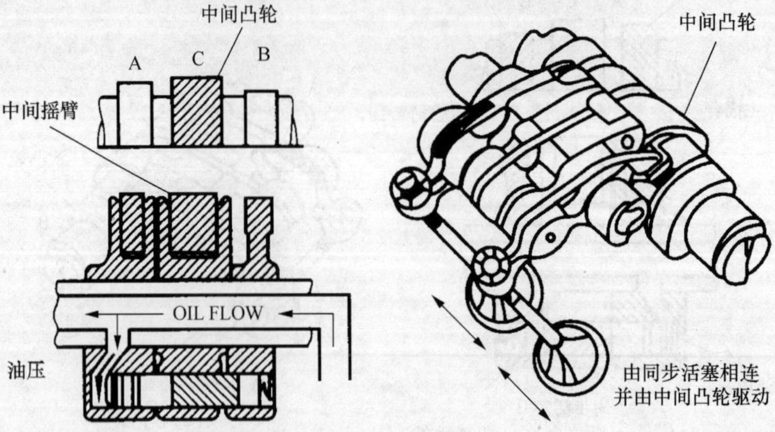

图3-24 高速工况下VTEC系统的工作状态

（3）VTEC 系统的控制原理。VTEC 系统由发动机 ECU 控制，ECU 接收发动机传感器的参数（包括转速、负荷、车速、水温等）后进行处理，并决定何时输出相应的控制信号，以控制电磁阀的通电和断电，改变进气门的配气相位和气门升程。图 3-25 所示为 VTEC 控制系统的原理图。

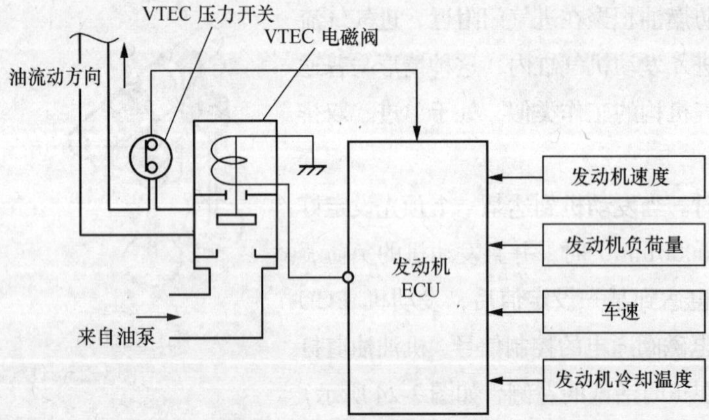

图3-25 VTEC控制系统原理

（4）改变进气门的配气相位和气门升程的条件。

发动机转速：2 300～3 200r/min（根据负荷确定）；

车速：10km/h 或更高；

发动机冷却水温度：10℃或更高。

拓展知识 3-1 i-VTEC 系统

VTEC 系统的配气相位和气门升程的动作变换根据发动机的工况划分为两个明显的阶段，并且两者的转换不够平滑，在转换前后发动机的性能截然不同，甚至发出的声音也不一样。为了改善 VTEC 发动机的动力性和排放性，近年来日本本田公司又推出了 i-VTEC 系统（Intelligent Variable Valve Timing and Valve Lift Electronic Control System），即智能可变气门配气相位和气门升程电子控制系统。

i-VTEC 系统就是在现有 VTEC 系统的基础上，添加一个被称为“可变正时控制（Variable Timing Control，VTC）”的机构——一组进气门凸轮轴正时可变控制机构，通过发动机 ECU 控制进气门的开启和关闭。

（1）VTC 系统的组成及其工作原理。典型的 VTC 系统由 VTC 作动器、VTC 油压控制阀、各种传感器以及 ECU 组成。VTC 作动器、VTC 油压控制阀可根据发动机 ECU 的控制信号产生动作。为了能够提供最合适的气门正时，ECU 对 VTC 油压控制阀进行负荷控制，向 VTC 作动器内的点火提前角油压室或点火延迟角油压室供给油压，VTC 作动器根据油压来改变进气凸轮轴的相位，使进气门正时连续变化。发动机停止时，通过锁销固定在点火延迟角最慢的位置，以备下次起动。冷机或者怠速的时候也停在点火延迟角最慢的位置，从而保证良好的运转性能。

（2）VTC 系统的工作过程。VTC 系统在 i-VTEC 系统中的工作过程如下。

① 最佳怠速/稀薄燃烧区域。在此区域内，VTC 系统停止作用，此时气门重叠角最小，在 VTEC 系统的作用下产生强大的进气涡流，因而使发动机怠速工况工作稳定。

② 最佳油耗、排气控制区域。在此区域内，VTEC 系统发挥作用，产生强大的进气涡流，从而使可燃混合气混合得更加均匀，同时在 VTC 系统的作用下使气门重叠角加大，并将部分废气重新吸入气缸，起到 EGR 的作用，从而达到最佳油耗和排放控制。

③ 最佳扭矩控制区域。在此区域内，通过 VTC 系统的控制，以最适当的气门重叠角，同时配合 VTEC 系统的作用，使得发动机的输出扭矩最大限度地提高。

另外，i-VTEC 发动机采用进气歧管在前、排气歧管在后的布置形式，排气歧管缩短了长度，即缩短了与 TWC 之间的距离，使 TWC 能够更快地达到工作温度，从而有效地控制废气的排放。

可见，使用了 VTC 系统的 i-VTEC 发动机的配气相位能够柔性地与发动机的负荷相匹配，不论发动机处于何种工况下，都能有最佳的配气相位，从而实现了发动机在中、低速时的低油耗和低排放，高速时的高功率和大扭矩的最佳输出特性。

3.3 增压控制系统

3.3.1 汽油机谐波增压控制系统（ACIS）

1. 谐波增压的基本原理

发动机工作中，进气管内的气体经进气门高速流入气缸，当进气门关闭时，由于气体流动惯性使进气门附近的气体受到压缩而压力增高；当气体惯性过后，进气门附近被压缩的气体膨胀而流向进气相反的方向，压力下降；膨胀的气体流动到进气管口时又被反射回来，这样在进气管内即产生了压力波。在部分电控燃油喷射发动机上，即利用了进气管内的压力波与进气门的开启配合，当进气门开启时，使反射回来的压力波正好传到该气门附近，从而形成进气增压的效果，提高发动机的充气效率和功率。

发动机工作时，从进气门关闭到下一次开启的间隔时间取决于发动机的转速，而进气管内的压力波反射回到进气门处所需的时间，取决于压力波传播路线的长度。

① 进气管较长时，压力波传播距离长，发动机低速性能较好。

② 进气管较短时，压力波传播距离短，发动机高速性能较好。

如果进气管的长度可以改变，则可兼顾发动机低速和高速时的性能要求，但发动机进气管的长度一般是不能改变的，其长度一般都是按最大扭矩对应的转速区域（低速区域）设计。

谐波进气增压系统的功能就是根据发动机转速的变化，改变进气管内压力波的传播距离，以提高充气效率，改善发动机性能。

2. 谐波增压控制系统

谐波进气增压系统由发动机 ECU、电磁阀、进气增压控制阀等组成，如图 3-26 所示。

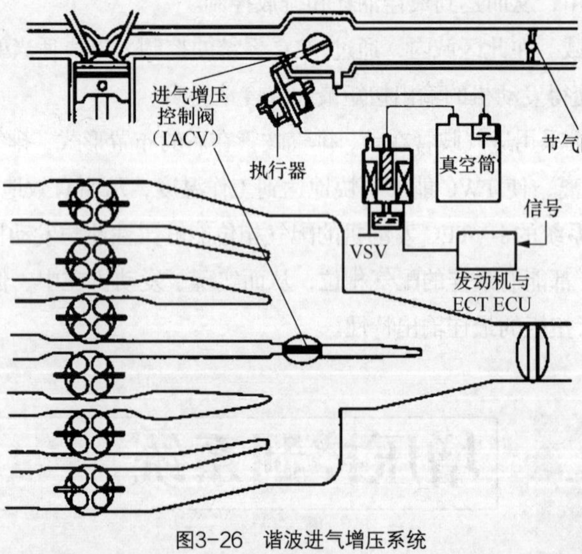

图3-26 谐波进气增压系统

以丰田汽车谐波增压控制系统为例，丰田汽车公司四缸发动机的可变进气系统特点是：在进气管中间通道上设置了与各缸进气管相连通的第二稳压箱，并在连通部位上安装了可变进气控制阀，其进气管的有效长度可以调节，如图 3-27 所示。

图 3-28 所示为丰田汽车惯性增压可变进气系统在发动机中速和高速条件下可变进气的基本原理。ECU 根据发动机转速信号控制电磁真空通道阀的开闭，进而控制进气增压控制阀的开闭。

① 低速时，电磁真空孔道阀电路不通，真空通道关闭，真空罐的真空度不能进入真空气室，受真空气室控制的进气增压控制阀处于关闭状态。此时进气管长度长，压力波长大，以适应低速区域

形成气体动力增压效果。

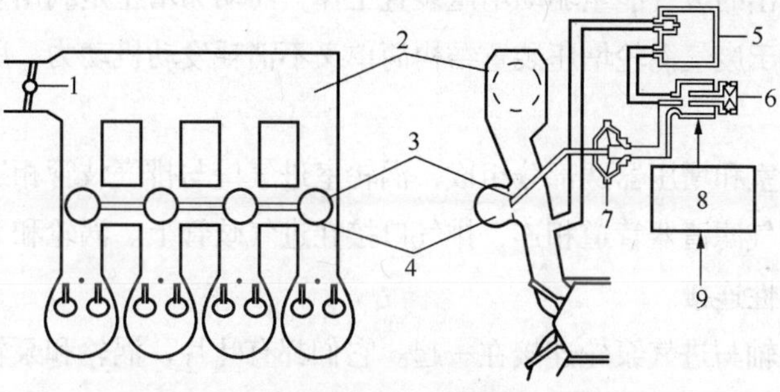

图3-27 丰田汽车惯性增压可变进气系统

1—节气门；2—第一稳压箱；3—进气控制阀；4—第二稳压箱；5—真空箱；6—真空通断控制电磁阀；7—真空促动阀；8—发动机ECU；9—发动机转速信号

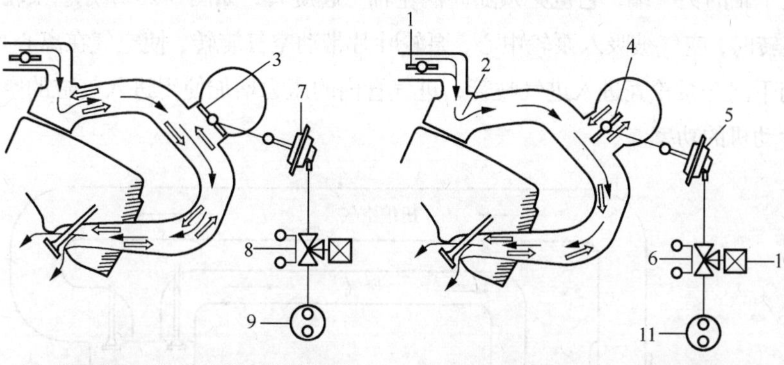

（a）关闭真空通道（进气增压控制阀关闭）　（b）打开真空通道（进气增压控制阀打开）

图3-28 丰田发动机谐波增压控制过程

1—节气门；2—稳压箱；3、4—可变进气阀（每缸各设一个）；5、7—真空促动阀；6、8—真空通断控制电磁阀；9、11—真空箱；10—通大气

② 高速时，ECU 接通电磁真空道的电路，真空通道打开，真空罐的真空度进入真空气室，吸动膜片，从而将进气增压控制阀打开，由于大容量空气室的参与缩短了压力波的传播距离，使发动机在高速区域也能得到较好的气体动力增压效果。

3.3.2 废气涡轮增压系统

采用增压技术可非常有效地增加进气量，是在不增大发动机排量的前提下，提高发动机动力性和经济性的重要措施之一。进气增压技术在大功率柴油机上已应用几十年，但汽油发动机的进气压力过高，容易产生爆燃，同时废气涡轮增压器轴承的冷却和润滑困难，所以制约了进气增压技术在汽油机上的应用与发展。

随着发动机电控技术的发展和成熟，ECU 可对发动机各工况的爆燃情况进行有效地监控，同时根据发动机气缸内燃烧的状况控制进气压力和进气量，使发动机工作在最佳状态，所以，近年来也开始在汽油机上越来越多地采用了进气增压技术。

根据增压装置使用的动力源不同，增压装置可分为废气涡轮增压和动力增压两种类型。废气涡轮增压是利用发动机排出的废气能量驱动增压装置工作，而动力增压是利用发动机输出动力或电源驱动增压装置工作。由于废气涡轮增压装置结构简单又不消耗发动机动力，所以，目前多采用废气涡轮增压的方式。

涡轮增压器由涡轮室和增压器两部分组成，涡轮室进气口与排气歧管相连，排气口接在排气管上。增压器进气口与空气滤清器管道相连，排气口接在进气歧管上。涡轮和泵轮分别装在涡轮室和增压器内，二者同轴刚性连接。

废气涡轮通过一根轴与进气泵轮连接在一起。它们都有叶片，涡轮和泵轮各自装在控制并引导废气和进气的螺旋形腔室内。连接涡轮和泵轮的轴装在轴承中。排气气流由喷嘴引导冲向涡轮叶片。当发动机负荷足够大的时候，就有足够的废气气流使涡轮和轴高速旋转，这个旋转运动就产生了涡流。因为泵轮位于轴的另一端，它也必须随同涡轮轴一起旋转，如图 3-29 所示。泵轮安装在进气系统中，当泵轮旋转时，空气被吸入泵轮中心，泵轮叶片带动空气旋转，使空气在离心力作用下甩出。空气在压力作用下离开泵轮壳进入进气歧管，进气管内的压力增加使得进入气缸的空气燃油混合气更多，提高了发动机的功率。

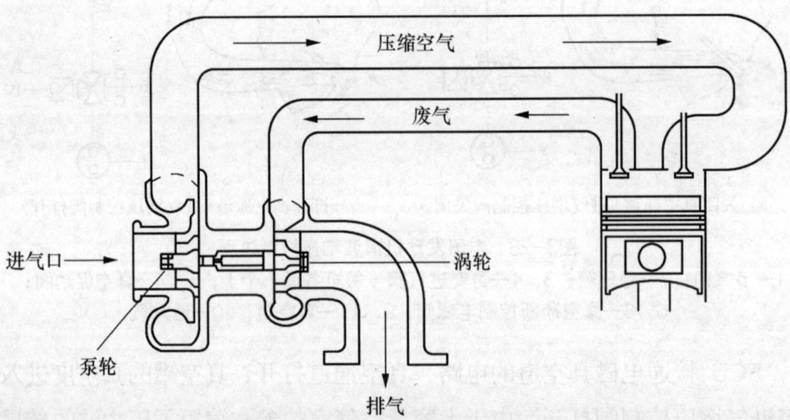

图3-29 废气涡轮增压工作原理

涡轮增压系统除涡轮增压器之外，还包括进气旁通阀、排气旁通阀和排气旁通阀控制装置及中冷器等，如图 3-30 所示。

1. 涡轮增压器

涡轮增压器包括涡轮壳体、压缩壳体、中间壳体、涡轮、泵轮、全浮式轴承、排气旁通阀和执行器等，如图 3-31 所示。涡轮和泵轮装配在同一根轴上，通过两个浮动轴承分别安装涡轮壳体和压气机壳体，中间体内有润滑和冷却轴承的油道，还有防止机油漏入压气机或涡轮机的密封装置等。

涡轮机叶轮、压气机叶轮和密封套等零件安装在增压器轴上，构成涡轮增压器转子。来自排气歧管的废气压力使涡轮高速旋转，同轴上的泵轮跟着旋转，把进气压入气缸。转子因直接受到排气的冲击，变得特别热而且高速旋转，所以必须耐热并耐磨损。因此，涡轮用超耐热的合金或陶瓷制成。

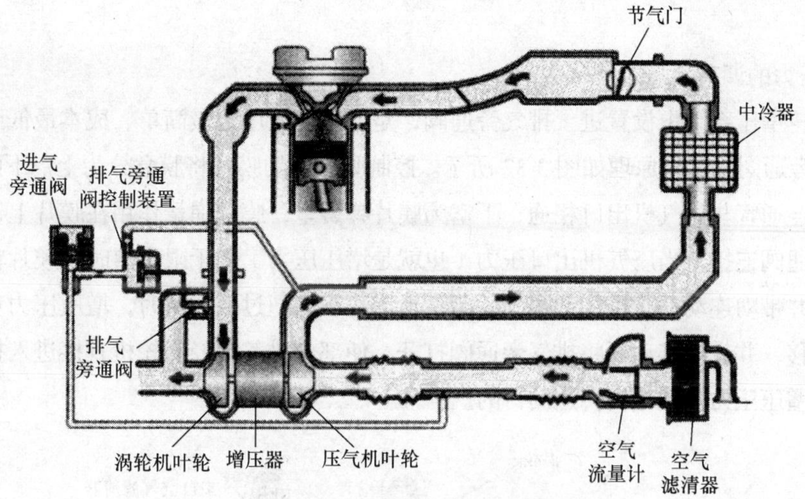

图3-30　废气涡轮增压器的结构组成

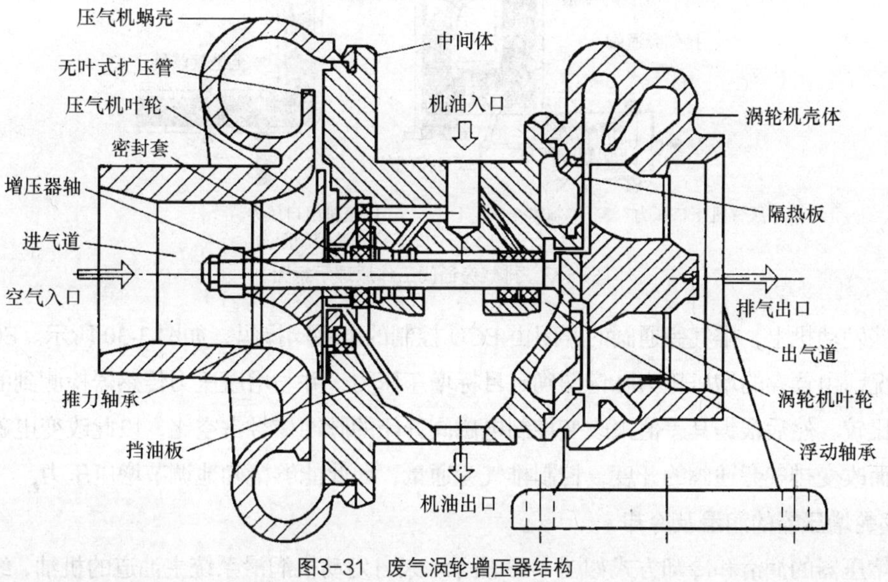

图3-31　废气涡轮增压器结构

转子以超过 100 000r/min（最高可达 200 000r/min）的转速旋转，因此转了的平衡是非常重要的。增压器轴在工作中承受弯曲和扭转交变应力，一般用韧性好、强度高的合金钢 40Cr 或 18CrNiWA 制造。

增压器轴承的结构是车用涡轮增压器可靠性的关键之一。现代车用涡轮增压器都采用浮动轴承。浮动轴承实际上是套在轴上的圆环，圆环与轴以及圆环与轴承座之间都有间隙，形成双层油膜，圆环浮在轴与轴承座之间，一般内层间隙为 0.05mm 左右，外层间隙约为 0.1mm。轴承壁厚 3～4.5mm，用锡铅青铜合金制造，轴承表面镀一层厚度为 0.005～0.008mm 的铅锡合金或金属铟。在增压器工作时，轴承在轴与轴承座中间转动。

增压器工作时产生轴向推力，由设置在压气机一侧的推力轴承承受。为了减少摩擦，在整体式推力轴承两端的止推面上各加工有 4 个布油槽；在轴承上还加工有进油孔，以保证止推面的润滑和冷却。

2. 增压压力的调节

在汽车涡轮增压系统中设置进、排气旁通阀，是调节增压压力最简单、成本最低而又十分有效的方法。排气旁通阀的工作原理如图 3-32 所示。控制膜盒中的膜片将膜盒分为上、下两个室，上室为空气室，经连通管与压气机出口相通；下室为膜片弹簧室，膜片弹簧作用在膜片上，膜片通过连动杆与排气旁通阀连接。当压气机出口压力（也就是增压压力）低于限定值时，膜片在膜片弹簧的作用下左移，并带动连动杆将排气旁通阀关闭；当增压压力超过限定值时，增压压力克服膜片弹簧力推动膜片右移，并带动连动杆将排气旁通阀打开，使部分排气不经涡轮机直接进入排气总管中，从而达到控制增压压力及涡轮机转速的目的。

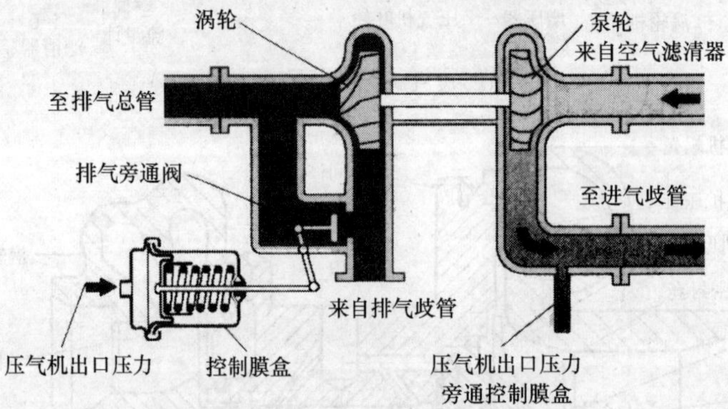

图3-32 排气旁通阀工作原理示意图

在有些发动机上，排气旁通阀的开闭由 ECU 控制的电磁阀操纵，如图 3-30 所示。ECU 根据发动机的工况，由预存的增压压力脉谱图确定目标增压压力，并与增压压力传感器检测到的实际增压压力进行比较，然后根据其差值来改变控制电磁阀开闭的脉冲信号占空比，以此改变电磁阀的开启时间，进而改变排气旁通阀的开度，控制排气旁通量，因此能够精确地调节增压压力。

3. 涡轮增压器的润滑及冷却

涡轮增压器的润滑和冷却方式如图 3-33 所示。来自发动机润滑系统主油道的机油，经增压器中间体上的机油进口进入增压器，润滑和冷却增压器轴和轴承。然后，机油经中间体上的机油出口返回发动机油底壳，在增压器轴上装有油封，用来防止机油窜入压气机或涡轮机蜗壳内。油封损坏将导致机油消耗量增加和排气冒蓝烟。

由于汽油机增压器的热负荷大，所以要在增压器中间体的涡轮机侧设置冷却水套，并用软管与发动机的冷却系统相连。冷却液自中间体上的冷却液进口流入中间体内的冷却水套，从冷却液出口流回发动机冷却系统。冷却液在中间体的冷却水套中不断循环，使增压器轴和轴承得到冷却。

有些涡轮增压器在中间体内不设置冷却水套，只靠机油及空气对其进行冷却。在发动机大负荷或高转速工作之后，如果立即停机，那么机油可能由于轴承温度太高而在轴承内燃烧。因此，这类涡轮增压发动机应该在停机之前，至少在怠速下运转 1min。

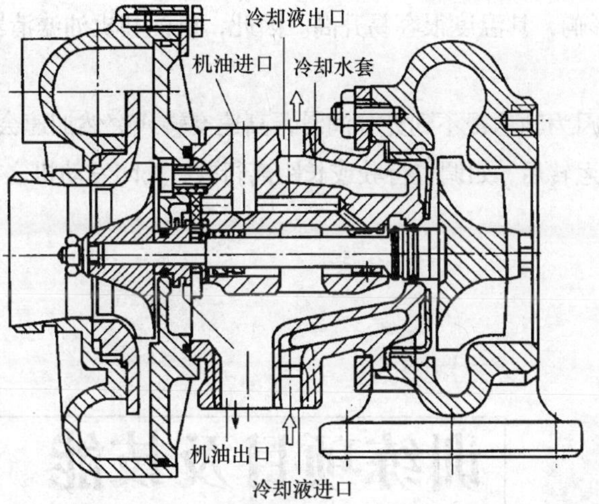

图3-33 涡轮增压器的润滑油路及冷却水套

4. 中冷器

涡轮增压（机械增压）的一个缺点是会加热进气。空气的温度越高，它的密度越小。随着空气的温度变得越来越高，每个进气行程进入气缸的空气分子就越少。另外，进气温度升高也会导致爆震问题。为了克服这些不利影响，许多增压系统采用了中冷器。中冷器就像一个散热器，将增压系统中的热量转移出去并散发在大气中。中冷器通常采用风冷方式，也有采用水冷方式的，如图 3-34 所示。空气经冷却后密度增大，增加了每个进气行程中氧气的含量。经中冷器冷却后，空气离开增压器进入气缸前的温度约为 38℃。空气每冷却 5.5℃，发动机的功率就提高 1%。如果中冷器能够将空气冷却 38℃，发动机的功率就可以提高 10%。

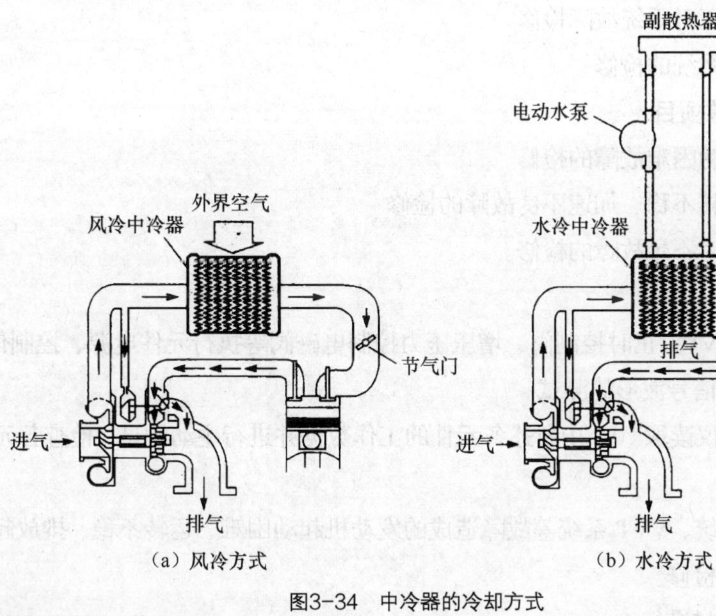

（a）风冷方式　（b）水冷方式

图3-34 中冷器的冷却方式

5. 涡轮增压器使用注意事项

① 涡轮增压发动机中的机油不仅用来润滑发动机，而且用来润滑和冷却涡轮增压器。发动机机

油受涡轮增压器热量的影响，其温度很容易升高。因此，机油和机油滤清器应当定期更换，否则会导致涡轮增压器的损坏。

② 在冷机起动时，因为轴承得不到充分润滑，高速空转或突然加速会导致轴承损坏。

③ 在发动机高负荷运转后，如调整行驶或长距离行驶，关闭发动机之前，务必使发动机怠速运转数分钟。

【技能训练】

3.4 训练项目及技能、素质要求

3.4.1 训练项目

本项目需实施的训练项目如下：

1. 本项基本训练项目

项目 3-1 怠速控制系统检修

项目 3-2 可变配气正时系统故障检修

项目 3-3 涡轮增压系统的检修

2. 本项目综合训练项目

项目 3-4 发动机起动困难故障的检修

项目 3-5 发动机运转不稳、加速不良故障的检修

项目 3-6 发动机功率不足故障的检修

3. 项目实施的主要内容

（1）怠速控制阀、VVT 正时控制阀、增压压力控制电磁阀等执行元件电源、控制信号、线路、元件电阻的检查，控制信号波形的测试。

（2）应用故障诊断仪读取（1）中所述各元件的工作数据并进行主动测试，检查各元件所在系统控制功能情况。

（3）由怠速控制系统、VVT 系统等故障造成的发动机起动困难、运转不稳、排放超标、功率不足等故障的诊断分析与检修。

项目实施时参考教材进行。

3.4.2 项目技能点

1. 基础技能

（1）能参阅维修手册找到各辅助控制系统元器件的位置。

（2）能正确使用故障诊断仪、万用表、示波器、尾气分析仪等检测仪器。

2. 专项技能

（1）能进行怠速控制系统的检修。

（2）能进行可变配气正时系统的检修。

（3）能进行涡轮增压系统的检修。

3. 综合技能

（1）掌握发动机电控系统故障诊断的基本方法和诊断程序。

（2）能综合利用各种诊断仪器、各专项检修技能进行发动机怠速不稳故障的检修。

（3）能进行发动机功率不足故障的检修。

（4）能进行发动机排放超标故障的检修。

3.4.3 素质要求

在学习知识、训练技能的同时，逐渐具备以下素质。

（1）严格遵守实训室、实训车间规章、制度，遵守工作纪律。

（2）具有较强的口头与书面表达能力、组织协调能力。

（3）具有良好的心理素质和克服困难的能力。

（4）具有团队协作精神。

（5）能通过各种媒体资源查找所需信息，自主学习新知识、新技术。

（6）能不断积累经验，从个案中寻找共性。

知识点练习

一、填空题

（1）根据怠速时进气量控制方式的不同，电控燃油喷射发动机的供气系统可以分为____________和____________两种。

（2）怠速控制的实质就是对怠速时的____________进行控制。

（3）VTEC 配气机构主要由____________、____________、次摇臂、____________活塞、同步活塞、阻挡活塞、回位弹簧、____________和正时板等组成。

（4）____________是指利用发动机排出的高温高压的废气能量，驱动涡轮作高速运转，带动同轴上的压缩机，由此压缩吸入的空气并送入气缸内，显著提高进气效率，达到提高发动机____________的目的。

（5）旋转电磁阀的开度是通过控制两个线圈的____________来实现的。

（6）在怠速控制系统中 ECU 需要根据____________、____________确认怠速工况。

（7）为使发动机工作时进气更充分，随转速的提高应适当____________进气门的提前开启角。

（8）控制怠速进气量的方法有____________和____________两种类型。

（9）电子节气门控制系统主要由____________、____________、____________伺服电动机和____________组成。

（10）在怠速运转时，ECU 将接收的转速信号与____________进行比较，根据结果对进气量进行调节。

（11）为保证电控系统的正常供电电压，ECU 根据蓄电池电压调节____________的开度，提高发动机的怠速转速。

（12）发动机起动时，怠速控制阀预先设定在____________位置。

二、问答题

（1）怠速控制阀 ISC 的功能是什么？

（2）根据进气量控制方法的不同，怠速控制系统可分为哪两种形式？怠速控制阀有几种类型？

（3）怠速控制阀的控制内容有哪些？

（4）冬季，发动机冷车起动后，水温传感器输出电压应较高还是较低？如果此时传感器信号线断路，怠速控制阀开度将减小还是增大？

（5）怠速控制的目的是什么？根据进气量控制方法的不同可分为哪两种类型？对怠速控制阀的控制内容有哪些？

（6）步进电机式怠速控制阀的工作原理是什么？

（7）谐波增压系统、VVT 系统的功能分别是什么？

Chapter 4

项目四

排放控制系统检修

【知识目标】

（1）了解 EGR 系统的作用，掌握 EGR 系统的基本结构。

（2）熟悉三元催化转换器的作用、基本结构。

（3）掌握氧传感器的作用、基本结构、工作原理。

（4）掌握氧传感器的工作原理及喷油量闭环控制原理。

（5）熟悉汽油蒸汽排放控制系统的结构、工作原理。

【能力目标】

（1）能进行汽油蒸汽排放控制系统的检修。

（2）能正确使用故障诊断仪、万用表等对 EGR 系统进行检修。

（3）能正确使用故障诊断仪、示波器等对三元催化转换器进行检测。

（4）能正确使用故障诊断仪、万用表、示波器等对氧传感器进行检测。

（5）能进行发动机怠速不稳、功率不足、排放超标故障的检修。

【项目案例】

（1）一辆宝来 1.8 行驶 35 000km 轿车，在一次近 700km 的高速行驶中，发现高速行车动力不足，而且发动机声音也越来越响。行驶后去验车，结果尾气没通过，去 4S 检查，经检查存在 EGR 故障码。

（2）一辆别克凯越轿车，在松开加速踏板时发动机便出现怠速抖动，有时熄火。

（3）一辆卡罗拉（凯越）轿车，行驶 60 000km，出现故障灯常亮的情况，维修顾问将车交付于你，经初步检查有故障码 P0443。

（4）2004 款帕萨特 B5 1.8T，80 000km，往往需要起动 3 次以上才能起动。换过火花塞、汽滤，无效。试车发现，踩下一点儿油门，就容易起动，踩住油门也不会熄火。热车停车半小时以后起动困难。开起来没问题，加速有力。

【项目知识点】

汽车的排气污染物主要是指从排气管排出的一氧化碳（CO）、碳氢化合物（HC）、氮氧化合物（NO_x）等有害污染物。

（1）一氧化碳（CO）。CO是一种无色无味的有毒气体。由于其能使血液的输氧能力大大降低，因此高浓度的CO能够引起人体生理和病理上的变化，使心脏和大脑等重要器官严重缺氧，从而引起头晕、恶心、头痛等症状，轻则使中枢神经系统受损，重则使心血管工作困难甚至死亡。

汽车尾气中的CO是燃烧的中间产物，是在燃烧缺氧或者低温条件下由于燃烧不完全而产生的。当汽车的负载过大、慢速行驶或者空挡运转时，混合气过浓或者燃油不能完全燃烧，排气管中的CO含量会明显增加。

（2）碳氢化合物（HC）。HC 包括没有燃烧和未完全燃烧的燃油、润滑油及其裂解产物和部分氧化物。其中的某些成分会对眼睛、呼吸道和皮肤有强烈的刺激作用，浓度高时会使人头晕、恶心、贫血甚至导致白血病以及某些癌症；碳氢化合物中的某些烃类成分还是引起光化学烟雾的主要物质。

HC是由混合气过稀、点火不良、排气门泄漏等原因导致燃烧不完全产生的。

（3）氮氧化合物（NO_x）。NO_x是燃烧过程中形成的多种氮氧化物，包括NO、NO_2、N_2O_3、N_2O_4等。氮氧化合物中95%以上都是NO。NO是一种无色无味的气体，毒性不大，但可被氧化成NO_2。NO_2是一种红棕色的有毒气体，它能使血液输氧能力下降，会损害心脏、肝、肾等器官，另外NO_2还是产生酸雨、烟雾和引起气候变化的主要原因。

NO_x是混合气在高温、富氧下燃烧时产生的。

4.1 汽油蒸发回收控制系统（EVAP）

1. 汽油蒸发回收控制系统的功能

汽油蒸发回收控制系统的功能是：阻止燃油箱内蒸发的汽油蒸气泄漏到大气中，以免污染环境；将燃油箱的汽油蒸气进行收集后，适时地送入进气管与空气混合，然后进入发动机燃烧，使汽油得到充分利用，提高了燃油的经济性；同时，还根据发动机工况，控制导入气缸参加燃烧的汽油蒸气量。

2. 汽油蒸发回收控制系统的组成与原理

典型的汽油蒸发回收控制系统如图4-1所示。活性炭罐与汽油箱之间设有蒸气回收管和单向阀，当汽油箱内的汽油蒸气超过一定压力时，单向阀开启，汽油蒸气经蒸气回收管进入活性炭罐，活性炭罐内的活性炭利用物理原理将燃油蒸气吸附在炭罐内。发动机工作时，活性炭罐内的汽油蒸气经定量排放孔、吸气管被吸入进气管。

电磁阀控制吸入进气管的汽油蒸气量。为防止活性炭罐内的燃油蒸气被吸入进气管后使混合气变浓，活性炭罐下方设有进气滤芯并与大气相通，可以使部分清洁空气与活性炭罐内的燃油蒸气一起被吸入进气管。

汽油蒸气回收后进入发动机进气管时必须控制蒸气量，以防止破坏发动机正常工作时的混合气成分，影响发动机正常工作。

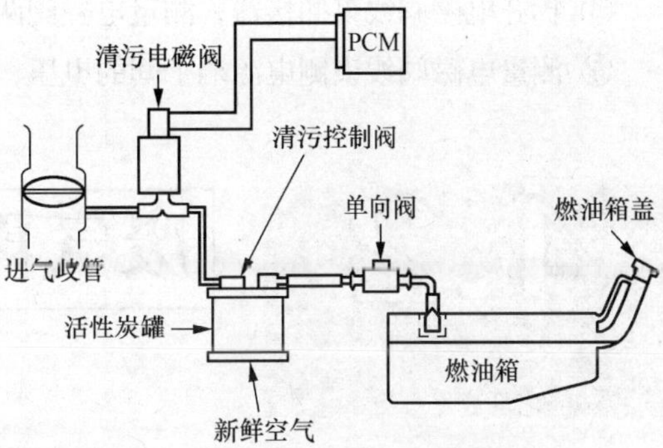

图4-1　典型的汽油蒸发回收控制系统图

通常，当发动机温度低于正常值、发动机停机及怠速运转时，ECU控制电磁阀不通电，电磁阀的阀门处于关闭状态，燃油箱中的汽油蒸气被活性炭罐吸收并临时储存。当发动机温度达到正常值并且发动机在中、高速运转时，ECU控制电磁阀通电，电磁阀的阀门开启，储存在活性炭罐内的汽油蒸气经软管被吸入发动机气缸内燃烧。此时，由于发动机的进气量较大，少量的汽油蒸气进入发动机不会影响混合气的浓度。较先进的汽油蒸发回收系统一般都能根据发动机负荷等情况适时控制电磁阀的通电占空比，以控制电磁阀的开启程度。

3. 汽油蒸发回收控制电磁阀电路与检修

卡罗拉轿车燃油蒸汽排放控制电磁阀控制电路如图4-2所示。

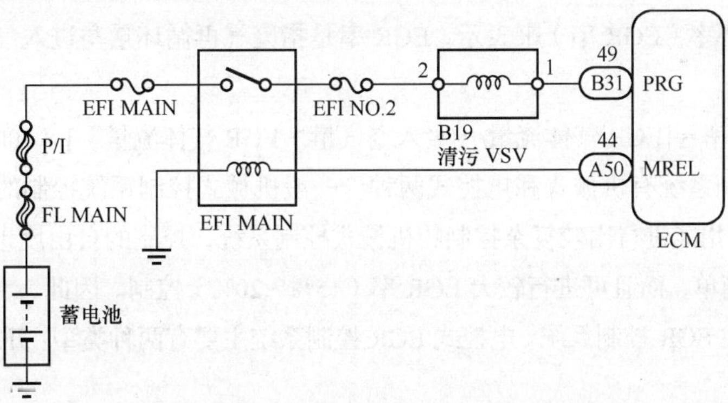

图4-2　卡罗拉轿车燃油蒸气排放控制电磁阀控制电路

（1）一般维护。

① 在使用中，应经常检查各连接管路有无破损或漏气，必要时更换连接软管。

② 检查活性炭罐壳体有无裂纹，底部进气滤芯是否脏污，必要时更换炭罐或滤芯。

③ 一般汽车每行驶20 000km，应更换活性炭罐底部的进气滤芯。

（2）电磁阀及其电路的检查。

① 拆开电磁阀进气管一侧的软管。

② 发动机怠速运行时，使用故障诊断仪执行主动测试，当执行打开电磁阀动作时，听软管是否有吸气的声音，如没有需对电磁阀及其电路做进一步的检测。

③ 拆开电磁阀线束插接器，测量电磁阀两端子间的电阻，阻值一般应为36～44Ω。

④ 测量电磁阀线束侧电源端子间的电压，应为12 V。

4.2 废气再循环控制系统（EGR）

NO_x是空气中的氮气与氧气在高温、高压的条件下生成的。发动机排出NO_x的量主要与气缸内的最高温度有关，气缸内最高温度越高，排出的NO_x量越多。

废气再循环简称EGR，其功能是在发动机工作过程中，将一部分废气引入进气管，与新鲜空气（或混合气）混合后返回气缸进行再循环。

废气再循环是目前用于减少NO_x排放量的一种有效措施。因为排气中的主要成分是CO_2、H_2O和NO_x等，它们的热容较高，能降低最高燃烧温度，这样就抑制NO_x生成。但是，过度的废气再循环将会影响发动机的正常运行，特别是在怠速、低转速小负荷及发动机处于冷态运行时，再循环的废气将明显降低发动机的性能。因此，应选择NO_x。排放量多的发动机运转范围，并根据工况条件的变化自动调节参与再循环的废气量。发动机工作并进行废气再循环时，废气再循环量的多少可用废气再循环率（EGR率）来表示，EGR率是指废气再循环量与进入气缸内的气体总量的比率，即

EGR率=[EGR气体流量/（吸入空气量+EGR气体流量）]×100%

废气再循环控制系统有机械式和电控式两种。一般机械式控制系统控制的EGR率较小（为5%～15%），即使采用能进行比较复杂控制的机械式控制系统，控制的自由度也受到限制。电控式控制系统不仅结构简单，而且可进行较大EGR率（15%～20%）控制。因此，在现代汽车电控发动机上通常采用电控式EGR控制系统。电控式EGR控制系统主要有两种类型：开环控制EGR系统和闭环控制EGR系统。

1. 开环控制EGR系统

日产NISSAN轿车VG30型发动机所采用的废气再循环控制系统就是一种开环控制EGR系统，如图4-3所示。它由废气再循环控制阀（EGR阀）、废气再循环真空电磁阀（EGR真空电磁阀）、曲轴位置传感器、节气门位置传感器、冷却液温度传感器、起动信号以及发动机的ECU等组成。EGR阀安装在废气再循环通道中，用以控制废气再循环量。EGR真空电磁阀安装在通向EGR阀的真空通道中，ECU根据发动机冷却液温度、节气门开度、转速和起动等信号来控制电磁阀的通电或断电。ECU控制EGR真空电磁阀不通电时，EGR阀的真空通道接通，EGR阀开启，系统进行废气再循环；ECU控制EGR真空电磁阀通电时，EGR阀的真空通道被切断，EGR阀关闭，系统停止废气再循环。

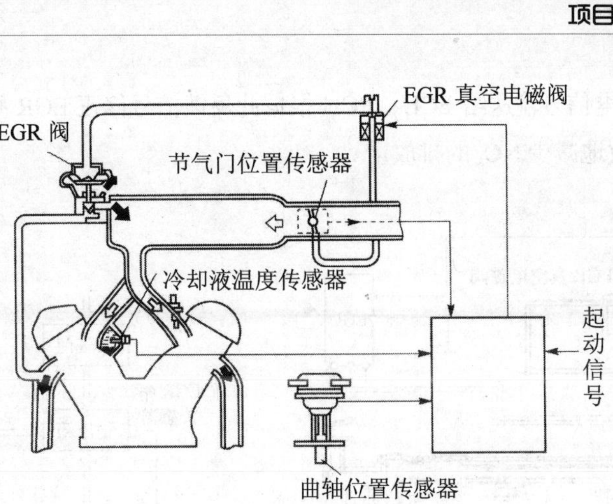

图4-3 典型开环控制EGR系统图

在发动机工作时，ECU 控制 EGR 真空电磁阀通电，停止废气再循环的工况有：

① 起动工况（起动开关信号）。

② 怠速工况（节气门位置传感器怠速触点闭合信号）。

③ 暖机工况（冷却液温度信号）。

④ 转速低于 900r/min 或高于 3 200r/min 的工况（转速信号）。

在除上述以外的其他工况，ECU 均控制 EGR 真空电磁阀不通电，系统均进行废气再循环。废气再循环量取决于 EGR 阀的开度，而 EGR 阀的开度直接由真空度控制。由于真空管口设在靠近节气门全闭位置的上方，随发动机转速和负荷（节气门开度）的增大，真空管口处的真空度增加，EGR 阀的开度增大；随发动机转速和负荷的减小，EGR 阀的开度也减小。

在有些发动机的 EGR 控制系统中，EGR 真空电磁阀采用占空比控制型电磁阀，ECU 通过占空比控制真空电磁阀的开度，调节作用在 EGR 阀上的真空度，控制 EGR 阀的开度，以实现对废气再循环量的控制。在此系统中，通向 EGR 阀的真空管口一般设在节气门之后。

2. 闭环控制 EGR 系统

在开环控制 EGR 系统中，EGR 率只受 ECU 预先设置好的程序控制，系统不能检测发动机各种工况下的 EGR 率，因此无反馈信号。而在闭环控制 EGR 系统中，ECU 以 EGR 率或 EGR 阀开度作为反馈信号实现闭环控制，其控制精度更高。

用 EGR 阀开度作为反馈信号的闭环控制 EGR 系统如图 4-4 所示。与采用占空比控制型真空电磁阀的开环控制 EGR 系统相比，其特点是在 EGR 阀上增设了一个 EGR 阀开度传感器。EGR 阀开度传感器为电位计式，其工作原理与电位计式节气门位置传感器类似。EGR 阀开度传感器与 ECU 之间有三条连接线路，分别为电源线、搭铁线和信号线。ECU 通过电源线为传感器提供 5 V 的标准电压，传感器将 EGR 阀开度变化转换为电信号经信号线输送给 ECU。闭环控制 EGR 系统工作时，ECU 可根据 EGR 阀开度传感器的反馈信号修正电磁阀的开度，使 EGR 率保持在最佳值。

用 EGR 率作为反馈信号的闭环控制 EGR 系统控制原理如图 4-5 所示。ECU 根据 EGR 率传感器信号对 EGR 阀实行反馈控制。新鲜空气经节气门进入稳压箱，参与再循环的废气经 EGR 阀也进入稳压箱。EGR 率传感器安装在稳压箱上，检测稳压箱内气体中的氧浓度（氧浓度随 EGR 率的增加而降低），并转换成电信号输送给 ECU，ECU 根据此反馈信号修正 EGR 阀的开度，使 EGR 率保持在最佳值，从而有效地减少 NO_x 的排放量。

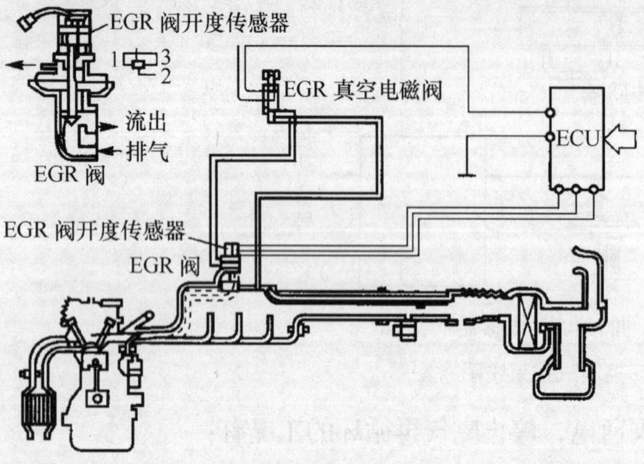

图4-4 用EGR阀开度作为反馈信号的闭环控制EGR系统图

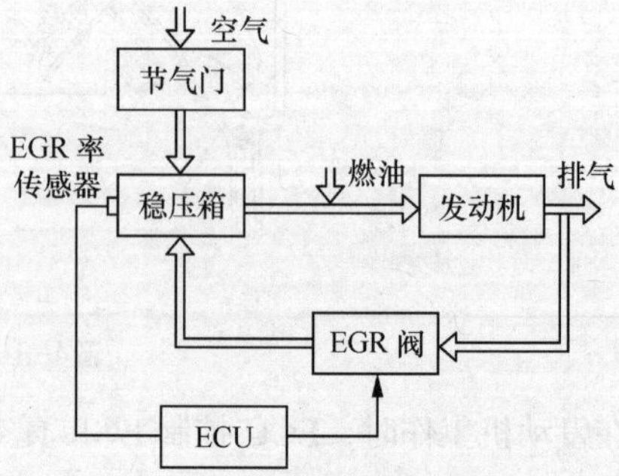

图4-5 用EGR率作为反馈信号的闭环控制EGR系统控制原理图

3. 电磁式 EGR 阀

电磁式 EGR 阀由发动机 ECU 控制，电磁式 EGR 阀由电磁线圈、电枢、锥形阀、EGR 阀开度位置传感器等组成，如图 4-6 所示。发动机 ECU 控制电磁线圈通电，使电枢向上运动，当其带动锥形阀离开阀座后，废气就可以进入进气歧管。通用凯越轿车 EGR 阀安装位置如图 4-7 所示。

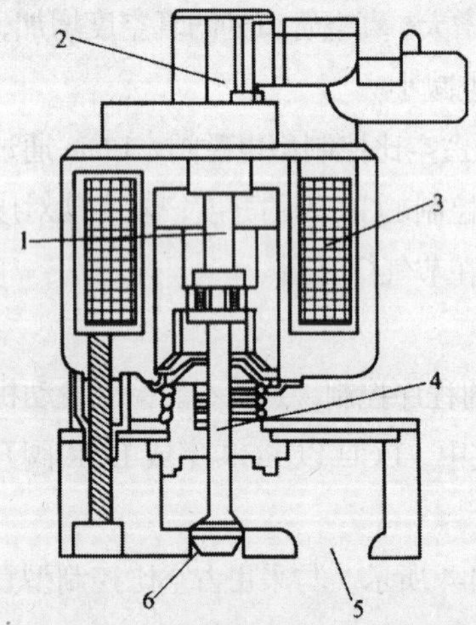

图4-6 电磁式EGR阀的结构

1—弹簧；2—位置传感器；3—电磁线圈；
4—阀杆；5—通道；6—EGR阀；7—阀体

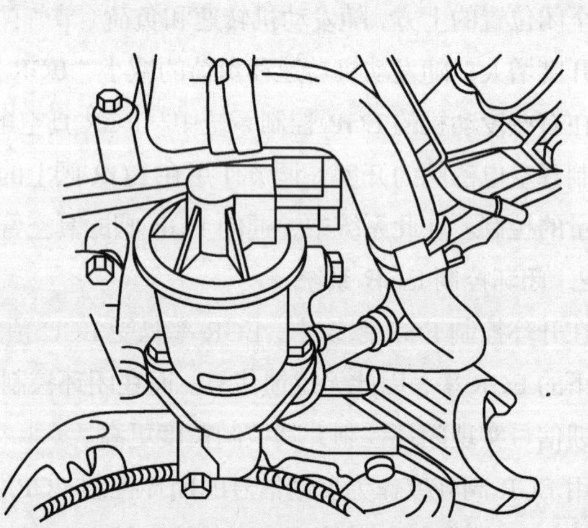

图4-7 凯越轿车EGR阀安装示意图

发动机 ECU 根据冷却液位置传感器、节气门位置传感器和空气流量传感器的输入信号确定最佳的 EGR 阀的开启程度，再通过控制 EGR 阀电磁线圈的通电占空比信号控制电枢的最佳开启位置，EGR 阀中的开度位置传感器可以反馈电枢的实际位置，从而可以实现 EGR 系统的闭环控制。

4. 电磁式 EGR 阀及其控制电路检测要点

凯越轿车废气再循环（EGR）控制电磁阀控制电路如图 4-8 所示。对该 EGR 阀进行检测时主要进行以下几个方面的检测。

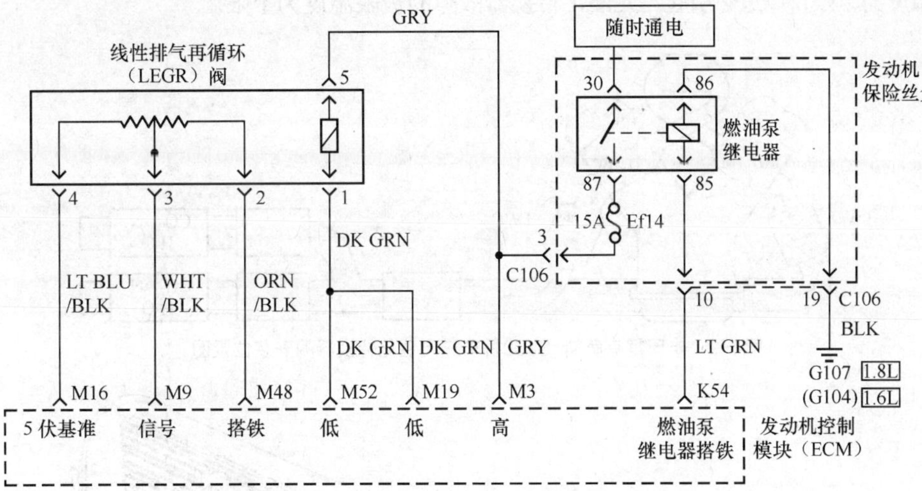

图4-8 凯越轿车废气再循环（EGR）控制电磁阀控制电路

① 使用故障诊断仪指令 EGR 阀至 25%、50%、75%等特定开度，观察发动机怠速转速是否变化，如无变化说明 EGR 阀故障或线路故障。

② 发出以上指令的同时，如发动机怠速转速发生变化，则同时读取 EGR 阀开度是否增大，如无变化说明开度传感器或线路故障。

③ 如①中怠速转速无变化，应检查 EGR 阀电源端子是否有 12V 电压。

4.3 三元催化转换器

三元催化技术是目前汽车上采用最多的一种排气污染物处理净化技术。TWC 串联在排气系统中，当排气气流进入催化器时，废气中的有害气体 CO、HC 和 NO_x 在三元催化剂（铂、钯和铑的混合物）的作用下发生化学反应，生成 CO_2、N_2 和 H_2O，废气中的三类有害气体通过 TWC 后均变成了无害气体，使废气得到净化。

1. 三元催化转换器的结构

三元催化转换器安装在排气管前部，一般为可拆卸式。丰田雷克萨斯 LS400 轿车三元催化转换器的安装位置如图 4-9 所示，该车型装备 V 型发动机，在左右排气管上各装一个三元催化转换器。

三元催化转化器（Three-way Catalyst Converter，TWC）主要由金属壳体、陶瓷格栅底板及催化剂涂层组成，如图 4-10 所示。目前，三元催化转换器内装用的三元催化剂一般为铂与铑的混合物。铂能促使排气中的有害成分 CO、HC 被氧化成 CO_2 和 H_2O，铑能加速有害气体 NO_x 被还原成 N_2 和 O_2，从而起到净化排气的作用。三元催化剂的表面活性作用是利用排气本身的热量激发的，其使用温度范围以活化开始温度为下限，以过热引起三元催化转换器故障的极限温度为上限。

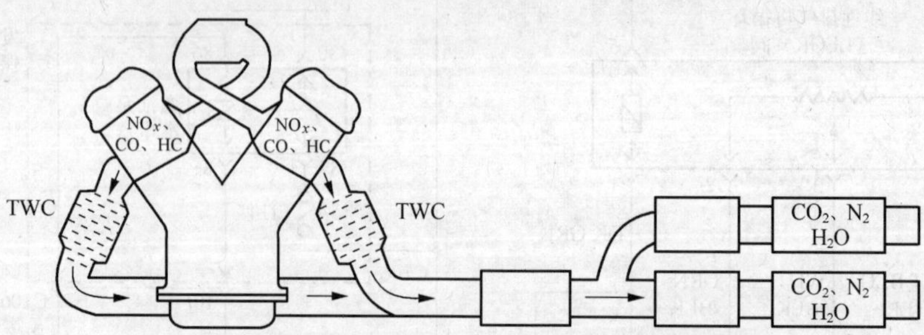

图4-9 丰田雷克萨斯LS400轿车三元催化转换器的安装位置图

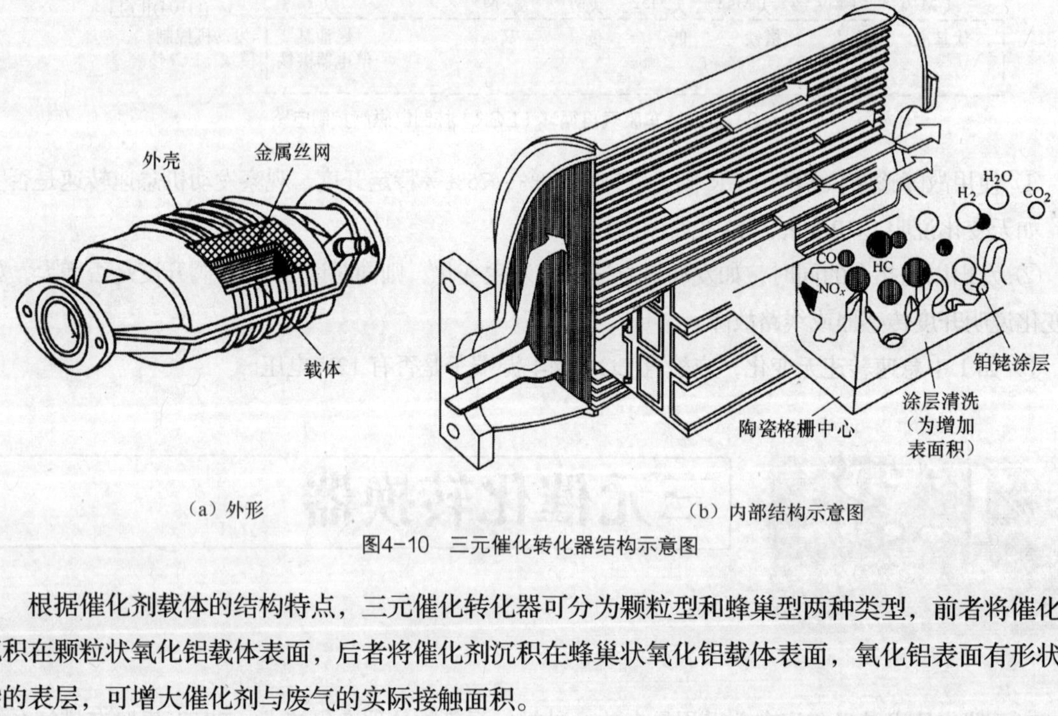

（a）外形　（b）内部结构示意图

图4-10 三元催化转化器结构示意图

根据催化剂载体的结构特点，三元催化转化器可分为颗粒型和蜂巢型两种类型，前者将催化剂沉积在颗粒状氧化铝载体表面，后者将催化剂沉积在蜂巢状氧化铝载体表面，氧化铝表面有形状复杂的表层，可增大催化剂与废气的实际接触面积。

2. 三元催化转化器的转化效率

催化转化器的转化效率是指试验车辆或发动机按照某种指定的工况运行时，催化转化器前后某种污染物排放量的变化率，即

$$转化器转化效率=\frac{转化器前污染物排放量-转化器后污染物排放量}{转化器前污染物排放量}$$

催化转化器将有害气体转变成无害气体的效率受诸多因素影响，其中影响最大的因素是排气温度和混合气浓度。

图 4-11 所示为 TWC 的转换效率与混合气空燃比的关系图。从图上可以看出，只有当混合气的浓度在标准的理论空燃比 14.7：1 附近的一个很小范围内时，三元催化剂才能同时促进 3 种有害气

体发生反应，TWC 的转换效率才最好。为此必须使用氧传感器（O_2S）组成发动机电控燃油喷射闭环控制系统才能将混合气的空燃比精确地控制在 14.7：1 附近。

TWC 的转换效率除了与混合气的浓度有关外，还与排气温度有关。TWC 只有在催化剂的温度达到 300℃以上时才开始工作，一般发动机起动预热 5min 后才能达到此下限温度，当催化剂的温度超过 400℃时，TWC 的转换效率将接近 100%。虽然 TWC 需要在高温下才能正常工作，但是如果排气温度过高（超过 815℃）时，催化剂有可能与氧化铝载体烧结产生热老化，导致活化表面积减小，使催化剂失效，这时 TWC 的转换效率将明显下降。在有些 TWC 上安装有排气温度报警装置，当报警装置发出报警信号时，应熄火检查车辆，查明排气温度过高的原因。汽车行驶过程中，排气温度过高多数是由发动机长时间在大负荷下工作或因某些故障造成不完全燃烧所致。

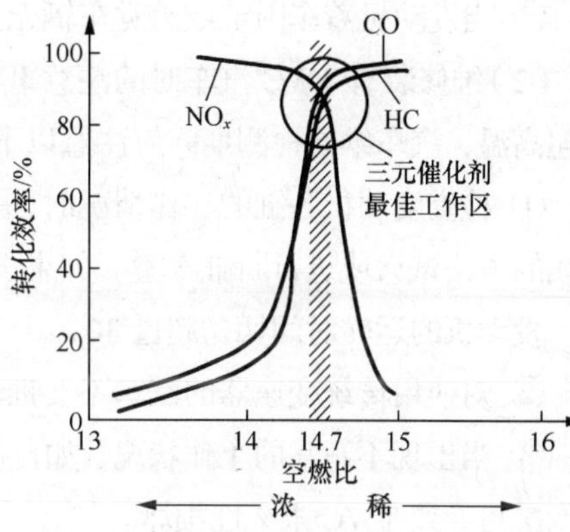

图4-11 三元催化转换器转化效率与空燃比

TWC 工作时会由于氧化反应产生大量的热量，在正常工作期间，TWC 内部的温度将达到 500℃以上，表面的温度为 370℃以上。

3. 三元催化转换器使用与检修注意事项

（1）使用 TWC 时的注意事项。为了防止损坏车身底部，避免热量进入发动机机舱和驾驶室内，在汽车底部都安装有防热罩和隔热板。

TWC 多为整体不可拆卸式，使用中不需要定期维护，但为了长久地保持良好的排放，在使用中需要注意以下几个方面。

① 装有氧传感器和 TWC 的汽车，禁止使用含铅汽油，以防止催化剂“铅中毒”而失效。

② TWC 固定不牢或汽车在不平路面上行驶时的颠簸，容易导致转换器中的催化剂载体损坏，从而使催化器和排气系统堵塞。

③ 装用蜂巢型 TWC 的汽车一般每行驶 80 000km 时就应更换转换器芯体。装用颗粒型 TWC 的汽车，其颗粒型催化剂的质量低于规定值时，应全部更换。

④ 发动机的排气温度过高（815℃以上）时，TWC 的转换效率将明显下降。有些 TWC 中装有排气温度报警装置，当报警装置发出报警信号时，应停机熄火，查明排气温度过高的原因，予以排除。在实际使用中，排气温度过高一般是由发动机长时间在大负荷下工作或因故障而燃烧不完全所致。

⑤ 不要在易燃路面上行驶或者停车，由于 TWC 的表面温度高达 370℃，因此如果路面上有酒精、干草或者其他易燃物时，有可能引起火灾。

⑥ 避免大油门冷起动，车辆冷起动后（尤其在冬季），应在水温达到一定温度后（约 40℃）行车，并且在行驶过程中注意水温，如水温过高应及时停车。

⑦ 发动机长时间怠速是降低 TWC 使用寿命的一种最坏的工况。怠速时间越长，就会产生出比正常行驶速度下越多的热量。尤其是在夏季，带有 TWC 的汽车发动机每次怠速时间不要过长。

⑧ 当发动机着车困难或感觉车辆无力、抖动以及气缸不工作时，应及时到专业的维修站修理。

（2）维修装有 TWC 汽车时的注意事项。为了防止过量的排放污染物或燃油蒸汽到达 TWC 内部引起高温，汽车维修检测期间应注意以下几个方面。

① 检查发动机各缸的工作情况时，最好用示波器而不要用短路法或从运转着的发动机上拔下高压线的方法试火或进行断缸实验。如果没有示波器，那么用卸下火花塞导线或短路法检查可疑气缸时，发动机的运转时间切勿超过 30s。

② 对使用传统变速器的汽车不要推车起动，而应使用备用蓄电池和跨接电缆线起动。

③ 当出现不正常的工作状况，如自燃、严重喘振、回火或重复性失速时，应及时停机修理，这些状况可导致 TWC 永久性损坏。

④ 行驶着的车辆切勿切断点火开关。

⑤ 当发动机间断性点火时，起动发动机的时间不要超过 30s。

拓展知识 4-1 三元催化转换器性能的检测方法

1. 外观检查

检查催化转化器在行驶中是否受到损伤以及是否过热。将车辆升起之后，观察催化转化器表面是否有凹陷，如有明显的凹痕和刮擦，则说明催化转化器的载体可能受到损伤。观察催化转化器外壳上是否有严重的褪色斑点或略有呈青色和紫色的痕迹，在催化转化器防护罩的中央是否有非常明显的暗灰斑点，如有则说明催化转化器曾处于过热状态，需做进一步的检查。

用拳头敲击并晃动催化转化器，如果听到有物体移动的声音，则说明其内部催化剂载体破碎，需要更换催化转化器。同时要检查催化转化器是否有裂纹，各连接是否牢固，各类导管是否有泄漏，如有则应及时加以处理。此方法简单有效，可快速检查催化转化器的机械故障。

2. TWC 芯子堵塞的检测

催化剂载体破损剥落、油污聚集容易阻塞载体的通道，使流动阻力增大，TWC 芯子堵塞是比较常见的故障，可以用下面两种方法进行检测。

第一种方法是检测进气歧管真空度法。将废气再循环（EGR）阀上的真空管取下，将管口塞住，避免产生虚假真空泄漏现象。将真空管接到进气歧管上，让发动机缓慢加速到 2 500r/min。若真空表读数瞬间又回到原有水平（47.5～74.5kPa）并能维持 15s，则说明 TWC 没有堵塞，否则应该怀疑是 TWC 或排气管堵塞。

第二种方法是检测排气背压法。从二次空气喷射管路上脱开空气泵止回阀的接头，再在二次空气喷射管路中接一个压力表。在发动机转速为 2 500r/min 时观察压力表的读数，此时读数应该小于 17.24kPa，如果排气背压大于或等于 20.70kPa，则表明排气系统堵塞。若观察 TWC、消声器及排气管没有外伤，则可将 TWC 出口和消声器脱开后观察压力表读数是否有变化。若压力表显示排气背压仍然较高，则为 TWC 损坏；若压力表显示排气背压陡然下降，则说明堵塞发生在 TWC 出气口后面的部件。

3. TWC 转化效率的检测

以上方法只能检查催化转化器是否存在机械故障，催化转化器性能的优劣（也就是其转化效率的高低）则需要通过下列检查来判断。

（1）红外温度计测量法。催化转化器在正常工作状态下，由于氧化反应产生了大量的反应热，因此可通过温差对比来判断催化转化器性能的优劣。起动发动机并预热至正常工作温度，将发动机转速维持在2500r/min左右，将车辆举升，用数字式温度计（接触式或非接触式红外线激光温度计）测量催化转化器进口和出口的温度，注意需尽量靠近催化转化器（50mm内）。催化转化器出口的温度应至少高于进口温度10%～15%，大多数正常工作的催化转化器，其催化转化器出口的温度高于进口温度20%～25%。如果车辆在主催化转化器之前还安装了副催化转化器，主催化转化器出口温度应高于进口温度15%～20%。如果出口温度值低于以上的范围，则催化转化器工作不正常，需更换；如果出口温度值超过以上范围，则说明废气中含有异常高浓度的CO和HC，需对发动机本身做进一步的检查。

（2）利用双氧传感器信号电压波形分析。目前，许多发动机燃油反馈控制系统中都安装两个氧传感器，分别装载TWC的反应前、后两端。这种结构在装有OBD-Ⅱ代系统的汽车上，可以有效地检测TWC的性能。OBD-Ⅱ诊断系统改进了TWC的随车监视系统，安装在TWC后端的氧传感器电压波动要比安装在TWC前端的氧传感器电压波动小得多。这是因为运行正常的TWC转化CO和HC时消耗氧气。当TWC损坏时，其转换效率基本丧失，使前、后端的氧气值接近，此时氧传感器信号的电压波形和波动范围均趋于一致，因此需要更换TWC。

4.4 氧传感器与空燃比反馈控制系统

4.4.1 氧传感器

氧传感器安装在排气管上，将检测到的废气中的氧浓度信号输送给ECU，ECU根据此信号修正喷油量，可以将发动机实际的空燃比精确地控制在标准的理论空燃比附近，从而提高三元催化转换器的转换效率，满足降低排放污染的要求。氧传感器按性能特点不同可分为普通型、热型和宽量程型三种，普通型氧传感器又分为氧化锆（ZrO_2）式和氧化钛（TiO_2）式。

1. 氧化锆式氧传感器

氧化锆式氧传感器的构造及工作原理如图4-12所示，该传感器的基本元件是氧化锆（ZrO_2）管，氧化锆管固定在带有安装螺纹的固定套内，在氧化锆管的内、外表面均覆盖着一薄层铂作为电极，传感器内侧通大气，外侧直接与排气管中的废气接触。在氧化锆管外表面的铂层上，还覆盖着一层多孔的陶瓷涂层，并加有带槽口的防护套管，用来防止废气对铂电极产生腐蚀。在传感器的线束插接器端有金属护套，其上设有小孔，使氧化锆管内侧通大气。

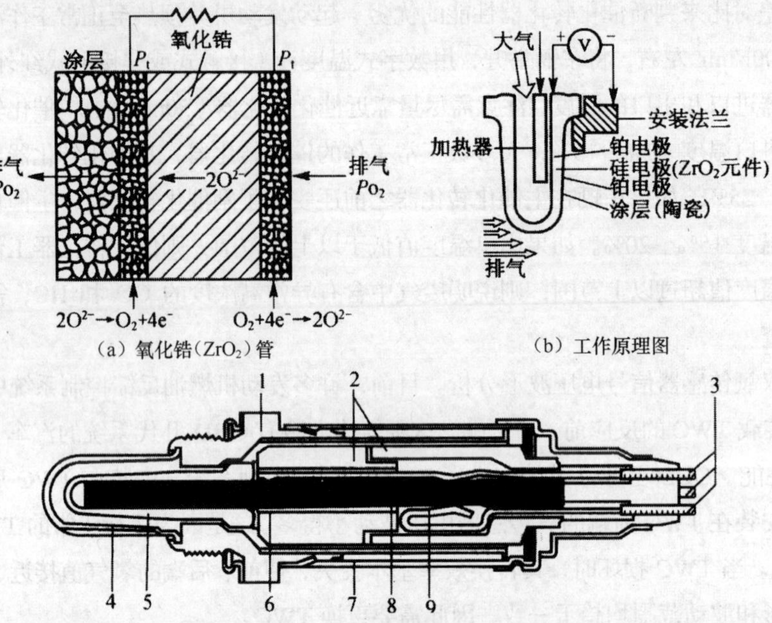

（a）氧化锆（ZrO_2）管　（b）工作原理图

（c）结构图

图4-12　氧化锆式氧传感器的结构及工作原理

1—安装法兰；2—隔热陶瓷管；3—连接电缆；4—护套；5—氧化锆管；6—信号电压引出套；7—外壳；8—加热元件；9—加热元件接电片

氧化锆式氧传感器实质上是一个化学电池，又称氧浓度差电池。在 400℃以上的高温时，若氧化锆管内、外表面接触的气体中氧的浓度有很大差别，则在氧化锆管内、外表面的两个铂电极之间将会产生电动势。发动机工作时，由于氧化锆管内表面接触的大气中的氧浓度是固定的，而与外表面接触的废气中的氧浓度是随空燃比变化的，所以将氧化锆管内、外表面两个电极间产生的电动势输送给 ECU，即可作为判断实际空燃比的依据。

① 混合气较浓时，排气气流中的 O_2 含量较低，CO 的浓度较高，这时在锆管负极铂膜的催化作用下排气气流中的 O_2 几乎全部参加反应，使得锆管外表面附近的氧离子浓度几乎为零，此时锆管内外之间的 O_2 浓度差很大，正、负电极之间的电势差较高，可达 0.8～1.0 V。

② 当混合气较稀时，排气气流中的 O_2 含量较高，CO 的浓度则较低，这时即使 CO 全部与 O_2 发生反应，锆管外部还是存在多余的 O_2，可见锆管内外两侧 O_2 的浓度差较小，此时正、负电极之间的电势差较低，约为 0.1 V。

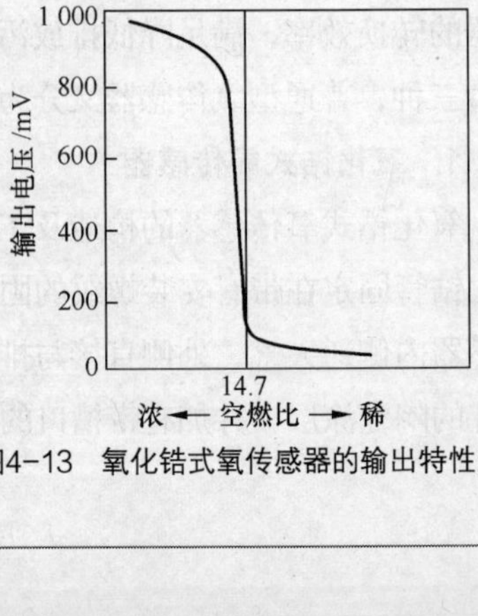

图4-13　氧化锆式氧传感器的输出特性图

图 4-13 所示为氧化锆式氧传感器的输出特征曲线图。从图中可以看出，氧化锆式氧传感器的输出电压在理论空燃比 14.7∶1 附近发生突变，当混合气的空燃比稍高于理论空燃比 14.7∶1 时，输出电压接近 0V；当混合气的空燃比稍低于理

论空燃比 14.7∶1 时，输出电压接近 1V。发动机 ECU 就根据氧传感器的输出电压不断地修正喷油量，使混合气的空燃比尽可能地保持在理论空燃比 14.7∶1 附近。

由于氧化锆式传感器只有在 400℃以上的高温下才能正常工作，为保证发动机在进气量少、排气温度低时也能正常工作，有的氧化锆式氧传感器内还装有加热器，加热器也由发动机 ECU 控制。不带加热器的氧传感器称为普通型氧传感器，带加热器的氧传感器称为热型氧传感器。

2. 氧化钛式氧传感器

氧化钛式氧传感器是利用化学反应强、对氧气敏感、易于还原的半导体材料氧化钛（TiO_2）与氧气接触时发生氧化还原反应，使晶格结构发生变化，从而导致电阻值变化的原理工作的，它是一种电阻型氧传感器。

氧化钛式氧传感器的结构原理与输出特性如图 4-14（a）、（b）所示。它主要由二氧化钛元件、导线、金属外壳和接线端子等组成。

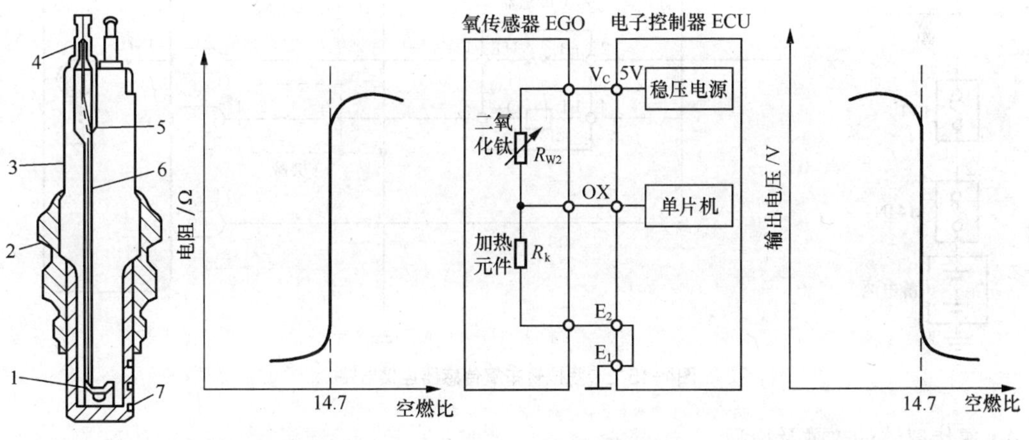

（a）结构　（b）电阻特性　（c）电路连接　（d）OX 端输入电压

图4-14 氧化钛式氧传感器的结构原理与输出特性图

1—二氧化钛原件；2—金属外壳；3—陶瓷绝缘体；4—接线端子；5—陶瓷原件；6—导线；7—金属保护套

图 4-14（c）所示为氧化钛式氧传感器与发动机 ECU 的连接示意图，通过 ECU 的 3 脚给氧化钛式氧传感器提供 1V 的工作电压。当混合气较浓时，排气气流中的氧含量较低，二氧化钛的阻值降低，氧传感器通过 ECU 的 4 脚给 ECU 输入一个较高的电压信号；反之当混合气较稀时，排气气流中的氧含量较高，二氧化钛的阻值升高，氧传感器给 ECU 输入的电压信号就会降低，实验证明氧传感器的输入信号会在理论空燃比 14.7∶1 附近发生突变，如图 4-14（d）所示。

二氧化钛的电阻值除了与其表面的氧浓度有关外，还与温度有关。排气气流的温度会影响氧化钛式氧传感器输出电压的大小。为了消除排气温度的影响，氧化钛式氧传感器在其内部增设用钨丝或陶瓷材料制成的电加热元件，使其在恒定温度下工作。

与氧化锆式氧传感器相比，氧化钛式氧传感器的结构简单、造价低廉，并且抗腐蚀能力和可靠性都更高。

3．氧传感器的控制电路

图 4-15 所示为丰田卡罗拉轿车氧传感器控制电路，该车装有两个热型氧化锆式氧传感器，发动机 ECU 控制氧传感器加热线圈的搭铁回路，主氧传感器向 ECU 提供空燃比反馈信号，以便对空燃比进行闭环控制。

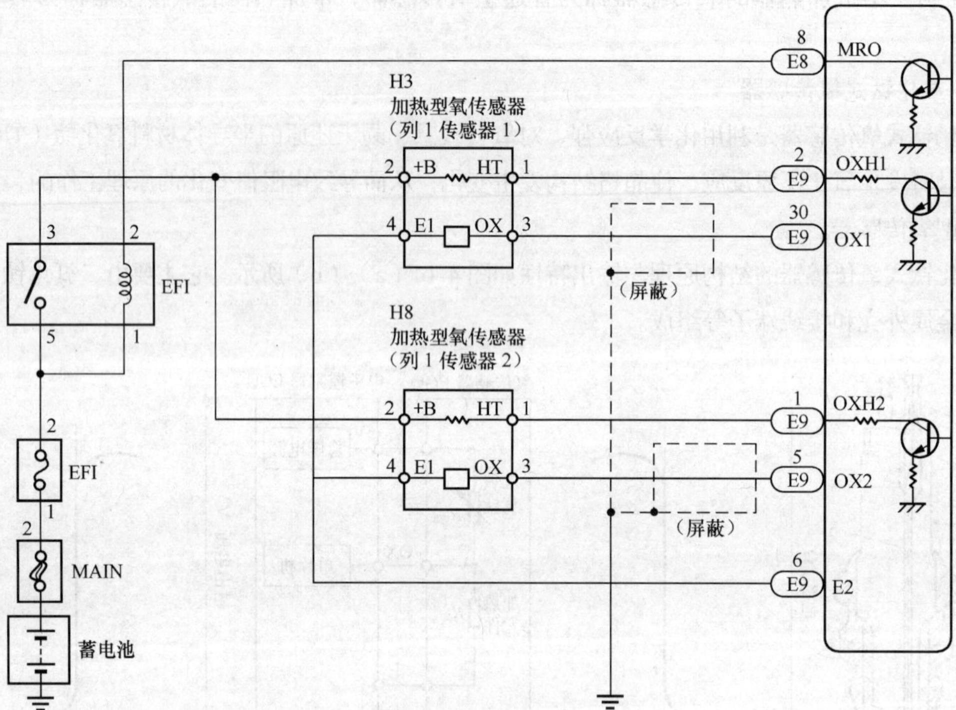

图4-15 卡罗拉轿车氧传感器连接电路

4．氧传感器的故障及检测

（1）氧传感器常见的故障现象。由于氧传感器输出信号异常会影响 TWC 的转换效率以及混合气的空燃比，因此将造成排气污染加剧、油耗过大、怠速不稳等故障。氧传感器常见的故障有氧传感器失效、氧传感器内部加热元件损坏、连线线束断开或插接器接触不良等，此时发动机的故障自诊断系统将点亮汽车仪表板上的发动机报警灯。

氧传感器失效的原因有两种：一种情况是传感器内部的敏感元件老化；另一种情况是敏感元件受到碳烟、铅化物、硅胶、机油等的污染而失效，这种情况还被称为“中毒”，氧传感器中毒包括铅中毒、硅中毒以及磷中毒。

① 氧传感器老化。氧传感器老化的主要原因是敏感元件局部表面温度过高。

发动机在冷起动和大负荷等工况下，混合气较浓，在气缸中的混合气没有完全燃烧，排气气流中的燃油会在氧传感器的表面进一步燃烧，造成传感器内部敏感元件的局部温度过高（可达 1 000℃以上），另外燃烧后形成的碳粒还会导致氧传感器表面的保护层剥落。

老化现象会造成氧传感器反应变慢，不能快速、准确地检测混合气浓度的变化，从而导致喷油量不准确。

② 氧传感器铅中毒。氧传感器铅中毒是指燃、润料添加剂中的铅离子与氧传感器的铂膜电极发生化学反应，从而导致铂膜催化能力下降的现象。

相比之下，氧化钛式氧传感器就不容易出现铅中毒的现象，这是因为氧化钛式氧传感器中的铂电极只是用于电路连接，不起催化作用，因此即使氧化钛式氧传感器受到铅离子的污染也不会影响传感器的性能。

③ 氧传感器硅中毒。氧传感器硅中毒是指硅离子与氧传感器的铂膜电极发生化学反应，从而导致铂膜催化能力下降的现象。

由于氧化钛式氧传感器中的铂电极只是用于电路连接，所以与氧化锆式氧传感器相比，其抗硅中毒性能要强得多。

④ 氧传感器磷中毒。氧传感器磷中毒是指磷化物污染传感器的现象。

在发动机磨合期间或者活塞环磨损之后，润滑油中的磷化物就会窜入气缸并随废气排出。当排气气流温度较低时，磷化物就会以粒子态析出，沉积在氧传感器保护管的表面堵塞气孔；当排气气流温度较高时，磷化物则会附着在敏感元件表面使其受到污染。

由于氧传感器失效是在所难免的，所以应按照规定的行驶里程更换氧传感器。非加热型的 1 线或者 2 线氧传感器一般每 50 000～80 000km 更换一次；加热型的 3 线或者 4 线氧传感器大约每 100 000km 更换一次；使用 OBD-Ⅱ的车型，大约每 160 000km 更换一次氧传感器。

（2）氧传感器的检测。当发动机报警灯提示氧传感器出现故障或者怀疑氧传感器的工作异常时，可进行外观检查、加热元件检查、输出信号检查等确定氧传感器及其线路工作是否正常。

① 外观检查。从排气管上拆下氧传感器后，首先检查氧传感器保护外壳上的气孔是否被堵塞，然后仔细观察氧传感器顶尖部位的颜色。

（a）呈淡灰色：氧传感器工作正常。

（b）呈棕色：氧传感器铅中毒，严重时应更换氧传感器。

（c）呈白色：氧传感器硅中毒，应更换氧传感器。

（d）呈黑色：积碳严重，在排除发动机积碳故障后，传感器可以继续使用。

② 加热元件检查。加热元件的检查方法如下。

（a）检查加热元件的电阻值。拆下氧传感器的线束插头，使用数字万用表的欧姆挡检测氧传感器内部加热元件的电阻值，具体数据请参考车型维修手册，如果测量结果不符合要求，则应更换。例如，丰田汽车氧传感器加热元件的标准电阻值为 4～40Ω，桑塔纳汽车氧传感器加热元件的标准电阻值为 0.5～20Ω。

（b）检查加热元件的工作电路。打开点火开关，使用数字万用表的直流电压挡检测加热元件的工作电压，标准值应为 12V，如果电压不正常，则应检查氧传感器与 ECU 之间的线束和插接器以及 ECU 的供电端电压是否正常。

③ 氧传感器信号检查。

（a）连接好氧传感器线束插接器，使发动机以较高转速运转，直到氧传感器工作温度达到 400℃以上。注意，要使发动机以 2 500r/min 的转速运转 2min 以上以消除氧传感器表面的积碳。

（b）保持发动机的转速为 1 500r/min 左右，观察万用表的指针是否在 0～1V 来回摆动，并记下 10s 内指针摆动的次数。在正常情况下，随着燃油喷射系统反馈控制的进行，氧传感器的输出电压在 10s 内的变化次数不应低于 6～8 次。

（c）反复踩动加速踏板，并测量氧传感器输出信号电压，加速时应输出高电压信号（0.75～0.90V），减速时应输出低电压信号（0.1～0.4V）。

如果（b）、（c）不正常则说明氧传感器有故障，如果（c）正常但（b）输出电压的变化次数小于规定次数，则说明电控燃油喷射系统出现故障，应根据情况检修相关电路或元器件。

检修氧传感器时应注意以下两点。

（a）测量电控燃油喷射系统闭环控制氧传感器的输出信号时，一定要插好氧传感器的线束插接器。

（b）在更换氧传感器时，为了方便再次拆卸，应使用专用防粘胶液刷涂氧传感器的安装螺纹。在刷涂时，注意不要将防粘胶液涂到氧传感器的气孔中。

4.4.2 空燃比反馈控制系统

1. 空燃比反馈控制过程

在发动机开环控制过程中，ECU 只是根据转速、进气量、进气压力、温度等信号确定喷油量，即控制混合气实际空燃比。但其对实际空燃比的控制不可能是很精确的，很难将实际空燃比控制在 14.7∶1 附近很小的范围内。

为了将实际空燃比精确地控制在 14.7∶1 附近，在发动机电子控制系统中普遍采用由氧传感器组成的空燃比反馈控制方式，即闭环控制方式，如图 4-16 所示。在三元催化转换器前面的排气歧管

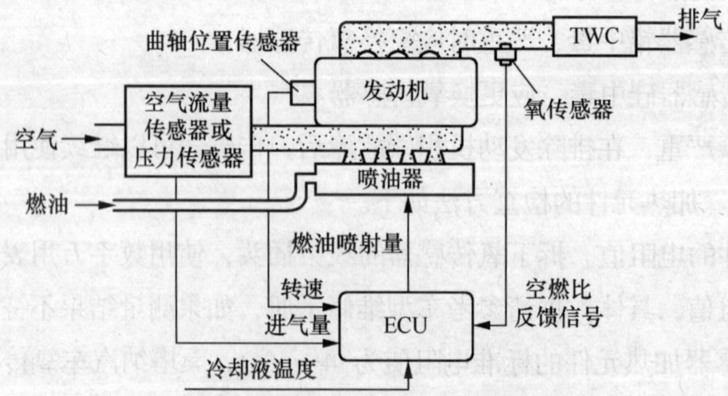

图4-16 EFI系统的闭环控制原理图

或排气管内装有氧传感器，其功用是检测排气中的氧气含量，以确定实际空燃比是比理论空燃比大还是小，并向 ECU 反馈相应的电压信号。ECU 根据氧传感器反馈的空燃比大、小信号，对喷油器的喷油量进行修正，使实际空燃比更接近理论空燃比。具体地说，在闭环控制过程中，当实际的空燃比小于理论空燃比（混合气浓）时，氧传感器向 ECU 输入高电压信号（0.75～0.90V），此时

ECU 将减少喷油量，使实际空燃比增大；当实际空燃比增大到理论空燃比 14.7∶1 时，氧传感器的输出信号电压将突变下降至 0.1V 左右，此信号输入 ECU 后，ECU 立即控制增加喷油量，使实际空燃比减小；当实际空燃比减小到理论空燃比以下时，氧传感器输出电压信号又突变，重新上升至 0.75V 以上，此信号输入 ECU 后，ECU 又将控制减小喷油量，如此反复进行控制。

在反馈控制过程中，从喷油器喷油开始到氧传感器检测出氧离子浓度为止，发动机要经过进气、压缩、做功和排气等过程。由于发动机工作循环需要一定的时间，因此要使混合气的空燃比准确地保持在理论空燃比是不可能的。实际反馈控制只能将空燃比 A/F 控制在理论空燃比附近的一个狭小范围内波动。

氧传感器输入 ECU 的信号电压在低电平（0.1～0.3V）与高电平（0.7～0.9V）之间的变化频率为 10 次/min 以上。如果氧传感器信号电压变化过慢（低于 10 次/min）或电压保持不变（保持高电平或低电平不变），就说明氧传感器有故障。

在使用过程中，当氧传感器失效时，ECU 将自动切断氧传感器信号，对空燃比进入开环控制。由于不能将空燃比反馈控制在理论空燃比附近，因此发动机燃油消耗量和有害气体排放量都将大大增加。

2. 空燃比反馈控制条件

为了保证发动机具有良好的工作性能，混合气的空燃比并不是在发动机所有工况下都进行反馈（闭环）控制。发动机电控单元 ECU 对空燃比实施反馈控制（闭环控制）的条件是：

① 发动机冷却液温度达到正常工作温度（80℃）。

② 发动机运行在怠速工况或部分负荷工况。

③ 氧传感器温度达到正常工作温度。氧化锆式氧传感器温度达到 300℃，氧化钛式氧传感器温度达到 600℃，因为此时氧传感器才能正常输出信号。

④ 氧传感器输入 ECU 的信号电压变化频率不低于 10 次/min，这是因为信号电压保持不变或变化频率过低，说明氧传感器失效。

3. 空燃比开环控制条件

在下述情况下，发动机电控单元 ECU 对空燃比将不进行反馈控制，而是进行开环控制：

① 发动机起动工况。此时需要浓混合气，以便起动发动机。

② 发动机起动后暖机工况。此时发动机温度低于正常工作温度（80℃），需要迅速升温。

③ 发动机大负荷（节气门全开）工况。此时需要加浓混合气，使发动机输出最大功率。

④ 加速工况。此时需要发动机输出最大转矩，以便提高汽车速度。

⑤ 减速工况。此时需要停止喷油，使发动机转速迅速降低。

⑥ 氧传感器温度低于正常工作温度。因为氧化锆式氧传感器的温度低于 300℃、氧化钛式氧传感器温度低于 600℃时，氧传感器不能正常输出电压信号。

⑦ 氧传感器输入 ECU 的信号电压持续 10s 以上时间保持不变时，说明氧传感器失效，ECU 将自动进入开环控制状态。

拓展知识 4-2 主、副氧传感器

在每一个排气管上一般都装有两个氧传感器，安装在 TWC 前端的为主氧传感器，安装在 TWC 后端的为副氧传感器。副氧传感器电压波动要比主氧传感器电压波动少得多，这是因为运行正常的 TWC 转化 CO 和 HC 时要消耗氧气，如图 4-17 所示。如果主、副氧传感器电压波动次数接近其比值达到一定阈值，ECU 会将其视为 TWC 故障，并将使故障指示灯亮起，同时记录一个故障代码——P0420。

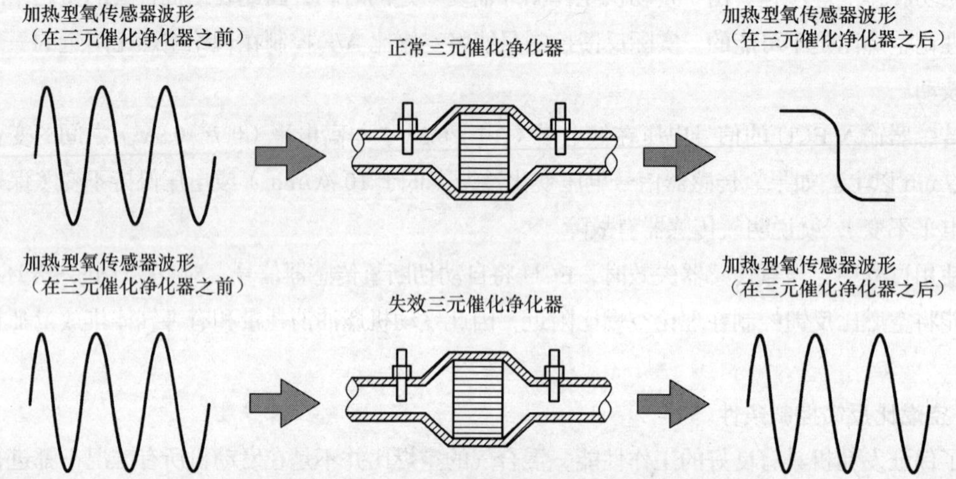

图4-17 主、副氧传感器安装位置与波形对比

拓展知识 4-3 宽带型氧传感器

宽量程氧传感器能够在较宽的空燃比范围内检测排气中的氧浓度，比普通氧传感器更适合汽油直接喷射发动机和柴油机。宽量程氧传感器以普通氧化锆型氧传感器为基础扩展而成，氧化锆型氧传感器有一特性，就是当氧离子移动时会产生电动势，反之将电动势加在氧化锆组件上，即会造成氧离子的移动。

宽量程氧传感器主要由氧化锆参考电池、氧化锆泵电池、扩散孔、测试腔、控制器 A 和 B 等组成，如图 4-18 所示。

右侧组件为氧化锆参考电池，它的一面与大气接触，另一面是测试腔，测试腔通过扩散孔与排气接触。由于参考电池两侧的氧含量不同，它会产生一个电压 U_S。普通氧化锆式氧传感器会将此电压作为 ECU 的输入信号来确定实际的空燃比，而宽带型氧传感器与此不同的是：控制器 A 要让此电压值维持在 0.45V，这就需要保持测试腔的氧浓度不变。

左侧组件是氧化锆泵电池，泵电池一边与排气接触，另一边与测试腔相连。氧化锆泵电池则相当于一个氧气泵，通过控制器给其输入泵电流，将废气中的氧“泵入”扩散室或将扩散室中的氧“泵出”，使扩散室内的氧浓度保持不变。

① 如果混合气太浓，那么排气中含氧量将下降，此时从扩散孔扩散出的氧较多，测试腔的氧含量降低，参考电池两侧氧浓差增大，产生的电压 U_S 升高。为达到平衡，控制器给氧化锆泵电池输入一个正向泵电流，将废气中的氧气泵入测试腔，使测试腔的氧含量增加，这样可以调节 U_S 使之恢复至 0.45V。

② 相反，混合气太稀，则排气中的含氧量增加，这时氧要从扩散孔进入测试腔，U_S降低，控制器将给氧化锆泵电池输入一个反向泵电流，将氧气泵出扩散室，使U_S维持在0.45V。

随废气中的氧浓度变化，氧化锆参考电池产生的电动势U_S也发生变化，而要恢复到U_S为0.45V的平衡状态，所需的泵电流也随之成正比变化，通过控制器将变化的泵电流信号转换成连续变化的电压信号U_O（0～5V），ECU根据此电压信号即可确定混合气的实际浓度。宽量程氧传感器能够在空燃比10～20的范围内连续工作，输出信号的电压随空燃比增大而成正比增大，其输出特性如图4-19所示。

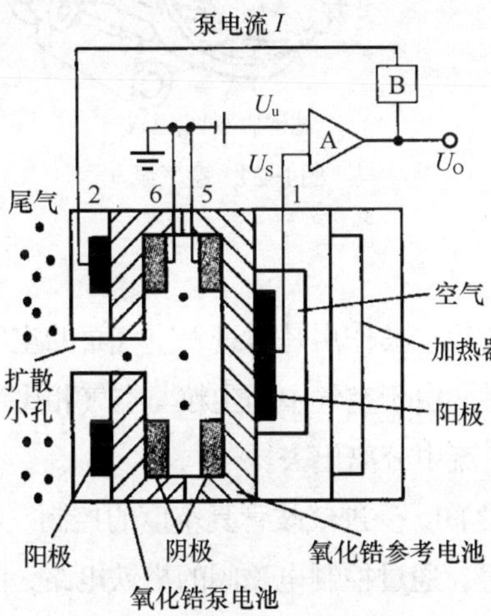

图4-18　宽量程氧传感器结构原理

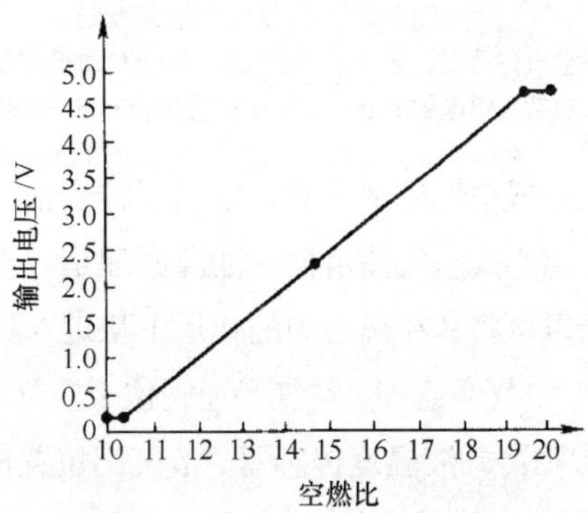

图4-19　宽量程氧传感器输出特性

氧化锆泵电池相当于一个氧气泵，通过给其输入泵电流将废气中的氧“泵入”扩散室或将扩散室中的氧“泵出”。控制器的功用是力图使扩散室内的氧浓度保持不变。

拓展知识4-4　二次空气喷射（AI）系统

二次空气喷射（Air Injection）系统作为早期控制汽车排放污染物的措施之一，目前与TWC配合使用，其作用是在某些工况下，将一定量的新鲜空气引入TWC或排气管中，使排气气流中的有害气体（HC和CO）与新鲜空气进一步燃烧，生成CO_2和H_2O，从而减少有害气体的排放，同时还可加速TWC和氧传感器的升温。

引入新鲜空气方法有两种，即空气泵系统和脉冲空气系统。空气进入排气系统后分为两部分，一部分进入排气歧管，另一部分进入TWC中的空气室内。新鲜空气进入排气歧管和TWC的时机由发动机ECU控制。

空气泵系统是使用空气泵迫使新鲜空气进入排气系统。这种方法虽然能够提供二次燃烧需要的足够的空气，但是由于空气泵是由发动机驱动的，因此会消耗一部分发动机的输出功率。

（1）空气泵系统的组成。空气泵系统主要由空气泵、空气分流阀、空气旁通阀、单向阀以及电磁阀等组成，如图4-20所示。

① 空气泵。空气泵装在发动机前端，向二次空气喷射系统供应新鲜空气，它由一个离心式空气滤清器和一个风扇总成组成，如图4-21所示。

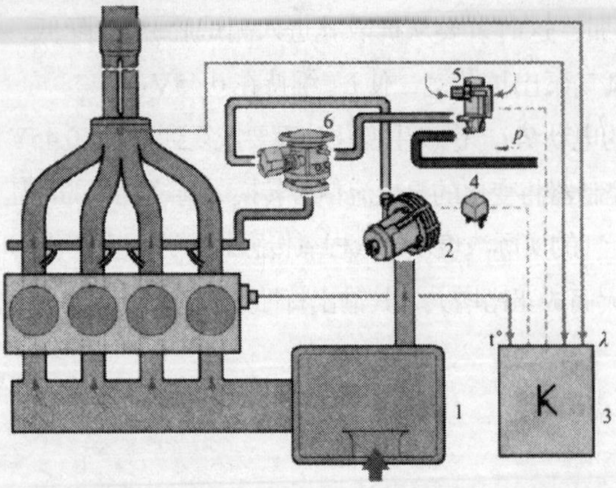

图4-20 二次空气喷射系统

1—空气滤清器；2—二次空气泵；3—发动机控制单元；
4—二次空气继电器；5—二次空气控制阀；6—二次空气机械阀

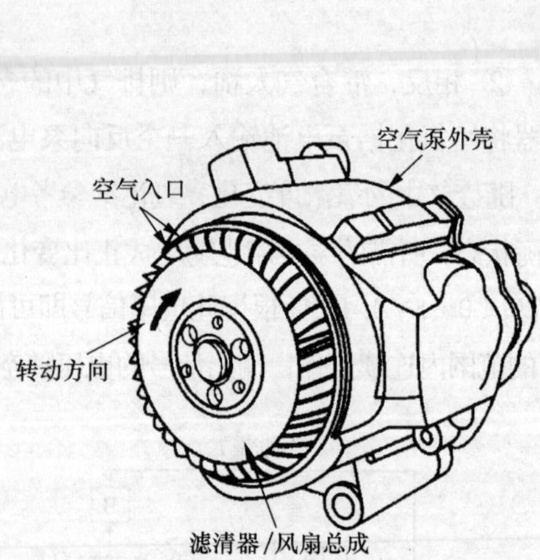

图4-21 空气泵

离心式空气滤清器装在空气泵转子轴的一端与泵同步转动，其作用是对进入空气泵的空气进行清洁。离心式空气滤清器的滤清原理是：当叶轮高速转动时，由于空气中的尘粒与空气相比质量较大，所以可将其在离心力的作用下从进入到空气泵里的空气流中分离出去。

② 空气旁通阀。空气旁通阀位于空气泵与空气分流阀之间，受进气歧管真空度的控制。发动机 ECU 根据冷却液温度传感器、节气门位置传感器的输入信号，通过控制电磁阀的搭铁电路，向空气旁通阀供应或者切断控制真空。

如果旁通电磁阀处于断电状态，则切断施加在空气旁通阀上的控制真空，这时从空气泵泵出的新鲜空气就会通过空气旁通阀流入大气；如果旁通电磁阀处于通电状态，则真空施加到空气旁通阀上，新鲜空气会通过空气旁通阀流到空气分流阀。

③ 空气分流阀。空气分流阀常作为一个单独的总成用螺栓装在空气泵上，用软管与空气旁通阀和空气喷射歧管相连。空气分流阀也受进气歧管真空度的控制，发动机 ECU 根据冷却液温度传感器、节气门位置传感器等的输入信号，通过控制电磁阀的搭铁电路，向空气分流阀供应或者切断控制真空。

如果分流电磁阀处于断电状态，则切断施加在空气分流阀上的控制真空，这时从空气旁通阀流出的新鲜空气就会进入 TWC；如果分流电磁阀处于通电状态，则控制真空施加在空气分流阀上，这时从空气旁通阀流出的新鲜空气就会进入排气歧管。

在空气旁通阀和空气分流阀上都有一个卸压阀，如果发动机转速过高、二次空气喷射系统堵塞或者阻力过大时，卸压阀可释放系统压力，从而避免空气泵压力过高。

④ 单向阀。空气分流阀到排气歧管和 TWC 之间各有一个单向阀，单向阀装在空气喷射歧管上，它允许具有一定压力的空气进入空气喷射歧管，从而防止发动机的高温废气进入连接软管和空气泵。也就是说，由空气泵皮带断裂、传动打滑或发动机处于减速工况等原因造成空气泵停转或转速下降，以及空气连接软管漏气不能向二次空气喷射系统正常供应空气时，单向阀可以防止排气管中的废气倒流至二次空气喷射系统，从而保护二次空气喷射系统免受高温的废气损害。

（2）空气泵系统的工作原理。空气泵系统的工作过程如下。

① 发动机处于起动工况时，发动机ECU控制旁通电磁阀和分流电磁阀处于断电状态，这样从空气泵泵出的新鲜空气将通过空气旁通阀流向大气。

② 发动机处于暖机工况时，发动机ECU控制旁通电磁阀和分流电磁阀处于通电状态，这样新鲜空气会经空气旁通阀流到空气分流阀，然后进入排气歧管。进入排气歧管后的新鲜空气与排气气流中的HC污染物一起燃烧，从而起到净化排气的作用。

此时，发动机燃油喷射控制系统处于开环控制，氧传感器的输出信号不影响发动机ECU的控制。

③ 发动机处于正常工况时，发动机ECU控制旁通电磁阀通电，而分流电磁阀处于断电状态，这样新鲜空气会经空气旁通阀流到空气分流阀，然后进入TWC的空气室，与排气气流中的HC和CO污染物一起燃烧，起到净化排气的作用。

此时，发动机燃油喷射控制系统处于闭环控制，二次空气喷射系统不能向排气歧管喷射新鲜空气，否则会使氧传感器的输出信号变弱，从而影响发动机ECU的燃油喷射控制，结果是增大燃油喷射脉冲，造成油耗过大，从而使CO排放增大。

拓展知识4-5　柴油机排放控制系统简介

1. 氧化催化转化器

氧化催化转化器主要应用在柴油机上，它是指安装在柴油汽车排气系统中，通过催化剂进行氧化反应，能同时降低排气中的CO、HC和柴油颗粒物中的可溶性有机物组分的催化转化器。

柴油机加装氧化催化转换器是一种常用的机外净化可燃污染物的有效措施，它是在蜂窝陶瓷载体上负载贵重金属铂、钯作为催化剂，在一定温度及催化剂的作用下，使排气中的可溶性有机物氧化，同时排气中的CO和HC也被氧化成CO_2和H_2O，从而降低了HC、CO和PM的排放量。采用氧化催化转化器，能够使柴油机HC和CO排放量减少50%，使PM排放减少50%～70%。

氧化催化器的主要缺点是会将排气中的SO_2氧化成SO_3，生成危害更大的硫酸雾或固态硫酸盐颗粒。所以，目前世界各国投入巨资开发低硫柴油，例如，美国1993年、欧洲1996年、日本1997年已将柴油中硫含量从2 000～3 000 × 10^{-6}降低到500 × 10^{-6}以下，目前美国甚至将柴油的硫含量降低到15 × 10^{-6}，我国现行柴油质量规格规定轻柴油优等品含硫量为2 000 × 10^{-6}，国家有关部门已开始重视油品的质量问题，并提出了大中城市车用轻柴油含硫量降低至500 × 10^{-6}的近期发展目标。

氧化催化转化器的作用原理如图4-22所示。单纯的氧化催化转化器只能减少排气中可燃烧的污染物（HC、CO和PM）的排放量。随其转化效率的提高，固态硫酸盐颗粒的生成量也增多，甚至可达到无氧化催化转化器时的8～9倍，这种负面影响必然会降低使用氧化催化转化器所产生的环境效益。

2. 选择性催化还原系统（SCR）

由于柴油机大部分工况下的混合气浓度很稀，不仅排气温度低，而且排出的废气中氧浓度可高达10%，这大大增加了NO_x的还原难度。选择性催化还原系统就是在富氧和低温的条件下，利用还原剂的特性，优先选择与NO_x，在催化剂的作用下一起被氧化或直接反应，而不是按自然规律先是比较容易氧化的 CO 和 HC 被氧化。这是近年来比较成功的 NO_x 还原催化转化技术。

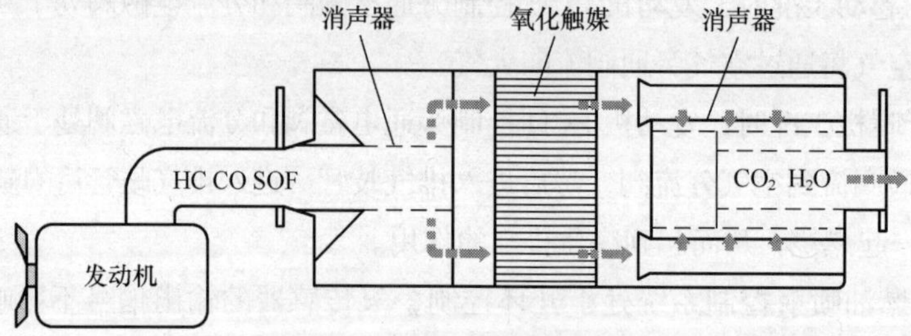

图4-22 氧化催化转化器作用原理

选择性催化还原系统（Selective Catalytic Reduction，SCR）主要由催化转化器和还原剂供给装置组成，系统所用的催化转化器与传统转化器基本相同，主要以铂（钯或铑）催化转化器、铜-沸石催化转化器、钒、钛等作为催化剂，采用的还原剂主要有氨（NH_3）、尿素（Urea）及碳氢化物（如柴油等）。

近年来在柴油机汽车上，大家比较认可且已经应用的是以尿素作还原剂的选择性催化还原技术（表示为 SCR-NO- NH_3），该技术的转化效率可以达到 90%以上。尿素的作用机理是：在水溶液中，尿素与水分子相结合并水解为 NH_3 和 CO_2，在低温区间 NH_3 和 NO 被氧化，在高温区间 NH_3 和 NO 直接反应。

德国 BOSCH 公司 SCR-NO-NH_3 电控系统如图 4-23 所示。该系统集氧化催化转化技术、

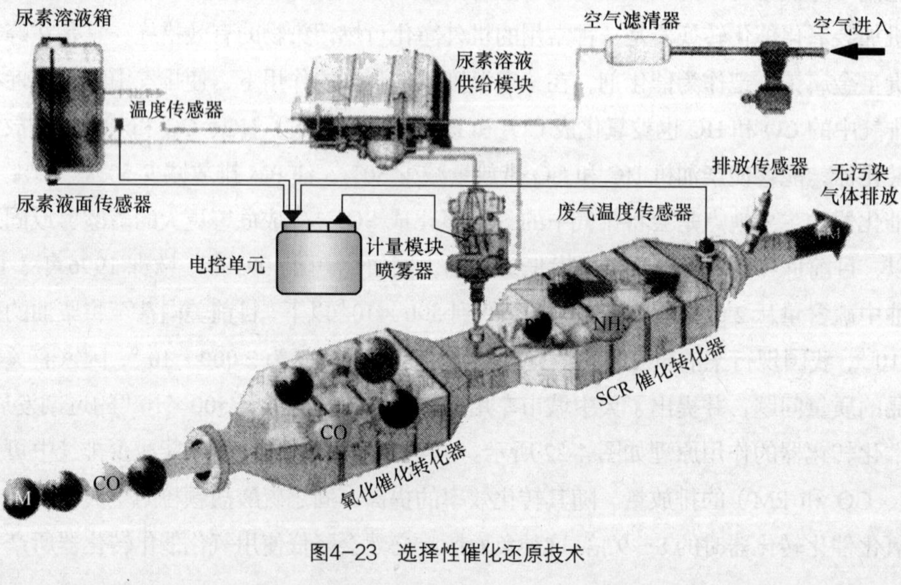

图4-23 选择性催化还原技术

SCR-NO-NH_3 选择性还原催化转化技术于一体。由 ECU 控制的尿素还原剂供给系统主要由排放传感器、尿素溶液温度传感器、排气温度传感器、空气滤清器、尿素溶液箱、尿素溶液供给模块（电控泵）、喷雾器（电控喷射器）等组成。来自空气滤清器的清洁空气与尿素溶液在尿素溶液供给模块中混合，ECU 根据柴油机负荷、排气温度等传感器信号按内存确定最佳喷射量，并通过喷雾器将适量

的尿素溶液与空气的混合物喷入 SCR 催化转化器中。由于转化器的转化效率取决于尿素溶液的质量和温度以及排气温度，所以在尿素溶液箱和排气管上安装有温度传感器，以检测尿素溶液和排气的实际温度，并将信号输送给 ECU。此外，在柴油机不同负荷下，NO_x 的排放量不同，对尿素溶液的需求量也不同，为精确控制尿素溶液的供给量，在排气管上还安装有排放传感器（或称氧化氮传感器），用来检测并向 ECU 反馈处理后的废气中的 NO_x 含量，以实现对尿素溶液供给量的闭环控制。安装在 SCR 催化转化器前部的氧化催化转化器，可有效降低 HC、CO 和 PM 的排放量。

3. 颗粒过滤系统

颗粒过滤是有效降低柴油机颗粒物排放的主要措施之一。颗粒过滤系统的主要装置就是颗粒过滤器（Diesel Particulate Fiher，DPF），它是安装在柴油汽车排气系统中，通过过滤来降低排气中颗粒物（PM）的装置。颗粒过滤器的过滤效率可达 50%～90%。过滤效率是指试验车辆或发动机按照某种指定的工况运行时，柴油颗粒过滤器前后的颗粒物排放质量的变化率。

（1）颗粒过滤器。颗粒过滤器的结构如图 4-24 所示。当废气流经颗粒过滤器时，利用有极小孔隙的滤芯将废气中直径较大的颗粒物过滤下来。滤芯是颗粒过滤器的主体，除应保证过滤器有较高的过滤效率外，还应具有较高的机械性能、热稳定性能和耐热性能，具有较小的热膨胀系数、流通阻力和质量。目前，最常使用的过滤材料有金属丝网、陶瓷纤维、泡沫陶瓷和壁流式蜂窝陶瓷等。

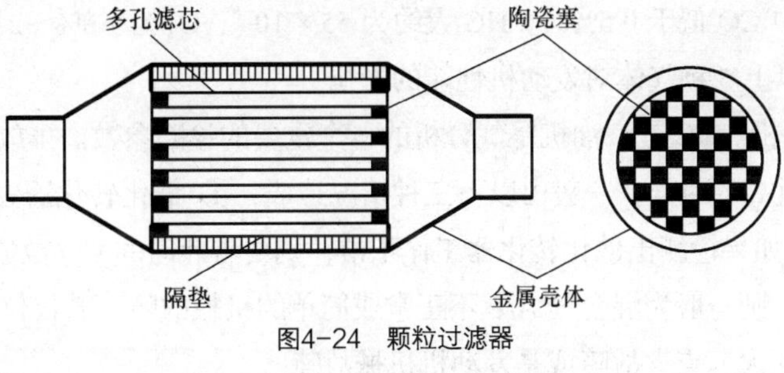

图4-24 颗粒过滤器

颗粒过滤器除采用传统的类似滤清器的方式捕集排气中的颗粒外，近年来又出现一些新的捕集方式，如静电吸附捕集、旋流分离捕集、电压捕集等。这些技术大多仍处于研究阶段，在此仅作简单介绍。

（2）过滤器再生技术。颗粒过滤器对炭的过滤效率较高，可达到 60%。简单的过滤器只能物理性地降低颗粒排放，随着过滤下来的颗粒积累，会造成柴油机排气背压增加。当排气背压达到 16～20kPa 时，柴油机性能开始恶化，因此必须定期除去过滤器中的颗粒，使过滤器恢复到原来的工作状态，即过滤器再生。

再生技术是研制颗粒过滤器的关键。过滤器再生方式可分为被动再生和主动再生。

① 被动再生指集催化转化技术和颗粒过滤技术于一体，利用柴油机排气本身所具有的能量（热量）使颗粒物氧化。

采用被动再生技术的颗粒过滤器，在柴油机工作中降低颗粒物排放的同时，也在连续不断地进行着再生，故又称为“连续再生式颗粒过滤器”。

② 主动再生指利用外加能源（如电加热器、燃烧器或发动机操作条件的改变）以提高排气温度，使颗粒物过滤器（DPF）内部温度达到颗粒物的氧化燃烧温度而进行的再生。

拓展知识 4-6 尾气分析与尾气分析仪的使用

1. 故障诊断中尾气分析的方法及原则

汽车排放污染物超标是受多方面因素综合影响的。发动机各系统及各部件在实际工作中出现的问题都将影响发动机的燃烧过程，从而加大排放污染物的产生。从发动机的工作特点可以将发动机分为燃油供给部分、点火部分、机械部分和排气净化装置 4 个部分来考虑对排放污染物的影响。而在实际检修和维修中，完全可以通过尾气分析来对发动机工作状况和性能进行评价和故障判定。主要的分析内容有混合气的空燃比 A/F、点火正时及催化转换效率等。主要的分析参数有 CO、CO_2、HC、NO_x 和 O_2，还有空燃比 A/F（或过量空气系数 α）。

废气中的有害物质有 CO、CO_2 和 NO_x，无害物质有 CO_2 和 O_2。这 5 种气体与混合气空燃比、点火正时、发动机转速和负荷等都有密切联系。要想利用尾气分析找出故障，首先要用尾气分析仪（如果有发动机综合性能分析仪更好）对这 5 种气体进行分析，才有利于快速正确地查找到故障原因。

使用尾气分析仪的读数，可以清楚地知道每个缸的工作情况。例如，如果每个缸的 CO 和 CO_2 读数都下降，HC 和 O_2 的读数都上升，且上升和下降量都一样，就证明每一个缸的工作都正常；如果只有一个缸变化量很小，而其他缸都一样，表明这个缸的燃烧不正常。对于一个调好的计算机控制的汽车，尾气排量中 CO 低于 0.5%时，HC 大约为 55×10^{-6}，O_2 为 1.0%～2.0%，CO_2 为 13.8%～15%。下面具体分析以上 5 种气体对发动机性能的影响。

（1）HC 的排放分析。HC 是汽油机尾气分析的一个重要的诊断参数。排放出的 HC 是未燃烧的燃油。当 HC 排放量过高的时候，一般由以下三种情况造成：① 催化转化器失效；② A/F 不正确；③ 燃烧过程不正常。如果检测出催化转化器工作正常，则要看此时的 CO 数值是否偏高。若是 CO 和 HC 的排量都很高，则一般为混合气 A/F 不正常或简单的机械故障。若仅仅是 HC 数值高，则说明混合气偏稀、间歇断火、点火故障或是发动机机械故障。

（2）CO 的排放分析。在发动机正常工作情况下，CO 数值一般为 0.5%～1.0%，如果加上二次空气喷射和催化转化器的辅助净化，怠速时候的 CO 数值甚至为“0”。若单纯的 CO 数值偏高，意味着混合气过浓，最直接的原因是燃油供给系统问题，例如燃油压力过高。

（3）CO_2 的排放分析。CO_2 数值越高，说明燃烧越完全，其最大值为 13.5%～14.8%。此时的 CO 数值应该接近于“0”。如果 CO_2 低于 12%，这时需要通过其他气体数值来判断混合气是浓还是稀。如果 CO_2 数值正常，需要检查是否有排气泄漏，不然就要检查催化转化器工作是否正常。

（4）O_2 的排放分析。O_2 的读数也是非常有用的诊断参数之一，与其他参数加在一起分析，可以克服诊断故障的难点。通常，装有催化转化器的 O_2 的读数为 1.0%～2.0%。那么如果 O_2 的数值小于 1.0%的话，说明混合气过浓，不利于很好燃烧；如果其数值超过 2.0%，则表明混合气太稀。燃油滤清器堵塞、燃油压力低、喷油器堵塞、真空系统漏气、废气再循环（EGR）阀的泄漏等都有可能导致过稀失火。

（5）NO_x 的排放分析。之所以最后提及 NO_x 的分析，是因为通常在有了以上 4 种气体的测量结果时，基本就可以找到故障点，此时的 NO_x 的帮助意义也不是很大。况且在现有的条件下想要得到 NO_x 数值也很繁琐，条件限制也多。不过，如果细心点可以发现在怠速时的 NO_x 数值也能为我们带来一些帮助。在发动机系统一切正常的前提下，怠速时的 NO_x 正常值为 100×10^{-6}。如果偏高，根据经验应检查催化转化器是否正常工作。

2. 根据尾气特点查找故障点

（1）气门有故障的尾气排放特点。进气行程被吸入气缸内的空气，在气缸内与燃料混合，经压缩、点火、燃烧之后对外做功，所以在进气行程中活塞下行，而进气门应开启。当进气行程终了、压缩行程开始时，活塞向上止点移动并压缩缸里的气体。如果由于气门的烧蚀或磨损等原因产生气门工作不良的现象，那么此时在燃烧室内将会产生巨大的变化。

从发动机工作原理角度分析，当活塞处于压缩行程时，由进气门和排气门方面的原因造成气门密封不良，按其不良程度其后果会有所差别，但是当情况比较严重时，气缸内的燃料和空气在压缩温度作用下均匀混合的过程中可通过气门流出一些。在着火之前从排气门流出的尾气就是 HC，与此同时，也有部分 O_2 流出排气门。流出量可显示在尾气检测数据中。如果属于轻微密封不良，则直接流到排气管中的 HC 和 O_2 大部分被催化转化器吸收，经化学反应之后所剩无几，所以尾气排放数据中的氧含量基本上显示在正常范围内。

由于上述原因，在催化转化器后部检测尾气容易产生错觉和混淆。遇到这种情况，可利用发动机的点火二次波形或真空表得出明确的结论。

气门不良所造成的问题大致有两个：一是压缩行程中部分 HC 直接流入排气管；二是由于压缩压力的减小，使燃料在气缸内雾化不良，产生不良燃烧（即燃烧速度减小和不完全燃烧等），结果未燃烧的 HC 在排气行程中直接排入排气管内，显示出 HC 含量高的现象。在这种情况下混合气完全燃烧程度较差，所以废气中的 HC 含量也偏高（相对其标准限值而言）。例如，某车检测结果 CO 含量为 0.8%，HC 含量为 350×10^{-6}，那么此时哪一种含量高呢？如果单个评价，两种气体的含量均偏高，但是相比之下 HC 含量更高。

（2）发动机正时不准时的尾气排放特点。近年来，由于橡胶正时带更加普及，发生正时滞后的现象也较多。尤其是齿形带的轮齿部分老化或硬化使其破损时，破损程度越厉害 O_2 的数值越高。

（3）在活塞有问题时产生的废气排放特点。如果活塞出了问题，那么在进气、压缩、燃烧和排气等过程中均会发生不正常现象，如果活塞环与缸壁的间隙过大，则在压缩过程中，随着气缸内压力增大部分气体注入曲轴箱内形成"窜气"，其主要成分是 HC。除此之外，还由于压缩力过低导致燃烧不良，从而使燃烧速度下降。当活塞进入排气行程时，未燃烧的 HC 直接流入排气管内。

这时，将会出现与故障时类似的尾气排放特征。也就是说，HC 和 CO 含量均偏高，但 HC 含量相对 CO 含量更高一些。发生正时滞后的现象严重时，可能出现发动机熄火或活塞在上升时气门被压下等情况。在这种情况下，将会发生以下严重现象。

当情况严重时，活塞和气门将碰撞，因而导致气门杆弯曲、活塞受损。这时，发动机就不能转动，所以诊断变得简单了一些。当情况不太严重时，可使气门发生微小的弯曲，这将不会影响发动机转动，只是发动机工作不太稳定。这时可以利用真空表检测真空度，会发现真空度比规定值偏低。

这是因为在进气、压缩、排气过程中，缸内气压偏低，而且压力不均衡，所以真空度减小。在这种情况下，排放的尾气会出现与气门有故障时大致相同的现象，有大量的 HC 和 O_2 流入排气管。其原因为燃烧不良，导致未燃烧的 HC 直接排入排气管。

事实上，正时齿轮有两个轮齿左右的错位和气门杆轻微的变形，虽然有一些差异，但是在所排放的尾气中会存在大量的 HC 和 O_2，另外真空度也会有所下降。这时用发动机调试仪检测可以得到更加明确的诊断结果。

当检测尾气的结果表明出现了机械故障，那么应分析点火二次波形或检测真空度，以正确地分析故障原因。

（4）高压无火时的尾气特点。如果火花塞不产生火花则不能点燃混合气，所以被压缩的混合气等到排气门打开时直接流入排气管内。

例如，某一测试结果 HC 含量为 $1\,000\times10^{-6}$，O_2 含量也较高，这说明某一缸混合气没有燃烧而直接排出去了。

表 4-1 所示为以上 5 种气体读数与发动机常见故障的关系。

表 4-1　　五气体分析仪各读数值的关系及常见故障原因

CO	CO_2	HC	O_2	NO_x	可能问题状态
高	低	高	低	低	节温器或水温传感器故障（发动机运转在冷态）
低	高	低	低	高	节温器或水温传感器故障（发动机运转在热态）
低	低	低	高	低	催化转化器后有排气泄漏
低	高	低	高	中	喷油器失火，催化器有效工作
高	高	高	高	高	喷油器失火，催化器不工作；真空泄漏且混合气空燃比过浓；喷油器泄漏
高/	低	高/中	低	低	油面较高（油压高）；空滤过脏；EVAP 炭罐清除系统故障；PCV 阀系统问题；发动机控制问题；曲轴箱被未燃燃油污染
高	低	中/低	低	高	存在催化器有效工作
高	低	高	高	低	混合气浓且点火系统失火
高	高	高	高	高	空燃比过稀；点火失火；真空泄漏或 MAF 与节气门体间漏气；EGR 不良或真空管安装错误；喷油器不良；氧传感器工作不良；发动机控制故障；油面过低
中/	低	中/低	高	中/低	主要是发动机故障；压缩压力低；气门升程不足
中/	低	中/低	高	高	点火正时过早；高压线与地短路或开路
中/	低	中/低	高	高/中	发动机控制对真空泄漏补偿
低	高	低	高	低	燃烧效率高且催化器起作用

3. 五气体分析仪及使用方法

（1）五气体分析仪前面板。五气体分析仪器前面板及按键功能见图 4-25。

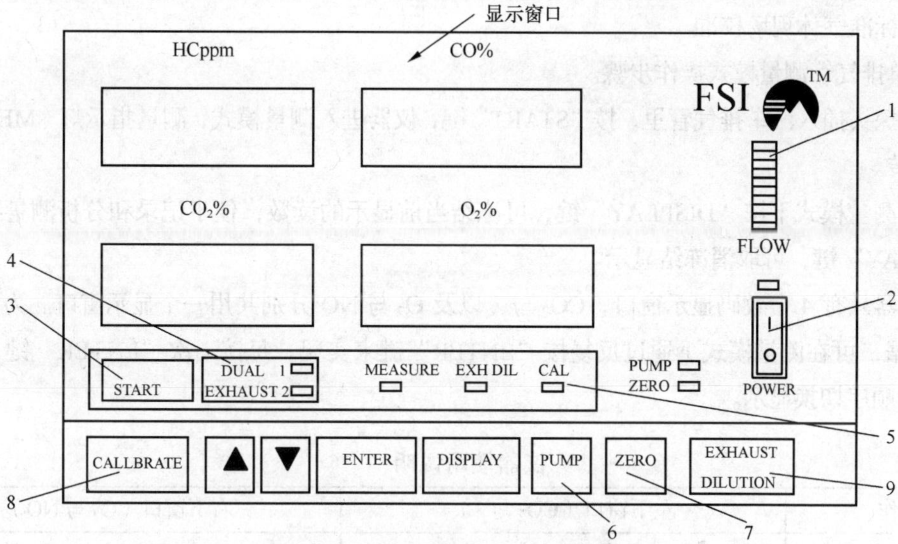

图4-25　五气体分析仪前面板按键功能

1—FLOW流量指示计；2—POWER电源开关键；3—START测量模式键；
4—DUAL EXHAUST双排气模式选择键；5—操作模式状态指示灯；6—PUMP泵开关键；
7—ZERO调“0”模式键；8—CALLBRATE校准模式键；9—EXHAUST DILUTION废气稀释检查功能键

（2）五气体分析仪后面板。五气体分析仪后面板及采样管连接见图 4-26。

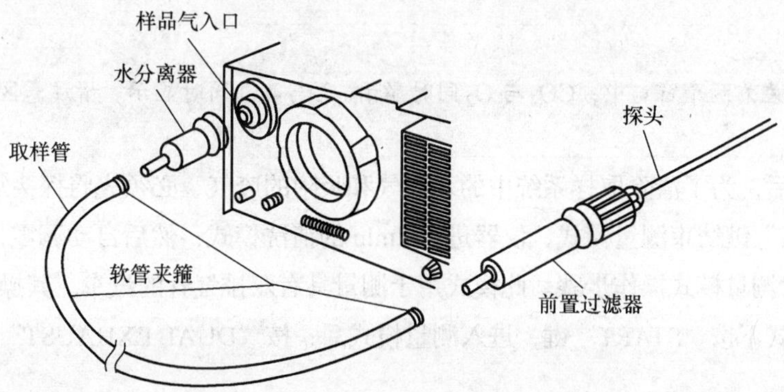

图4-26　五气体分析仪后面板及采样管连接

（3）仪器的校准。

① 返回工厂校准状态。工厂标准是指仪器出厂前制造厂根据当时当地的温度、压力等气候条件，利用标准气体对仪器进行一系列精确校准的过程，校准后把工厂校准常数及校正因子储存在仪器的存储器内，用户不能改变工厂标准常数，但校正因子会随着现场校准而改变。

返回工厂校准状态的方法是：在备用模式下，按“CALLBRATE”键，等待 30s 的自动调零结束后，先按住“CALLBRATE”键，再按“ENTER”键，这时 CAL 灯熄灭，仪器接着进行自动调零，最后回到备用模式，即返回到了工厂校准状态。如果 CAL 灯熄灭后，仪器未进行自动调零，必须按“ZERO”键进行调“0”。

一般地，仪器维持工厂校准状态就能获得相当准确的测量结果。

② 用标准气体现场校准。

（4）单排气管测量模式操作步骤。

① 将探头插入汽车排气管里，按“START”键，仪器进入测量模式，测量指示灯（MEASURE）亮，泵运转。

② 在测量模式下按“DISPLAY”键，可冻结当前显示的读数，便于记录和分析测量结果。再按“DISPIAY”键，可取消冻结显示。

③ 仪器只有 4 个数码显示窗口，CO_2 与 λ 以及 O_2 与 NO 分别共用一个显示窗口。为了交替显示各项数据，可在测量模式下通过反复按“ENTER”键来实现。每按一次“ENTER”键，就按表 4-2 所示的顺序切换显示。

表 4-2　仪器使用说明

操作	左下窗口（CO_2 与 λ）	右下窗口（O_2 与 NO）
按“ENTER”键	显示 CO_2	显示 O_2
按“ENTER”键	交替显示 CO_2 与 λ	交替显示 O_2 与 NO
按“ENTER”键	显示 λ	显示 NO
按“ENTER”键	交替显示 CO_2 与 λ	交替显示 O_2 与 NO
按“ENTER”键	重复循环	重复循环

注意　下面左右两个窗口中，CO_2 与 O_2 同时显示，λ 与 NO 同时显示。请注意区别显示内容。

④ 测量结束后，为了清除取样系统中的水蒸气和吸附的废气，必须先将探头从排气管中取出，再按一次“START”键结束测量模式，仪器进行 2min 的清洗模式；然后自动调零，进入备用模式。

（5）双排气管测量模式操作步骤。此模式用于测量具有双排气管的汽车。其操作步骤如下：

① 在备用模式下按“START”键，进入测量模式后，按“DUAL EXHAUST”键，仪器进入双排气管测量模式。

② 当 1 号指示灯亮时，将探头插入第一个排气管里，读数稳定后按“START”键，储存第一组读数。

③ 当 2 号指示灯亮时，将探头插入第二个排气管里，读数稳定后按“START”键，储存第二组读数；此时两个指示灯均亮，显示器显示两次测量的平均值。

④ 此后若反复按“DUAL EXHAUST”键，显示器轮流显示第一个读数、第二个读数和两个读数的平均值。在双排气管模式下，不需按“DISPLAY”键冻结显示结果。

⑤ 再次按“START”键将脱离此模式，进入清洗模式，然后进入备用模式。

（6）使用注意事项。

① 注意观察流量指示计状态，当出现低流量指示时，应及时更换过滤器滤芯。

② 关闭仪器前，应先将探头从排气管中取出并放在洁净的空气中，开泵至少 2min，使仪器中剩余的所有气体得到清除。否则，废气长期滞留在仪器管路中，会污染传感器感应部位，影响测量精度。

【技能训练】

4.5 训练项目及技能、素质要求

4.5.1 训练项目

本项目需实施的训练项目如下：

1. **本项基本训练项目**

项目 4-1 P0443 燃油蒸汽排放控制系统控制阀故障电路故障检修

项目 4-2 氧传感器及三元催化转换器的检修

项目 4-3 废气再循环（EGR）系统检修

项目 4-4 发动机过热、冷却风扇不工作故障的检修

2. **本项目综合训练项目**

项目 4-5 发动机起动困难故障的检修

项目 4-6 发动机运转不稳、加速不良 故障的检修

项目 4-7 发动机排放超标故障的检修

项目 4-8 发动机功率不足故障的检修

3. **项目实施的主要内容**

（1）EVAP 电磁阀、EGR 电磁阀等执行元件电源、控制信号、线路、元件电阻的检查，控制信号波形的测试。

（2）应用故障诊断仪读取（1）中所述各元件的工作数据、进行主动测试，检查各元件所在系统控制功能情况。

（3）三元催化转换器的检查与清洗。

（4）氧传感器等传感器电源、信号、信号线路的检查，波形、数据流分析，喷油量闭环控制过程分析。

（5）由怠速控制系统、VVT 系统、EGR 系统、闭环控制系统等故障造成的发动机起动困难、运转不稳、排放超标、功率不足等故障的诊断分析与检修。

项目实施时参考教材进行。

4.5.2 项目技能点

1. 基础技能

（1）能参阅维修手册找到各排放控制系统元器件的位置。

（2）能正确使用故障诊断仪、万用表、示波器、尾气分析仪等检测仪器。

2. 专项技能

（1）能进行对汽油蒸汽排放控制系统的检修。

（2）能进行 EGR 系统的检修。

（3）能进行三元催化转换器的检修与更换。

（4）能进行氧传感器的检修。

3. 综合技能

（1）掌握发动机电控系统故障诊断的基本方法和诊断程序。

（2）能综合利用各种诊断仪器、各专项检修技能进行发动机怠速不稳故障的检修。

（3）能进行发动机功率不足故障的检修。

（4）能进行发动机排放超标故障的检修。

4.5.3 素质要求

在学习知识、训练技能的同时，逐渐具备以下素质。

（1）严格遵守实训室、实训车间规章、制度，遵守工作纪律。

（2）具有较强的口头与书面表达能力、组织协调能力。

（3）具有良好的心理素质和克服困难的能力。

（4）具有团队协作精神。

（5）能通过各种媒体资源查找所需信息，自主学习新知识、新技术。

（6）能不断积累经验，从个案中寻找共性。

知识点练习

一、填空题

（1）电驱动型 EGR 系统中，ECU 通过控制通电占空比来改变__________型 EGR 阀开度，对 EGR 率进行控制，__________传感器检测阀杆的实际位置，以实现 EGR 率的闭环控制。

（2）怠速控制阀安装在发动机节气门体上或节气门体附近。燃油喷射系统采用的怠速控制阀分为__________、__________和占空比型电磁阀式三种。

（3）废气再循环系统主要由__________、__________、__________以及 ECU 组成。

（4）__________控制系统的功能是收集由汽油箱蒸发出来的汽油蒸汽，并将汽油蒸汽导入气缸参加燃烧，从而防止汽油蒸汽直接排入大气中而造成污染。

（5）为使发动机工作时进气更充分，应随转速的提高适当＿＿＿＿＿＿进气门的提前开启角。

（6）三元催化转换器的功能是＿＿＿＿＿＿＿＿＿＿＿＿＿＿＿＿＿＿。

（7）影响 TWC 转换效率的最主要因素有＿＿＿＿＿＿、＿＿＿＿＿＿。

（8）在闭环控制过程中，当实际的空燃比小于理论空燃比时，氧传感器向 ECU 输入的电压信号一般为＿＿＿＿＿＿。

（9）给发动机控制模块反馈信号的传感器主要有＿＿＿＿＿＿、＿＿＿＿＿＿。

（10）在三元催化转换器前后各装一个氧传感器的目的是＿＿＿＿＿＿。

（11）三元催化剂是＿＿＿＿＿＿的混合物。

（12）正常情况下转换器出气口应该至少比进气口温度高＿＿＿＿＿＿。

（13）目前所用的二次空气供给方法有＿＿＿＿＿＿、＿＿＿＿＿＿两种。

（14）进入废气中的氧气较少时，氧化钛式氧传感器的二氧化钛半导体阻值＿＿＿＿＿＿。

（15）随发动机转速和负荷减小，EGR 阀开度将＿＿＿＿＿＿。

（16）废气再循环会使混合气的着火性能和发动机输出功率＿＿＿＿＿＿。

（17）NO_x是空气中的氧气与氮气在＿＿＿＿＿＿、＿＿＿＿＿＿条件下形成的。

（18）汽油机排放的主要污染物是＿＿＿＿＿＿、＿＿＿＿＿＿、＿＿＿＿＿＿。

二、问答题

（1）EVAP 系统、EGR 系统、三元催化转换器、二次空气喷射系统的作用分别是什么？

（2）汽车上装用的排放控制系统都有哪些？

（3）氧化锆式氧传感器的结构组成是怎样的？分析它的工作原理。

（4）氧传感器的作用是什么？当氧传感器输出 0.1V 的电压时，喷油量应怎样调节？发动机大负荷运行时，氧传感器的输出电压应接近多少伏？

（5）燃油喷射系统在进行暖机加浓时，氧化锆氧传感器输出的电压接近多少伏，氧化钛氧传感器的电阻是高阻还是低阻？当减速时上述电压及电阻又分别是什么情况？

（6）对于 L 型系统，当进气管漏气时，混合气浓度会发生什么变化，氧传感器输出电压会偏低还是偏高？

（7）图 4-27 所示为氧传感器的输出波形，在 A 处混合气浓度是怎样的？在 B 处 A/F 应是多少？在 C 处 ECU 会如何修正喷油量？若氧传感器工作正常，则 A 与 D 之间的波形每十秒钟至少应出现几次？

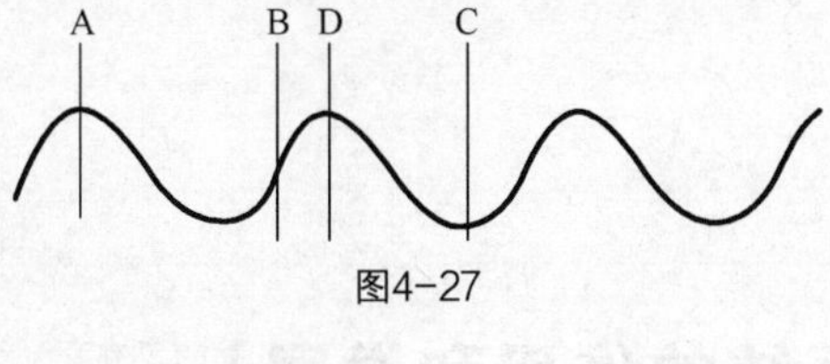

图4-27

Chapter

5

项目五

其他辅助控制系统检修

【知识目标】

（1）熟悉巡航控制系统的基本工作原理。

（2）熟悉冷却风扇控制系统的基本工作原理。

（3）熟悉故障自诊断系统的作用，了解其工作原理。

【能力目标】

（1）能正确使用故障诊断仪、汽车专用示波器、万用表。

（2）能进行巡航控制系统的检修。

（3）能进行冷却风扇控制系统的检修。

【项目案例】

一辆卡罗拉（凯越）轿车，行驶 60 000 km，出现发动机过热，维修顾问初步检查发现冷却风扇不能正常工作。

【项目知识点】

5.1 巡航控制系统

5.1.1 巡航控制系统的作用和发展

汽车巡航控制系统（Cruise Control System，CCS），一般又称为巡航行驶装置、速度控制系统、自动驾驶系统、恒速行驶系统等。汽车巡航控制系统就是为减轻驾驶员的劳动强度，提高行驶舒适性，使汽车工作在发动机有利转速范围内的汽车自动行驶装置。

当汽车在高速公路上长距离行驶时，打开巡航控制系统的控制开关后，巡航控制系统将根据行车阻力自动增减节气门开度，使汽车按照设定的速度行驶，免除驾车者长时间脚踏加速踏板之苦，大大地减轻了驾驶员的疲劳强度。

巡航控制系统首先在飞机上应用，显示出了它的无可比拟的优点。汽车上应用巡航控制技术始于 1961 年，首先在美国使用，并逐渐普及。目前在美国许多轿车上都装用了巡航控制系统。日本和欧洲生产的轿车装用汽车巡航控制系统的比例也越来越高。国产轿车上海帕萨特、上海别克、一汽大众奥迪 A6 和广州本田雅阁等也都安装有汽车巡航控制系统。

汽车巡航控制系统经历了机械控制系统、晶体管控制系统、模拟集成电路控制系统和微机控制系统等几个过程。微机控制的汽车巡航控制系统自从 1981 年开始应用于汽车后，发展迅速。现代汽车上采用的都是微机控制的巡航控制系统。

1. 巡航控制系统的优点

（1）减轻驾驶员的疲劳。当汽车巡航行驶时，驾驶员不必操纵加速踏板，减轻了驾驶员的负担，使其可以轻松地驾驶。

（2）提高汽车行驶时的舒适性。由于巡航控制系统工作时汽车等速行驶，因此可以改善汽车的行驶平顺性，提高汽车的舒适性。

（3）降低油耗减少排放。由于巡航控制系统能够使汽车自动地以等速行驶，避免了驾驶员操纵加速踏板使汽车行驶车速反复变化的情况，因而使发动机的运行工况变化平稳，改善了汽车的燃料经济性和发动机的排放性能。

（4）提高汽车行驶的安全性。巡航控制系统实现了自动驾驶，驾驶员只要掌握好转向盘，不用踩加速踏板和换挡就能等速稳定运行，驾驶员可以精力集中驾驶车辆，提高了汽车行驶的安全性。

（5）减少磨损。巡航控制系统可使汽车稳定等速行驶，额外惯性力减少，所以机件磨损少，故障减少。

2. 巡航控制系统的控制过程

巡航控制系统的控制过程如图 5-1 所示。驾驶员操纵巡航控制开关，将车速设定、减速、恢复、

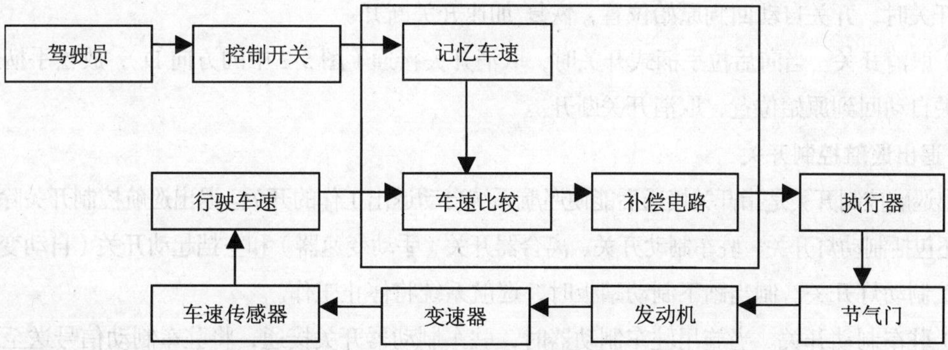

图5-1 巡航控制系统的控制过程

加速、取消等命令输入巡航控制 ECU。当驾驶员通过巡航控制开关输入了车速设定命令时，巡航控制ECU 便记忆设定的车速，并按该车速对汽车进行等速行驶控制。汽车在巡航行驶过程中，不断通过比较电路将车速传感器检测的实际车速与设定车速进行比较，计算出实际车速与设定车速的差值，然后通过补偿电路输出对执行器的命令，执行器控制发动机节气门开大或关小，使实际车速达到设定车速。

5.1.2 巡航控制系统的组成与原理

巡航控制系统主要由开关、传感器、巡航控制 ECU、执行器等组成。开关和传感器将信号送至巡航控制 ECU，ECU 根据这些信号计算出节气门的合理开度，并给执行器发出信号，调节节气门的开度，保持汽车按设定的车速等速行驶。

1. 巡航控制开关

用于巡航控制系统的开关有两种，一种是巡航控制开关，另一种是退出巡航控制开关。

巡航控制开关有的采用手柄式开关，安装于转向盘下方，如图 5-2 所示，也有的采用按键式开关，装在转向盘或仪表板上。以丰田车系为例，巡航控制开关包括主开关（MAIN）、设定/减速开关（SET/COAST）、恢复/加速开关（RES/ACC）和取消开关（CANCEL）。

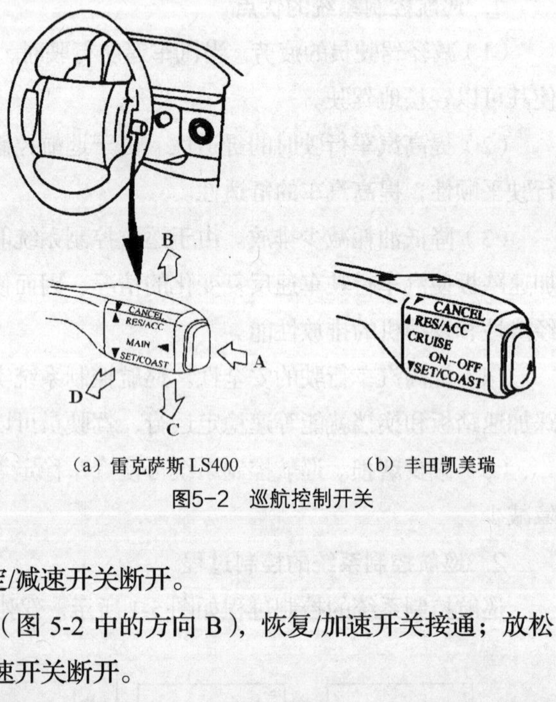

（a）雷克萨斯 LS400　　（b）丰田凯美瑞

图5-2　巡航控制开关

（1）主开关。主开关是巡航控制系统的主电源开关，位于手柄式开关的端部，为按键式开关，如图 5-2 所示。按下主开关，电源接通；再按一次主开关，电源断开。当主开关接通时，如果将点火开关关闭，主开关也关闭。当再次接通点火开关时，巡航主开关并不接通，保持关闭。

（2）设定/减速开关。当向下推手柄式开关时（图 5-2 中的方向 C），设定/减速开关接通；放松手柄式开关时，开关自动回到原始位置，设定/减速开关断开。

（3）恢复/加速开关。当向上推手柄式开关时（图 5-2 中的方向 B），恢复/加速开关接通；放松手柄式开关时，开关自动回到原始位置，恢复/加速开关断开。

（4）取消开关。当向后拉手柄式开关时，取消开关接通（图 5-2 中的方向 D），放松手柄式开关时，开关自动回到原始位置，取消开关断开。。

2. 退出巡航控制开关

退出巡航控制开关是指开关接通后能使巡航系统自动退出工作的开关。退出巡航控制开关除取消开关外，还包括制动灯开关、驻车制动开关、离合器开关（手动变速器）和空挡起动开关（自动变速器）。

（1）制动灯开关。制当踏下制动踏板时，巡航系统将停止工作。

（2）驻车制动开关。当施用驻车制动器时，驻车制动器开关接通，将驻车制动信号送至巡航控制 ECU，巡航控制 ECU 将取消巡航系统的工作。同时，驻车制动灯点亮。

（3）离合器开关。对于装有手动变速器的汽车，当踏下离合器踏板时，离合器开关接通，将离合器开关信号送至巡航控制 ECU，巡航控制 ECU 将取消巡航控制系统的工作。

（4）空挡起动开关。对于装有自动变速器的汽车，当将变速杆移至 N（空挡）位置时，空挡起动开关接通，将空挡位置信号送至巡航控制 ECU，巡航控制 ECU 将取消巡航控制系统的工作。

3. 传感器

巡航系统用到的传感器有车速传感器、节气门位置传感器等，一般均与发动机控制系统共用，这里不再赘述。

4. 巡航控制 ECU

巡航控制 ECU 接收来自巡航控制开关、车速传感器信号和其他的开关信号，按照存储的程序对巡航系统进行控制。巡航控制 ECU 有以下控制功能。

（1）记忆设定车速功能。当主开关接通，车辆在巡航控制车速范围内（一般为 40～200km/h）行驶时，操作设定/减速（SET/COAST）开关可以设定巡航车速。ECU 将设定的车速存储在存储器内，并将按设定车速控制汽车等速行驶。

（2）等速控制功能。ECU 将实际车速与设定车速进行比较。如果实际车速高于设定车速，ECU 就控制执行器将节气门适当关小；若实际车速低于设定车速，ECU 就控制执行器将节气门适当开大。

（3）设定车速调整功能。当汽车以巡航控制模式行驶时，如果需要使设定车速提高或降低，只要操作恢复/加速或设定/减速开关，就可以使设定车速改变，巡航控制 ECU 将记忆改变后的设定车速，并按新的设定车进行巡航行驶。

（4）取消和恢复功能。当汽车以巡航控制模式行驶时，如果接通取消开关或接通任何一个其他的退出巡航控制开关，巡航控制 ECU 将控制执行器使巡航控制取消。取消巡航控制以后，要想重新按巡航控制模式行驶，只要操纵恢复/加速开关，巡航控制 ECU 即可恢复原来的巡航控制行驶。

（5）车速下限控制功能。车速下限是巡航控制所能设定的最低车速。不同的车型稍有不同，一般为 40km/h。车速低于 40km/h 时，巡航车速不能被设定，巡航系统不能工作。当巡航行驶时，如果车速降至 40km/h 以下，巡航控制将自动取消，巡航 ECU 存储器内存储的设定车速将被清除。

（6）车速上限控制功能。车速上限是巡航控制所能设定的最高车速，一般为 200km/h。车速超过该数值，巡航控制车速不能被设定。汽车在巡航控制模式行驶时，如果操作加速开关，车速也不能加速至 200km/h 以上。

（7）安全电磁离合器控制功能。当汽车以巡航控制模式行驶时，如果因为下坡汽车车速高于设定车速 15km/h，巡航控制 ECU 将切断巡航控制系统的安全电磁离合器使车速降低。当车速降低至比设定车速高出不足 10km/h 时，安全电磁离合器再次接通，恢复巡航控制。

（8）自动取消功能。当汽车以巡航控制模式行驶时，若出现执行器驱动电流过大，伺服电动机始终朝节气门打开的方向旋转时，巡航控制 ECU 存储器内存储的设定车速将被清除，巡航控制模式将被取消，主开关同时关闭。此外，当巡航控制 ECU 诊断出系统有故障时，将会使巡航系统自动停止工作。

（9）自动变速器控制功能。当具有自动变速器的汽车以巡航控制模式行驶时，如果上坡时变速器在超速挡，车速降至比设定车速低 4km/h 以上时，巡航控制 ECU 将超速挡取消信号送至自动变速器 ECU，取消自动变速器超速挡。当车速升至比设定车速低 2km/h 时，巡航控制 ECU 将超速挡恢复信号送至自动变速器 ECU，恢复自动变速器超速挡。

（10）诊断功能。如果巡航控制系统发生故障，巡航控制 ECU 的自诊断系统能够诊断出故障，并使仪表板上的巡航指示灯闪烁，以便提醒驾驶员。同时，巡航控制 ECU 将故障码存储在存储器内。通过巡航控制指示灯的闪烁或使用故障诊断仪可以读取故障码。

5. 执行器

巡航控制系统的执行器由 ECU 控制，根据 ECU 的控制信号控制节气门的开度，以保持车速恒定。巡航控制系统执行器有真空驱动型和电动机驱动型两种。

（1）电动机驱动型执行器。电动机驱动型执行器的传动原理如图 5-3 所示。电动机由巡航控制 ECU 控制转动，然后通过减速机构、电磁离合器、控制臂、传动索缆传至节气门摇臂，实现对节气门的控制。另外，通过加速踏板也可以控制节气门的开度。巡航控制执行器与驾驶员通过加速踏板都可以单独控制节气门的工作，互不干涉。

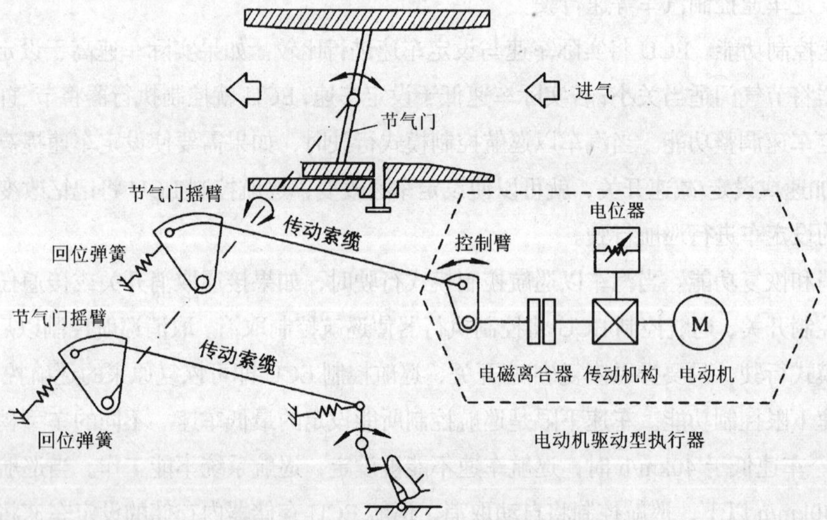

图5-3 电动机驱动型执行器的传动原理

巡航控制 ECU 控制电动机的工作，使电动机顺时针或逆时针旋转，从而改变节气门的开度。当 ECU 控制电动机工作时，电动机轴上的蜗杆带动电磁离合器外圆上的蜗轮旋转，蜗轮通过电磁离合器带动小齿轮旋转，小齿轮带动齿扇转动，齿扇通过齿扇轴带动控制臂转动，控制臂上的销轴通过索缆使节气门开大或关小。为了防止节气门完全打开或完全关闭后电动机继续转动，电动机安装了两个限位开关，用于控制电动机的转动。

电磁离合器用于接通或断开电动机与节气门索缆之间的联系。若取消巡航控制，ECU 使电磁离合器断电分离，节气门不受电动机控制。

当对巡航控制系统进行巡航车速设定时，电位计将节气门控制臂信号送至巡航控制 ECU，ECU 将此数据存储于存储器内，行车中 ECU 以此数据作为参照控制节气门控制臂，使实际车速与设定车速相符。

（2）电子节气门。现代汽车巡航控制均由电子节气门来完成，进入巡航控制状态时，驾驶员松开加速踏板后，加速踏板位置传感器向 ECU 输送的的信号为全关信号，这时电子节气门的开度由 ECU 中巡航控制部分来控制，从而完成车辆匀速的控制。

电子节气门的结构见项目一中相关内容。

5.1.3 巡航控制系统的使用

巡航控制系统可以减轻驾驶员的疲劳，改善汽车的燃料经济性和发动机的排放性能，改善汽车的行驶平顺性，提高汽车的舒适性。但是，巡航控制系统如果使用不当，不仅不能充分发挥巡航系统的作用，还可能损坏巡航系统，甚至危害汽车行驶安全。因此，使用巡航系统时应注意按正确的使用方法进行操作。巡航控制系统的使用包括设定巡航车速、增加或降低巡航设定车速、取消巡航控制以及取消巡航控制后的恢复巡航行驶。

1. 巡航控制系统的使用方法

（1）设定巡航车速。巡航系统工作时的最低车速一般为 40km/h，这是为了防止汽车转弯时，由于巡航行驶而发生危险。设定巡航车速的方法是：按下巡航控制主开关，踏下加速踏板使汽车加速。当达到希望的车速时（必须高于巡航系统工作时的最低车速），将巡航控制开关推至设定/减速位置然后放松，开关放松时的车速即被巡航控制 ECU 记忆为设定车速，巡航系统开始工作。此时驾驶员可以放松加速踏板，巡航系统控制节气门按设定车速等速行驶。

（2）加速。当汽车巡航行驶时，如果要使巡航设定车速提高，应将巡航控制开关置于恢复/加速位置保持不动，汽车将逐渐加速。当汽车加速至所希望的车速时，放松巡航控制开关，汽车将按新的较高的设定车速等速行驶。

当汽车巡航行驶时，如果需要使汽车临时加速（如超车），则只需踏下加速踏板汽车即可加速，放松加速踏板后，汽车仍按原来设定的车速巡航行驶。

（3）减速。当汽车巡航行驶时，如果要使巡航设定车速降低，应将巡航控制开关置于设定/减速位置保持不动，汽车将逐渐减速。当汽车减速至所希望的车速时，放松巡航控制开关，汽车将按新的较低的设定车速等速行驶。

（4）点动升速和点动降速。当汽车以巡航控制模式行驶，需要对巡航设定车速进行微调时，只要点动一次恢复/加速开关（接通恢复加速开关后立即放松开关，时间不超过 0.6s），巡航设定车速就升高约 1.6km/h；只要点动一次设定/减速开关，车速就降低约 1.6km/h。

（5）取消巡航控制。取消巡航控制有几种方式可以选择：一是将巡航控制开关的取消开关接通然后释放；二是踏下制动踏板；三是对于装有手动变速器的汽车踏下离合器踏板，对于装有自动变速器的汽车将变速杆置于空挡位置；四是关闭巡航控制主开关；五是施用驻车制动器。

（6）恢复巡航行驶。如果通过操作了退出巡航控制开关中的任何一个开关使巡航控制取消，要恢复巡航行驶，只要将恢复/加速开关接通然后放松开关，汽车将恢复原来巡航行驶。但如果车速已降低至 40km/h 以下，或实际车速低于设定车速 16km/h 以上，ECU 将不能恢复巡航行驶。

2. 巡航控制系统的使用注意事项

巡航控制系统使用中应注意以下事项。

① 为了保证行车安全，在交通繁忙的道路上或遇到雨、雾、雪天气时，不要使用巡航控制系统。

② 为了避免巡航控制系统误工作影响驾驶安全，在不使用巡航控制系统时，应将巡航控制系统的主开关关闭。

③ 在较陡的坡道上行驶时，不宜使用巡航控制系统。因为较大的坡度会引起发动机的转速波动过大，不利于发动机的正常工作。如果在巡航行驶时遇到较陡的下坡，汽车车速会高出设定车速许多，此时可首先踏下制动踏板使汽车减速，同时也取消了巡航控制，然后将变速器换入低挡，利用发动机的运转阻力控制汽车车速。

④ 使用巡航控制系统时要注意观察仪表板上的巡航（CRUISE）指示灯是否闪亮，若闪亮说明巡航系统有故障，巡航控制 ECU 将自动停止巡航系统的工作，应待故障排除后再使用巡航控制系统。

⑤ 巡航控制 ECU 与汽车上的其他控制系统的 ECU 一样，对于电磁环境、湿度和机械振动等有较高的要求，使用时应注意。

5.2 冷却风扇控制系统

现在发动机冷却风扇均由 ECU 进行控制，冷却风扇转速一般为可调式。调节的方式较多，如：

① 采用主、副风扇，通过调整两风扇的串并联运行实现转速两级调节，代表性的车型有通用凯越、丰田威驰等。

② 采用附加电阻，通过调节电阻是否串入风扇电路实现转速两级调节，代表性的车型有奇瑞 A3 等。

③ 采用专用冷却风扇 ECU，由冷却风扇 ECU 调节冷却风扇工作电压，可实现风扇的无级调速，代表性的车型有丰田卡罗拉等。

这里主要介绍采用主、副风扇和采用专用冷却风扇 ECU 两种控制方式。

1. 凯越轿车冷却风扇控制电路

凯越轿车冷却风扇控制电路如图 5-4 所示，发动机冷却风扇电路操纵主冷却风扇和辅冷却风扇。冷却风扇由发动机控制模块根据发动机冷却液温度（ECT）传感器和空调压力（ACP）传感器输入控制。发动机控制模块通过使发动机控制模块连接器端子 K28 搭铁，控制冷却风扇低速运转。这使低速冷却风扇继电器通电，由于主冷却风扇和辅冷却风扇为串联，故两个风扇均按低速运转。发动机控制模块通过将发动机控制模块内部的连接器端子 K28 和端子 K12 同时搭铁，控制冷却风扇高速运转。此时，风扇处于并联，通过使冷却风扇低速继电器、冷却风扇高速继电器和串联/并联冷却风扇继电器通电，实现风扇高速运转。

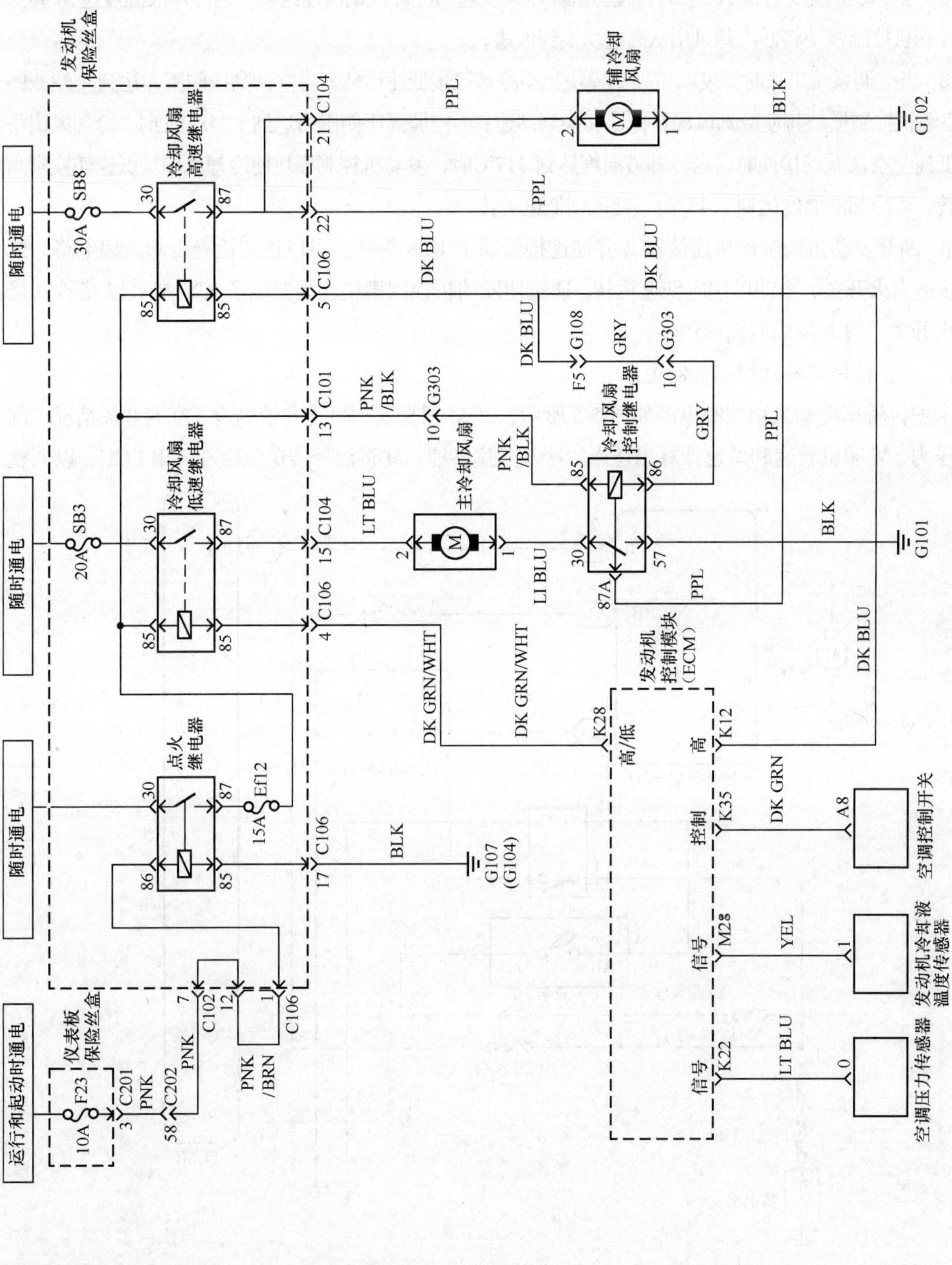

图5-4　凯越轿车冷却风扇控制电路

诊断时注意:

① 当冷却液温度达到97℃时,发动机控制模块起动冷却风扇低速运转;当冷却液温度达到94℃时,发动机控制模块将关闭冷却风扇。

② 当冷却液温度达到101℃时,发动机控制模块起动冷却风扇高速运转;当冷却液温度达到98℃时,发动机控制模块将使冷却风扇从高速切换到低速。

③ 当空调系统工作时,发动机控制模块起动冷却风扇低速运转。当空调高压侧压力达到1 882kPa时,发动机控制模块将使冷却风扇从低速切换到高速;当空调高压侧压力达到1 448kPa时,冷却风扇将返回低速。空调系统接通时,当冷却液温度达到117℃时,发动机控制模块使冷却风扇从低速切换到高速运转;当冷却液温度达到114℃时,使风扇低速运转。

④ 断开发动机控制模块连接器2并使连接器端子K28搭铁,可以迅速检查冷却风扇电路。此时,接通点火开关,冷却风扇应低速运转。通过使发动机控制模块连接器端子K28和K12搭铁并接通点火开关,冷却风扇应高速运转。

2. 卡罗拉轿车冷却风扇控制电路

卡罗拉轿车冷却风扇控制电路如图5-5所示,ECM根据发动机冷却液温度、空调开关情况、制冷剂压力、发动机转速和车速计算出适当的冷却风扇转速,并将信号传送至冷却风扇ECU,以调整

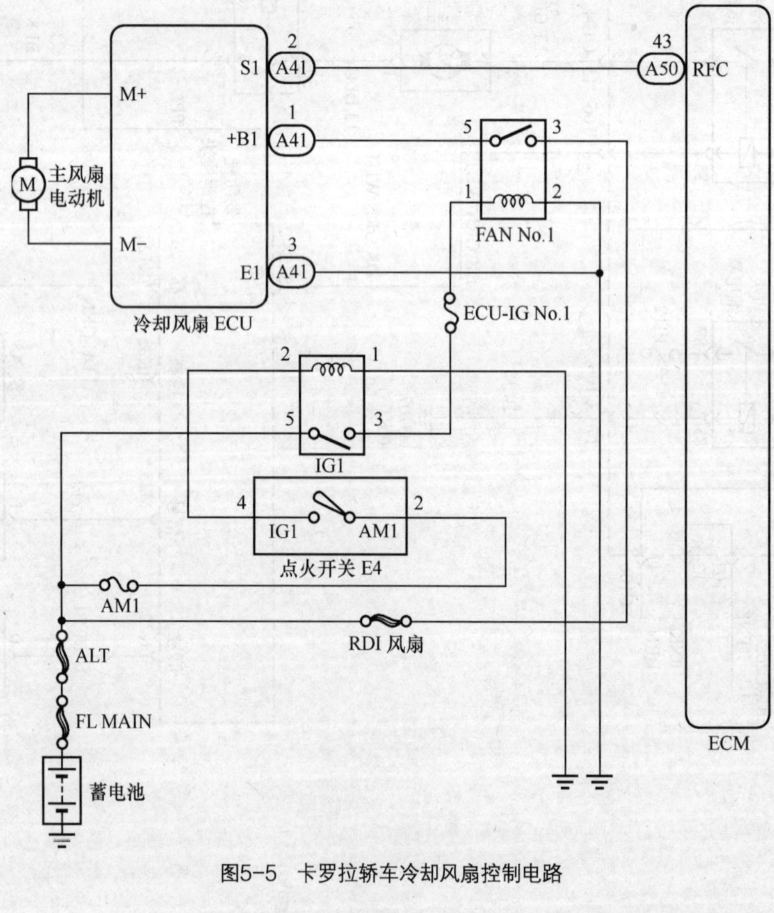

图5-5 卡罗拉轿车冷却风扇控制电路

冷却风扇。冷却风扇ECU根据ECM发送的占空比信号控制冷却风扇转速。根据对运行情况的控制，ECM使用冷却风扇ECU来优化控制风扇转速，以同时达到高制冷性能和低噪声。冷却风扇转速根据发动机冷却液温度、空调运行情况、发动机转速和车速来确定。

5.3 自诊断系统

5.3.1 自诊断系统概述

现代汽车的电子控制系统越来越复杂，当发生故障时，维修人员要判断出故障部位变得越来越困难。自诊断系统就是为适应这一状况应运而生的。自诊断系统的功能是向驾驶员或维修人员提供故障情报，具体功能可归纳为以下几点。

① 及时地检测出电子控制系统出现的故障，点亮故障指示灯向驾驶员和维修人员发出报警信号，并将诊断结果以故障码的形式进行存储。但自诊断系统对所设故障码以外的故障无能为力，特别是机械装置、真空装置等，自诊断系统无法对其进行监测，对这些装置的故障还应采取传统的检测诊断方法。

② 对车辆进行检修时，维修人员可通过特定的操作程序将存储在存储器中的故障码调出，以便维修人员迅速地、准确地确定故障的性质和部位，有针对性地检查有关元件、线路，并及时排除故障。故障排除后，还应通过特殊的程序将存储在存储器中的故障码清除，以免与新产生的故障码混杂，给检修带来困难。

③ 当传感器或其电路发生故障时，自动起动失效保护系统，以保证发动机能继续运转，或强制中断燃油喷射使发动机停止运转。

④ 当发生故障导致车辆无法行驶时，自动起动应急备用系统，以保证汽车可以继续行驶。

5.3.2 自诊断系统工作原理

电子控制系统工作时，ECU不断收到各种传感器输入的信号，也不断向执行机构输出信号指令，自诊断系统就是根据这些信号来判断有无故障的。

1. 传感器故障自诊断原理

传感器是向 ECU 输送信号的电控系统元件，不需专门的线路，自诊断系统即可对各种传感器进行故障自诊断，出现以下几种情况时ECU可判断传感器出了故障。

（1）某传感器输入信号电压超出规定范围。电子控制系统工作时，传感器正常的输入信号都是在规定范围内变化的。当某传感器输入 ECU 的信号超出正常范围时，故障自诊断系统就判定该传感器信号出现故障。例如，当冷却液温度传感器（THW）工作正常时，其输出的信号电压在 0.1～4.8V 范围内变化。也就是说当冷却液温度传感器向 ECU 输入的信号电压为 0.1V 时，相当于发动机水温 139℃；当冷却液温度传感器向 ECU 输入的信号电压为 4.8V 时，相当于发动机水温-30℃。如果冷却液温度传感器输入的信号电压低于 0.1V 或高于 4.8V，ECU 监测到电压值超出规定范围时，即判定冷却液温度传感器有故障，并设定一故障码，如图 5-6 所示。

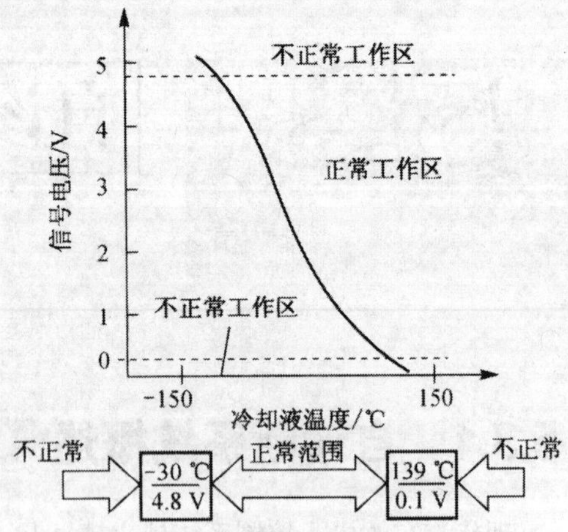

图5-6　冷却液温度传感器故障自诊断原理

（2）某传感器无输入信号或输入信号在一段时间内不发生变化。电子控制系统工作时，ECU 不断收到各种传感器输入的各种信号，如果 ECU 在一段时间里收不到某一传感器的输入信号或输入信号在一段时间内不发生变化，ECU 也判断为故障信号。例如，当发动机在正常工作温度下运转时，氧传感器的输入信号电压为 0.3～0.6V 且 1min 以内没有变化，ECU 即判断氧传感器有故障，并设定一故障码。

故障信号的产生原因除传感器自身的故障外，传感器电路接触不良、断路或短路也会导致故障信号的产生，如图 5-7（a）所示，当冷却液温度传感器与 ECU 之间的导线断路时，冷却液温度传感器输入的信号电压就会高于 4.8V，ECU 也会判断冷却液温度传感器有故障。如图 5-7（b）所示，当冷却液温度传感器与 ECU 之间的导线短路搭铁时，冷却液温度传感器输入的信号电压就会低于 0.1V，ECU 也会判断冷却液温度传感器有故障。

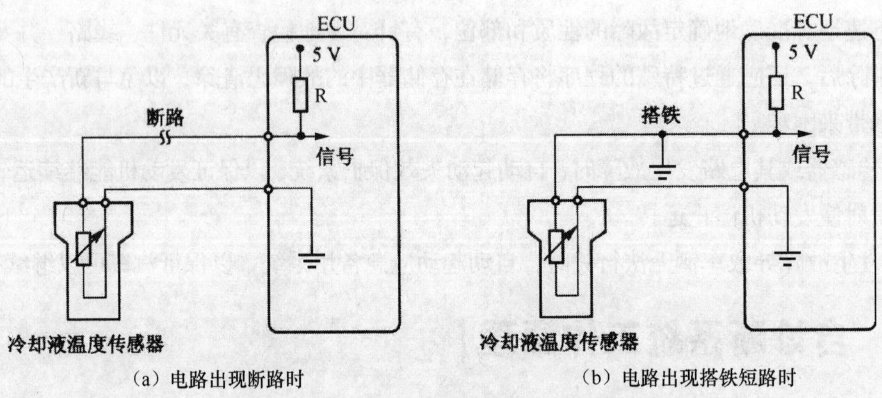

图5-7　冷却液温度传感器电路故障示意图

由此可知，当 ECU 判断某一传感器（包括执行器）出现故障时，一般只是提供了故障的性质和范围，在最后确定故障的具体原因时，除了检查传感器（执行器）外，还要检查与传感器电路相关的部分，包括线束导线、插接件、ECU，以及传感器与 ECU 之间的其他有关器件。

在发动机工作过程中，如果偶然出现一次不正常信号，ECU 不会判定为故障。只有当不正常信号持续一定时间或多次出现时，ECU 才会判定为故障。例如，当发动机转速为 1 000 r/min，转速信号（Ne 信号）丢失 3～4 个脉冲信号，ECU 不会判断为转速信号故障，故障指示灯也不会点亮，转速信号的故障码也不会存入存储器内。

2. 执行元件故障自诊断原理

在对各种执行器进行故障自诊断时，多数执行器需在 ECU 的驱动电路中增设一些专用监测回路，以监测执行器的工作情况。在发动机工作时，各执行器的监测回路不断地向 ECU 输送信息。如果某执行器工作不正常，其监测回路就会得到不正常的信号或者根本没有信号出现，此信息反馈给 ECU 后，ECU 就会判定执行器有故障。

（1）电磁线圈类执行器的诊断电路。在汽车电子控制系统中，绝大多数执行器都含有电磁线圈，它们一般都是由 ECU 控制负极的通断来驱动执行器动作。这样，可以在执行器的负极设置自诊断监测点，以监测执行器件的故障。一般执行器的自诊断电路如图 5-8 所示。

当执行器及控制系统正常时，中央处理单元 CPU 向输出回路（即驱动电路）发出一定频率的脉冲控制信号驱动执行器动作，自诊断电路从自诊断监测点可以测得交替变化的脉冲信号并反馈到 CPU，从而说明控制系统工作正常，此时 CPU 无故障记录。

① 对电源线短路或对正极短路的自诊断。当执行器负极导线、连接器插头或部件本身对电源线短路或对部件正极导线短路时，如图 5-8 所示，自诊断监测点反馈输入到 CPU 的监测值将始终等于电源电压。因此，CPU 自诊断记录的结论将是："对正极短路"。

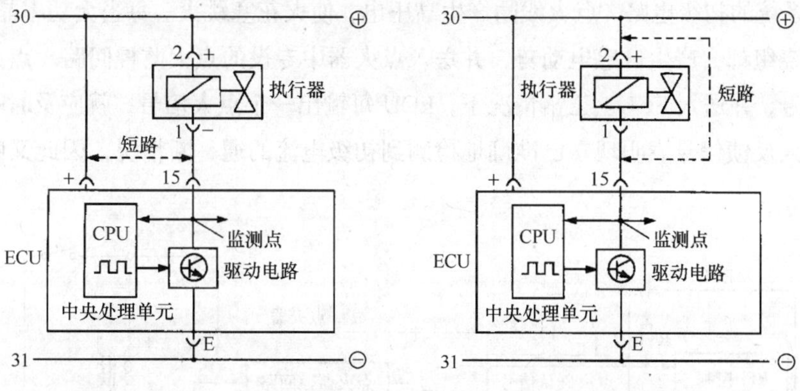

（a）对电源线短路的自诊断电路 （b）对正极短路的自诊断电路

图5-8 执行器对正极短路的自诊断电路

② 断路与搭铁故障自诊断。当执行器出现断路或搭铁（又称为对地短路）故障时的自诊断电路如图 5-9 所示。

当执行器负极导线、连接器插头或部件本身与电控单元 ECU 之间的导线发生断路故障时，如图 5-9（a）所示，自诊断监测点反馈输入中央处理单元 CPU 的监测值将始终等于 0V。

当执行器负极导线、插头或部件本身搭铁时，如图 5-9（b）所示，自诊断监测点反馈输入 CPU 的检测值也将始终等于 0V。

由此可见，当执行器发生"断路"和"搭铁"两种类型的故障时，由于自诊断监测点反馈输入 CPU 的监测值相同，因此，CPU 难以区分故障类型。在自诊断监测点位于被监测部件负极的情况下，当出现“断路”和“搭铁”故障之一时，CPU 自诊断记录的结论将是：“断路/对地短路”。

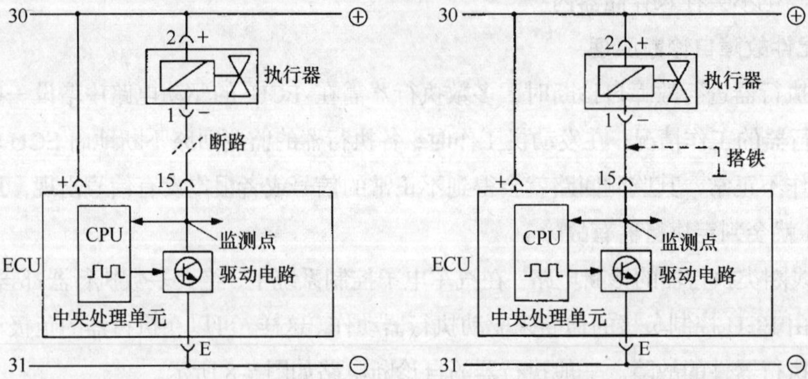

（a）断路的自诊断电路　（b）搭铁的自诊断电路

图5-9　执行器断路与搭铁的自诊断电路

（2）点火器诊断电路。点火器控制点火线圈的导通与切断，它诊断电路与一般执行器监测电路类似，图 5-10 所示为点火器（有的车型上将点火器与 ECU 做成一体）的故障自诊断电路实例。在点火系统正常工作时，ECU 及时地、不断地向点火器输出点火信号（IG_t），使点火器大功率晶体管（VT）适时地交替导通和截止。当晶体管导通时，接通点火系统的初级电路；当晶体管截止时，切断点火系统的初级电路，点火线圈产生高压电，使火花塞跳火。每当大功率晶体管截止时，点火线圈初级绕组都会产生自感电动势，并送入点火器中专设的点火监控回路。点火监控回路产生点火反馈信号，并送入 ECU。正常情况下，ECU 每输出一个点火信号，就应及时收到一个点火反馈信号。点火反馈信号表明现在已准确地检测到初级电流的通、断情况，因此又叫点火确认信号（IG_f）。

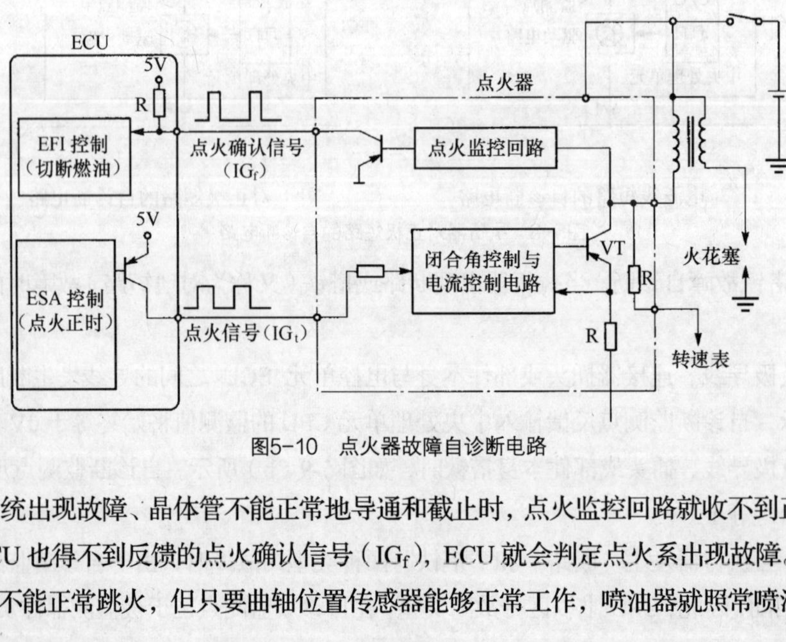

图5-10　点火器故障自诊断电路

当点火系统出现故障、晶体管不能正常地导通和截止时，点火监控回路就收不到正常工作时的自感电动势，ECU 也得不到反馈的点火确认信号（IG_f），ECU 就会判定点火系出现故障。点火系出现故障后，火花塞不能正常跳火，但只要曲轴位置传感器能够正常工作，喷油器就照常喷油。为了防止这种现象的发生，当 ECU 收不到点火确认信号（IG_f）时，会立即采取措施，使喷油器停止喷油。

如果由于某种原因，偶尔出现一次没有点火确认信号（IG_f），ECU 不会判定为故障。一般，需点火器 6 次没有点火确认信号（IG_f）反馈给 ECU，才会判定点火系统发生故障。

3. ECU 自身故障自诊断原理

在 ECU 内，为了实现对自身的监测，也设有相应的监控回路，用以监视自身是否按正常的控制程序工作。在监控回路内设有监视时钟，按时对 ECU 电控单元进行复位。当 ECU 内部发生故障时，程序不能正常执行，时钟就不能使电控单元复位，ECU 据此判定自身有故障。

5.3.3 故障指示灯

发动机电子控制系统一般都在仪表板上设置一个发动机故障指示灯，称为发动机故障警告灯或发动机检查灯。当自诊断系统检测出发动机有故障时，一方面将故障信息存入存储器内，另一方面输出控制信号，点亮发动机故障指示灯。发动机故障指示灯的标志一般有“CHECK”、“CHECK ENGINE”或发动机标志符号，如图 5-11 所示。

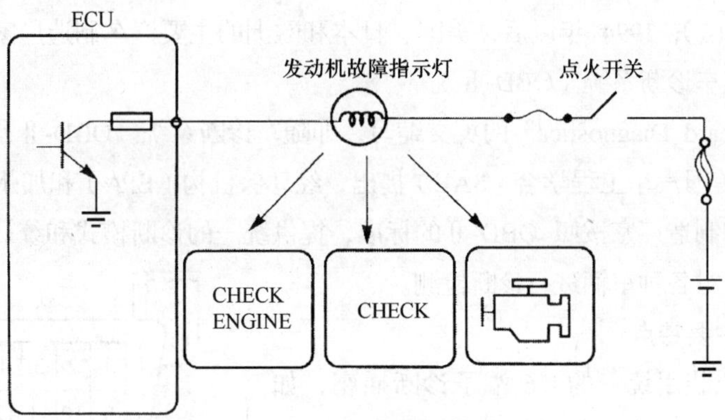

图5-11　发动机故障指示灯

故障指示灯的功能一般有以下几点。

（1）故障报警功能。在发动机起动前，当点火开关接通时，在发动机正常情况下，故障指示灯应点亮。如果灯不亮，则说明该灯电路有故障。发动机起动后，当转速高于 500 r/min 时，故障指示灯应自动熄灭，表示发动机工作正常无故障。如果该灯继续点亮，则说明已检测到发动机控制系统有故障或该灯电路出现异常。

（2）报警显示功能。当 ECU 的任何一个输入或输出信号出现故障时，故障指示灯都会被点亮，警告驾驶员此时系统已发生故障。只有当故障排除后，发动机恢复正常工作时，该灯才会熄灭。

（3）显示故障码功能。有相当多的汽车，在将内存中的故障码调出时，是通过发动机故障指示灯以不同闪烁频率进行显示的。

（4）发动机定期维修、养护提示功能。有些汽车上，发动机故障指示灯除上述三个功能外，还有发动机定期维修、养护提示功能。在汽车行驶规定的里程后，ECU 控制该灯发亮，提示发动机的某些系统或部件应进行维护或更换。

5.3.4 故障码的读取与清除

自诊断系统检测到发动机电子控制系统有故障后，会及时地将故障信息以故障码的形式存入存储器内。只要保持蓄电池供电，这些故障码将一直保持在存储器内，以便维修时按照特定的方式、方法从 ECU 内读取，作为检修发动机电子控制系统的依据。

读取与清除故障码的方法很多，但从大的方面可概括为两大类，一是利用随车自诊断系统读取与清除故障码，二是使用故障诊断仪读取与清除故障码。

5.3.5 第二代随车诊断系统

1. OBD-Ⅱ简介

在汽车诊断技术的发展历程中，由于世界各大汽车制造公司的技术特点各不相同，缺乏统一的标准，导致各种汽车自诊断系统的故障诊断插座的形式和位置、读取与清除故障码的方法各异，这给汽车用户和维修人员带来了很大不便。为此，在 20 世纪 70 年代，汽车电控系统开始采用第一代随车诊断系统（OBD-I）；1994 年以后，美国、日本和欧洲的主要汽车制造厂家生产的电控汽车逐步开始采用第二代随车诊断系统（OBD-Ⅱ）。

OBD 是“On-Board Diagnostics”的英文缩写，即随车诊断系统。OBD-Ⅱ是指第二代随车诊断系统。OBD-Ⅱ是由美国汽车工程学会（SAE）提出，经环保机构（EPA）和加州资源协会（CARB）认证通过的。各汽车制造厂家按照 OBD-Ⅱ的标准，提供统一的诊断模式和统一的诊断插座，只要通过一台诊断仪即可对各种车辆进行诊断检测。

2. OBD-Ⅱ的主要特点

（1）汽车按标准装用统一的 16 端子诊断插座，如图 5-12 所示，并将诊断插座统一安装在驾驶室仪表板下方，诊断插座中不同端子的作用如表 5-1 所示。

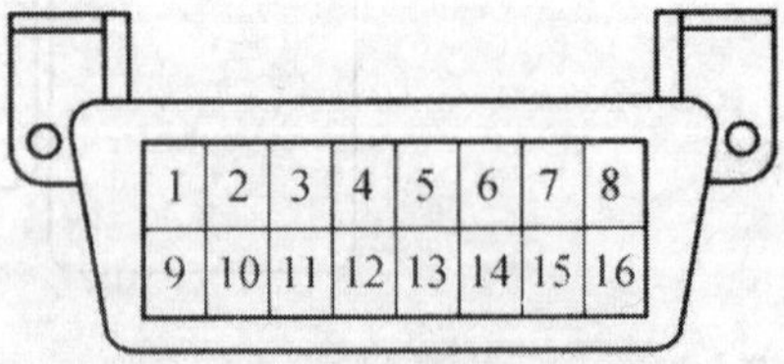

图5-12 OBD-Ⅱ诊断插座

表 5-1 诊断插座中各端子的作用

端 子	作 用	端 子	作 用
1	制造厂自定义	9	制造厂自定义
2	SAE-J1850 资料传输	10	SAE-J1850 资料传输
3	制造厂自定义	11	制造厂自定义
4	直接车身搭铁	12	制造厂自定义
5	信号回馈搭铁	13	制造厂自定义
6	制造厂自定义	14	制造厂自定义
7	ISO-9141 资料传输 K	15	ISO-9141 资料传输 L
8	制造厂自定义	16	直接接蓄电池正极

（2）OBD-Ⅱ具有数据传输功能，并规定了两个传输线标准。

① 欧洲统一标准（ISO-Ⅱ）规定数据传输用 7 号端子和 15 号端子。

② 美国统一标准（SAE-J1850）规定数据传输用 2 号端子和 10 号端子。

③ OBD-Ⅱ具有行车记录功能，能记录车辆行驶过程的有关数据资料。

④ OBD-Ⅱ具有记忆和重新显示故障码的功能。

⑤ OBD-Ⅱ具有可利用诊断仪方便、快速地调取或清除故障码的功能。

⑥ 装用 OBD-Ⅱ的汽车，采用相同的故障码代号并且故障码意义统一。

3. OBD-Ⅱ故障码

OBD-Ⅱ故障码由 1 个英文字母和 4 个数字组合而成，如图 5-13 所示。现分述如下。

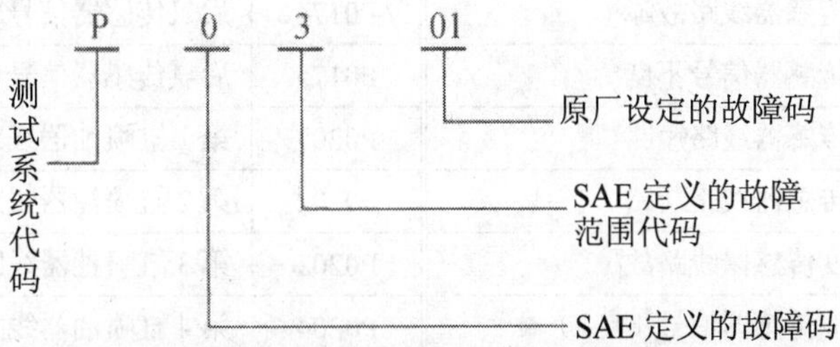

图5-13 OBD-Ⅱ故障码形式

（1）英文字母表示测试系统代码。例如：

P——表示发动机和变速器组成的动力传动系统（Power Train）；

B——表示车身电控系统（Body）；

C——表示汽车底盘电控系统（Chassis）；

U——未定义，待 SAE 另行发布。

（2）第一个数字表示由谁定义的故障码（DTC）。例如：

0——表示 SAE 定义的故障码；

1、2、3——表示汽车制造厂自定义的故障码。

（3）第二个数字表示 SAE 定义的故障范围代码，如表 5-2 所示。

表 5-2 SAE 定义的故障范围代码

代码	故障范围	代码	故障范围
1	燃油或进气测量系统故障	5	汽车怠速控制系统故障
2	燃油或进气测量系统故障	6	ECU 或输出控制元件故障
3	点火系统故障或发动机间歇熄火故障	7	自动变速器控制系统故障
4	废气控制或辅助装置系统故障	8	自动变速器控制系统故障

（4）第三、四个数字表示原厂设定的故障码。SAE 共规定了 103 个统一的 OBD-Ⅱ故障码，其含义如表 5-3 所示。

表 5-3 OBD-II 故障码含义

故障码	故障码含义	故障码	故障码含义
P0100	空气流量传感器线路故障	P0153	后氧传感器信号变化率过慢
P0101	怠速时空气流量传感器信号不良	P0154	前副氧传感器线路断路
P0102	空气流量传感器信号电压过低	P0155	后氧传感器加热线圈线路短路
P0103	空气流量传感器信号电压过高	P0158	后副氧传感器信号电压过高
P0105	大气压力传感器信号不良	P0160	后副氧传感器信号线路不良
P0107	进气压力传感器信号电压过高	P0171	氧传感器信号电压过低
P0108	进气压力传感器信号电压过低	P0172	氧传感器信号电压过高
P0110	进气温度传感器线路故障	P0174	后氧传感器信号电压过低
P0111	进气温度传感器信号不良	P0175	后氧传感器信号电压过高
P0112	进气温度传感器线路短路	P0201	第 1 缸喷油器线路不良
P0113	进气温度传感器线路断路	P0202	第 2 缸喷油器线路不良
P0115	冷却液温度传感器线路故障	P0203	第 3 缸喷抽器线路不良
P0116	冷却液温度传感器信号不良	P0204	第 4 缸喷油器线路不良
P0117	冷却液温度传感器线路短路	P0205	第 5 缸喷油器线路不良
P0118	冷却液温度传感器线路断路	P0206	第 6 缸喷油器线路不良
P0120	节气门位置传感器信号不良	P0207	第 7 缸喷油器线路不良
P0121	节气门位置传感器调整不当	P0208	第 8 缸喷油器线路不良
P0122	节气门位置传感器信号电压过低	P0300	发动机有间歇性不点火故障
P0123	节气门位置传感器信号电压过高	P0301	第 1 缸有间歇性不点火故障
P0125	发动机无法达到闭环工作温度	P0302	第 2 缸有间歇性不点火故障
P0130	主氧传感器信号电压过高或过低	P0303	第 3 缸有间歇性不点火故障
P0131	氧传感器信号电压过低	P0304	第 4 缸有间歇性不点火故障
P0132	氧传感器信号电压过高	P0305	第 5 缸有间歇性不点火故障
P0133	主氧传感器信号电压变化不灵敏	P0306	第 6 缸有间歇性不点火故障
P0135	主氧传感器加热线圈线路不良	P0307	第 7 缸有间歇性不点火故障
P0136	副氧传感器信号电压过高或过低	P0308	第 8 缸有间歇性不点火故障
P0137	副氧传感器信号电压过低	P0320	发动机转速信号不良
P0138	副氧传感器信号电压过高	P0321	曲轴位置传感器信号不良
P0140	副氧传感器线路断路	P0325	前爆燃传感器信号不良
P0141	氧传感器加热线圈线路短路	P0330	后爆燃传感器信号不良
P0150	后氧传感器信号电压过高或过低	P0335	起动或运转中未收到曲轴传感器信号
P0151	前氧传感器信号电压过低	P0336	凸轮轴和曲轴位置传感器信号不良
P0152	前氧传感器信号电压过高	P0340	起动或运转中未收到凸轮轴传感器信号

续表

故障码	故障码含义	故障码	故障码含义
P0400	EGR 阀控制系统不良	P0703	制动灯开关信号不良
P0401	EGR 阀控制系统温度信号或线路不良	P0705	挡位开关信号不良
P0402	EGR 阀怠速时漏气	P0707	挡位开关信号电压过低
P0403	EGR 阀控制系统线路不良	P0708	挡位开关信号电压过高
P0420	TWC 或后氧传感器不良	P0713	变速器油温传感器断路
P0421	TWC 不良	P0720	变速器输出轴车速传感器信号不良
P0422	同 P0421	P0740	变矩器离合器电磁阀不良
P0430	后 TWC 不良	P0741	变矩器离合器电磁阀不良或卡在全开位置
P0440	活性炭罐堵塞或控制不良	P0743	变矩器离合器电磁阀控制线路不良
P0443	活性炭罐电磁阀线路不良	P0750	换挡电磁阀 A 不良
P0444	活性炭罐电磁阀信号电压过低	P0751	换挡电磁阀 A 卡在全开位置
P0445	活性炭罐电磁阀信号电压过高	P0753	换挡电磁阀 A 短路或断路
P0500	无车速信号	P0755	换挡电磁阀 B 不良
P0501	实际车速在 29km/h 以上，但无车速信号	P0756	换挡电磁阀 B 卡在全开位置
P0502	已挂入挡位，且发动机转速在 3 000 r/min 以上，但无车速信号	P0758	换挡电磁阀 B 短路或断路
		P0770	变矩器（TCC）离合器电磁阀不良
P0505	怠速步进电动机不良	P0773	变矩器（TCC）离合器电磁阀短路或断路
P0510	节气门位置传感器不良	P0713	变速器油温传感器断路
P0605	主 ECU 的 ROM 存储器不良		

5.4 失效保护系统

5.4.1 失效保护系统的功能

失效保护系统的组成主要是 ECU 内的部分软件，所以也可称为失效保护功能。设置失效保护系统的目的是电控系统出现故障后，对电控系统采取安全保护措施，防止发动机或其他部件发生新的故障。

失效保护系统的功能是：在电控系统工作中，当自诊断系统判定某传感器或其电路出现故障（即失效）时，由自诊断系统启动而进入工作状态，给 ECU 提供设定的标准信号来替代故障信号，以保持控制系统继续工作，确保发动机仍能继续运转。此外，当个别重要的信号传感器或其电路发生故障时，有可能危及发动机安全运转，失效保护系统则会使 ECU 立即采取强制性措施，切断燃油喷射，使发动机停止运转，确保车辆安全。

失效保护系统依靠 ECU 内的软件完成其功能。当控制系统出现故障时，给 ECU 提供的设定信号不可能与实际工作情况一致，失效保护系统只能维持发动机继续运转，但不能保证控制系统的优化控制，发动机的性能必然有所下降。

5.4.2 失效保护系统设定的标准信号

1. 冷却液温度信号

当冷却液温度传感器或其电路发生故障时，ECU 可能会收到超过正常范围（低于-30℃或高于120℃）的温度信号，若电控燃油喷射系统仍按通常的方式控制喷油量，必然会引起空燃比过小或过大（混合气过浓或过稀），导致发动机转速不稳、性能下降。此时，失效保护系统给 ECU 提供设定的冷却液温度信号，通常按冷却液温度为 80℃控制发动机工作，防止混合气过浓或过稀。

2. 进气温度传感器信号

当进气温度传感器或其电路发生故障时，ECU 可能会收到超过正常范围（低于-30℃或高于 120℃）的温度信号，若电控燃油喷射系统仍按通常的方式控制喷油量，与冷却液温度传感器或其电路发生故障时相同，必将引起空燃比过小或过大（混合气过浓或过稀），导致发动机转速不稳、性能下降。此时，失效保护系统给 ECU 提供设定的进气温度信号，通常按进气温度为 20℃控制发动机工作，防止混合气过浓或过稀。

3. 点火确认信号

点火系统发生故障造成不能点火，ECU 接收不到点火控制器反馈的点火确认信号时，如果喷油器继续喷油，大量未燃的混合气就会吸入气缸后排出，流入三元催化转换器，不仅会造成燃油浪费和排放污染，而且会使三元催化转换器温度很快升高并超过许用温度。为避免这种情况发生，失效保护系统使 ECU 立即切断燃油喷射，使发动机停止运转。

4. 节气门位置传感器信号

当节气门位置传感器或其电路产生断路或短路故障时，ECU 将始终接收到节气门处于全开或全关状态信号，无法按实际的节气门开度对喷油量等进行精确控制。此时，失效保护系统使 ECU 按设定的节气门位置传感器信号控制发动机工作。失效保护系统中，通常按节气门开度为 0°或 25°设定标准的节气门位置传感器信号。

5. 点火提前角

爆燃传感器或其电路发生故障或 ECU 内爆燃控制系统出现故障时，无论是否产生爆燃，点火提前角都无法由爆燃控制系统进行反馈控制，这将导致发动机无法正常工作。此时，失效保护系统使 ECU 将点火提前角固定在一个适当值。

6. 凸轮轴位置传感器信号

由于凸轮轴位置传感器信号（G 信号）用于识别气缸和确定曲轴转角基准，当该传感器或其电路发生故障时，电控燃油喷射系统和电控点火系统无法控制发动机工作，将造成发动机不能起动或失速。此时，如果传感器或其电路故障不严重，ECU 仍能收到 G_1 或 G_2 信号，还能按完好的 G_1 或 G_2 信号判别气缸和确定曲轴转角基准；但若传感器或其电路故障导致 G_1 或 G_2 两个信号都不能输送给 ECU，则只能利用应急备用系统维持发动机基本运转。

7. 空气流量计信号

如果空气流量计或其电路发生故障，ECU 无法按进气量计算基本喷油时间，将引起发动机失速或不能起动。此时，失效保护系统使 ECU 根据起动信号和节气门位置传感器信号按固定的喷射时间控制发动机工作；当起动开关断开、怠速触点闭合时，以固定的怠速喷油量喷油；当起动开关断开、节气门开度较小时，以固定的小负荷喷油量喷油；当起动开关断开、节气门接近全开或全开时，以固定的大负荷喷油量喷油。

8. 进气管绝对压力传感器信号

在 D 型电控燃油喷射系统中，如果进气管绝对压力传感器或其电路发生故障，ECU 无法按进气量计算基本喷油时间，将引起发动机失速或不能起动。此时，失效保护系统使 ECU 按设定的固定值控制喷油量，或启动应急备用系统维持发动机运转。

拓展知识 5-1 柴油机起动控制系统简介

1. 柴油机起动控制系统的功能

起动是发动机能否正常工作的必要条件。在规定的使用条件下，发动机能否迅速而可靠地起动，是评价发动机工作可靠性的重要指标。

与汽油机相比，柴油机燃料蒸发性差，运动件惯性大，无强制点火装置，尤其在低温条件下，由于起动时的阻力大、混合气形成质量差、不易着火等，导致柴油机比汽油机起动困难。因此，为改善柴油机的低温起动性能，在现代汽车柴油机上采用辅助起动装置已较为普遍。

起动控制系统的功能包括起动时的燃油喷射控制、进气控制、增压控制和辅助起动装置控制等，在此主要介绍柴油机特有的辅助起动装置控制，其他控制都是按预存程序和与其他工况下相同的控制方法进行。

2. 柴油机起动预热装置

导致柴油机低温起动困难的原因主要是起动阻力大、着火条件差。减小低温时起动阻力的措施主要有预热润滑油、稀释润滑油、选用低黏度润滑油、减压起动等，改善低温时着火条件的主要措施有进气预热、燃烧室预热、柴油预热、冷却液预热、选用着火性能好的柴油等。

这里主要介绍应用比较广泛的燃烧室电预热装置。

电预热装置通常称为电热塞，其结构如图 5-14 所示。电热塞的线圈和绝缘的氧化镁填料一起封装在耐高温、耐腐蚀的散热钢套内，散热钢套则压装在电热塞壳体中。电热塞的线圈由两部分构成，一个是位于电热塞头部的加热线圈，另一个则是与加热线圈串联的控制线圈。控制线圈具有正温度系数特性，即其电阻值随温度的升高而增大，随温度的降低而减小；电热塞电源电压一定时，温度越低，控制线圈电阻值越小，流过控制线圈和加热线圈的电流就越大，加热线圈的温度升高快；而温度较高时，由于控制线圈电阻值大，减小了流过加热线圈的电流，从而限制了加热线圈的温度。

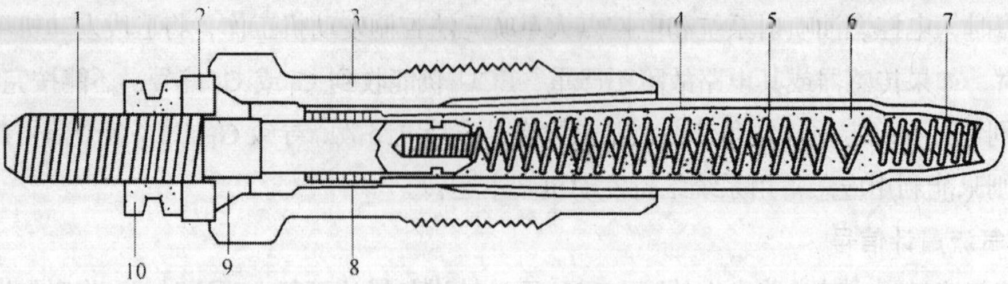

图5-14 电热塞

1—线束插接器；2—绝缘垫片；3—壳体；4—散热钢套；5—控制线圈；
6—填料；7—加热线圈；8—绝缘垫；9—密封垫；10—固定螺母

有些电热塞只有加热线圈，而没有控制线圈。二者相比，带控制线圈的电热塞预热速度快，通电 4s 后，温度即可达到 850℃以上，而不带控制线圈的电热塞需要约 1min。

3. 柴油机起动预热控制系统

以采用电热塞预热的起动预热控制系统为例，其组成如图 5-15 所示。ECU 根据发动机转速信号、冷却液温度信号和点火开关信号，通过继电器控制电热塞是否通电及通电时间的长短。以一汽大众公司宝来电控柴油机为例，当冷却液温度低于 9℃，且点火开关位于“点火接通”位置时，ECU 通过控制线使起动预热控制系统进入工作状态；当点火开关不在“点火接通”位置，或冷却液温度高于 9℃，或发动机转速高于 2 500r/min 时，起动预热控制系统将停止工作。预热指示灯位于仪表盘上，点亮或熄灭由 ECU 控制，起动系统处于工作状态时，指示灯持续点亮；起动系统不工作时，指示灯持续熄灭；ECU 接收到反馈信号线返回的故障信号时，指示灯闪亮。

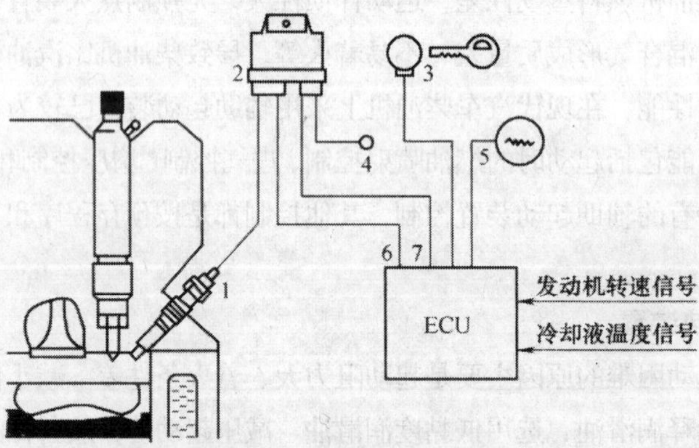

图5-15 起动预热控制系统

1—电热塞；2—电热塞继电器；3—点火开关；4—蓄电池正极线；
5—预热指示灯；6—控制线；7—反馈信号线

起动预热过程各元件通断如图 5-16 所示。当点火开关接通后，若冷却液温度低于设定值，电热塞通电进行预热，同时预热指示灯点亮；当预热指示灯熄灭时，说明电热塞温度已足够，允许起动。当发动机起动着火后，电热塞仍保持通电状态，此阶段的预热称为后预热。后预热有利于柴油机怠速稳定、缩短暖机时间、降低噪声、降低 HC 和 CO 排放量，后预热的时间一般少于 4min。在后预热阶段，若柴油机负荷超过规定值（或转速超过 2 500r/min），后预热也会立即终止。

宝来轿车柴油机起动控制系统电路见图 5-17。ECU 通过电源继电器和预热继电器控制预热塞工作，点火开关接通后，ECU 的端子 18 经内部搭铁使电源继电器内线圈的电路连通，电源继电器的开关闭合；当冷却液温度或进气温度低于设定值时，ECU 的端子 42 经内部搭铁使预热继电器内线圈的电路连通，预热继电器的开关闭合，蓄电池经熔丝和预热继电器向预热塞供电，以对进气进行预热。

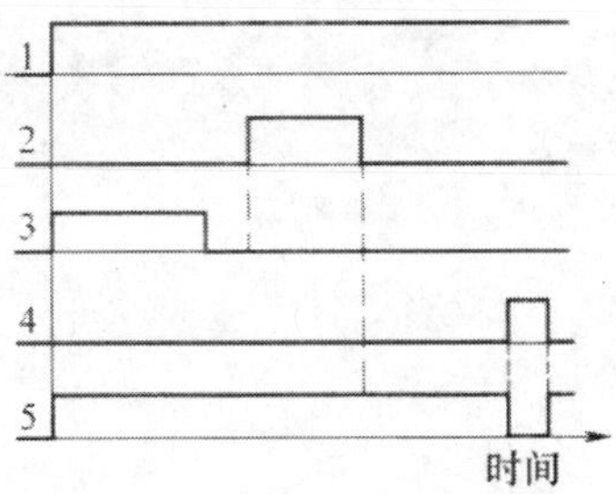

图5-16　起动预热过程各元件通断

1—点火开关；2—起动机；3—预热指示灯；4—负荷或转速；5—电热塞

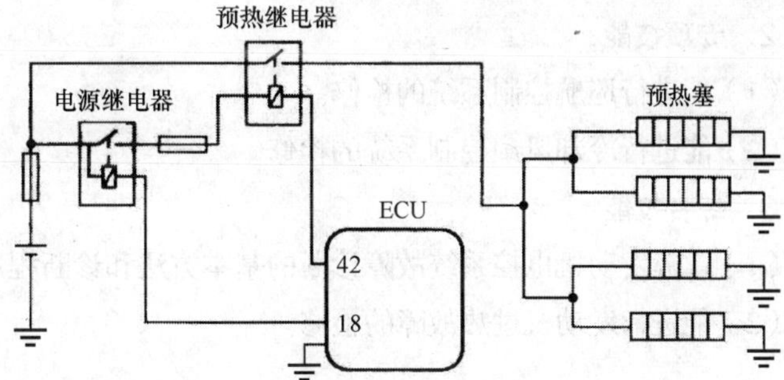

图5-17　起动控制系统电路

【技能训练】

5.5 训练项目及技能、素质要求

5.5.1 训练项目

本项目需实施的训练项目如下：

1. 本项目训练项目

项目 5-1 巡航控制系统检修

项目 5-2 发动机过热——冷却风扇不工作故障

2. 项目实施的主要内容

（1）巡航控制控制开关的检测。

（2）冷却风扇的检测。

（3）冷却风扇控制电路的检测。

项目实施时参考教材进行。

5.5.2 项目技能点

1. 基础技能

（1）能参阅维修手册找到控制元器件的位置。

（2）能正确使用故障诊断仪、万用表、示波器等检测仪器。

2. 专项技能

（1）能进行巡航控制系统的检修。

（2）能进行冷却风扇控制系统的检修。

3. 综合技能

（1）掌握发动机电控系统故障诊断的基本方法和诊断程序。

（2）能进行发动机过热故障的检修。

5.5.3 素质要求

在学习知识、训练技能的同时，逐渐具备以下素质。

（1）严格遵守实训室、实训车间规章、制度，遵守工作纪律。

（2）具有较强的口头与书面表达能力、组织协调能力。

（3）具有良好的心理素质和克服困难的能力。

（4）具有团队协作精神。

（5）能通过各种媒体资源查找所需信息，自主学习新知识、新技术。

（6）能不断积累经验，从个案中寻找共性。

知识点练习

一、填空题

（1）巡航控制系统用英文字母表示为____________，又称____________。

（2）巡航控制系统主要由____________、____________、____________、____________、____________等组成。

（3）驾驶员通过操纵开关给 ECU 输入巡航控制命令，主要用于____________。

二、问答题

（1）巡航控制系统的作用是什么？

（2）电控节气门系统用哪些功能？

（3）失效保护系统的作用是什么？

（4）故障诊断仪有哪些功能？

Chapter 6

项目六 发动机电控系统常见故障诊断

【知识目标】

（1）熟悉发动机电控系统故障的基本诊断方法和诊断程序。

（2）熟悉发动机起动困难等类似故障的基本原因。

（3）熟悉发动机怠速不稳易熄火等类似故障的基本原因。

（4）熟悉发动机间歇性不点火等类似故障的基本原因。

【能力目标】

（1）能参考维修手册，制定发动机怠速不稳易熄火故障的检修计划并予以实施。

（2）能参考维修手册，制定发动机间歇性不点火故障的检修计划并予以实施。

（3）能正确使用故障诊断仪、万用表、示波器等对发动机电控系统各部件进行性能检测。

（4）能正确分析检测结果，并找出故障原因。

【项目案例】

（1）一辆卡罗拉（凯越）轿车，行驶 60 000km，怠速不稳定，容易熄火，维修顾问将车交付于你，请进行检查并将故障排除，提交案例报告。

（2）一辆卡罗拉（凯越）轿车，行驶 60 000km，行驶时有时出现轻微的发动机抖动，维修顾问经检查初步判定为发动机缺火，将车交付于你，请进行进一步检查以确定故障原因，并将故障排除，提交案例报告。

【项目知识点】

随着汽车电子技术的日趋完善，汽车电子化达到了一个相当高的程度。汽车技术正向电子化、自动化、智能化方向发展，汽车已成为集机械、电子、自动控制和通信等技术于一体的复杂系统。在对汽车进行故障诊断时，企业最喜欢的员工是能够诊断出别人所不能诊断出来的故障的人，而这门技巧需要多年的知识积累。

汽车诊断或排除故障是汽车技师工作的主要内容。现在人们使用最新的电脑化、智能化的仪器设备对现代汽车进行性能检测和故障诊断，取代了传统的、简易的检测手段和人工的、凭经验的故障判断方法。

6.1 概述

随着科学技术的发展、制造业的进步及人们需求的不断提高，现代汽车的功能越来越齐全，使其结构复杂、零部件数量繁多；此外，作为一种在移动中完成工作的机械，与其他任何机械设备相比，汽车的使用条件非常恶劣，既要经受风吹雨淋日晒，又要承受温度的剧变和剧烈的振动。因此，汽车在使用的过程当中，其设备状况不可避免地会发生变化，甚至导致汽车发生故障。

因此，汽车技师工作的主要任务，就是借助一定的方法手段，利用仪器设备，通过正确的逻辑判断，查找出导致故障的真正原因，并及时予以排除，使汽车尽快恢复正常工作状态及性能，以延长汽车使用寿命，提高工作安全性。

1. 汽油机电控系统的使用注意事项

电控汽油喷射式发动机出现故障多数是由于使用不当造成的。

（1）了解电控系统各主要元件所在位置，以便对其保护。

（2）掌握仪表盘上各开关、显示灯、仪表等的作用和功能，以及仪表盘上英文缩写的含义。

（3）熟练掌握操作要领，避免误操作。

（4）加装电器设备应远离 ECU，防止干扰，或加装防干扰屏蔽设施。

（5）检查线束连接器是否有油污、潮湿、松动，保持线束连接器清洁、连接可靠。

（6）蓄电池的极性不许接反，禁止用外接电源起动发动机，以免因电压过高损坏电控系统元件。

（7）必须使用无铅汽油，定期更换燃油滤清器。

（8）必须知道“故障指示灯”的工作情况。

2. 汽油机电控系统检修注意事项

汽油机电控系统检修时应注意如下事项。

（1）不要打开微型计算机盖子，因为微型计算机即使坏了也无法修理；若是好的，打开后很可能会破坏其密封性或将微型计算机损坏。

（2）接通点火开关时，不允许拆开任何 12V 电器装置的连接线路，以防止电器装置中的线圈自感作用产生的瞬时高电压损坏 ECU 或传感器。

（3）雨天检修及清洗发动机时，应防止雨水溅到电子设备及线路上。

（4）发动机故障诊断时，先根据“故障指示灯”工作情况进行相应的检查，切忌盲目拆检，确定机械部分无故障后再检查电控系统。

（5）配线和连接器故障，主要是断路和短路、搭铁。

① 断路故障主要由导线折断、连接器接触不良、连接器端子拔出等造成。

一般很少见到导线在中间折断，大多是在连接处断开，尤其是应仔细检查传感器和连接器处的导线。接触不良可能因连接器端子氧化锈蚀、端子松动、污物进入端子或连接器插头与插座之间接触压力过小所致。在故障诊断时，如果分别检查配线和连接器均正常，重插后检查，故障消失，则有可能是配线和连接器接触不良所致。

② 断路故障主要由电气配线与车身搭铁，或在开关内部短路所致。检查电气配线与车身之间是否断路时，应注意检查有无导线卡在车身内或与车身车架有摩擦将绝缘层磨破漏电。

（6）检查线路故障时，应先脱开电控单元和相应传感器的连接器，然后测量连接器相应端子间的电阻以确定是否断路或接触不良。

（7）在维修中，注意各车型线束连接器的锁扣形式，不可盲目用力硬拉，安装时要插接到位，并将锁扣锁住。

（8）对电控系统电路或元件进行检查时，必须使用高阻抗数字万用表检查电压、电阻或电流。

（9）发动机熄火后，燃油供给系统残余压力仍较高，对该系统进行拆卸前，必须释放燃油系统的残余压力。

（10）注意检查线束连接器是否清洁、连线是否可靠。

6.2　故障检修常用工具和仪器

6.2.1　故障诊断与排除常用工具

诊断、检查和排除故障时，需借助一些仪器仪表。在使用这些仪器仪表前应详细了解其结构、性能和注意事项。常用的仪器仪表有电路测试灯、数字式万用表、专用故障诊断仪等。

1. 跨接线

跨接线是一段专用导线，不同形式的跨接线主要是其长短和两端接头不同。跨接线两端的接头一般是不同形式的插头或鳄鱼夹，以适应不同位置的跨接，如图 6-1 所示。其主要用于电路故障诊断。

2. 测试灯

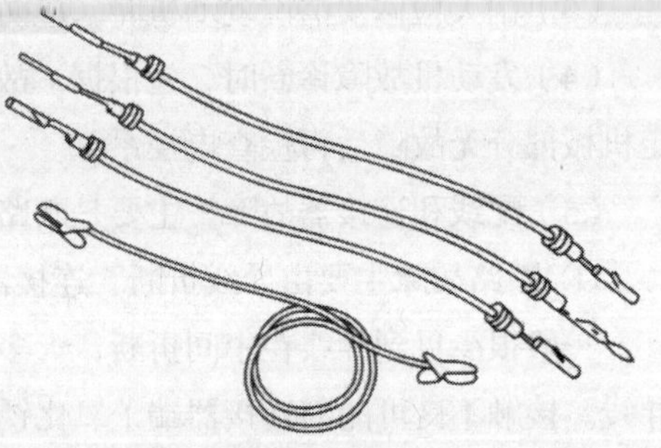

图6-1 跨接线

测试灯主要用来检查电控元件电路的通断。根据指示灯亮度判断被测电路的电压高低。测试灯可分为无电源测试灯和自带电源测试灯，如图 6-2 所示。

（1）无电源测试灯，如图 6-2（a）所示。如果怀疑某电控元件电路有断路故障，可先将测试灯的搭铁夹搭铁，再用探针触其“电源”端子。若灯不亮，则说明被测电路有断路故障，可继续沿电流的流向依次选择测点检查，直到灯亮为止。此时即可确定电路的断开点在最后两测点之间。

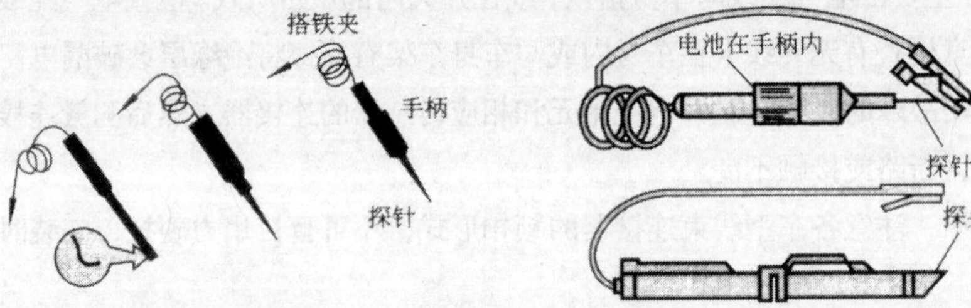

（a）无电源测试灯　　（b）自带电源测试灯

图6-2 测试灯

同时还可检测电路的短路故障，可将测试灯直接跨接在熔丝处，然后依次断开电路中的线束连接器，直到灯熄灭，短路故障即发生在最后两个断开的线束连接器之间。

（2）自带电源测试灯，如图 6-2（b）所示，主要用于电路断路故障检测。检查时将其跨接在被测线路的两端，如果灯不亮，则说明被测线路有断路故障。

3. 数字式万用表

数字式万用表主要用来测量电阻、电压、电流等参数，以此判断电路的通断和电控元件的工作状况，可分为指针式万用表和数字式万用表。检测发动机电控系统必须使用高阻抗数字式万用表。

（1）常用数字式万用表。常用数字式万用表具有测量精度高、测量范围广、输入阻抗高、抗干扰能力强、容易读数等优点，在汽车故障诊断与检修中应用广泛，如图 6-3 所示。

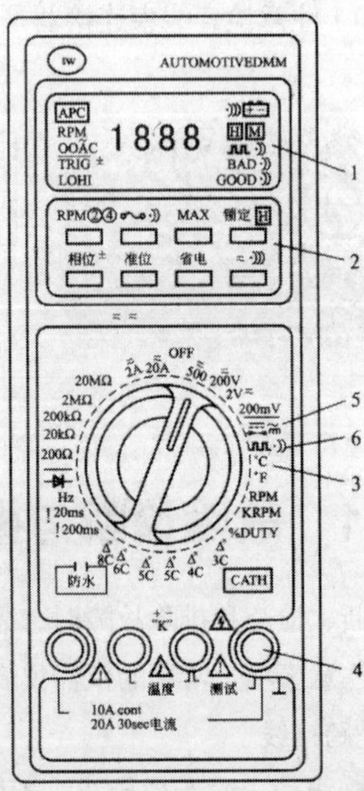

图6-3 TW-9406A型汽车专用数字式万用表
1—液晶显示器；2—功能键；3—转换开关；4—测试线插孔；5—测试发电机二极管、氧传感器和高压线漏电挡；6—故障码测试挡

数字式万用表一般只能用来测量电阻、电压、电流。使用数字式万用表时应注意以下几点。

① 按被测量的性质和数值大小选择合适的“挡位”

和“量程”，并将测量导线插接到相应的“插孔”中。

② 选择万用表的量程时最好从低级到高级进行选择，以便获得较准确的测量数据。

③ 电控元件或电路处于通路状态时，严禁测量其电阻，以防损坏万用表。

（2）汽车万用表。汽车万用表除具有数字万用表的功能外，还具有一些汽车专用测试功能。图6-3 所示的汽车万用表除可用来测量电控元件和电路的电阻、电压、电流外，一般还能测量转速、频率、温度、电容、闭合角、占空比等项目，并具有自动断电、自动变换量程、数据锁定、波形显示等功能。

4. 手动真空泵

手动真空泵又称为手持式真空测量仪，如图 6-4 所示。发动机电控系统中采用真空驱动的元件很多，是用来抽真空的工具。一般带有显示真空度的真空表、各种连接软管和接头等附件，以适应对不同车型和不同真空驱动元件的检测。

使用手动真空泵进行检查时注意事项如下。

① 检查前将各真空软管连接好，防止因真空泄漏而导致测量结果失准。

② 检查时必须按规定对被检元件施加真空度，施加真空度过大会损坏被测元件。

③ 检查完毕后，在拆开连接的真空软管前应先释放真空度，否则会将灰尘、湿气等吸入被检元件内，造成不良后果。

5. 燃油压力表

燃油压力表用来测量燃油供给系统的压力，判断电动汽油泵、油压调节器等燃油系统元件的工作情况，是对燃油系统进行检查和故障诊断的专用工具。图 6-5 所示为燃油压力表示意图。燃油压力表组件包括表头、各车型测试接头、连接管及使用说明书。表头一般用指针式，单位有 kPa、bar 等。使用时注意选择量程与被测系统压力范围相适应的燃油压力表。

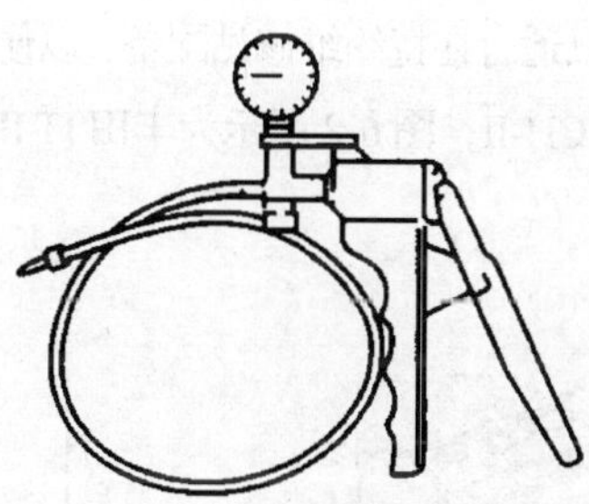

图6-4 手动真空泵

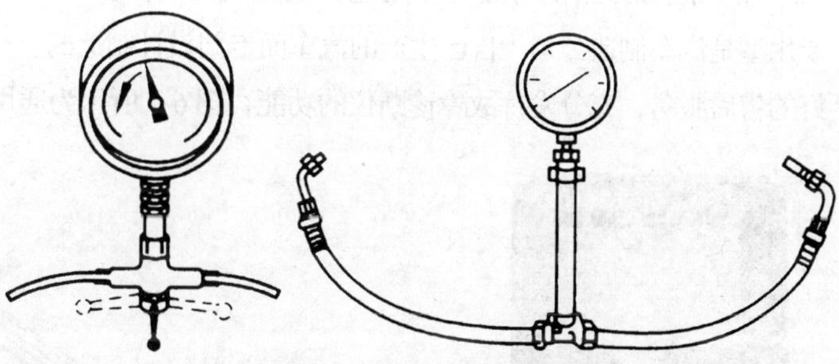

图6-5 燃油压力表示意图

6.2.2 故障诊断与排除常用仪器

随着汽车电子技术的发展，微型计算机控制汽车发动机的结构十分复杂，检修的难度远远大于传统的汽车发动机，只有采用先进的故障诊断分析仪器设备，才能快速、准确地进行故障诊断和检修。发动机电控系统故障诊断与检修的常用仪器主要有喷油器清洗机、故障诊断仪等。

1. 喷油器清洗机功能及简介

电控汽油喷射系统的喷油器是一种精密元件。在使用过程中，喷油器会因自身运动而磨损，汽油中的杂质也会堵塞或锈蚀喷油器的针阀。电控汽油喷射系统相当一部分故障是因为喷油器堵塞、卡滞、泄漏等引起的，会经常用专用喷油器清洗机来清洗和测定喷油器。

喷油器清洗机可分为便携式和固定式两种类型。

① 便携式免拆洗喷油器清洗机无须拆卸，使用方便，但没有测试功能。

② 固定式超声波喷油器清洗机如图 6-6 所示。一般除用来清洗喷油器外，还具有喷油器滴漏检查和喷油量检查的功能。使用时按使用说明书进行操作。

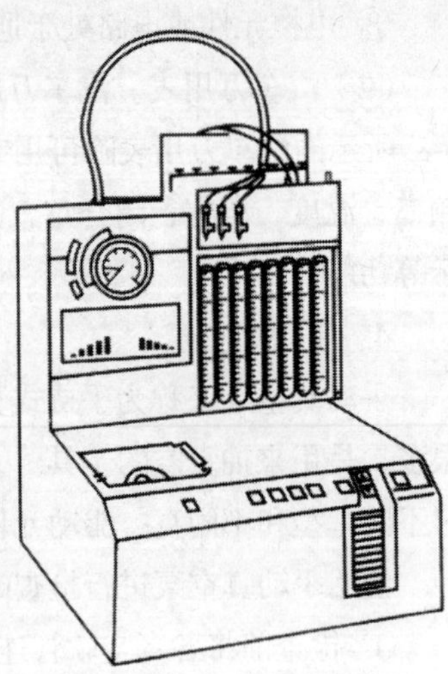

图6-6 固定式喷油器清洗机

2. 故障诊断仪功能及简介

（1）故障诊断仪具有以下功能。

① 快速、方便地读取或清除故障码。

② 对发动机控制系统进行动态测试，显示瞬时信息，为诊断故障提供依据。

③ 能在静态或动态下，向电控系统各执行元件发出检修作业需要的动作指令，以便检查执行元件的工作状况。

④ 在车辆运行或路试时，监测并记录数据流。

⑤ 具有示波器功能、万用表功能和打印功能。

⑥ 有些诊断仪能显示系统控制电路图和维修指导，可供故障诊断和检修时参考。

⑦ 有些功能强大的专用诊断仪能对发动机控制单元 ECU 进行某些数据的重新输入和更改。

（2）常见故障诊断仪可分为专用型和通用型两大类。

专用型是汽车制造公司为自已生产的汽车而专门设计制造的。一般只适合在特约维修站配备，以便提供良好的售后服务，充分发挥故障诊断仪的功能，图 6-7 所示为通用 TECH-II，图 6-8 所示为丰田 IT-II。

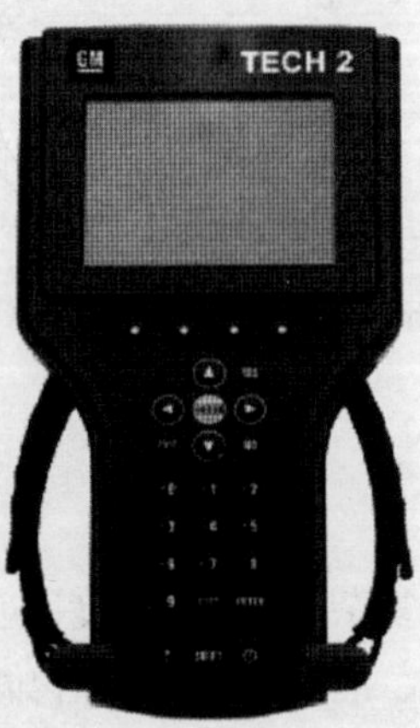

图6-7 通用TECH-II

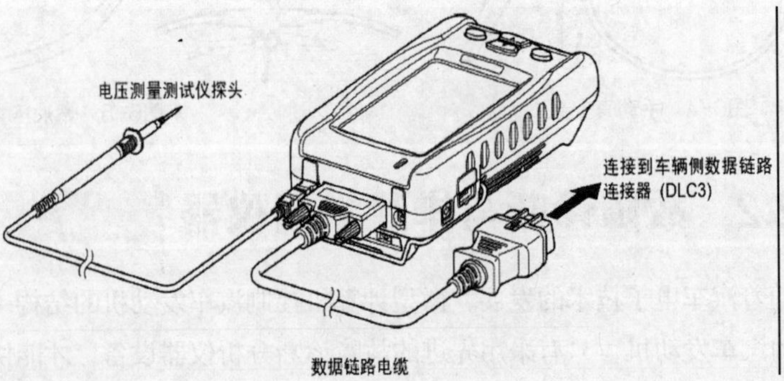

图6-8 丰田IT-II

通用型是汽车保修设备制造公司为适应诊断检测多种车型而设计制造的，一般都配有不同车系的测试卡和适合各种车型的检测连接电缆连接器。测试卡存储有几十种甚至上百种不同公司、不同车型汽车电控系统的检测程序、检测数据和故障码等资料，适合综合性维修企业使用。图 6-9 所示为 KT600 故障诊断仪。

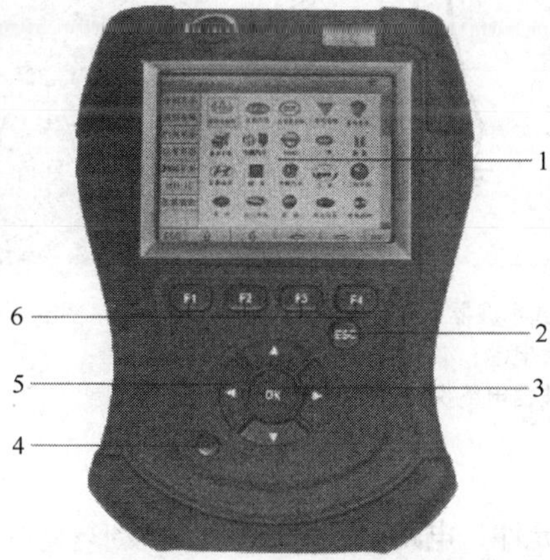

图6-9　KT600故障诊断仪

序　号	项　目	说　明
1	触摸屏	LCD 触摸式真彩屏
2	ESC	返回上级菜单、推出
3	OK	进入菜单、确认所选项目
4	⏻	电源开关
5	[▲] [▼] [▶] [◀]	方向选择键
6	F1 F2 F3 F4	多功能辅助键

故障诊断仪的基本操作方法如下。

① 选择测试卡和合适的连接电缆连接器（专用故障诊断仪不需此项）。

② 连接故障诊断仪。

③ 选择测试地址和功能。

④ 进行测试。

3. 示波器功能简介

汽车微机控制系统工作中，由各种传感器或装置向微型计算机输入各种控制电信号，由微型计算机综合分析后再向各执行元件输出各种控制信号。这些信号可分为模拟信号和数字信号两类。示波器主要用来显示控制系统中输入、输出信号的电压波形，以供维修人员根据波形分析判断电控系统故障。它比一般电子设备的显示速度快，是唯一能显示瞬时波形的检测仪器，是电控系统故障诊断中的重要设备，分为模拟式示波器和数字式示波器，图 6-10 所示为元征 KES-200 数字式示波器，图 6-11 所示为 KT600 故障诊断仪示波器功能界面。

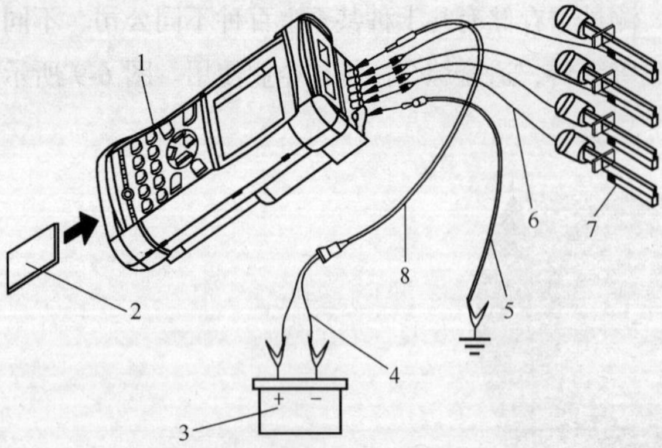

图6-10 KES-200数字式示波器

1—主机；2—发动机分析测试卡；3—蓄电池；4—蓄电池电缆；
5—接地电缆；6—示波器电缆；7—示波器电缆探头；8—主电缆

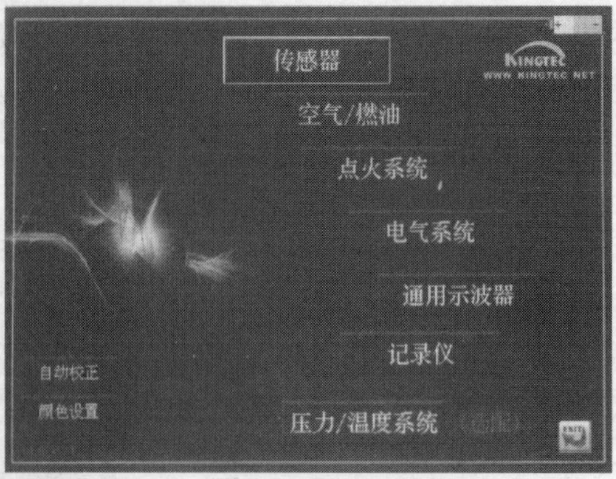

图6-11 KT600示波器功能界面

示波器的主要功能如下。

① 测试各种传感器、执行元件、电路和点火系等电压波形。

② 数字式示波器具有汽车万用表功能，可测试电压、电阻、闭合角、喷油脉冲、喷油时间、点火电压等。有的示波器内部还存有汽车数据库和标准波形，使判断故障更为方便。

③ 数字式示波器可对测试内容进行记录、回放。

④ 能提供在线帮助，包括提供系统工作原理、测试连接方法、接线颜色等。

示波器具有以下主要功能。

① 测试各种传感器、执行元件、电路和点火系统等电压波形。

② 数字式示波器具有汽车万用表功能。

③ 数字式示波器可对测试内容进行记录、回放。

④ 能提供在线帮助，包括提供系统工作原理、测试连接方法、接线颜色等。

4. 多功能信号模拟检测仪功能及简介

多功能信号模拟检测仪也是汽车微机控制系统检测诊断中重要的设备之一，它的基本功能是可以模拟发动机控制系统各传感器信号，尤其是对电控系统传感器及其线路故障的诊断。利用此类检验仪可简化分析过程、缩短诊断时间。

例如，通过故障码显示为水温传感器信号不良故障，但究竟是水温传感器本身的故障还是传感器至微型计算机之间的配线故障或是微型计算机本身的故障，需进一步诊断。此时可以通过信号模拟检测仪模拟水温传感器的信号代替水温传感器向电控单元输入信号。如果发动机工作状况改善，故障症状消失，即可判断为水温传感器的故障。若故障症状无改善，可直接由微型计算机相应的端子将信号输入，若故障症状消失，即为水温传感器至微型计算机配线故障；若故障症状无改善，则可判定微型计算机本身故障。

PRI 公司生产的 SST III 汽车多功能信号模拟检测仪（见图 6-12）具有以下各种功能。

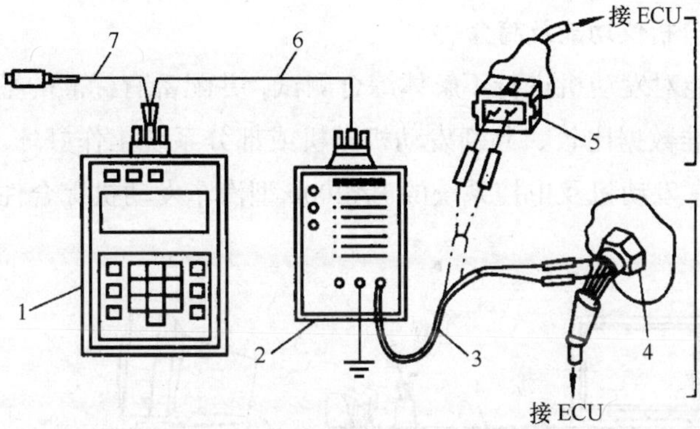

图6-12　汽车多功能信号模拟检测仪

1—431ME主机；2—传感器测试/模拟器；3—红色测试线；4—传感器；5—传感器通往ECU插头；6—测试主线；7—电源线

① 模拟 3 个输出为线性电压值的传感器工作参数，如进气压力传感器（MAP）、空气流量计（MAF）、节气门位置传感器（TPS）等，均属于此类传感器。SST III 可模拟上述传感器产生一个连续的直流电压并显示出来。

② 输出恒定电压值以模拟氧传感器的工作参数。SST III 可产生一个 0.15V 的恒值连续电压信号以模拟混合气过稀（空燃比过大）状态下氧传感器所产生的信号，也可以产生一个 0.85V 的恒值连续电压信号以模拟混合气过浓（空燃比过小）状态下氧传感器所产生的信号。

③ 模拟电阻变化型（双线）传感器的工作参数，以实现对进气温度传感器（MAT）、水温传感器（ECT）等电阻变化型传感器输出信号的模拟。SST III 可根据需要选择各种不同的阻值范围。

④ 模拟频率传感器所发出的频率信号（DC），输出脉冲信号，以实现对曲轴位置传感器等输出为脉冲信号的传感器工作参数的模拟。SST III 可根据需要输出不同频率的信号。

⑤ 模拟车速传感器信号。SST III 可产生不同频率的车速传感器信号（AC）。

⑥ 模拟发动机发生不同程度爆震燃烧时，其爆震传感器的输出信号。

⑦ 线路导通性检测。SST III 检测仪设计了线路导通情况的检测功能。将检测仪的红、黑两测试笔接到线路两端，当线路导通时，检测仪中的蜂鸣器发出蜂鸣声，表示线路正常。

⑧ 具有汽车数字式万用表的各种功能。SST III 可以作为数字式万用表测量直流电压、电流、脉冲信号频率以及交流信号的电压、电流、频率等电量，同时可以测量较宽范围的电阻值。

SST III 实现对汽车工作状态的模拟和对汽车工况的控制，可进行动态下的故障诊断。

使用 SST III 模拟传感器的输入信号，可判断故障是处在传感器还是线路或是微型计算机内部。当由 SST III 代替传感器输入相应的信号后，发动机工作状况有所好转，即可判断故障由传感器引起，否则是线路或微型计算机内部故障。

利用 SST III 控制汽车发动机运行工况。它可以代替水温传感器控制发动机的开环控制和闭环控制；代替节气门位置传感器检测怠速混合气空燃比的控制；代替大气压力传感器模拟不同的海拔高度检测控制系统空燃比的控制对海拔高度的敏感性；代替氧传感器控制喷油量的大小，实现对空燃比的控制；模拟进气压力传感器控制点火提前角及喷油量；模拟爆震传感器控制点火正时等。

5. 发动机综合性能分析仪功能及简介

发动机综合分析仪能对发动机进行不解体综合测试，并配备有标准的数据及专家分析系统，可通过对测试结果与标准数据比较，判断发动机整机或部分系统工作好坏。深圳元征科技股份有限公司推出的检测汽车发动机及电控系统的EA2000型汽车发动机综合性能分析仪，如图6-13所示。

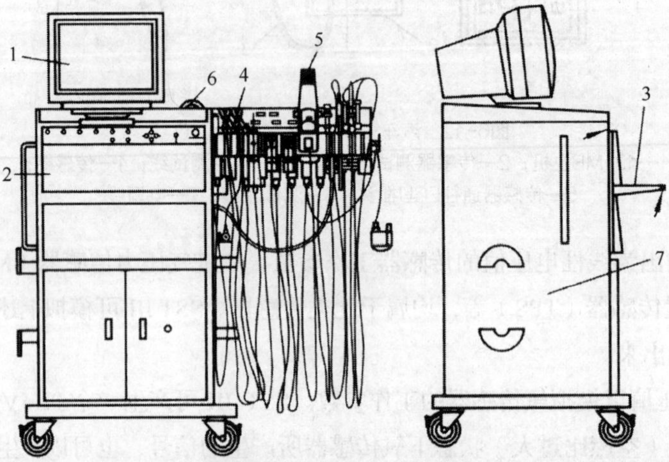

图6-13 元征EA2000型汽车发动机综合性能分析仪
1—14英寸彩色显示器；2—PC586微机及打印机；3—键盘；
4—各种探头及传感器；5—正时灯；6—鼠标；7—机箱

EA2000 通过传感器采集信号，经前端预处理器处理后，输入计算机进行处理，以不同的形式输出，可以直观、方便地对发动机进行故障检测、分析与诊断。它还可以和检测线主机以不同方式进行数据通信交换信息，以便对车辆及用户信息和检测数据进行集中监控与管理。

6.3 故障诊断的一般方法

6.3.1 汽油机电控系统故障诊断的原则和一般程序

汽油机电控燃油喷射系统比较复杂，在诊断故障时需要掌握系统的原理、结构、检修步骤及检修仪器的使用方法。主要应掌握以下几方面知识。

① 电控燃油喷射系统的概况及基本原理。

② 各传感器、电控单元、执行器是如何运作的，以及其性能参数是多少。

③ 电控单元及各传感器的接口端子标识。

1. 汽油机电控系统故障诊断的原则

（1）先思后行。当发动机出现故障时，根据故障现象先进行故障分析，在清楚可能的故障原因后再选择适当的程序和方法进行故障诊断操作，以防止故障诊断操作的盲目性。尤其是在面对故障原因比较复杂的故障现象时，“先思而后行”既可避免对无关的部位做无效的检查，又不会漏检有关的部位，达到准确迅速排除故障的目的。

（2）故障码优先。当故障自诊断系统监测到电子控制系统故障时，都会以故障码的方式储存故障信息，但并不是所有的故障都通过发动机故障警告灯报警。因此，无论仪表板上的发动机故障警告灯是否亮起报警，在对发动机电子控制系统进行检查以前，均应先进行读取故障码操作，以便充分利用故障自诊断系统迅速而又准确地排除故障。

（3）先简后繁。对能以简单方法检查的可能故障部位，先进行检查。直观检查最为简单，一些较为明显的故障可通过看、摸、听、闻等直观检查方法予以确认，因此能直观检查的可能故障部位应首先予以检查。需要用仪器、仪表或其他专用工具进行检测的，较容易检查的安排在前面。这样，往往可使电控发动机的故障诊断变得较为简单。

（4）先备后用。电子控制系统部件性能是好是坏、电路正常与否，通常以电压或电阻等参数值来判断。如果没有这些诊断参数，不了解检测的位置，往往会使电子控制系统的故障诊断变得很困难或根本无法进行。所谓“先备后用”就是要在检修该型电控发动机以前，应准备好有关的诊断参数和其他检修资料，以免影响故障诊断的顺利进行。除了从维修手册及专业书刊中获取这些资料外，另一个有效的途径是通过对没有故障的发动机电子控制系统有关部件和检测要点的测量，获得对同类型发动机进行故障诊断所需的诊断参数。

2. 汽油机电控系统故障诊断的一般程序

对于电控汽车故障的诊断与排除，一般要经过向车主调查、查阅资料、直观检查、调取故障码等程序来进行，如图 6-14 所示。

对诊断与排除故障的程序如下。

① 询问。向车主调查故障产生时间、症状、情况、条件、如何产生、是否已检修过、动过什么部位。

② 查阅资料。在对汽车进行检测前，一定要掌握该车的有关数据、所要检查部件的准确位置、接线图、接线和检测方法以及检测仪器的使用。

③ 直观检查。直观检查是故障分析最基本的检查，可以确定前面对故障的估计是否正确。其内容包括看、听、摸。

看：看是否有部件丢失，电线是否脱线，接线器是否接合，有无接错线，各种软管的连接状况等。

听：听起动发动机，检查是否有漏气、杂音，可能产生故障的部件能否正常工作等。

摸：通过触摸检查某些部件是否在正常工作，接线是否牢固，软管是否断裂等。

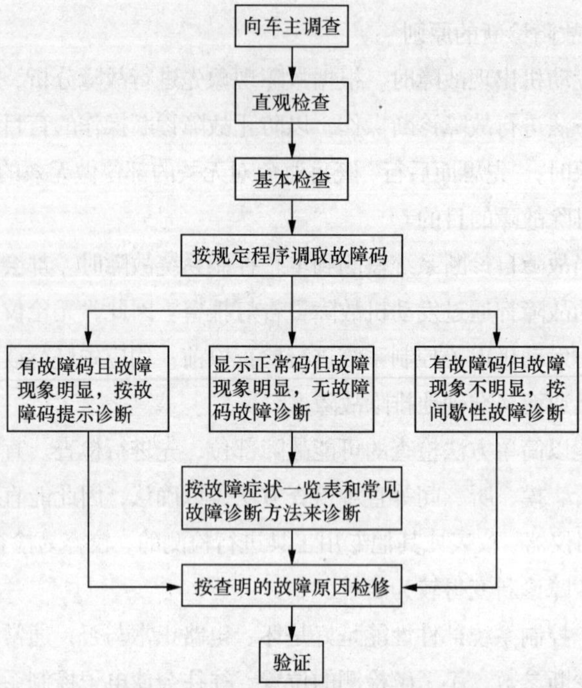

图6-14 电控汽车故障诊断程序表

④ 基本检查。基本检查主要包括基本怠速和基本点火正时的检查与调整。在进行基本检查时，必须使发动机冷却液温度达到正常工作温度（80℃以上），同时关闭车上所有附加电器装置，如空调、除霜等；还应在散热器风扇未动作时执行检查与调整，以免风扇动作的电源消耗，影响怠速的正确性。

⑤ 调取故障码。按照该车所要求的操作程序进入自诊断状态，调取故障码，作为故障判断的依据。

⑥ 检测。只有在进行检测后才能最终判定故障的位置并找到产生故障的原因。检测的内容包括信号检测、数据检测、压力检测、执行器动作检测等。

⑦ 验证。验证故障是否已排除。

6.3.2 汽油机电控系统故障诊断的基本方法

1. 故障码诊断法

调取故障码的基本方法可分为使用随车自诊断系统调取和使用故障诊断仪调取。

① 利用仪表盘上"故障指示灯"的闪烁规律读取故障码。现代汽车电子控制系统都具有故障自诊断功能。当系统出现故障时，ECU 会使仪表盘上"故障指示灯"即"CHECK ENGINE"（检查发动机警告）灯点亮，并有规律地闪烁，同时将故障码信息存入存储器。检修人员可以通过一定的程序将故障码从 ECU 中调出，根据故障码所显示的内容，迅速、准确地确定故障的性质和部位，有针

对性地去检查有关部位、元件和线路，将故障排除，如图 6-15 所示。适应车型有丰田、本田、部分通用、福特、克莱斯勒车系轿车等。

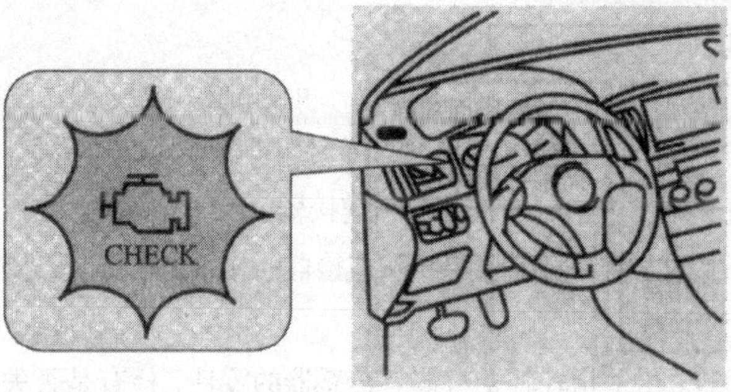

图6-15 故障指示灯

② 第二代随车诊断系统（OBD-Ⅱ）的汽车，具有统一的故障诊断座和统一的故障代码，只需用一台仪器即调取各汽车制造公司生产的各型汽车故障码。

2. 无故障码的诊断

无故障码故障指车辆在使用中有明显的故障现象，但故障灯不亮，按规定程序调取故障码时，显示正常码。无故障码故障的基本诊断步骤如表 6-1 所示。

表 6-1 无故障码故障诊断步骤

步骤	检查内容	正常	不正常时的处理方法
1	发动机不工作时检查蓄电池电压	不低于 12V	充电或更换蓄电池
2	盘转发动机检查曲轴能否转动	能转动	按“故障诊断表”诊断
3	起动发动机检查能否起动	能起动	直接转到步骤 7 进行检查
4	检查空气滤清器滤芯是否过脏	滤芯良好	清洁或更换滤芯
5	检查发动机怠速运转情况	怠速运转良好	按“故障诊断表”诊断
6	检查发动机点火正时	点火正时准确	调整
7	检查燃油系统压力	压力正常	检查排除燃油系统故障
8	检查火花塞和高压线跳火情况	火花正常	检查排除点火系统故障
9	上述检查是否已查明故障原因	查明故障原因	按“故障诊断表”诊断

实际中，无故障码故障的基本诊断可按照本教材 6.5 节常见故障的诊断程序或参考维修手册给出的故障诊断参考程序进行。本教材 6.6 节给出了通用别克车系的典型故障参考诊断程序。

3. 间歇性故障诊断

在利用故障码诊断法进行故障诊断时，有时读不出故障码，但故障却确实存在，且没有明显的故障征兆。这类在外界因素（如温度、受潮、振动等）影响下有时存在、有时又自动消失的故障称为间歇性故障。对此类故障，故障征兆模拟法是一种行之有效的诊断方法。

故障征兆模拟法，不仅要对故障进行验证，而且还应找出故障的部位或零、部件。为此，在模拟实验前必须把可能发生故障的电路范围尽可能缩小，然后再进行故障征兆模拟实验，判断被测试的电路是否正常，同时也验证了故障征兆。

（1）振动法。当振动可能是故障的主要原因时，可使用振动法。振动法主要检查连接器（线束接插件）、配线、零件与传感器。在检查过程中，观察是否再现故障征兆。

① 连接器。在垂直和水平方向轻轻摇动各个连接器。

② 配线。在垂直和水平方向轻轻摇动配线和连接器的接头。振动支架和穿过开口的连接器都是应仔细检查的部位。

③ 零、部件和传感器。用手指轻轻拍打装有传感器的零件，检查是否失灵。在检查时要注意不要用力拍打继电器，否则可能会使继电器开路，产生新的故障。

（2）加热法。当怀疑某一部位是因为受热而引起的故障时，可用电吹风或类似工具加热可能引起故障的零件或传感器，检查是否出现故障。在使用加热法时应注意以下几点。

① 加热温度不能高于 60℃（温度限制在不致损坏电子器件的范围内）。

② 不可直接加热 ECU 中的零件。

（3）水淋法。当故障可能是雨天或在高湿度环境下引起时，可使用水淋法。用水喷在车辆上，检查是否出现故障。但应注意：

① 不可将水直接喷淋在发动机电控零部件上。正确的方法是应将水喷淋在散热器前面，间接改变温度和湿度。

② 不可将水直接喷射到电子器件上。

（4）电器全部接通法。当怀疑故障可能是用电负荷过大引起时，可使用此方法。接通所有电气负载，包括加热器鼓风机、前照灯、后窗除雾器、空调以及音响等，检查是否出现故障。

（5）道路试验法。只在特定的行驶状态下出现的故障用此方法。

4. 仪器诊断

在上述诊断过程中要充分发挥诊断仪器的作用，通过各种数据、波形等检查电控系统的故障点。

（1）故障诊断仪。在发动机运行或路试时监测并记录数据流，通过实测数据与标准数据或其他正常数据的对比，分析故障点。对于卡罗拉轿车怠速时，转速 700r/min 左右，点火提前角在 10°左右，喷油量在 2.0 ml 左右，轻踩加速踏板转速上升，点火提前角明显增大，喷油量有轻微变化，通过故障诊断仪可以监测以上数据及其变化的情况，从而分析数据是否正常。

对发动机控制系统进行动态测试，并监测相关数据的变化。如对卡罗拉轿车喷油器进行性能测试，可以分别关闭各缸喷油器；如关闭一缸喷油器，此时发动机转速会上升，并出现较强的振动，如无上述变化则说明一缸喷油器或点火系统工作不良。如对威驰轿车怠速控制阀进行性能测试，通过控制怠速控制阀的占空比为 50%或 5%；当占空比为 5%时发动机怠速急剧降低甚至熄火，若无上述现象则说明怠速控制阀或其控制线路存在故障。

（2）示波器。通过示波器测试各种传感器、执行元件、电路和点火系等电压波形。如卡罗拉轿车测试主氧传感器波形，在正常怠速时其信号电压不断在0.1～0.9V范围内变化，每10s变化8次，副氧传感器波形变化次数明显较少；如主氧传感器波形变化少或无变化则说明主氧传感器存在故障，或混合气浓度有问题，需做进一步检查。副氧传感器波形变化频率接近主氧传感器则说明三元催化转换器已失效。

如测试凯越轿车空气流量计信号，为一定频率的方波信号，轻微抖动节气门其频率随之变化；如方波信号或频率不变则说明空气流量计存在故障。

（3）尾气分析仪。通过尾气分析仪测量尾气中CO、HC、NO_x、O_2的含量。如怠速时CO、HC偏高较多，O_2含量很低，则说明混合气过浓，需进一步检查；如CO、HC、O_2均偏高，则说明发动机燃烧不良，需进一步检查。

检查中根据实际情况还可以充分利用信号模拟器、发动机综合性能分析仪等进行检测与诊断，这里不再详述。

6.4 电路及电控元件故障诊断

6.4.1 汽车电路图及电路的识别常识

1. 汽车电路的特点

在对汽车进行故障诊断或检修时，利用汽车电路图可帮助我们按汽车上的线路迅速查找电控系统元件的安装位置，以便对故障相关线路进行检查，可避免检修过程中将线路错误连接。

汽车整车电路通常由电源电路、起动电路、点火电路、照明与灯光信号装置电路、仪表信息系统电路、辅助装置电路和电子控制系统电路组成。

2. 汽车电路图的分类

汽车电路图可分为布线图、原理图和线束图。

① 布线图。布线图反映了汽车电器在车身上的大体位置。

② 原理图即全车电路原理图。在生产与教学中，常常需要尽快找到某条电路的始末，以便确定故障分析的路线。在分析故障原因时，不能孤立地仅局限于某一部分，而要将这一部分电路在整车电路中的位置及与相关电路的联系都有所了解。

3. 识读电路图的一般要点

识读电路图要注意以下几点。

① 纵观“全车”，眼盯“局部”，由“集中”到“分散”。

全车电路图一般都是由各个局部电路图所构成的，它表达了各个局部电路之间的连接和控制关系。要把局部电路图从全车总图中分割出来，就必须掌握各个单元电路的基本情况和接线规律。

汽车电路图的基本特点是：单线制、负极搭铁、各用电器互相并联。开始时必须认真地读几遍图注，对照线路图查看电器在车上的大概位置及数量，电器的用途，有没有新颖独特的电器等。应特别注意新颖独特的电器。

② 抓住“开关”即所控制的“对象”的作用。开关是控制电路通断的关键，特别注意继电器不仅是控制开关也是被控制对象。

③ 寻找电流的“回路”即控制对象的“通路”。

4. 汽车电路中的线路颜色标记及符号

为方便识别和检修复杂的汽车电器线路，各汽车制造公司普遍采用不同颜色、不同编号的导线区分不同的电器回路如表 6-2 所示。

表 6-2　　汽车电路中的线路颜色标记及符号对照表

线路种类	主　色	颜色标记
电源线路	红	R
点火与起动线路	白	W
前照灯、雾灯等外部照明线路	蓝	U
转向灯及灯光信号线路	绿	G
防空灯及车内照明线路	黄	Y
仪表、报警信号及电喇叭线路	棕	N
收音机、时钟、点烟器等辅助电器线路	紫	P
多种辅助电动机及电器控制线路	灰	S
搭铁线路	黑	B

6.4.2 电路故障检测与诊断

电控系统电路的常见故障是断路或短路。此类故障常使用高阻抗数字万用表的电阻挡或电压挡进行诊断。

1. 选择测点

需要把线束连接器端子作为测点时，则应拆开线束连接器。如果必须在线束连接器处于插接状态时测量参数（如传感器输出信号电压），则应先将线束连接器上的橡胶防水套向后脱出，将万用表测量表笔从后端以适当角度插入并触及端子，进行检查。

2. 断路故障的检查

图 6-16 所示为一典型传感器断路的检查线路，拆开 3 个线束连接器 A、B、C 中的任意两个，

分别测量端子 1～1 和 2～2 之间的电阻。若电阻值为 0 Ω，说明两测点间无断路；若电阻为∞，说明两测点之间断路。

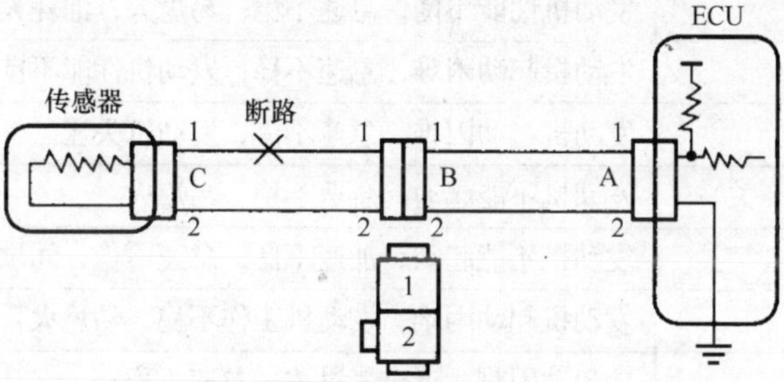

图6-16　断路的检查

3. 短路故障的检查

电路短路故障可通过测量连接器端子与车身或搭铁线之间是否导通（电阻为 0Ω）来检查。

检查与搭铁线的导通情况。脱开连接器 C 和 A，测量连接器 A 的端子 1 和 2 与车身之间的电阻，如图 6-17 所示。若连接器 A 的端子 1 与车身搭铁线的电阻为 0Ω，说明导通短路；若连接器 A 的端子 2 与车身搭铁线的电阻为∞，说明不导通。

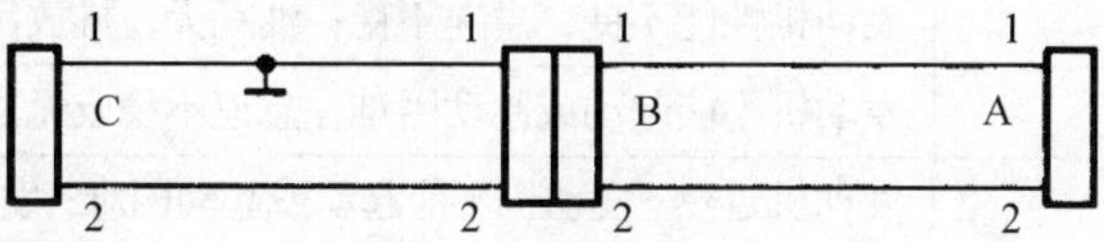

图6-17　短路的检查

脱开连接器 B，分别测量连接器 A 和 B 的端子 1 与车身搭铁线之间的电阻。若连接器 A 的端子 1 与车身搭铁线的电阻为∞，说明不导通；若连接器 B 的端子 1 与车身搭铁线的电阻为 0 Ω，说明导通短路即连接器 B 的端子 1 与车身之间有短路搭铁故障。

6.4.3　主要部件故障检测与诊断

电控系统各组成部件、传感器本身及配线出现故障是造成电控系统故障的主要原因，可见掌握各部件发生故障时所产生的现象及其对发动机及车辆的影响，对迅速查找故障原因极为重要。表 6-3 所示为电控系统主要部件、配线故障及其故障现象。

表 6-3　　电控系统主要部件、配线故障及其故障现象

序号	元 件 名 称	发动机故障现象
1	ECU	发动机不能起动；发动机性能失常
2	空气流量计	发动机起动困难；发动机性能失常，怠速不稳，加速时回火、放炮、油耗大，爆燃
3	进气管绝对压力传感器	发动机起动困难；发动机性能失常，怠速不稳，油耗大
4	大气压力传感器	发动机性能不良，怠速不稳
5	节气门位置传感器	发动机起动困难，怠速不稳；发动机性能不良，易熄火

续表

序号	元件名称	发动机故障现象
6	进气温度传感器	发动机性能不良，怠速不稳；易熄火，油耗大，混合气过浓
7	水温传感器	发动机起动困难，怠速不稳；发动机性能不良，易熄火
8	怠速控制柄	发动机起动困难，怠速不良，发动机失速
9	P/N、P/S、A/C 开关	发动机不能起动，怠速不稳，易熄火
10	曲轴位置传感器	发动机不能起动，加速不良，怠速不稳，间歇性熄火
11	喷油器	发动机起动困难；发动机工作不稳，易熄火，怠速不稳
12	冷起动正时开关	冷起动困难，混合气过浓，怠速不稳
13	冷起动喷油器	冷起动困难，怠速不良，混合气过浓，油耗大，排放污染增加，间歇性熄火
14	燃油泵	发动机不能起动；发动机运转中熄火
15	燃油压力调节器	发动机起动困难；发动机性能不良，怠速不稳，易熄火
16	燃油滤清器	发动机不能起动；发动机运转不稳
17	节气门	发动机不能起动或起动困难；发动机性能不良
18	氧传感器	发动机性能不良，怠速不稳；油耗大，排放污染增加，空燃比失常
19	曲轴箱通风阀	发动机不能起动或起动困难，怠速不稳或无怠速，加速不良，油耗大
20	EGR 阀	发动机过热；发动机不能起动或起动困难；发动机动力不足，减速熄火，爆燃，油耗大
21	活性炭罐电磁阀	发动机性能不良，怠速不稳，空燃比失常
22	爆燃传感器	爆燃，点火正时失准，发动机工作不稳
23	点火线圈	发动机不能起动，无高压火花，次级电压过低
24	点火控制器	发动机不能起动，无高压火花，次级电压过低，怠速不良
25	点火信号发生器	发动机不能起动；发动机工作不稳，怠速不稳，易熄火
26	可变配气相位电磁阀	发动机抖动、爆燃，怠速不稳；发动机动力不足，三元催化转换器损坏

6.5 汽油机电控系统常见故障的诊断与排除

在对电控系统进行故障诊断时，按故障码提示或无故障码时，如果通过基本检查不能查明故障原因，则可根据故障现象按故障诊断推理进行检查，如表 6-4 所示。

表 6-4　　电控燃油喷射发动机常见故障

序号	故障类型	主要故障现象
1	发动机不能起动	起动发动机时，发动机不转．或能转动但不着火
2	发动机起动困难	发动机不易起动，起动着火后很快又熄火
3	发动机失速	发动机正常运转时，转速忽高忽低，不稳定
4	发动机怠速不良	① 怠速过高：发动机在正常怠速工况下，其转速明显高于标准 ② 怠速不稳、易熄火：怠速转速过低，不稳定、经常熄火
5	发动机加速性能不良	发动机加速时，无力且有抖动现象，转速不易提高
6	发动机动力不足	混合气过稀：进气管有回火现象 混合气过浓：排气管有冒黑烟或放炮现象

1. 电控发动机不能起动故障

起动发动机时，发动机不转，或能转动但不着火。电控发动机不能起动的故障诊断程序如图 6-18 所示。

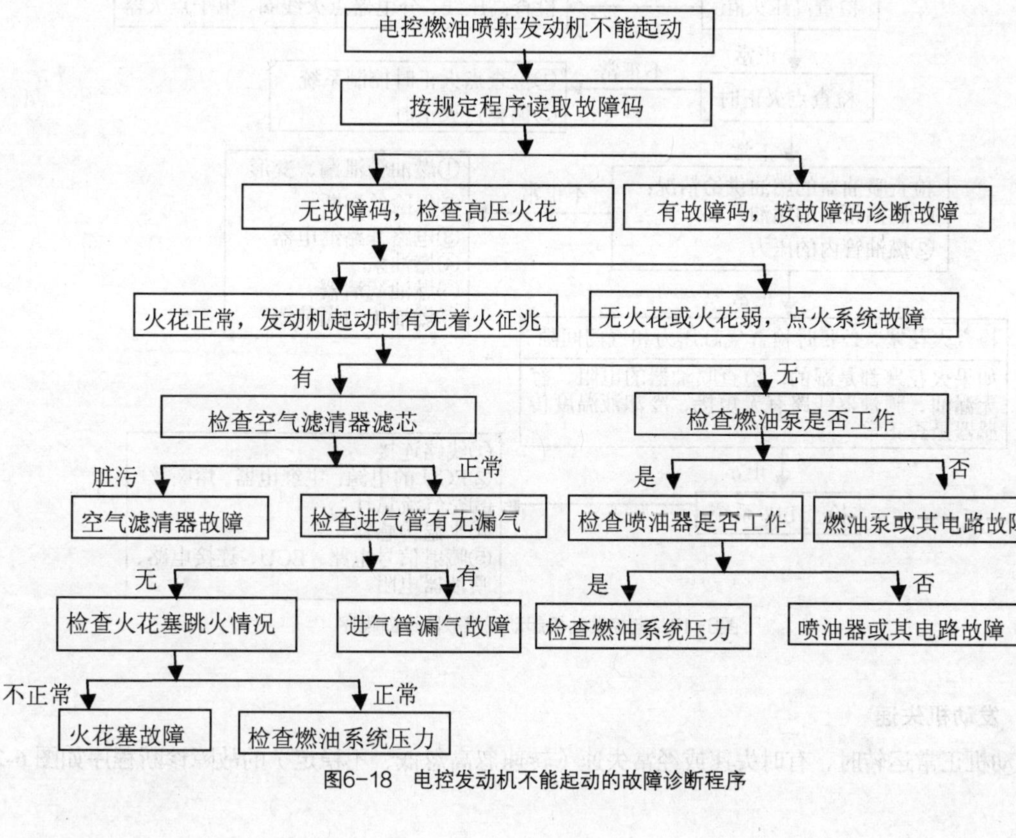

图6-18　电控发动机不能起动的故障诊断程序

2. 电控发动机起动困难

发动机不易起动，起动着火后很快又熄火。电控发动机起动困难的故障诊断程序如图 6-19 所示。

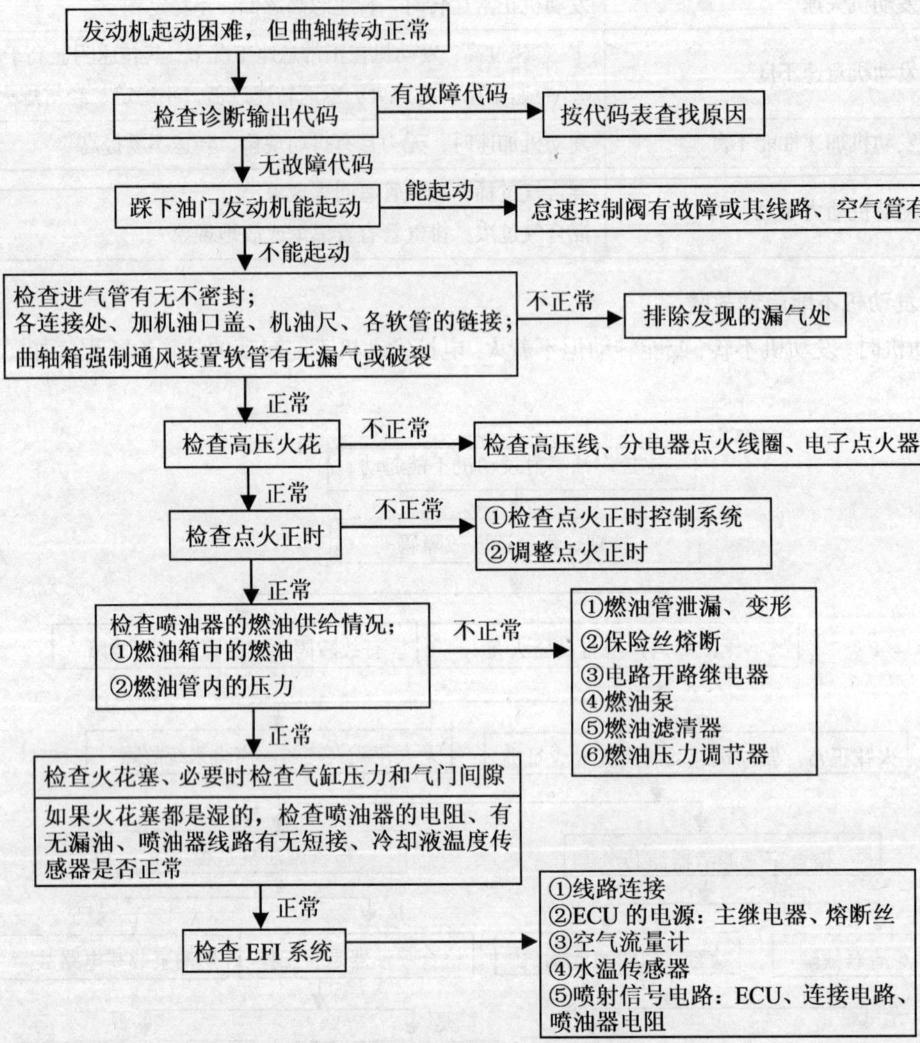

图6-19 电控发动机起动困难故障诊断程序

3. 发动机失速

发动机正常运转时，有时失速或经常失速（转速忽高忽低、不稳定）的故障诊断程序如图 6-20 所示。

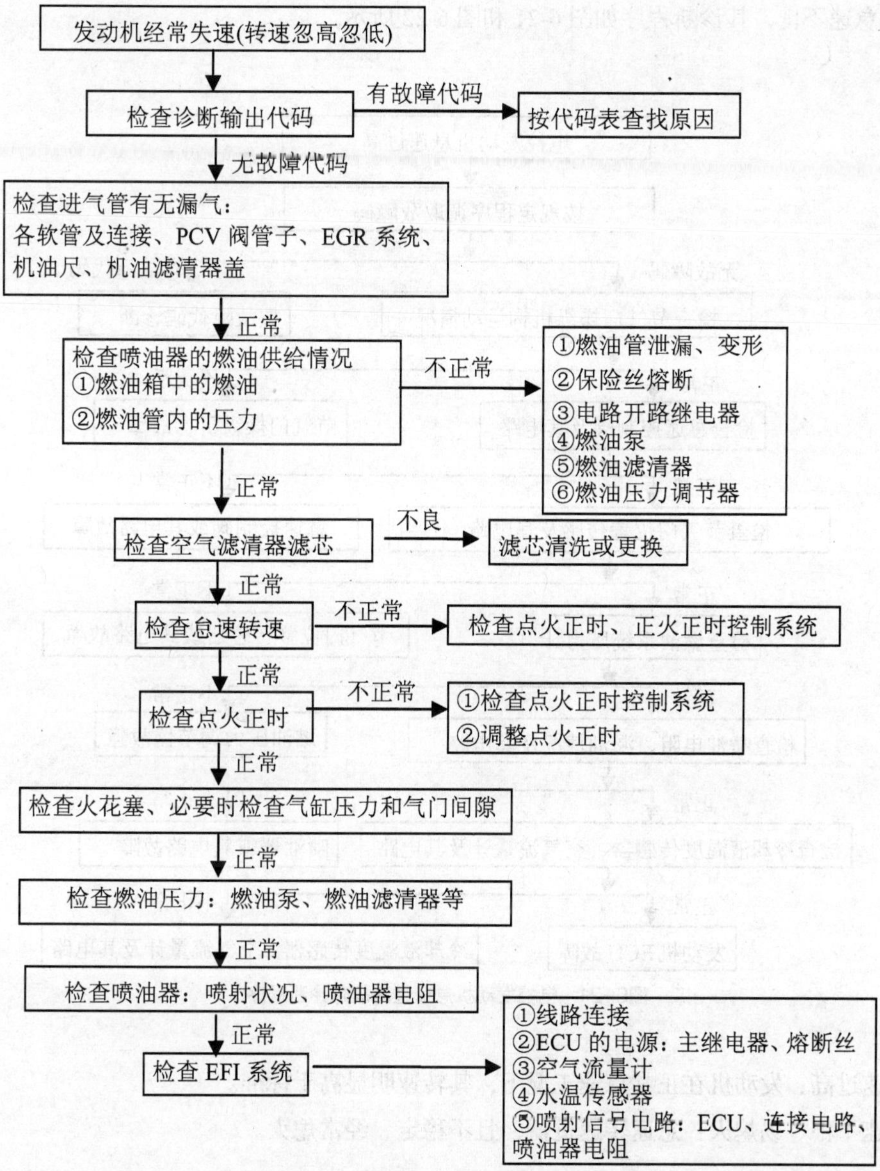

图6-20　发动机经常失速故障诊断程序

4. 发动机怠速不良

发动机怠速不良，其诊断程序如图 6-21 和图 6-22 所示。

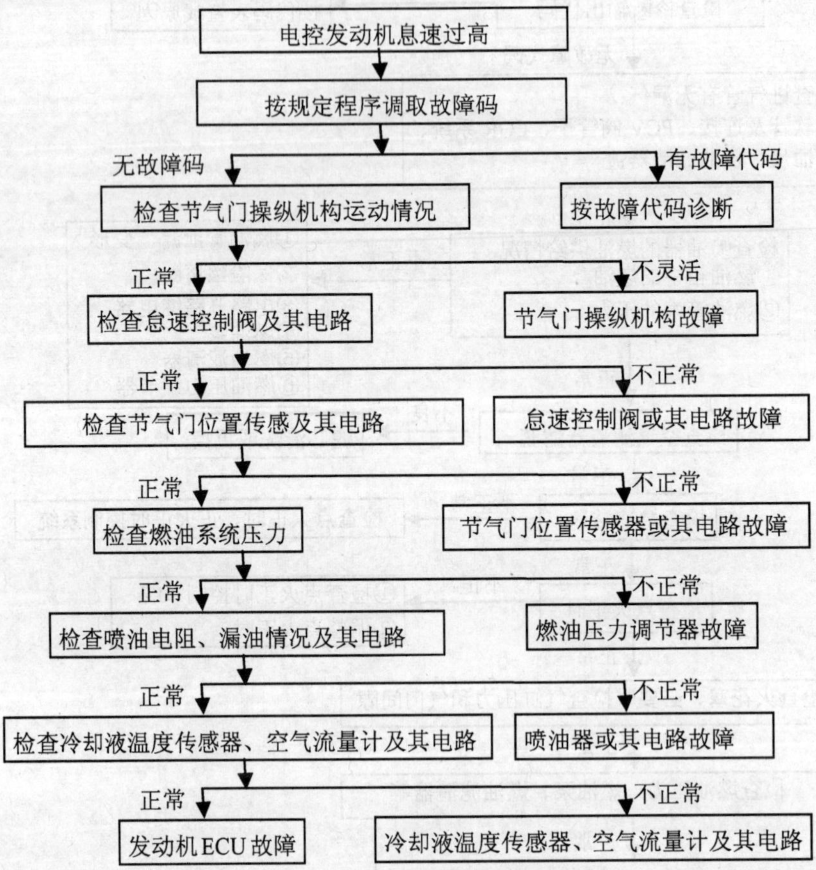

图6-21 电控发动机怠速过高故障诊断程序

① 怠速过高：发动机在正常怠速工况下，其转速明显高于标准。

② 怠速不稳、易熄火：怠速转速过低，且不稳定、经常熄火。

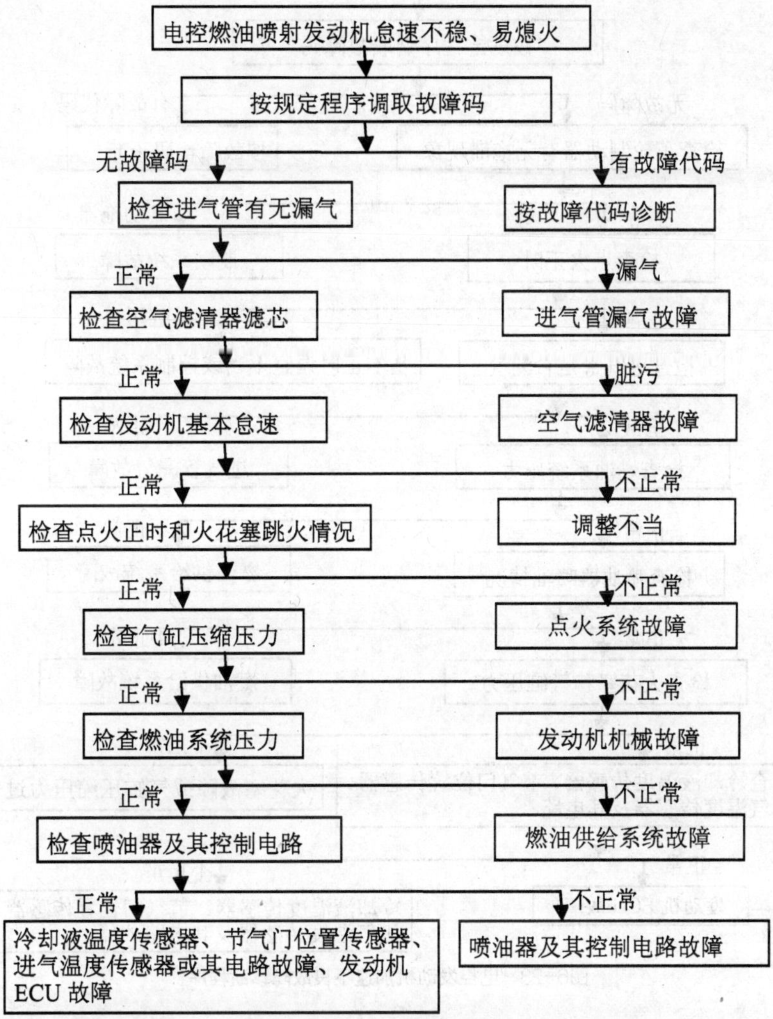

图6-22　电控发动机怠速不稳、易熄火故障诊断程序

5. 电控燃油喷射发动机加速性能不良

电控燃油喷射发动机加速性能不良的诊断程序如图 6-23 所示。

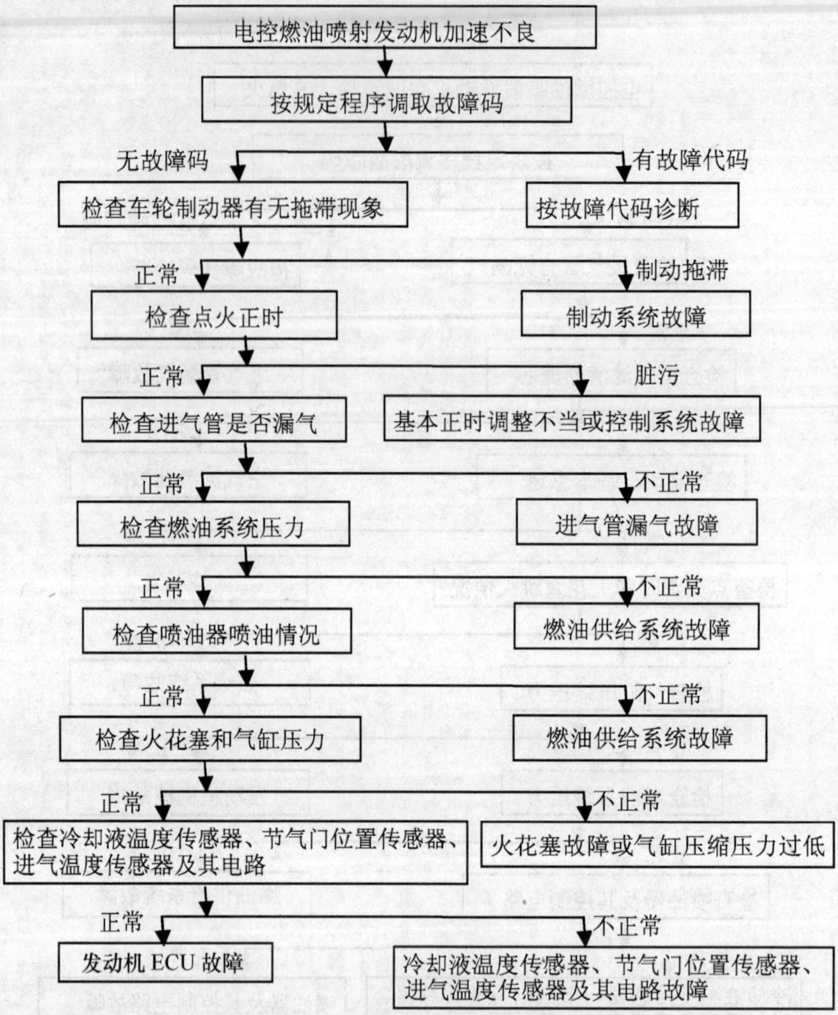

图6-23 电控发动机加速不良故障诊断程序

6. 发动机回火（即混合气过稀）故障

发动机回火（即混合气过稀）故障的诊断程序如图 6-24 所示。

7. 发动机排气管冒黑烟或放炮（即混合气过浓）故障

发动机排气管冒黑烟或放炮（即混合气过浓）故障的诊断程序如图 6-25 所示。

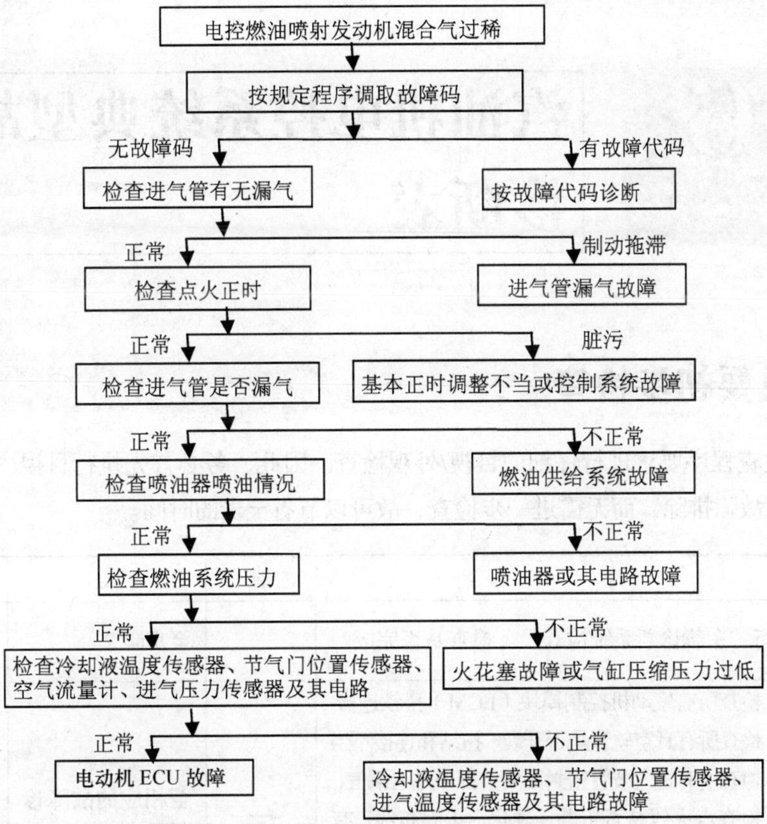

图6-24 电控发动机混合气过稀故障的诊断程序

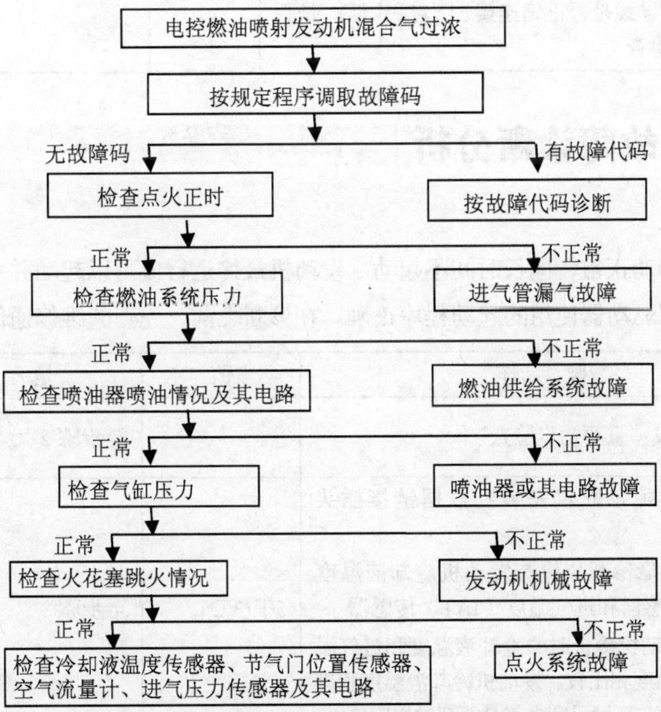

图6-25 电控发动机混合气过浓故障的诊断程序

6.6 汽油机电控系统典型故障的诊断表

6.6.1 重要初步检查

许多症状检查程序要求进行仔细的目视/外观检查。因此，务必首先执行目视/外观检查。目视检测通常都能将故障排除，而无需进一步检查，故可以节省宝贵的时间。

步骤	操　作	值	是	否
1	执行“车载诊断系统检查”。检查是否完成?	—	至步骤 2	至“车载诊断系统检查”
2	① 检查所有发动机控制模块（ECM）搭铁连接 ② 检查所有真空软管是否开裂、扭结和连接不当 ③ 检查所有进气歧管密封面安装部位是否漏气 ④ 检查点火线是否折断、硬化、正确布线、有碳迹 ⑤ 检查导线是否正确连接、压着和切割。是否完成所有检查	—	至相应的故障诊断码表	—

6.6.2 常见故障诊断分析

1. 起动困难

定义：发动机转动正常，但长时间不起动。发动机最终运行或可以起动并立即熄灭。

注意事项：保证驱动器使用的起动程序正确。在诊断之前，先查阅维修通信是否有更新版本。

步骤	操　作	值	是	否
1	是否完成“重要初步检查”	—	至步骤 2	至“重要初步检查”
2	① 将故障诊断仪安装到数据链接插头（DLC）上 ② 用故障诊断仪检查发动机冷却液温度（ECT）传感器和进气温度（IAT）传感器 ③ 将发动机冷机时的冷却液温度和进气温度与环境温度相比较。发动机冷却液温度和进气温度读数与环境温度之差是否超过规定值	5℉(3℃)	至步骤 3	至步骤 4

续表

步骤	操　作	值	是	否
3	① 测量发动机冷却液温度和进气温度传感器的电阻 ② 对于故障诊断码 P0118 和 P0113，用“温度和电阻值的关系”表比较电阻值和规格值 ③ 如果电阻值不同，更换有故障的传感器。修理是否完成	—	系统正常	—
4	① 检查节气门轴或连杆是否卡滞，导致节气门位置（TP）传感器电压过高。必要时修理或更换 ② 检查节气门关闭时的节气门位置传感器电压读数。电压是否在规定值内	0.4～0.8V	至步骤 5	至步骤 26
5	① 检查进气歧管绝对压力（MAP）传感器响应和精度 ② 必要时，更换进气歧管绝对压力传感器。修理是否完成	—	系统正常	至步骤 6
6	检查燃油泵的操作。当点火开关接通时，燃油泵的工作时间是否符合规定	2 s	至步骤 7	至“燃油泵继电器电路检查”
7	检查燃油系统压力。燃油压力是否符合规定值	41～47 磅/平方英寸(284～325kPa)	至步骤 8	至步骤 29
8	检查燃油中是否有水污染。燃油是否污染	—	至步骤 9	至步骤 10
9	更换受污染的燃油。修理是否完成	—	系统正常	—
10	① 检查喷油器驱动电路 ② 在喷油器上断开所有喷油器线束连接器。 ③ 在每个喷油器连接器线束端子之间连接一个喷油器测试灯 ④ 在发动机转动时观察测试灯。测试灯是否在所有连接器上都闪烁	—	至步骤 13	至步骤 11
11	检查喷油器驱动器导线束、连接器和连接器端子的连接是否正确。是否发现故障	—	至步骤 12	至步骤 30
12	必要时，修理导线束、连接器或连接器端子。修理是否完成	—	系统正常	
13	在 68℉(20℃)的温度下测量每个喷油器的电阻。电阻会随温度略微增加。喷油器电阻是否符合规定值	11.6～12.4 Ω	至步骤 15	至步骤 14
14	更换任何电阻值不符合规定的喷油器。修理是否完成	—	系统正常	—
15	执行喷油器平衡测试。是否发现故障	—	至步骤 16	至步骤 17
16	必要时，更换堵塞或漏油的喷油器。修理是否完成	—	系统正常	—

续表

步骤	操 作	值	是	否
17	① 用火花测试器检查各缸点火电压输出是否正确 ② 检查火花塞是否开裂、磨损、间隙不正确、电极烧损或严重积碳 ③ 检查点火线是否短路 ④ 检查所有点火搭铁连接是否松动 ⑤ 检查发动机控制模块（ECM）的工作是否正常。是否发现故障	—	至步骤 18	至步骤 19
18	排除或更换有故障的点火部件。修理是否完成	—	系统正常	—
19	发动机是否缺火或在负载及怠速下熄火		至“点火系统检查”	至步骤 20
20	发动机是否起动，然后立即熄火	—	至步骤 21	至步骤 23
21	① 拆卸曲轴箱位置传感器连接器 ② 检查连接是否有故障，必要时修理。是否发现故障	—	至步骤 22	至步骤 25
22	必要时，修理电线接头。修理是否完成	—	系统正常	—
23	① 检查气门正时是否正确 ② 检查气缸压力 ③ 检查推杆、摇臂、气门弹簧和凸轮轴工作面是否严重磨损 ④ 检查进气歧管和排气歧管通道是否有铸造飞边。是否发现故障	—	至步骤 24	至步骤 25
24	必要时修理或更换部件。修理是否完成	—	系统正常	—
25	检查怠速空气控制（IAC）阀的操作。必要时修理或更换部件。修理是否完成	—	系统正常	—
26	检查节气门壳体基础怠速设置。修理是否完成	—	至步骤 27	至步骤 28
27	检查节气门位置（TP）传感器电路的工作是否正确，必要时修理或更换部件。修理是否完成	—	系统正常	
28	将基础怠速设置调整到规定值。修理是否完成	—	系统正常	—
29	必要时，修理燃油系统。修理是否完成	—	系统正常	—
30	更换发动机控制模块。修理是否完成	—	系统正常	—

2. 燃油经济性差

定义：通过道路试验测量的燃油经济性明显低于期望值。此外，燃油经济性还明显低于该车实际路试曾显示的值。

注意事项：驾驶习惯影响燃油经济性。检查用户的驾驶习惯，询问如下问题：

① 空调系统（即除霜器模式）是否始终开着？

② 轮胎气压是否正确？

③ 运输的负载是否过重？

④ 驾驶员是否常用大油门？

步骤	操　作	值	是	否
1	是否完成“重要初步检查”	—	至步骤 2	至“重要初步检查”
2	① 检查空气滤清器是否过脏 ② 检查燃油系统是否泄漏。是否完成所有必要检查	—	至步骤 3	—
3	① 检查火花塞是否过度磨损、绝缘层开裂、间隙不正确或积碳严重 ② 更换任何有故障的火花塞 ③ 检查点火线是否折断、硬化或连接不当。是否完成所有必需的检查和修理	—	至步骤 4	—
4	① 检查发动机冷却液液面高度 ② 检查节温器是否始终打开或热范围不正确 ③ 必要时，更换节温器。是否完成所有必需的检查和修理	—	至步骤 5	—
5	① 检查变速驱动桥换挡方式，确保所有变速驱动桥挡位功能正常 ② 用故障诊断仪检查变矩器离合器（TCC）的工作，当变矩器离合器接通时，故障诊断仪应指示转速下降 ③ 检查车速表是否正确校准 ④ 检查制动器是否分离不清 ⑤ 检查气缸压力 ⑥ 必要时，修理、更换或调整部件。是否完成所有检查和必要的维修	—	系统正常	—

3. 怠速不良、不稳定或不正确、失速

定义：发动机怠速不稳定，严重时车辆发颤。此外，怠速变化（称为“摆振”），严重时可导致发动机熄火。发动机怠速转速不正确。

注意事项：在诊断症状之前，先查阅维修通信是否有更新版本。

步骤	操　作	值	是	否
1	是否完成“重要初步检查”	—	至步骤 2	至“重要初步检查”
2	① 将故障诊断仪连接到数据链接插头（DLC）上 ② 在不同节气门位置下监视前加热氧传感器（HO2S1）读数。在不同节气门位置下，氧传感器是否迅速从浓变稀	—	至步骤 5	至步骤 3
3	检查前加热氧传感器是否受到来自燃油的污染，或使用不正确的室温硫化（RTV）密封剂。前加热氧传感器是否污染	—	至步骤 4	至步骤 5

续表

步骤	操 作	值	是	否
4	必要时，更换受污染的氧传感器。修理是否完成	—	系统正常	—
5	① 检查节气门轴或连杆是否卡滞，导致节气门位置（TP）传感器电压不正确 ② 检查节气门关闭时的节气门位置传感器电压读数。节气门位置传感器电压是否在规定值内	0.4～0.8V	至步骤 6	至“故障诊断码 P0123 诊断帮助”
6	① 用故障诊断仪检查发动机冷却液温度传感器电压读数 ② 比较发动机冷机时的冷却液温度和环境温度。发动机冷却液温度读数与环境温度之差是否超过规定值	5℉（3℃）	至步骤 7	至步骤 9
7	检查发动机冷却液温度传感器电路或传感器本身电阻是否过高。是否发现故障	—	至步骤 8	至步骤 9
8	必要时，更换发动机冷却液温度传感器或修理电路。修理是否完成	—	系统正常	—
9	检查进气歧管绝对压力（MAP）传感器响应和精度。是否发现故障	—	至步骤 10	至步骤 11
10	必要时，更换进气歧管绝对压力传感器或修理进气歧管绝对压力传感器电路。修理是否完成	—	系统正常	—
11	① 在报修故障的速度下路试车辆 ② 用故障诊断仪监视燃油微调读数。燃油微调读数是否符合规定值	−20%～25%	至步骤 14	至步骤 12
12	燃油微调读数是否低于规定值	−20%	至“故障诊断码 P0172 诊断帮助”	至步骤 13
13	燃油微调读数是否高于规定值	25%	至“故障诊断码 P0171 诊断帮助”	—
14	① 在喷油器上断开所有喷油器线束连接器 ② 在每个喷油器线束端子之间连接一个喷油器测试灯 ③ 在发动机转动时观察测试灯。对于所有喷油器，测试灯是否都闪烁	—	至步骤 16	至步骤 15
15	① 修理或更换有故障的喷油器驱动电路线束、连接器或连接器端子 ② 如果线束、连接器和端子正常，更换发动机控制模块。修理是否完成	—	系统正常	—
16	测量每个喷油器的电阻，电阻应随温度略微增加。电阻是否符合规定值	11.6～12.4Ω	至步骤 18	至步骤 17
17	更换任何电阻值不符合规定的喷油器。修理是否完成	—	系统正常	—

续表

步骤	操　作	值	是	否
18	执行喷油器平衡测试。是否发现故障	—	至步骤 19	至步骤 20
19	更换任何堵塞或泄漏的喷油器。修理是否完成	—	系统正常	—
20	① 在发动机熄火时，断开燃油压力调节器真空软管 ② 彻底检查燃油压力调节器真空端口和燃油压力调节器真空软管是否有燃油。是否发现故障	—	至步骤 21	至步骤 22
21	必要时，更换燃油压力调节器。修理是否完成	—	系统正常	—
22	① 用火花测试器检查各缸点火系统输出电压 ② 检查火花塞是否过度磨损、绝缘层开裂、间隙不正确或积碳严重 ③ 检查点火线是否折断、硬化、连接不当 ④ 更换电阻大于规定值的点火线。是否发现故障	3 000Ω	至步骤 23	至步骤 24
23	必要时，修理或更换点火系统部件。修理是否完成	—	系统正常	—
24	① 检查真空是否漏泄 ② 检查曲轴箱通风（PCV）工作是否正常 ③ 检查怠速空气控制（IAC）阀的操作 ④ 检查发动机控制模块搭铁连接。是否发现故障	—	至步骤 25	至步骤 26
25	必要时修理或更换部件。修理是否完成	—	系统正常	—
26	① 检查排气再循环（EGR）阀的工作是否正确 ② 检查蓄电池电缆和搭铁线的连接是否正确 ③ 检查发电机电压输出。如果发电机输出不符合规定值，修理或更换发电机。是否发现故障	12～16V	至步骤 27	至步骤 28
27	必要时修理或更换部件。修理是否完成	—	系统正常	—
28	① 检查发动机支架是否折断 ② 检查气门正时是否正确 ③ 执行气缸压力测试 ④ 检查推杆是否弯曲，摇臂是否磨损，气门弹簧是否折断或过软，凸轮轴工作面是否磨损 ⑤ 执行必要的修理。是否完成所有检查和必要的维修	—	系统正常	—

6.7 常用诊断仪器的使用方法

6.7.1 Intelligent Tester II 的使用方法

按下主机左侧面上部开机键，起动仪器，如图 6-26 所示。当 Intelligent Tester Ⅱ已启动且开启屏幕显示出来后，车上/离车检查屏幕显示出来，如图 6-27 所示。

当触按车上/离车检查屏幕上的自动和手动时，Intelligent Tester Ⅱ开始与车辆通信并检查 ECU。

1. 自动选择车辆

触按系统选择屏幕上的列表框，选择系统类别。当从车辆电脑（ECU）获得车辆信息后，系统选择屏幕显示出来。系统类别选择传动系、底盘或车身，然后就会显示正在诊断车辆上所安装系统的一个列表。如果无法获得车辆信息，会显示一个消息屏幕，如图 6-28 所示。

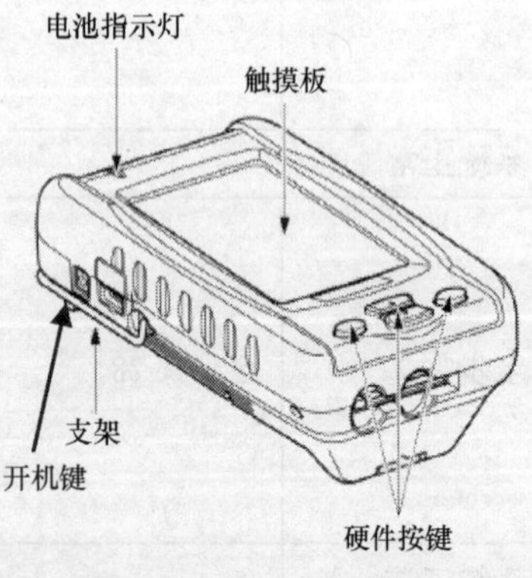

图6-26 IT-Ⅱ主机

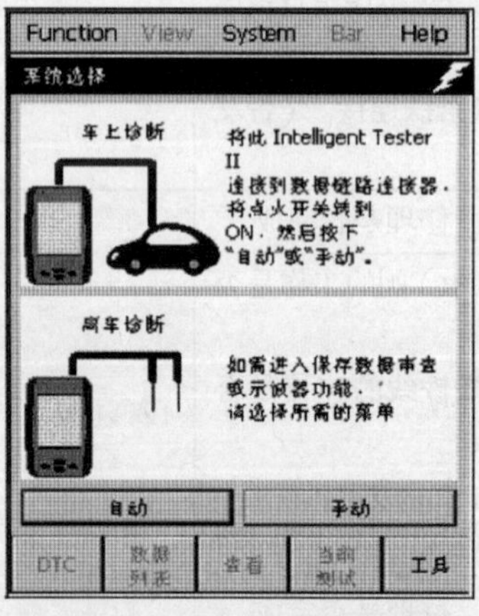

图6-27 车上/离车检查屏幕

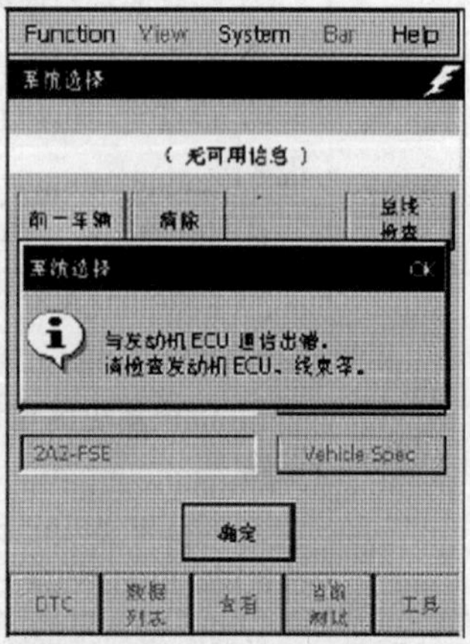

图6-28 消息屏幕

2. 手动选择车辆

在车辆数据输入屏幕输入数据，指定需要诊断的车辆，如图 6-29 所示。

当触按每一个数据按钮时，数据选择屏幕将被显示，如图 6-30 所示。从数据选择屏幕上选择需要诊断的车辆的数据。触按“确定”后，系统选择显示屏幕将被显示。从这一点开始的操作与选择自动车辆时相同。

当前按键“前一车辆”可从以前十个被选择的车辆数据中进行手动选择数据，如图 6-31 所示。

图6-29　车辆数据输入屏幕

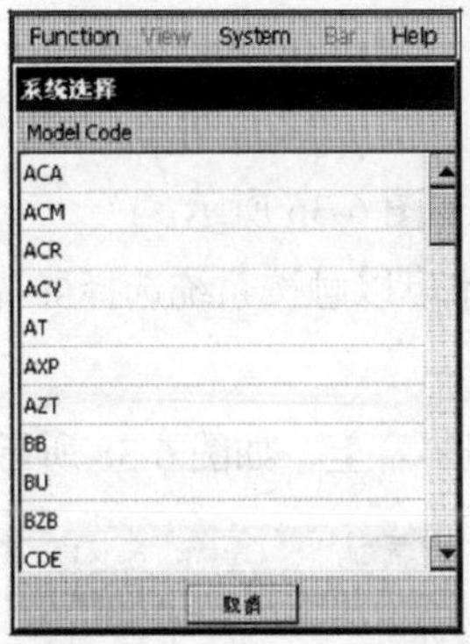

图6-30　数据选择屏幕

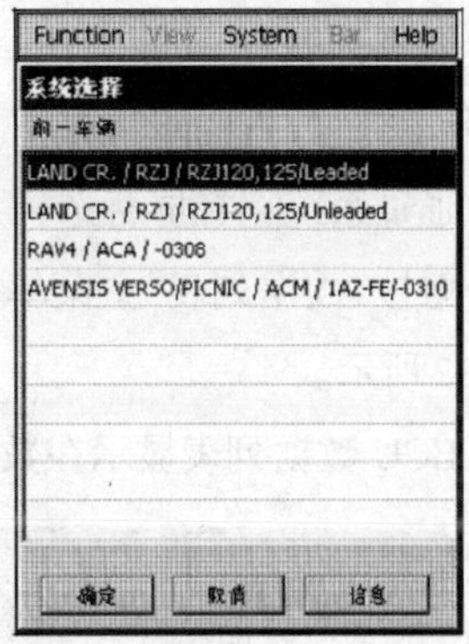

图6-31　前一车辆选择屏幕

3. 系统选择

触按系统列表上的“系统”，进行诊断，如图 6-32 所示。

4. DTC 数据显示

触按 DTC 主菜单按钮，也可以触按系统选择屏幕“Function”列表中的“DTC”，如图 6-33 所示。DTC 数据列表显示在 DTC 数据显示屏幕上，如图 6-34 所示。

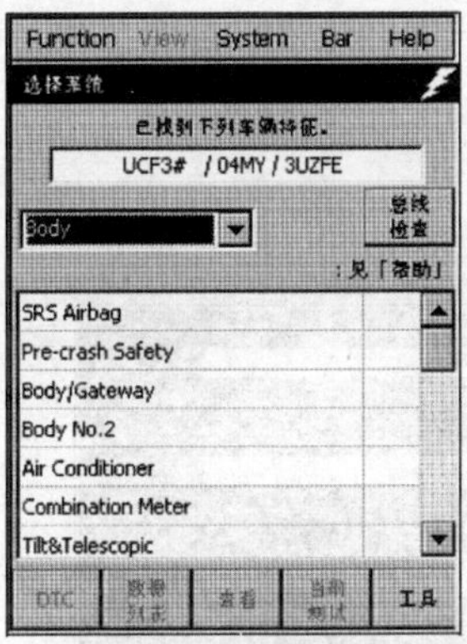

图6-32　系统选择屏幕

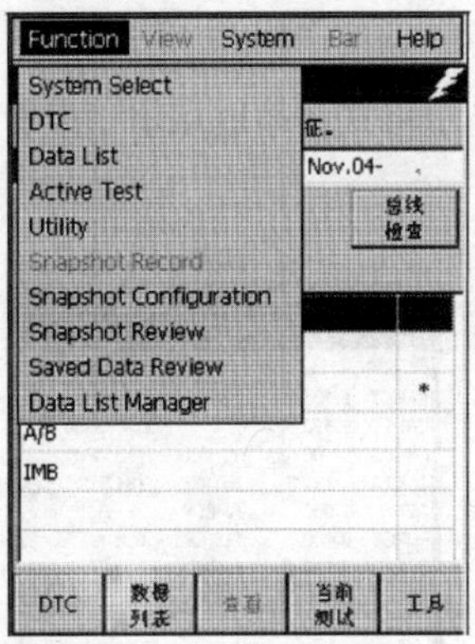

图6-33　“Function”菜单列表

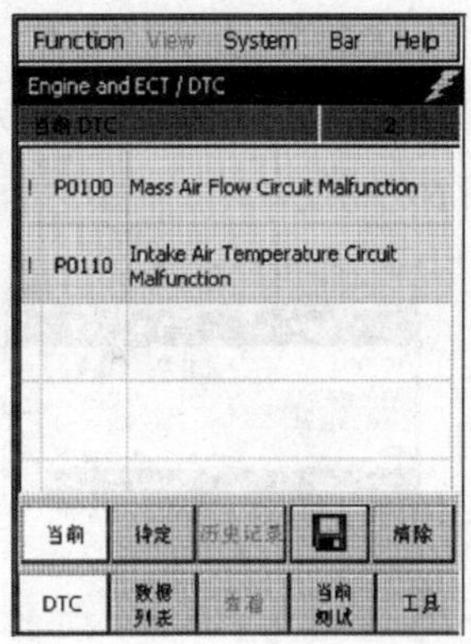

图6-34　DTC数据显示屏幕

5. DTC 数据清除

从 DTC 数据显示屏幕功能按钮中，触按“清除”，DTC 数据清除对话框显示出来，如图 6-35 所示。在 DTC 数据清除对话框上触按“是”，按照屏幕上的操作说明删除 DTC 数据。

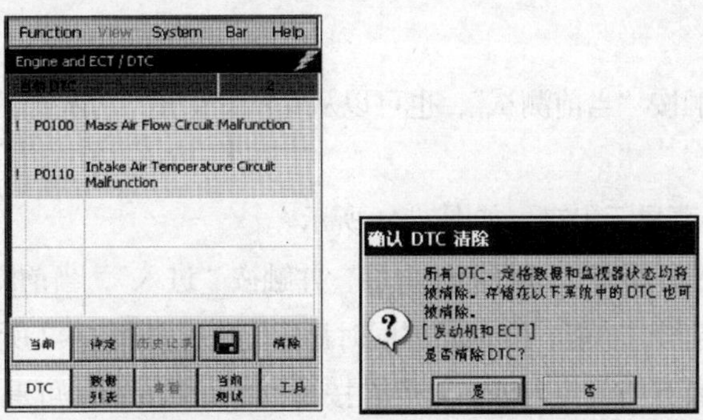

图6-35　数据显示屏幕与数据清除对话框

6. 数据列表

显示 ECU 数据的步骤如下。

① 通过系统选择屏幕选择系统，如图 6-36 所示。

② 触按“数据列表”主菜单按钮，也可以触按系统选择屏幕“Function”菜单列表中的“Data List”，如图 6-37 所示。

③ ECU 数据列表显示在数据列表屏幕上，如图 6-38 所示。

图6-36 系统选择屏幕

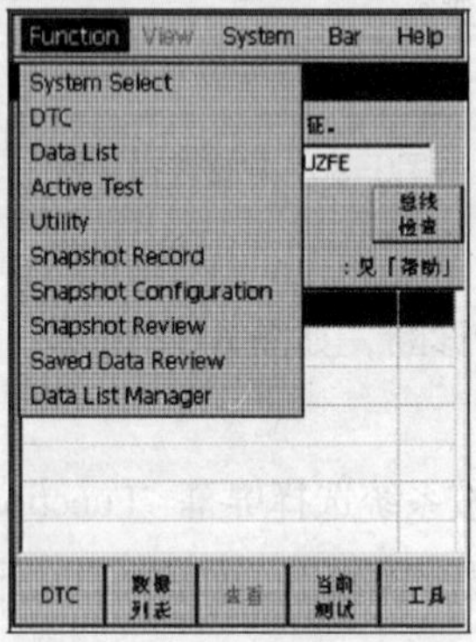

图6-37 “Function”菜单列表

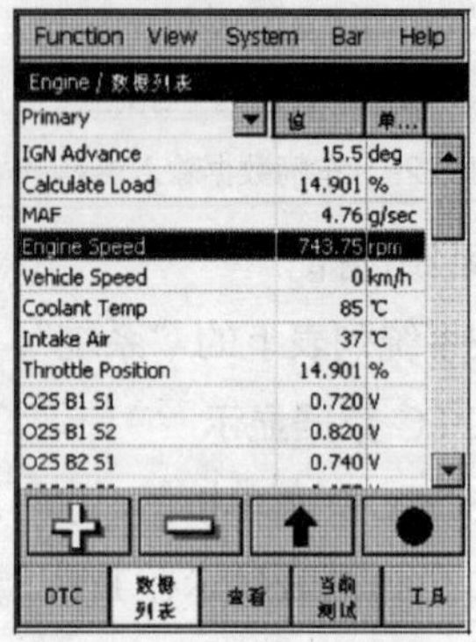

图6-38 数据列表屏幕

④ 显示格式：有 7 种数据列表显示格式，通过点击“查看”按钮可以进行切换，前 3 种显示格式如图 6-39 所示。

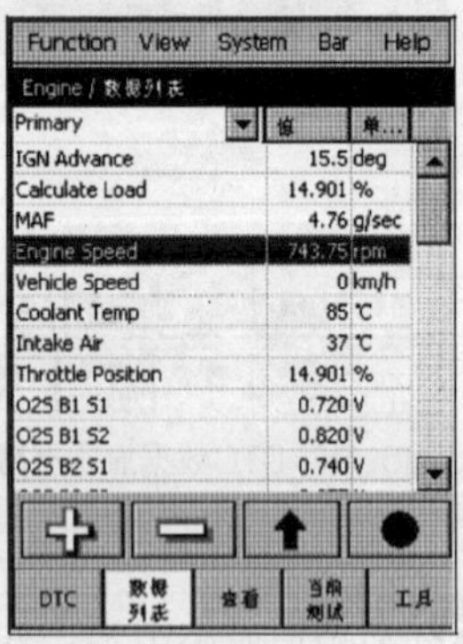

数据列表1

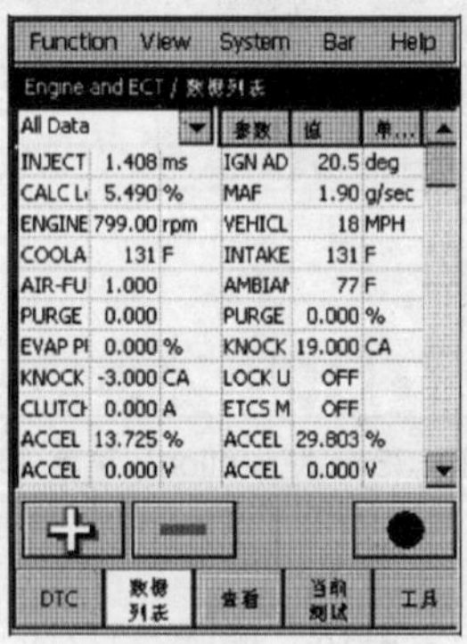

数据列表2

仪表1

图6-39 数据显示格式

7. 当前测试

① 从主菜单按钮，触按“当前测试”，也可以从“Function”菜单列表，触按“Active Test”，如图 6-40 所示。

当前测试项目选择屏幕显示出来，如图 6-41 所示。

② 在当前测试项目选择屏幕，选择测试项目，并触按“进入”，当前测试开始。

③ 按“◁ ▷”执行测试功能，测试数据同时显示出来，如图 6-42 所示。

使用完成后，通过屏幕下方的左侧或右侧硬件按键，如图 6-26 所示可退出当前系统或当前功能，再次按下开机键，仪器关闭。

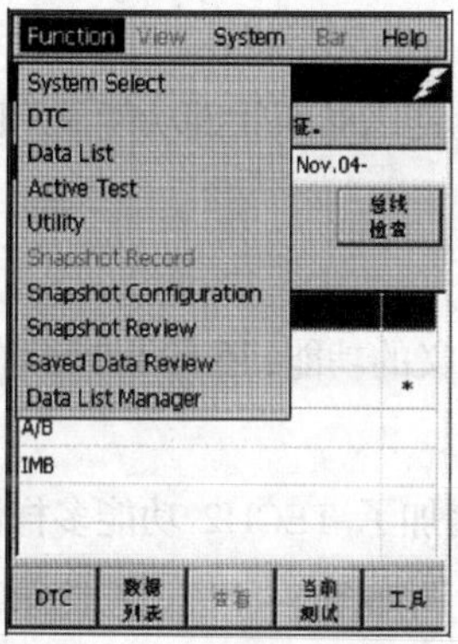

图6-40 “Function”菜单列表

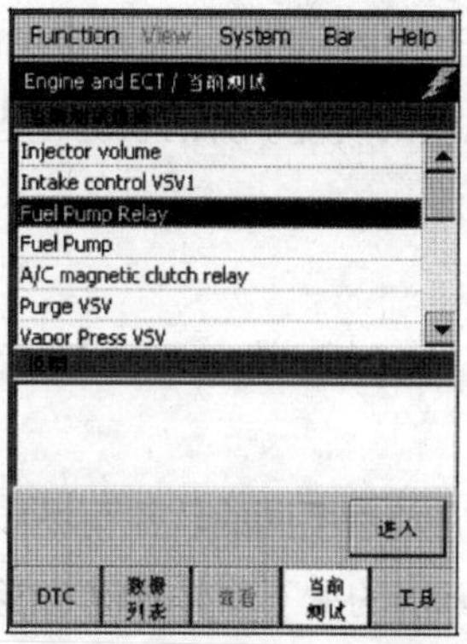

图6-41 当前测试项目选择屏幕

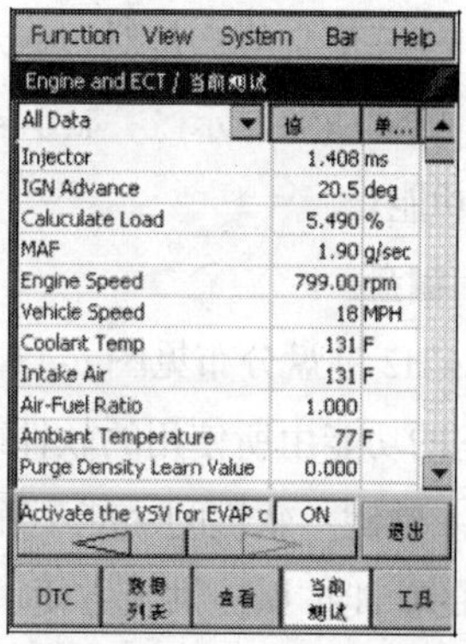

图6-42 当前测试执行屏幕

6.7.2 TECH2 的使用方法

1. TECH2 简介

TECH2 是通用公司专用手持式汽车故障诊断仪。它除了能读取车辆故障码、测量数据流、控制执行元件动作等普通诊断仪共有的功能外，还能显示传感器波形、捕捉并存储车辆运行时的有关数据、通过 RS-232 通信端口连接网络、下载通用公司最新软件、通过 VCI 接口为车辆更新控制软件等功能。TECH2 的外观见图 6-43，它由显示屏、键盘、车辆通信接口（VCI）、数据线接口（DLC）、内置程序卡、内电路板、倾斜支撑、拉带等部件组成。下面介绍 TECH2 的基本操作方法。

2. 显示屏

显示屏的显示内容见图 6-44，它可分为如下区域。

图6-43 通用TECH-II

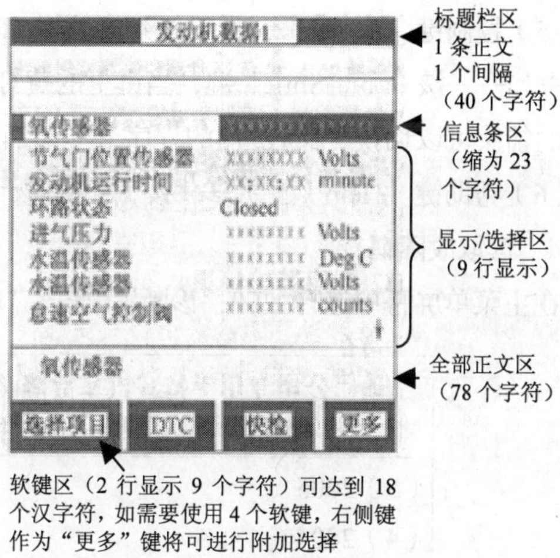

图6-44 TECH-II显示屏

① 标题栏区：可显示 40 个字符，是信息区的标题，其下面是一条间隔。

② 信息条区：显示所选择项目的有关信息。

③ 显示/选择区：有关数据的列表显示。

④ 全部止文区：是对“显示/选择”中所选择（光标选中的）部分的完整叙述。

⑤ 软键功能显示区：显示 4 个软键的功能。所谓软键，是指其功能需参照软键功能显示区的内容确定功能。

3. 键盘

TECH2 键盘分布见图 6-43，共有 27 个键。其中 23 个键有明确定义的功能，还有 4 个键称为“软键”，它的功能由所使用的软件确定。

（1）软键。软键的功能不确定，它随着不同的软件而不同，这增加了 TECH2 功能多样性，也为以后的功能扩展提供了方便。在显示屏的最下面是软键功能说明，例如图 6-44 中，左侧第二个软键功能是“DTC”，此时按下此键将执行读取故障码（DTC）的功能。如果此时按下最右侧的“更多”键，会显示出更多的功能，4 个软键功能会改变。此时，“DTC”的位置可能变为“单位”，此时再按下左侧第二个键（“单位”），显示中的单位将在英制和公制中切换。

（2）选择键。选择键有 4 个，其上的箭头表示屏幕上光标移动的方向。上、下箭头每次只移动光标的一行，如果按住不动，光标将自动滚动。左、右箭头用来翻页，左箭头向前翻页，右箭头向后翻页。

（3）作用键。作用键直接作用于 TECH2，包括：

Yes——对问题作出肯定回答。

No——对问题作出否定回答。

Enter——确定选项（有 2 个“Enter”键）。

Exit——回键，回到上次选择的菜单（有 2 个“Exit”键）。

（4）功能键。功能键（F0~F9）可以直接在菜单中选择相应的功能。

（5）控制键。Power——用于打开或关闭 TECH2 电源。

Shift——按一下“Shift”键，当键上的黄灯亮时，按上、下箭头可调亮或调暗屏幕对比度；按向右的箭头可以切换 TECH2 内的程序卡（如果 TECH2 内装有两个以上程序卡的话）。

（6）帮助键。Help（？）——按下此键时，可获得当前操作下的特定项目的帮助。

4. 读取故障码

在主菜单屏幕中选择“F0：诊断”，按压“ENTER”键，屏幕显示：

车辆识别 由以下选择年款
（5）2005 （4）2004 （3）2003 （2）2002 （1）2001 （Y）2000 （X）1999

选择年款，如选择“(4) 2004”，按压“ENTER”键，屏幕显示：

车辆识别 由以下选择类型
小客车
轻型车，多功用车

选择“小客车”，按压“ENTER”键，屏幕显示：

车辆识别 由以下选择产品制造商
(1) 雪佛兰
(4) 别克

选择“别克”，按压“ENTER”键，屏幕显示：

车辆识别 由以下选择产品系
D
J
S
W

以上字母代表通用公司生产的不同的车型，与车辆 VIN 的第四位字母相对应，即：D = GL8 商务车；J = 越（EXCELLE）；S = 欧（SAIL）；W = 别克轿车（包括先前生产的各轿车车型及别克君威系列轿车）。示例：选择“W”，按压“ENTER”键，屏幕显示：

诊断 (4) 2004 小客车 (4) 别克
F0：动力总成
F1：车身
F2：底盘

选择“F0：动力总成”按压“ENTER”键，屏幕显示：

车辆识别 由以下选择发动机类型
（Z）2.0L　L4　L34
（D）2.5L　V6　LB8
（C）3.0L　V6　LW9
（D）3.0L　V6　LW9
（W）3.0L　V6　L46

选择“2.5L　V6　LB8”（2.5 升 V 型 6 缸、LB8 发动机），按压“ENTER”键，屏幕显示：

动力总成
F0：诊断故障码
F1：数据清单
F2：特殊功能
F3：数据捕捉
F4：ID 信息

选择“F0：诊断故障码”，按压“ENTER”键，屏幕显示：

诊断故障码
F0：DTC 信息
F1：冻结故障状态/故障记录
F2：清除 DTC 信息
F3：获取信息

选择“F0：DTC 信息”，按压“ENTER”键，屏幕显示：

DTC 信息
F0：DTC 信息
F1：特定 DTC
F2：自清除后未运行的代码
F3：诊断测试状况

选择“F0：DTC 信息”，按压“ENTER”键，屏幕显示：

DTC 信息
P0113 进气温度（IAT）传感器电压过高
上一次测试：失败
本点火：通过及失败
自清除后：通过及失败

以上 DTC 信息包括：

① 故障码：P0113。

② 故障码说明：即进气温度（IAT）传感器电压过高。

③ 上一次测试结果：失败。即指上一次运行诊断故障码 P0113 测试时失败。

④ 本点火：在本次点火行程中，对故障码 P0113 的测试既有通过也有失败的结果。

⑤ 自故障码清除后的测试结果：通过及失败。

5. 清除故障码

在诊断故障码菜单中，选择“F2：清除 DTC 信息”，按压“ENTER”键，则屏幕显示：按“Yes”键，将清除故障记录。

清除 DTC 信息
清除 DTC 命令将清除控制器上存储的历史记录 （[Yes]/No]）

6. 进入数据流

在动力总成菜单中选择“F1：数据清单”，屏幕显示：

数据清单
F0：发动机数据
F1：变速器数据

选择“F0：发动机数据”，屏幕显示：

数据清单
F0：发动机数据 1
F1：发动机数据 2
F2：EGR 数据
F3：缺火数据
F4：输出驱动器数据

选择“F0．发动机数据 1”，屏幕显示：

发动机数据 1
发动机转速　　868 转/分
设定怠速　　848 转/分
ECT 传感器　　92 摄氏度 TP 角度　　0% IAC 位置　　38 ——2/35 设定怠速
选择项目　　DTC　　快速信息　　更多 捕捉

上面数据流中的内容及数据为菜单式，非常简单明了。方框中的数据为选中数据，在屏幕的下面还有选中数据的说明“设定怠速”。横条的右端有“2/35”字样，它表示共有 35 条数据，选中的是第 2 条。如果我们所要读取的参数不在本屏幕中显示，使用上、下箭头逐一改变选择数据，或利用左、右箭头翻页。最下端软键区的使用将在后面有详细介绍。读取数据流并进行分析对我们的故障诊断十分有用，见以下维修实例。

7．选择项目（锁定参数）

如果我们想读取一些主参数，同时又要对比一些其他参数，而这些参数并没有连续排列且不能在一屏中显示，利用按“选择项目”软键，屏幕显示：

变速器数据
*发动机转速　　转/分 1-2 换挡时间　　秒 2-3 换挡时间　　秒 3-4 换挡时间　　秒 *T P 角度　　% *传动比 *当前挡位 *车速　　公里/小时 接受　　清除所有

比如要进行换挡点试验，需同时检查节气门角度、车速、当前挡位等几个参数，使用上、下箭

头逐一改变选择数据，或利用左、右箭头翻页。移动光标，选中所需项目后，按“ENTER”键确定，在项目前将有选中符号“*”显示，最多能选5项，然后按“接受”软键，所选的项目将显示在屏幕中且在翻屏时固定不动（不随屏滚动）。按“清除所有”软键将清除所有的选择。选择项目也用来选择快检数据项目，见有关内容。

8. 查看图形

按“实时图形”软键，进入“选择项目”屏幕，选择所需要显示图形的项目屏幕显示：

变速器数据
发动机转矩 TP 传感器 TP 角度 变速器输入轴转速 变速器输出轴转速 车辆速度 当前挡位 接受　清除所有

判断某些项目（如氧传感器）时，观察图形比读取数据更直观，按“更多”软键，在软键功能区可出现以下功能：

按“移近”、“移离”软键可改变坐标尺寸，使图像大小变化，可显示出更多或较少的波形。按软键“数据表”可回到数据流显示。

实时图形也可以选择多个参数的图形，同时显示，通过对比，可以帮助分析故障。比如故障码显示左前轮转速传感器故障，我们可以同时选择两前轮转速传感器实时图形，并进行对比。

9. 特殊功能

在动力总成菜单中选择“F2：特殊功能”屏幕显示：

特殊功能
F0：发动机输出控制 F1：变速器输出控制 F2：燃油系统 F3：IAC 系统 F4：曲轴位置偏差学习 F5：缺火图表

在“特殊功能”菜单中选择“F0：发动机输出控制”，屏幕显示：

发动机输出控制
F0：风扇继电器
F1：故障指示灯
F2：A/C 继电器
F3：EVAP 排污电磁阀（PWM）
F4：EGR 电磁阀
F5：环路状态
F6：燃油泵
F7：重设定机油寿命
F8：发电机 L—端子

① 风扇控制。在修理实践中，风扇继电器控制功能非常有用。这一功能可以通过 TECH2 指令让风扇低速、高速运转，在维修风扇电路或水温高的故障中非常有用。

② 故障指示灯。故障指示灯功能用于控制仪表中的 MIL 灯点亮，按屏幕提示操作即可。

③ A/C（空调）继电器功能。在修理实践中，A/C（空调）继电器功能也非常有用，这一功能可以通过 TECH2 指令空调压缩机电磁离合器的动作。

④ EVAP 排污电磁阀（PWM）。活性炭罐电磁阀是一个脉冲宽度控制（PWM）电磁阀，这一功能可以通过 TECH2 指令 EVAP 排污电磁阀占空比的变化。

⑤ EGR 电磁阀。在发动机输出控制菜单中选择“F4：EGR 电磁阀”，按“ENTER”，屏幕显示：

EGR 电磁阀			
EGR 设定位置 0%			
EGR 位置传感器 0%			
EGR 位置传感器 0.78V			
EGR 读出最低位置 0.78V			
选择项目	减少	增加	更多

⑥ 环路状态。环路状态功能用于指令发动机控制系统强制进入开环或闭环状态运行。

⑦ 燃油泵。此功能可以控制燃油泵继电器吸合与断开。

⑧ 发电机 L—端子。别克轿车发电机采用由动力系统控制模块（PCM）控制的数字式电压调节器，PCM 之 L 端的作用有二：一是调节器工作控制端，当该端无电压且发电机不运转时，调节器的磁场脉冲输出端关闭；二是当 S 端断电、发电机不转、系统电压低于 11.2V 或高于 16.5V 时，数字调节器将 PCM 之 L 端子接地，向外电路提供发电机警报信号，再由 PCM 通过 Class-2 数据总线通知仪表，控制发电机警报灯点亮。此功能用于控制发电机 L 端子 ON 或 OFF 挡。

6.7.3 VAS5051的使用

1. 概述

当诊断电缆连接良好，车辆点火起动，这时在“车辆自诊断”操作模式下，用户可以通过诊断系统总线与车辆系统进行通信。车辆系统可在对话框示屏中进行选择。从示屏中可起动车辆系统涉及的所有可能的诊断功能，例如修正测试结果或者进行执行元件诊断功能等。

起动视屏见图6-45，如果用户在示屏上所选择的车辆系统与所连接的车辆系统不一致，示屏上将出现以下信息：

车辆系统不匹配（Vehicle system not available）。

如果选择的功能车辆不能识别或该功能不能执行，也会出现以下信息：

功能无法识别或当前不能执行（Function not recognized or not currently executable）。

2. 起动车辆自诊断功能

在起动示屏中选择“车辆自诊断”按钮（见图6-45），可进入到“车辆自诊断”操作模式中。

图6-45 起动视屏

当在示屏上选择该按钮时，检测仪为用户提供其已知的所有车辆系统的列表（见图6-46），用户可判断其是否与被检车辆相匹配。

3. 选择车辆系统

在起动示屏（见图6-45）中选择“车辆自诊断”按钮时，将出现以下示屏（见图6-46），其中包括软件内部安装的所有车辆系统列表和检测仪的特定功能。

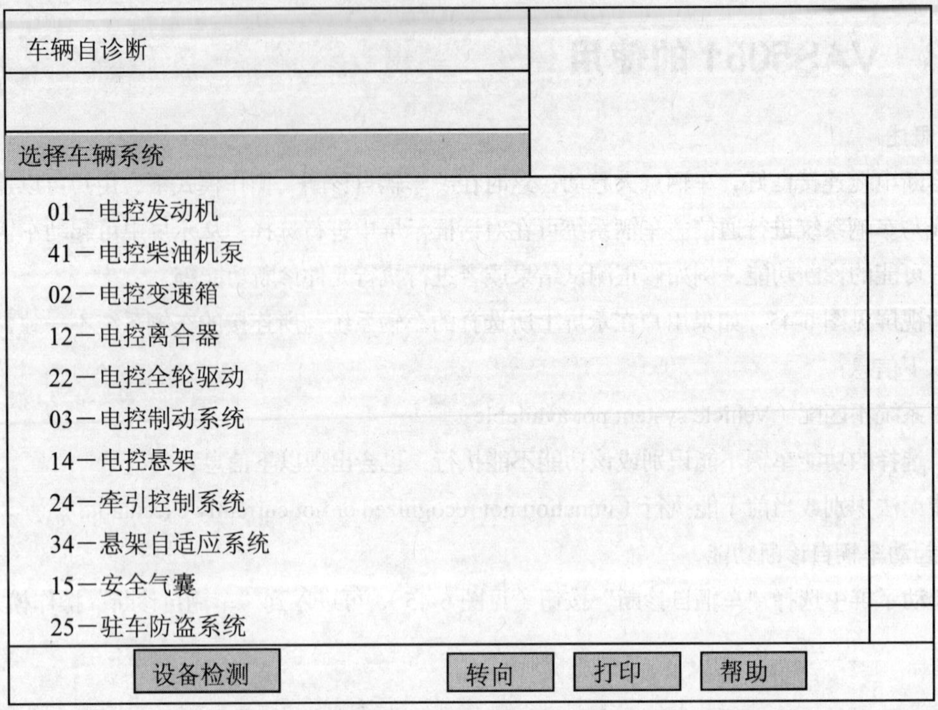

图6-46　选择车辆系统（一）

车辆系统列表与功能之间用空行分隔（见图 6-47），功能与 LT2 车辆系统之间也有一空行分隔。

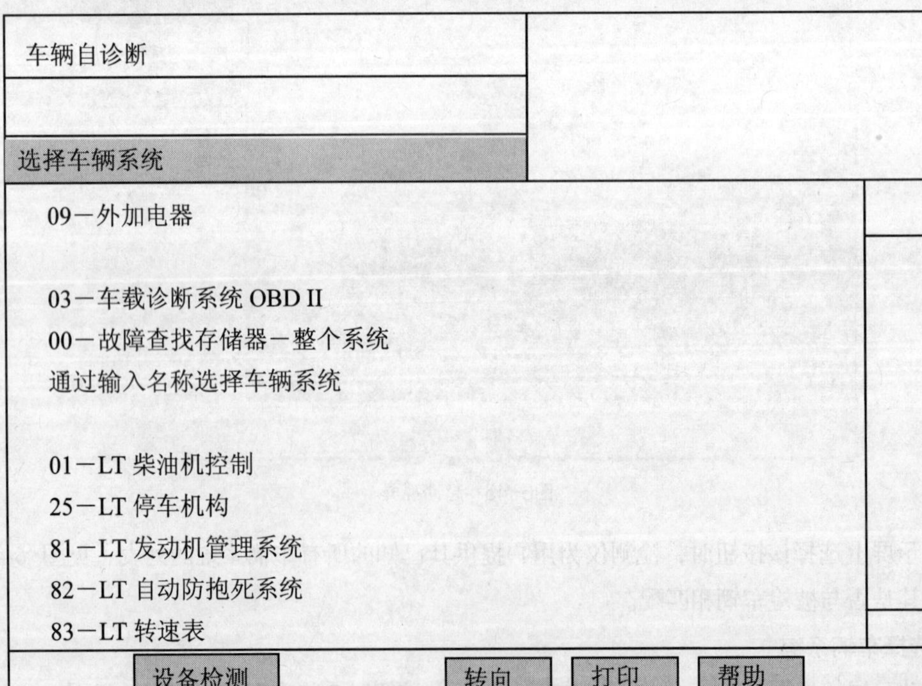

图6 47　选择车辆系统（二）

用选项条可选择一个车辆系统或功能。只要选择了一个车辆系统，则可开始过总线进行通信，通讯的过程通过“通信设定”文本显示在左侧信息窗口内。

当通信完成后，控制单元说明被读出并显示在右侧的信息窗口中。用控制条移动到列表的结尾，就可看到其他功能：

- 33-车载诊断系统 OBD II（美国车辆）

车载诊断系统 OBD II 可与支持“SAE J1979：1979-12 E/E 诊断检测模式”标准的车辆系统进行通信，通信地址 33H。

- 00-查找故障存储-车辆系统

进入“车辆系统选择”示屏，将显示所有可用的车辆系统的故障存储，并且其内容显示在随后的示屏中。

- 通过输入名称选择车辆

如果用户查找的车辆没有出现在列表中，可通过屏幕上显示的键盘输入相关车辆名称。一旦用户输入车辆名称，与该车辆系统的通信系统就建立起来了。

- LT2 车辆系统

列表中包括轻型车系统 2，在此系统中只能使用 LT 功能或车载诊断系统 OBD II（适用于美式机型检测仪）的功能。

4. 选择诊断功能

如果用户在先前的示屏中选择了车辆系统，屏幕将显示以下示屏（见图 6-48），并表明通过诊断总线的通信已成功地完成了。

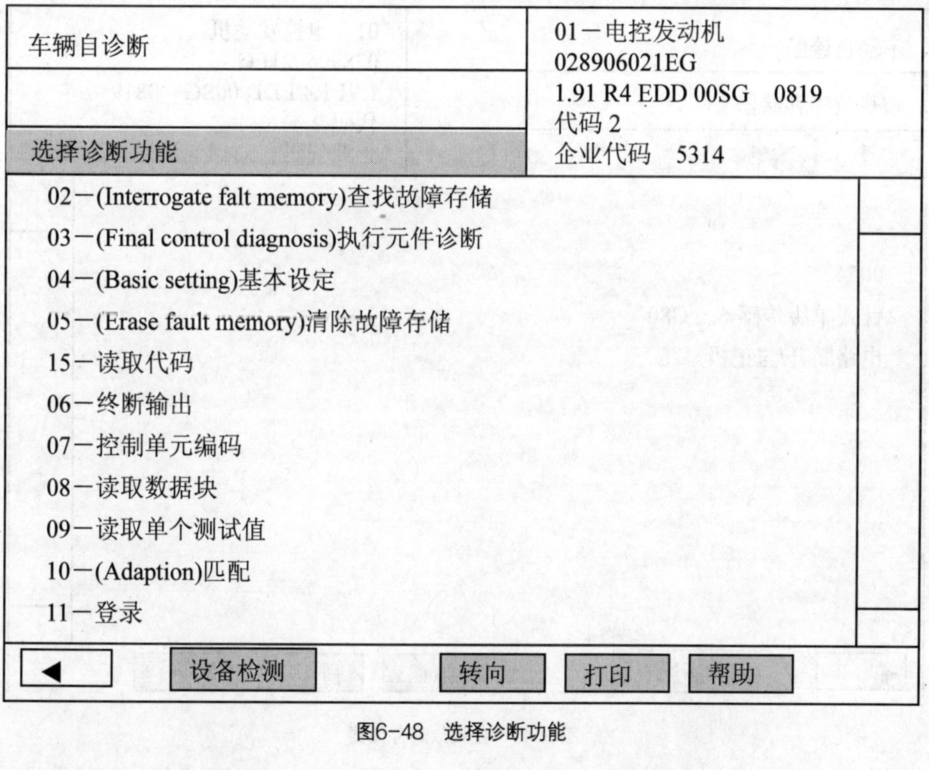

图6-48 选择诊断功能

该示屏显示与左侧的车辆系统相匹配的诊断功能选项，并且从示屏顶部右侧的车辆系统中读取控制单元识别符。如果车辆系统包括多个控制单元，则在先前的单个示屏中将显示其识别数据。

一般情况下，车辆系统类型的诊断功能列表不会改变，例如，“01-电控发动机”，除非在某些车型上一些功能没有出现。其他功能，例如“20-读写存储器（RAM）的读取”，只能由专业权威人士利用 CD 钥匙进行操作。

不能使用的诊断功能如下。

如果用户某些功能在所选择的车辆系统中无法使用，检测仪将在屏幕的左侧信息窗口中显示以下信息：

功能不可识别或当前不能执行。

诊断总线故障：

如果发现诊断总线故障的信号，可能是由诊断电缆出现故障、点火系统关闭或蓄电池电压过低等原因造成。查找故障原因，修理后再次执行此功能。

通信结束：

车辆系统的通信将一直继续，直至用户在 “诊断功能选择” 示屏中选择 “终断输出” 功能或单击“回退”按钮为止。

（1）“查询故障存储”诊断功能。当在“诊断功能选择”示屏（见图 6-48）中选择“02-查询故障存储”功能时，可从显示的车辆系统中读出故障代号和故障存储器的内容。故障代号以文本形式显示在屏幕上，如图 6-49 所示。

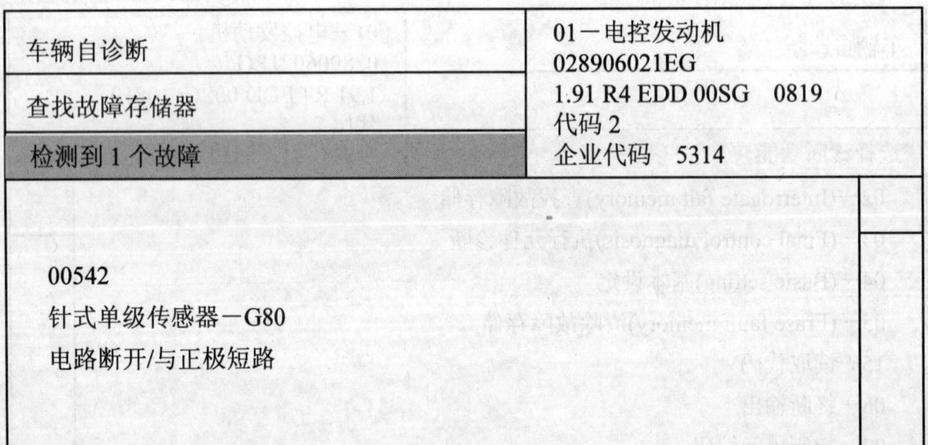

图6-49　查找故障存储器

在存储器内发现的故障代号将显示在信息窗口的左侧，故障信息所有的保存容将显示在工作窗口上，这些信息包括一个由 5 部分组成的故障 ID 代号和相文本。如果故障是偶尔发生的，用下划线标出。

如果存储器包含的故障超出了屏幕的显示容量，则检测仪将在屏幕右侧给出个滚动条，利用滚动条可上下利用列表。

（2）“执行元件诊断”诊断功能。当在“执行元件诊断功能”示屏（见图 6-48）中选择“03-执行元件诊断”功能时，检测仪将激活最初的决定性控制部件。在信息窗口的左下侧，出现“第一个执行元件正在测试中”，如图 6-50 所示。

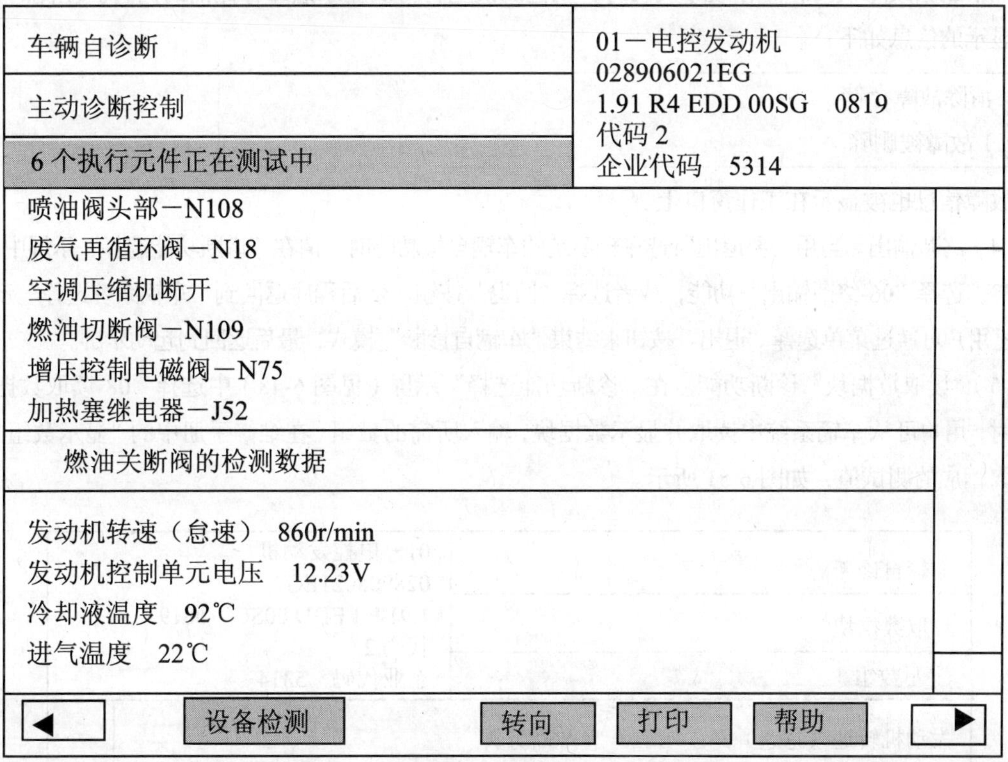

图6-50　主动诊断控制

通常，检测过程可以看到（例如，指示器灯）或听到（例如，继电器声）。从车辆自诊断跳转到设备检测时，允许用户用万用表或示波器监测已激活的执行元件及其检测结果。

通过选择“继续”按钮，可显示下一个执行元件诊断，执行元件诊断可用“回退”按钮返回。

某些情况下，当进行执行元件诊断时，需要在车辆上或在执行元件上进行一定的操作。详细资料请参考维修手册。

（3）“清除故障存储”诊断功能。选择“05-清除故障存储”按钮将删除所选车辆系统的故障存储，调用此功能时，检测仪马上显示以下对话框：

功能是否执行？（Execute function?）
注意：数据将被删除。

如果误操作激活了此功能请按下“返回”按钮，如果确实要删除数据，请按下“是（OK）”按钮。执行结果将显示在左侧的信息窗口中：

故障存储被清除。

注意：

只有在先前进行过“查询故障存储”功能，才能够清除故障存储，这样可保证重要的数据不丢失。“清除故障存储”功能自动跟随着“查询故障存储”功能，这意味着如果在车辆的故障未被纠正的情况下删除故障代码和储存故障代码时，则检测仪上将再次显示故障存储器的内容。左侧的信息窗口显示的信息如下：

清除故障存储
1 故障被删除

故障信息也被显示在工作窗口上。

（4）终断输出。当用户要退出所选车辆系统的车辆自检功能时，请在“诊断功能选择”示屏中（见图 6-48）选择“06-终断输出”功能，或者选择“回退”按钮。然后程序返回到“车辆系统选择”示屏，在这里用户可通过菜单选择“退出”按钮来结束“车辆自诊断”模式，最后返回到起动示屏。

（5）“读取数据块”诊断功能。在“诊断功能选择”示屏（见图 6-48）中选择“08-读取数据块”选项时，用户可从车辆系统中读取并显示数据块，输入所需的数组（在维修手册中的“显示数组号”）来获取相应的测试值，如图 6-51 所示。

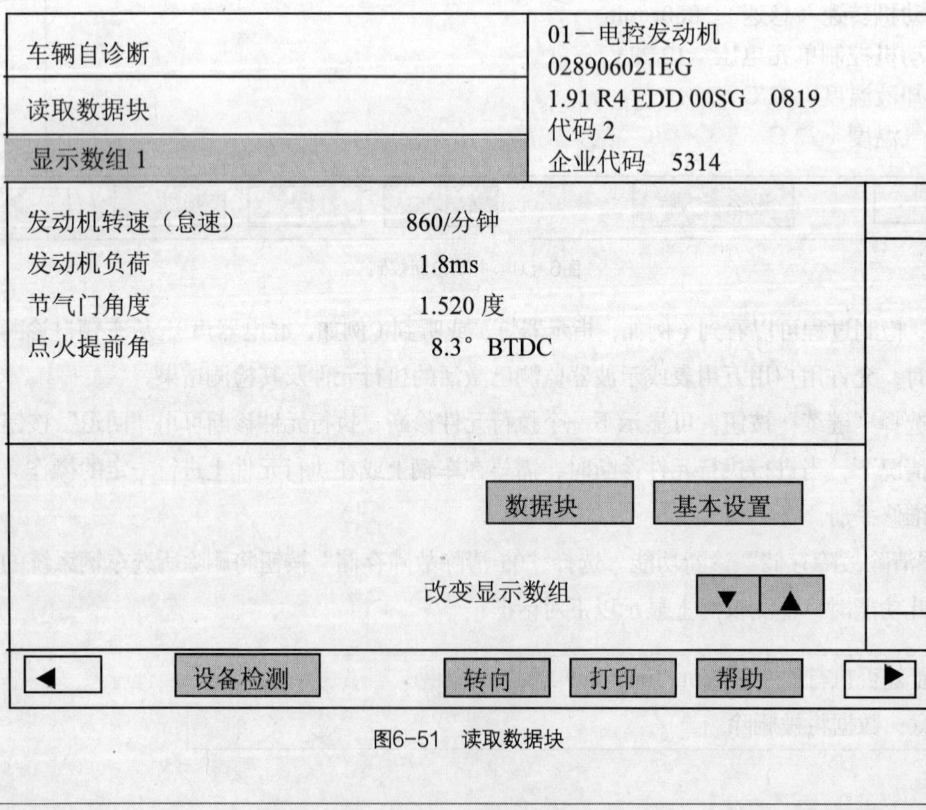

图6-51 读取数据块

默认的显示是数组 1，其测试值＃1 到＃4 包括它们的含义和物理单元等同时显示在窗口内（显示范围最多 1 到 4）。使用“上箭头”或者“下箭头”可以改变显示数组的号。

在图 6-51 所示的示屏中选择“基本设定”按钮时，将显示属于测试值＃1 到＃4 的基本设定值，如图 6-52 所示。

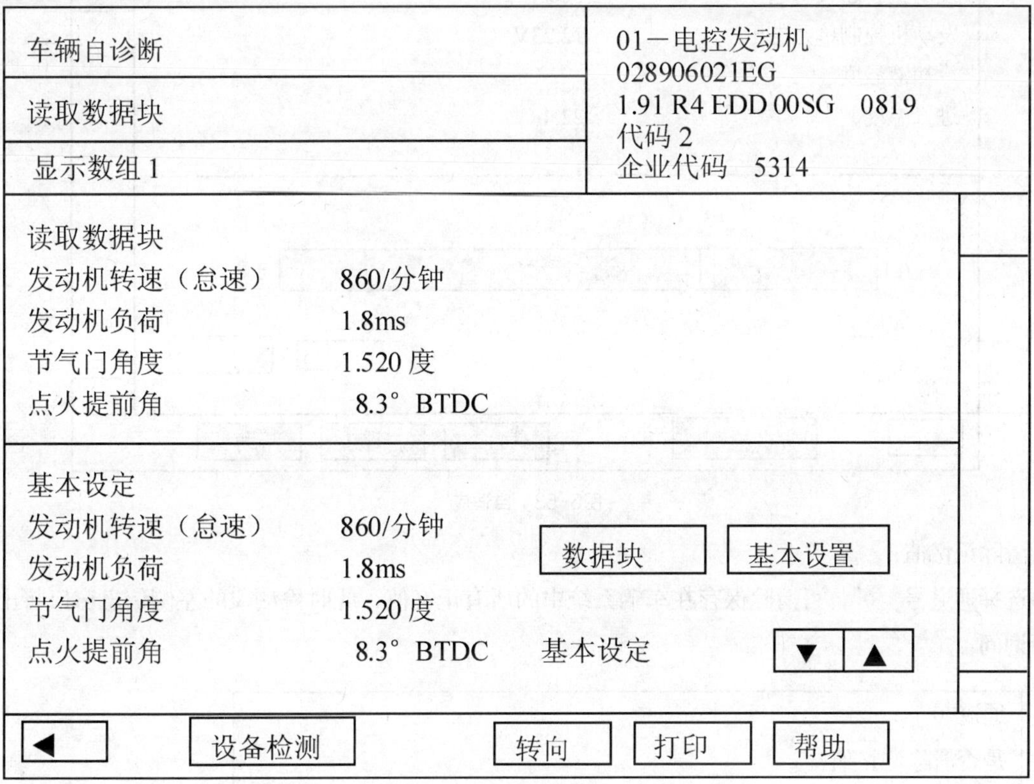

图6-52　读取数据块-基本

（6）“自适应”诊断功能。当需要检查在维修手册中给出的车辆系统的状态时，可在“10-自适应”诊断功能中进行读取、测试和保存等操作。

首先在屏幕显示数字键盘上选择通道号，检测仪将读取并显示当前的自适应值。检测仪工作窗口是否显示测试值取决于车辆系统和所选的通道号，如图 6-53 所示。

对一些特别重要的自适应值，用户必须通过针对控制单元的“登录”功能给控制单元发送一个 ID 号，才可进行此操作。ID 号的发送用屏幕上的数字键盘实现。

利用屏幕上的键盘（选择“键盘”按钮）或利用滑条，可改变自适应值。如果将控制滑条推到最右侧，则预先设定的范围将加倍，例如从 8 到 16 等。

找到正确的自适应值时选择“保存”按钮将其保存，旧的和新的自适应值都将在检测仪上显示，只有在车辆系统中选择“接受”按钮时，新的自适应值才被保存。

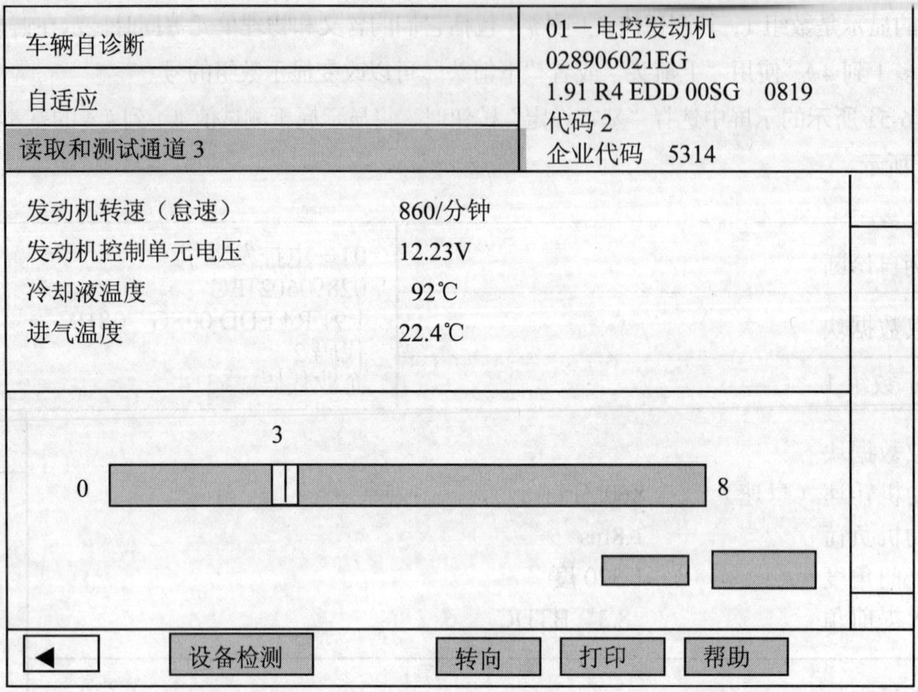

图6-53 自适应

清除记忆值：

选择通道号“0”，可清除保存在车辆系统中的所有记忆值，此时检测仪的左侧信息窗口将出现以下询问：

通道 0
是否清除记忆值?

选择“继续”按钮可清除保存数据，或者选择“回退”按钮返回此功能并退回到“诊断功能选择”示屏（见图 6-48）。当数据被清除时检测仪左侧的信息窗口中将出现确认信息。

（7）“程序升级”功能。利用“程序升级”诊断功能（见图 6-48），用户可通过 VAS 5051 将车辆系统程序的当前版本升级。

选择诊断功能：

只有当升级程序在该车辆系统中已经执行并且检测仪中有多种升级版本时，该诊断功能选项才会出现。当用户成功地完成了车辆系统的升级程序时，将不再给出其诊断功能。

通过选择“程序升级”用户可起动诊断功能。如果车辆系统中需要的条件没有找到，将会出现警告信息。此时应首先给出所需的条件并再次进行程序升级。

执行过程通过几个不同的示屏用对话框引导：

- 信息文本框显示新的版本号。
- 新的升级程序被安装到车辆系统中，该项操作需要几分钟。

新版本的优点通过文本不断地显示出来。操作完成时升级的数据信息将显示在屏幕上。

- 关闭点火并再次退回。
- 所有车辆系统的故障存储被清除掉。

如果程序在升级过程中发生故障，车辆系统将不能再进行检修，此时故障将被显示出来，并且诊断功能选项条（见图 6-48）仅显示“程序升级”功能，此时应再次执行升级程序。

自检记录：

在操作过程中用户可记录下设备自检的结果，特别是在程序升级前后显示车辆版本的程序记录信息。

帮助功能：

一旦用户选择诊断功能，可通过选择“帮助”功能获取更多的帮助。

6.7.4　KT600 示波器的使用方法

启动 KT600，进入如图 6-11 所示的示波器界面，选择通用示波器，按“OK”键确认，进入波形测试功能界面。如图 6-54 所示，在屏幕上有十个选项：通道、周期、电平、幅值、位置、停止、存储、载入、光标和触发，另外还有三个功能选项：通道设置、自动设置、配置取存。您可以通过屏幕右下角的方向键来对选择项目进行调整。

1. 通道调整

按“通道”功能键可以选择通道 1（CH1）、通道 2（CH2）、通道 3（CH3）、通道 4（CH4）任意组合方式，如图 6-54 所示。

2. 周期调整

选择“周期”调整，如图 6-55 所示，按上下键可以改变每单格时间的长短，如果开机时设定的是 10ms/格，按向下键则会变为 5 ms/格，波形就会变稀，按向上键则会变为 20 ms/格，波形会变密。

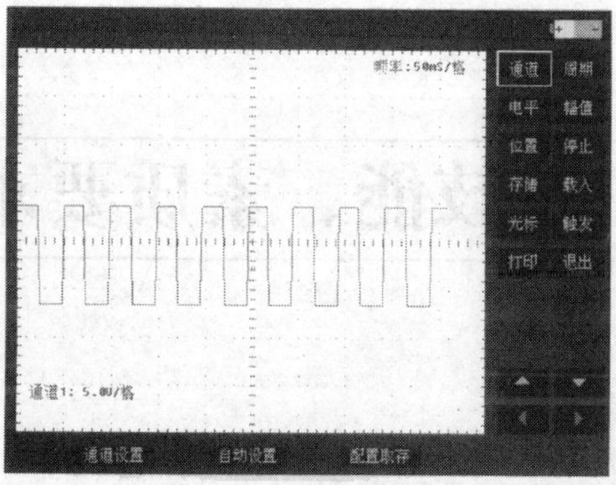

图6-54　通道调整

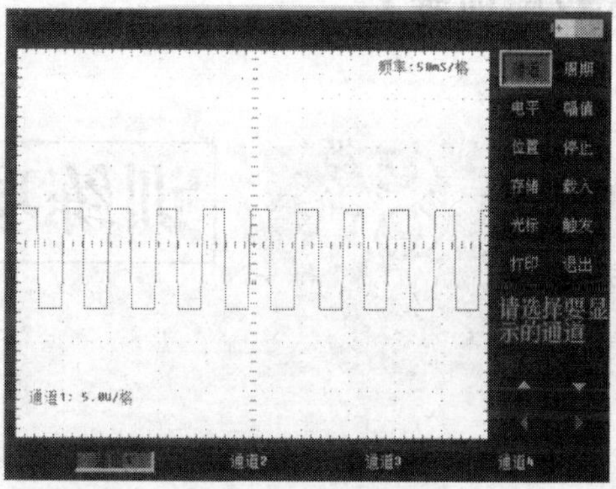

图6-55　周期调整

3. 电平调整

对纵轴的触发电平进行调整，对于同一波形，选择不同的触发电平，波形在显示屏上的位置就会跟着变化。如果触发电平的数值超出波形的最大最小范围时，波形将产生游动，在屏幕上不能稳定住。

4. 幅值调整

按上下方向键可以调整纵向波形幅值的大小，KT600 可以选择 1∶0.5、1∶1.0、1∶2.5、1∶5、

1：10和1：20。

5. 位置调整

选择“位置”可以对波形的上下显示位置进行调整，按向上方向键，波形就会上移，按向下方向键，波形就会向下移动。

6. 触发方式调整

选择 触发 在高频（小于 50 ms/格）可以对波形的触发起点进行调整，使用触发功能键可以选择触发的方式（上升沿、下降沿、自动、正常）及触发通道（CH1、CH2、CH3、CH4），如图 6-56 所示。

7. 波形的存储和载入

存储和载入存储波形时，直接单击“存储”功能键，打开如图 6-57 所示窗口，然后输入文件名，单击“保存”按钮文件即被保存在如下目录中。

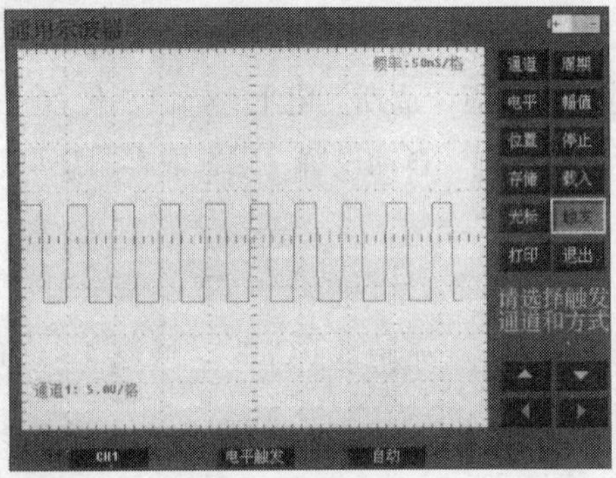

图6-56 触发方式调整

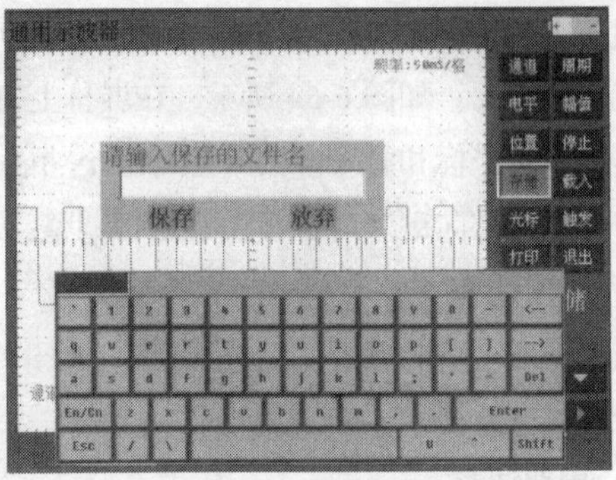

图6-57 波形的保存

如果要载入波形，选择载入功能键及相应的文件名，即可载入刚存储的波形。

【技能训练】

6.8 训练项目及技能、素质要求

6.8.1 训练项目

1. 训练项目

项目 6-1 发动机起动困难故障的检修

项目 6-2 发动机怠速不稳易熄火故障检修

项目 6-3 发动机功率不足故障的检修

项目 6-4 P030X 发动机间歇性不点火故障的检修

项目 6-5 发动机油耗过高故障的检修

2. 项目实施的主要内容

（1）万用表、故障诊断仪、示波器等检修仪器的熟练使用。

（2）发动机不能起动、运转不稳、功率不足、间歇性不点火、油耗过高等故障的原因分析与检修计划的制定。

（3）发动机不能起动、运转不稳、功率不足、间歇性不点火、油耗过高等故障的检修。

（4）在综合故障的检修中，熟练检测发动机控制系统中各传感器、各执行元件。

（5）不同故障时综合分析各传感器、执行器的数据流、信号波形，提高电控系统数据分析、波形分析的能力。

项目实施时参考学材进行。

6.8.2 项目技能点

1. 基础技能

（1）能正确使用维修手册、电路。

（2）能正确使用故障诊断仪、万用表、示波器等检测仪器。

（3）能进行发动机控制系统的基本检查。

2. 专项技能

（1）使用诊断仪器对发动机电控系统各部件的性能检测。

（2）能进行燃油系统的检修。

（3）能正确点火控制系统的检修。

（4）能进行怠速控制系统的检修。

（5）能进行可变配气正时系统、涡轮增压系统的检修。

（6）能进行 EVAP、EGR、三元催化转换器、氧传感器的检修。

3. 综合技能

（1）能参考维修手册，制定发动机起动困难故障的检修计划并予以实施。

（2）能参考维修手册，制定发动机怠速不稳易熄火故障的检修计划并予以实施。

（3）能参考维修手册，制定发动机间歇性不点火故障的检修计划并予以实施。

（4）能参考维修手册，制定发动机其他常见故障的检修计划并予以实施。

6.8.3 素质要求

在学习知识、训练技能的同时，逐渐具备以下素质：

（1）严格遵守实训室、实训车间规章、制度，遵守工作纪律；

（2）具有较强的口头与书面表达能力、组织协调能力；

（3）具有良好的心理素质和克服困难的能力；

（4）具有团队协作精神；

（5）能通过各种媒体资源查找所需信息，自主学习新知识、新技术；

（6）能不断积累经验，从个案中寻找共性。

知识点练习

一、填空题

（1）测试灯的作用是____。

（2）测试灯分为________________、________________两种类型。

（3）万用表可分为________________、________________。

（4）在使用数字式万用表时，严禁__________________________时测量电阻。

（5）汽车电路图可分为________________、________________、________________。

（6）电路短路故障可通过测量________________与车身或________________之间是否导通来检查。

（7）燃油压力表是用来____的专用工具。

（8）普通式燃油压力表量程一般为________________。

（9）喷油器清洗仪可分为________________、________________两种类型。

（10）固定式喷油器清洗仪除用来清洗喷油器外，还具有喷油器________________、________________功能。

（11）故障诊断仪俗称________________，它是一种________________仪器。

（12）故障诊断仪可分为________________、________________两大类。

（13）采用普通方式调取丰田车系故障码时，是用专用跨接线短接故障诊断插座上的________________、________________端子。

（14）调取故障码时，检查蓄电池电压应在________________以上。

（15）电脑故障诊断仪的主要功能有________________、________________。

二、问答题

（1）汽油机电控系统故障诊断的一般程序是什么？

（2）在使用万用表对节气门位置传感器进行检测时，使用电阻挡应测量什么，使用电压挡应测量什么？

（3）一辆轿车（以别克或威驰为例）起动困难，试简述其诊断步骤？

（4）一辆轿车（以别克或威驰为例）怠速发抖，现场技师准备检查以下 4 个元器件是否正常工作：空气流量计、节气门位置传感器、2 缸喷油器、2 缸点火模块。假设你是现场技师，请分别说明在下面两种情况下你如何进行检测：① 有故障诊断仪；② 只有万用表和试灯？

（5）一辆威驰轿车怠速不稳定，容易熄火，假设你是现场维修技师，试简述你制订的诊断步骤。

（6）一辆威驰轿车加速不良，技师怀疑节气门位置传感器有故障。假设你是那名技师，现场只有一块万用表，你可以检查哪些项目判断此传感器是否有故障？

（7）一辆轿车冷起动困难，检测故障代码为冷却液温度传感器故障，请分析起动困难的具体原因。

Chapter 7

项目七 柴油机电控燃油喷射系统检修

【知识目标】

（1）掌握油机电控制系统的功能、结构组成。

（2）熟悉电控柴油机高、低压油路的作用、结构。

（3）掌握高压共轨及其共轨上各部件的作用、结构组成。

（4）掌握电控柴油机喷油器的结构、工作原理。

（5）熟悉柴油机电控 EGR、增压控制系统、电控进气预热系统的作用、结构及工作原理。

（6）熟悉电控柴油机常见故障的基本原因。

（7）熟悉电控柴油机常见故障的基本方法和诊断程序。

【能力目标】

（1）能正确使用故障诊断仪、万用表、示波器等对柴油机电子控制系统各部件的性能检测。

（2）能对电控柴油机高、低压油路进行检修。

（3）能对电控柴油机高压共轨及各部件进行检修。

（4）能对柴油机电控 EGR 系统、电控增压系统、进气预热系统检修。

（5）能参考维修手册，制定电控柴油机常见故障检修计划并予以实施。

（6）能进行柴油机起动困难、怠速不稳故障的检修。

【项目案例】

（1）某电控共轨型柴油机，发动机能起动，但起动后 2s 后发动机自动熄火，如此反复。

（2）某电控共轨型柴油机，发动机起动后加大油门，发动机转速没有变化，继续加大油门到 80%左右时不动，发动机转速突然上升，1～2s 后发动机转速又突然下降，1～2s 后发动机转速又突然上升，如此反复。将油门彻底松开后再加油门又没有反应，只在加大到 80%左右时，又发生转速上升、下降的现象。发动机故障灯不亮。

（3）某电控共轨型柴油机，发动机起动后怠速平稳，但在加油门时发动机转速极不稳定、上下波动很大，持续十几秒后转速又平稳了。可松开油门后再加油门发动机转速又不平稳，如此反复。发动机故障灯不亮。

（4）一车辆装配电控共轨型柴油机，在行驶中故障灯点亮，故障代码为 P0300，发动机失火。有时故障灯点亮发动机没有明显变化，有时发动机故障灯点亮后发动机动力会明显下降甚至熄火。

【项目知识点】

7.1 柴油机电控系统基本组成与功能

7.1.1 柴油机电控技术的发展

柴油机电控技术是在解决能源危机和排放污染两大难题的背景下，在飞速发展的电子控制技术平台上发展起来的。汽油机电控技术的发展为柴油机电控技术的发展提供了宝贵经验。

柴油机电控系统的开发研究从 20 世纪 70 年代开始，随着微电子技术的发展，8 位微处理器开始在汽车电子控制系统中应用，柴油机也开始了电子控制的进程。从结构和功能的角度看，柴油机的电子控制系统包括燃油系统的电子控制（这也是柴油机电子控制的核心问题）和柴油机空气系统的电子控制，后者包括增压压力（可变截面涡轮）控制系统、排气再循环（EGR）控制系统以及为了适应未来更加严格的排放法规而开发的排放后处理电子控制系统。这些电子控系统使得柴油机在动力性、经济性和排放性能等方面都取得了巨大的进步，是继 20 世纪 20 年代用机械喷射代替空气喷射、20 世纪 50 年代采用排气涡轮增压技术之后，柴油机技术的第三次里程碑式的进步。目前，轿车柴油机在保证 10 万米油耗 3L 经济性的同时，还能保证排放达到欧 III、欧Ⅳ甚至更高的排放标准。

在柴油机的电子控制系统中，最早研究并实现产业化的是电子控制的柴油喷射系统随着排放法规的加严以及加工和制造技术的进步，先后出现了三代电控燃油喷射系统：位置控制式、时间控制式、时间-压力控制式（压力控制），这些电控喷油系统又是在不同机械式喷油系统的基础上发展起来的，从而形成了多种类型的电控燃油喷射系统。三代电控燃油喷射系统介绍如下。

1. 第一代（位置控制方式）

第一代保留了传统柴油机供给系统的基本组成和结构，只是取消了机械控制部件（调速器等），增加了传感器、ECU、执行器等组成的控制系统，使控制精度和响应速度得以提高。

优点：柴油机的结构几乎不需改动，便于对现有柴油机进行升级换代。

缺点：响应慢，控制精度不高，供油压力不能控制。

2. 第二代（时间控制方式）

第二代基本保留了传统燃油供给系统的组成和结构，通过高速电磁阀直接控制高压燃油的适时喷射。一般情况下，电磁阀关闭，执行喷油；电磁阀打开，喷油结束。为此可实现供油量控制，又可实现供油正时的控制。

优点：控制自由度更大，供油加压与供油调节在结构上相互独立，使喷油泵结构得以简化，强度得到提高。高压喷油能力大大加强。

缺点：供油压力无法控制。

3. 第三代（时间-压力方式）

第三代是国外于 20 世纪 90 年代中期研制的一种新型柴油机电控技术。它基本改变了传统燃油供给系统的组成和结构，主要以电控共轨（各缸喷油器共用一个高压油管）式喷油系统为特征，直接对喷油器的喷油量、喷油正时、喷油速率和喷油规律、喷油压力等进行时间-压力控制。

高压油泵并不直接控制喷油，而仅仅向共轨供油以维持所需的共轨压力，并通过连续调节共轨压力来控制喷射压力。

优点：可实现高压喷射（最高达 200MPa），喷射压力独立于发动机转速，可实现理想喷油规律，具有良好的喷射特性。

共轨喷射系统是柴油机燃油系统的一个发展方向。目前在卡车和轿车柴油机上得到广泛应用，发展速度十分惊人。

柴油机电控制系统（Electronic Diesel Control System，EDC）是为了适应对发动机排放要求越来越严格、对油耗要求越来越低的情况而开发的，它可以对喷油量和喷油正时进行更加精确地控制，使柴油机的性能得到进一步优化和提高，其发展前景广阔。

7.1.2 柴油机电控系统的特点

1. 提高了发动机的动力性和经济性

喷油量和喷油正时是影响柴油机动力性和经济性的重要因素。传统的柴油机燃料供给装置，由于调整、磨损等原因，会使喷油量和喷油正时等产生误差。在柴油机电控系统中，ECU 根据传感器信号精确计算喷油量和喷油正时，从而提高发动机的动力性和经济性。

2. 提高了发动机的工作可靠性

借助传感器的输入信号，ECU 可随时检测影响发动机工作可靠性的一些参数，如润滑系统的机油压力、排气温度、曲轴轴瓦温度及发动机的转速等。一旦某一项或某些项的参数或状态超出或低于设定值，控制系统就会报警，同时控制执行器进行相应的调节，直到这些参数或状态恢复正常为止。对于一些影响发动机运转可靠性的重要参数，电控系统还可为发动机提供双重甚至多重保护，以免造成巨大损失。

3. 控制速度快、控制精度高

电控系统从接收到一个信息到处理完毕并输出控制信号所需的时间一般为毫秒级，这个时间要远远小于发动机或其他机械控制机构的响应时间。因此，一旦发动机及其系统的运行参数或状态稍微偏离目标值，电控系统就能立即进行跟踪并予以实时调节和控制。正是由于响应快这一特点，使得电控系统能实现其他机械控制系统所不能实现的一系列功能。电控系统的控制精度远高于机械控制系统和模拟电路控制系统的主要原因是对输入、输出信号实现了数字化传输。

4. 改善了低温起动性

由于柴油机是压燃式，发动机在低温条件下着火相当困难，因此需使用预热塞。起动时，驾驶员先使发动机减压以提高转速，再返回压缩状态，起动预热塞使之迅速着火。这一系列操作十分麻烦，如果操作不熟练，很容易因反复起动而导致蓄电池放电过度。电控系统能够以最佳的程序替代驾驶员进行这种烦琐的起动操作，使柴油机在低温时起动变得更容易。

5. 降低氮氧化物和烟度的排放

柴油机工作时，由于混合气的空燃比大，无法使用能够有效减少 NO_x 排放量的三元催化剂。因此，为了减少 NO_x 排放量，有必要采用 EGR 系统，而废气再循环又会增加烟度，控制方法比汽油机要难得多。但是，采用柴油机电控系统，将使这些变得非常容易。柴油机排放的烟雾，主要是在燃烧时燃料暴露在局部高温缺氧的环境中产生热分解而生成的游离碳。采用柴油机电控系统，可精确地将喷油量控制在不超过冒烟界限的适当范围内，同时根据发动机工况调节喷油时刻，有效地抑制发动机排烟。

6. 提高发动机运转稳定性

传统柴油机喷油泵调速器的反馈控制系统响应特性差，容易导致发动机在负荷急剧变化和小负荷低速运转时产生游车现象。而采用柴油机电控系统，电子式反馈控制电路的响应特性很好，故不会产生游车现象。此外，发动机怠速运转时，为防止因负荷的增加（如动力转向泵、空调压缩机工作等）而产生游车和熄火现象，传统的方法是把怠速转速调高。采用柴油机电控系统，无论负荷怎样增减，都能保证发动机怠速工况下以最低的转速稳定运转，有利于提高其经济性。

7. 适应性广

只要改变 ECU 的控制程序和数据，一种喷油泵就能广泛用在各种柴油机上，而且柴油机燃油喷射控制可与变速器控制、怠速控制等各种控制系统进行组合，实现集中控制，有利于缩短柴油机电控系统开发周期，并降低成本，从而扩大柴油机电控系统的应用范围。

8. 电控系统的主要控制量（喷油量和喷油正时）

柴油机电控系统和汽油机电控系统有很大的不同。在汽油机电控系统中，喷油量完全由喷油时间来决定，控制了喷油时间就控制了喷油量，并且汽油机对喷油正时的要求也不高。柴油机电控系统除了控制喷油量外，对喷油正时和喷油压力也都有很高的要求。柴油机的喷油压力，采用分隔式燃烧室的柴油机为 9.8～12.7MPa，采用统一式燃烧室的柴油机喷油压力则高达 19.6MPa，汽油机电控系统的喷油压力一般只需 1.96～2.4MPa，很明显柴油机电控系统的喷油压力要求较高。

9. 电控系统的多样化

由于在传统的柴油机中就有结构甚至工作原理完全不同的柱塞式喷油泵、转子分配式喷油泵、泵喷油器一体的“P-T”燃油系统等，因此形成了柴油机电控系统多样化、执行器结构复杂等特点。

10. 有利于控制涡轮增压

柴油机的转速不易提高，要提高其输出功率，必须增大柴油机的转矩，采用涡轮增压已成为一种应用较为广泛的手段。可是，为了用好增压柴油机，有必要对增压装置进行精确的控制，采用电控系统无疑是最好的选择。

7.1.3 柴油机电控系统的基本组成

虽然柴油机电控系统存在多样化、执行器的结构复杂化等特点，但其基本组成与汽油机电控系统一样，也是由信号输入装置、ECU和执行器三部分组成，如图7-1所示。

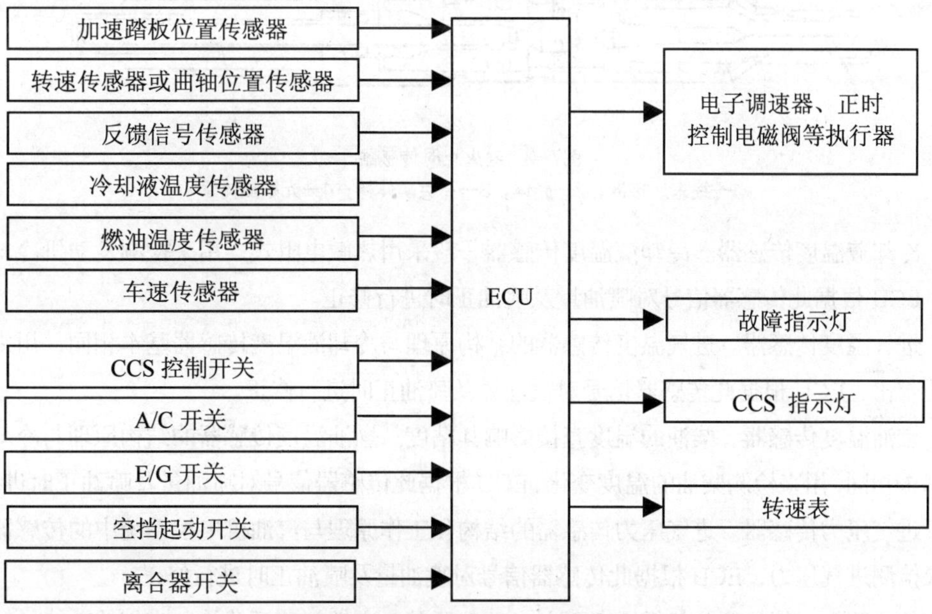

图7-1 柴油机电控系统的基本组成

1. 信号输入装置

（1）加速踏板位置传感器。加速踏板位置传感器用来检测加速踏板所处的位置，ECU可以根据此传感器信号间接判断柴油机的负荷。加速踏板位置传感器信号与转速传感器信号一起作为ECU控制柴油机喷油量和喷油正时的主控制信号。

常用的加速踏板位置传感器有电位计式和差动电感式。其结构和工作原理与汽油机电控系统中的节气门位置传感器基本相同。

（2）转速传感器或曲轴位置传感器。转速传感器或曲轴位置传感器的结构和工作原理与汽油机电控系统中的基本相同，用来检测发动机转速或曲轴位置，该信号与加速踏板位置传感器信号一起作为ECU控制柴油机喷油量和喷油正时的主控制信号。

（3）反馈信号传感器。柴油机电控系统一般对喷油量和喷油正时采用闭环控制，反馈信号传感器就是指闭环控制系统中用来检测控制系统执行器实际位置的传感器。

反馈信号传感器主要包括负荷传感器（如供油齿条位置传感器、滑套位置传感器、喷油压力传感器等）和正时传感器（如分配泵正时活塞位置传感器、着火正时传感器等）两大类。在不同柴油机电控系统中，由于控制喷油量和喷油正时的执行器不同，负荷传感器和正时传感器的名称、数量和类型也不同，传感器通常采用电位计式、差动电感式或电磁感应式，其结构原理与用于其他用途的同类传感器基本相同。

在有些柴油机电控系统中，装用光电式着火正时传感器来检测气缸内混合气燃烧的开始时刻。光电式着火正时传感器的结构见图 7-2。当气缸内的混合气燃烧时，传感器内的光敏晶体管产生电压信号输出，ECU 根据此信号判断实际着火开始时刻，并对喷油正时进行修正。

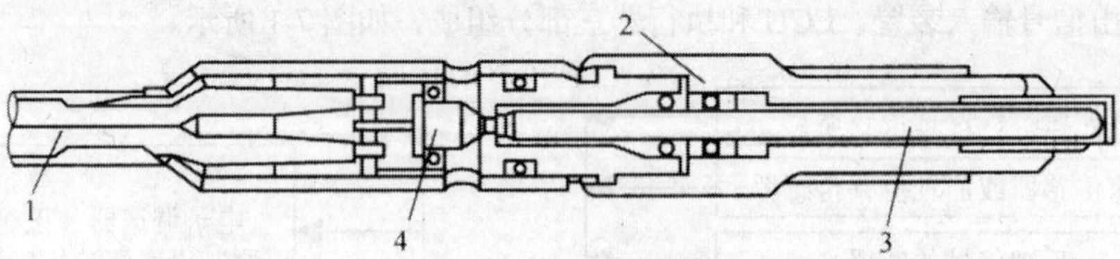

图7-2　着火正时传感器

1—线束连接器；2—壳体；3—石英晶体棒；4—光敏晶体管

（4）冷却液温度传感器。冷却液温度传感器一般采用热敏电阻式，用来检测发动机冷却液温度的变化，ECU 根据此传感器信号对喷油量及喷油正时进行修正。

（5）进气温度传感器。进气温度传感器的结构原理与冷却液温度传感器基本相同，用来检测进气温度的变化，ECU 根据此传感器信号对喷油量及喷油正时进行修正。

（6）燃油温度传感器。柴油的温度直接影响其粘度。燃油温度传感器的结构原理与冷却液温度传感器基本相同，用来检测柴油的温度变化，ECU 根据此传感器信号对喷油量及喷油正时进行修正。

（7）进气压力传感器。进气压力传感器的结构和工作原理与汽油机电控系统中的传感器基本相同，用来检测进气压力，ECU 根据此传感器信号对喷油量及喷油正时进行修正。

（8）信号开关。信号开关包括 E/G 开关、A/C 开关、空挡起动开关等。它们的功能、结构和工作原理与汽油机电控系统的基本相同。

2. ECU

柴油机电控系统 ECU 的组成如图 7-3 所示。其功能是根据各传感器与信号开关的输入信号和内存程序计算出喷油量和喷油开始时刻，并向执行器发出指令信号。柴油机电控系统 ECU 的结构与汽油机电控系统 ECU 的结构基本相同，其不同点在于控制程序有较大差别。

3. 执行器

执行器主要是执行 ECU 的指令、调节柴油机的喷油量和喷油正时。不同柴油机电控系统的执行器有很大差异。常用的执行器有电子调速器、正时控制电磁阀、供油齿条控制电磁阀、滑套控制电磁阀、分配泵或喷油器回油控制电磁阀等。

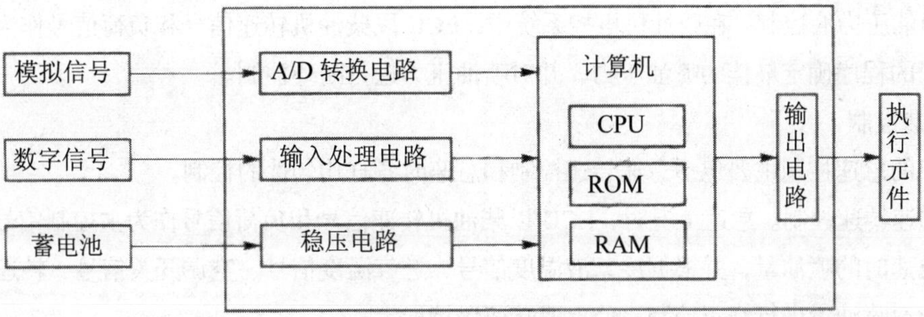

图7-3　柴油机电控系统ECU的组成框图

7.1.4　柴油机电控系统的控制内容与功能

随着柴油机电控技术的发展，柴油机电控系统已经从最基本的燃油喷射控制扩展到包括怠速控制、进气控制、增压控制、排放控制、起动控制、巡航控制、故障自诊断、失效保护、发动机与变速器的综合控制等在内的全方位集中控制。

1. 燃油喷射控制

燃油喷射控制主要包括喷油量控制、喷油正时控制、喷油速率控制和喷油压力控制。

（1）喷油量控制。喷油量控制是柴油机电控系统最主要的控制功能之一。在起动、怠速、正常运行等各种工况下，ECU 根据发动机转速信号、加速踏板位置信号和内存控制模型来确定基本喷油量，再根据冷却液温度信号、进气温度信号、起动开关信号、空调开关信号、反馈信号等对喷油量进行修正。

柴油机基本喷油量控制模型见图 7-4。

（2）喷油正时控制。喷油正时控制也是柴油机电控系统最主要的控制功能之一。在柴油机电控系统中，ECU 根据发动机转速信号、负荷信号和内存的控制模型来确定基本喷油提前角，再根据反馈信号进行修正。

柴油机基本喷油提前角控制模型如图 7-5 所示。

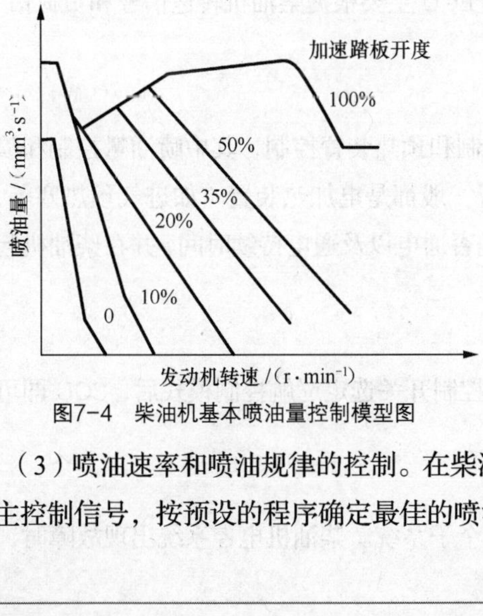

图7-4　柴油机基本喷油量控制模型图

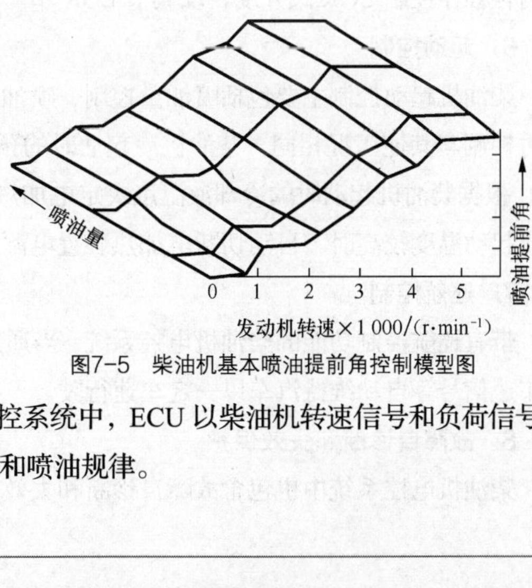

图7-5　柴油机基本喷油提前角控制模型图

（3）喷油速率和喷油规律的控制。在柴油机电控系统中，ECU 以柴油机转速信号和负荷信号作为主控制信号，按预设的程序确定最佳的喷油速率和喷油规律。

（4）喷油压力的控制。在柴油机电控系统中，ECU 以柴油机转速信号和负荷信号作为主控制信号，按预设的程序确定最佳的喷油压力，并对喷油压力进行闭环控制。

2. 怠速控制

柴油机的怠速控制主要包括怠速转速控制和怠速时各缸均匀性的控制。

（1）怠速转速控制。怠速工况时，ECU 以柴油机转速信号和负荷信号作为主控制信号，按内存程序确定怠速时的喷油量，并根据冷却液温度信号、进气温度信号、空调开关信号、转速（反馈）信号等对怠速喷油量进行修正控制，使怠速转速保持稳定。

（2）怠速时各缸均匀性的控制。在共轨式第二代柴油机电控系统中，由 ECU 分别对各缸的喷油器进行控制（顺序喷射控制），ECU 可以通过精确测定曲轴转速，根据各缸做功行程中曲轴转速的变化确定各缸喷油量的偏差，然后进行补偿调节。

3. 进气控制

柴油机的进气控制主要包括进气节流控制、可变进气涡流控制和可变配气正时控制。

（1）进气节流控制。ECU 主要根据柴油机转速信号和负荷信号控制设在进气管中的节气门开度，以满足不同工况对进气流量的不同要求。

（2）可变进气涡流控制。ECU 以柴油机转速信号和负荷信号作为主控制信号，按内存的程序对进气涡流强度进行控制，以满足不同工况对进气涡流强度的不同要求。

（3）可变配气正时控制。ECU 根据柴油机转速信号和负荷信号，按内存程序对配气正时进行控制，以满足不同工况对配气正时的不同要求。

4. 增压控制

柴油机的增压控制主要是由 ECU 根据柴油机转速信号、负荷信号、增压压力信号等，通过控制废气旁通阀的开度或废气喷射器的喷射角度、增压器涡轮废气进口截面大小等措施，实现对废气涡轮增压器工作状态和增压压力的控制，以改善柴油机的转矩特性，提高加速性能，降低排放并实现低噪声。

5. 排放控制

柴油机的排放控制主要是废气再循环（EGR）控制。ECU 主要根据柴油机转速信号和负荷信号，按内存程序控制 EGR 阀开度，以调节 EGR 率。

6. 起动控制

柴油机起动控制主要包括喷油量控制、喷油正时控制和预热装置控制，其中喷油量控制和喷油正时控制与其他工况相同。柴油机冷起动时的预热装置一般都是电加热装置（如进气预热塞等），ECU 根据柴油机起动时的冷却液温度决定电加热装置是否通电以及通电持续时间，并在柴油机起动后或起动温度较高时，自动切断电加热装置电源。

7. 巡航控制

带有巡航控制功能的柴油机电控系统，当通过巡航控制开关选定巡航控制模式后，ECU 即可根据车速信号等自动维持汽车以一定车速行驶。

8. 故障自诊断和失效保护

柴油机电控系统中也包含故障自诊断和失效保护两个子系统。柴油机电控系统出现故障时，自诊断系统将点亮仪表盘上的“发动机故障指示灯”，提醒驾驶员注意，并储存故障码，检修时可通过一定的操作程序调取故障码等信息；同时失效保护系统启动相应保护程序，使柴油机能够继续保持运转或强制熄火。

9. 柴油机与自动变速器的综合控制

在装用电控自动变速器的柴油车上，将柴油机控制ECU和自动变速器控制ECU合为一体，实现柴油机与自动变速器的综合控制，以改善汽车的变速性能。

7.2 电控泵喷嘴喷射系统

电控泵喷嘴喷射系统又可简称为泵喷嘴系统，典型泵喷嘴系统的组成如图7-6所示。在汽车行驶过程中，各传感器将反映汽车运行状况的电信号输送给ECU，并由ECU进行处理。利用这些信息，ECU能够对车辆，特别是对发动机实施开环和闭环控制，以确保最佳的车辆运行状态。

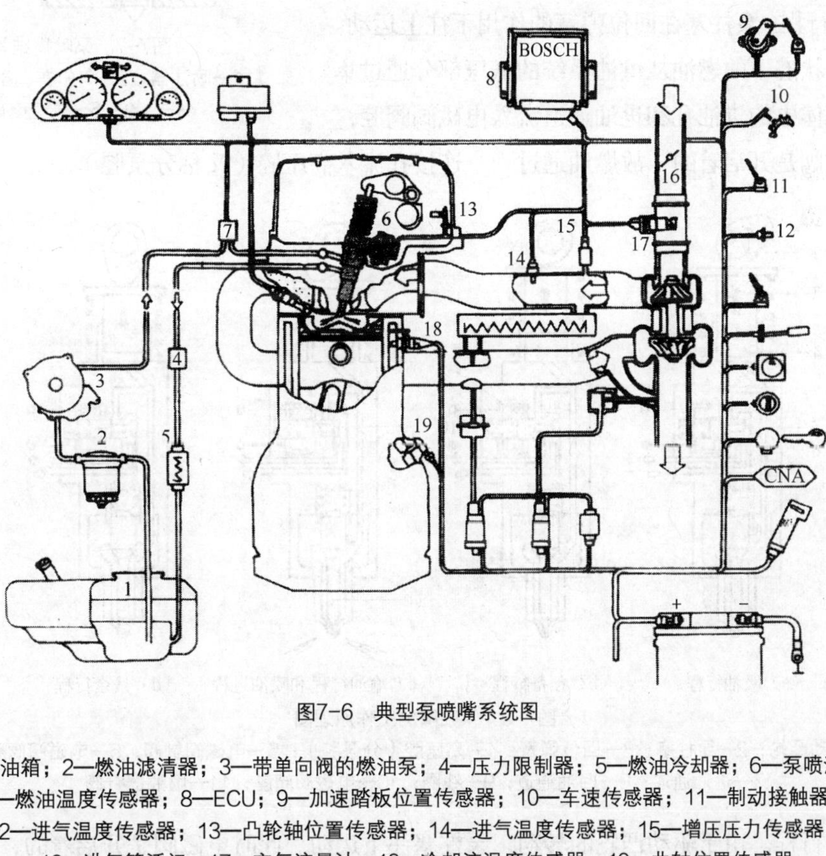

图7-6　典型泵喷嘴系统图

1—燃油箱；2—燃油滤清器；3—带单向阀的燃油泵；4—压力限制器；5—燃油冷却器；6—泵喷油器；7—燃油温度传感器；8—ECU；9—加速踏板位置传感器；10—车速传感器；11—制动接触器；12—进气温度传感器；13—凸轮轴位置传感器；14—进气温度传感器；15—增压压力传感器；16—进气管活门；17—空气流量计；18—冷却液温度传感器；19—曲轴位置传感器

泵喷嘴结构如图 7-7 所示。泵喷嘴就是将泵油柱塞和喷油器合成一体，安装在缸盖上。泵喷嘴由于无高压油管，所以可消除长的高压油管中压力波和燃油压缩的影响，高压容积大大减少，同时减少了密封表面和密封接头，因此喷射压力可以很高，电控泵喷嘴系统的压力目前可达 200MPa。它的驱动机构比较特殊，必须是顶置式凸轮驱动机构。在喷油器的回油通道中安装一个高速电磁阀，电磁阀为常开式。由低压输油泵经进油道向喷油器供油，电磁阀不通电保持开启时，即使凸轮驱动喷油器内的柱塞泵油，也不能产生足够的压力使喷油器喷油。只有当高速电磁阀接受 ECU 的指令通电时，电磁阀关闭喷油器回油道，随着柱塞泵油行程的进行，喷油器内油压迅速升高，喷油器喷油开始，直至高速电磁阀再次断电打开回油通道时喷油结束。高速电磁阀关闭的时刻即是喷油开始时刻，高速电磁阀关闭的持续时间决定了喷油量。

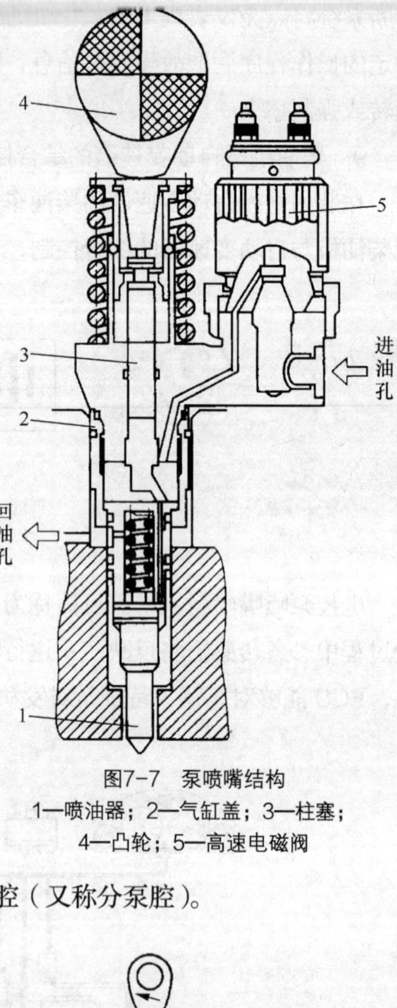

图7-7 泵喷嘴结构

1—喷油器；2—气缸盖；3—柱塞；4—凸轮；5—高速电磁阀

泵喷嘴的工作原理可分成 4 个行程，如图 7-8 所示。

（1）吸油行程。泵柱塞在回位弹簧的作用下往上运动。始终处于过压状态下的燃油从供油系统的低压部分通过集成于发动机机体中的进油孔和进油通道流入电磁阀阀腔，由于此时电磁阀是开启着的，故燃油通过一个连接孔流入高压腔（又称分泵腔）。

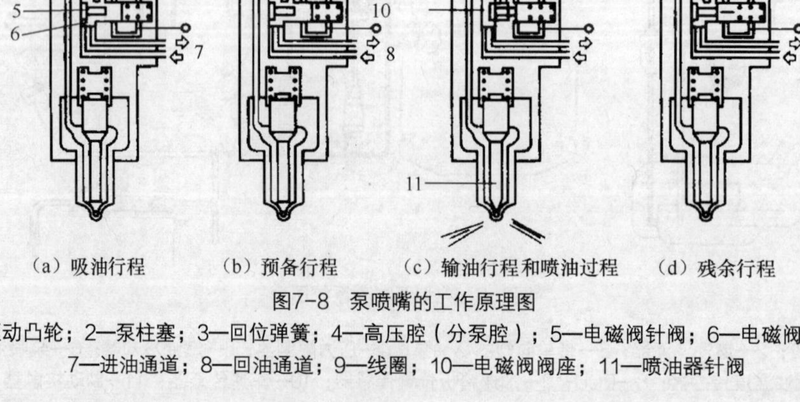

图7-8 泵喷嘴的工作原理图

1—驱动凸轮；2—泵柱塞；3—回位弹簧；4—高压腔（分泵腔）；5—电磁阀针阀；6—电磁阀阀腔；7—进油通道；8—回油通道；9—线圈；10—电磁阀阀座；11—喷油器针阀

（2）预备行程。由于驱动凸轮的转动，泵柱塞往下运动。此时电磁阀是开启着的，因此燃油由泵柱塞通过回油通道压回到供油系统的低压部分。

（3）输油行程和喷油行程。ECU 在一个确定的时刻输出信息为电磁阀的线圈充电，使电磁阀针阀吸向阀座，切断了高压腔和低压腔之间的联系。这个时刻称为“电动喷油起点（BIP）”。高压腔内的燃油压力因为泵柱塞的运动而上升。一旦达到了大约 300MPa 的喷油器开启压力，喷油器针阀升起，燃油喷入燃烧室（实际喷油起点或者输油起点）。由于泵柱塞的输油速率很高，在整个喷油过程中压力将持续上升。

（4）残余行程。如果电磁阀线圈电路被切断，电磁阀将经过一段短暂的滞后时间以后开启，高压腔和低压部分重新连通。供油行程和残余行程之间的过渡阶段达到峰值压力，该峰值压力根据泵的类型在 180～205MPa 之间变动，此后压力迅速跌落。一旦跌落到低于喷油器关闭压力的水平，则喷油器关闭，喷油过程结束。驱动凸轮尖端接触到泵柱塞之间由分泵单元所输送的残余的燃油通过回油通道压回到低压部分。

7.3 单体泵电控燃油喷射系统

单体泵电控系统是在泵喷嘴的基础上衍生出来，除了压力较泵喷嘴稍低一点外，其他功能基本和泵喷嘴相近，在货车、客车等大功率的中、低速柴油机上应用较普遍。

国内的发动机从欧Ⅱ向欧Ⅲ升级时，如果采用单体泵，对发动机改动非常小，仅以外挂式的凸轮轴箱代替欧Ⅱ发动机的直列泵。当从欧Ⅲ向欧Ⅳ升级时，发动机机身主体结构仍然不变，只要把欧Ⅲ系统里机械式喷油器改成德尔福的电控喷油器，形成双电磁阀单体泵系统，在发动机整体结构不做大的调整下，就可以达到欧Ⅳ的排放水平。

电控单体泵式喷射能使各种参数的调节和对各种过程的控制更为精确和“柔性”，比机械式柴油喷射更容易实现性能的优化；电控单体泵式喷射突破了传统机械式柴油喷射结构的复杂性和局限性，实现了预喷射精确控制、喷油率及喷油压力控制等；其控制对象和目标大大扩展，除常规稳态性能调控外，还能对各种过渡工况进行优化控制、故障自动监控与处理、操作过程自动化及自适应控制等。

7.3.1 单体泵电控系统的优势

与有泵喷嘴电控系统和共轨系统相比，单体泵电控系统具有成本低、性能可靠、寿命长、故障率低、维修方便等优点。

1. 成本优势

单体泵主要由一个柱塞和柱塞套构成，本身不带凸轮轴，有的甚至不带滚轮传动部件，从成本上讲，由于单体泵系统制造工艺相对简单，所以成本低、产品价格低。此外，国内的发动机从欧Ⅱ向欧Ⅲ升级时，如果采用单体泵，对发动机改动非常小，仅以外挂式的凸轮轴箱代替欧Ⅱ发动机的直列泵。当从欧Ⅲ向欧Ⅳ升级时，发动机机身主体结构仍然不变，只是把欧Ⅲ系统里机械式喷油器改为电控喷油器，形成单体泵电控系统。在发动机整体结构不做大的调整下，就可以达到欧Ⅳ的排放水平。

2. 可靠性和寿命优势

单体泵系统在发动机使用过程中，可以保证较低的排放和燃油消耗率水平，这已经在国外得到了10～15年的实际使用时间、数百万辆整车使用的证明。目前，这种非常强化、非常可靠的性能和使用寿命仍然在进一步提高，所以单体泵和泵喷嘴电控系统有可能成为未来几年大型货车和客车柴油机电控燃油喷射系统的主流。

3. 适应性优势

在性能方面，单体泵电控系统的喷油压力能达到200～250MPa，而且通过对驱动单体泵的凸轮形线设计，可以实现较为理想的供油速率和供油规律。在供油控制方面，利用电子控制系统的强大功能，不仅可以对喷油压力进行控制，还可以对喷油速率和喷油规律进行控制。此外，单体泵精密偶件数量少，对燃料清洁度的敏感性不高，尤其在当前国内油品质量无法满足要求的条件下，使用单体泵具有更好的保障。

7.3.2 电控单体泵

在单体泵电控系统中，柴油机每个气缸均配装一个电控单体泵，燃油喷射由各自的喷射单元来完成。柴油从油箱出来后先经过一个低压输油泵将柴油加压，再经过单体泵加压，最高能够达到200～250MPa的高压喷射可使柴油极好地雾化，有利于提高柴油机的动力性、经济性和排放性。单体泵电控系统的燃油喷射一般由ECU通过电磁阀控制，电磁阀的瞬时动作决定喷油的时刻，喷油量则由电磁阀通电时间的长短来确定。早期的电控单体泵如图7-9所示，由ECU控制的二位二通电磁阀安装在单体泵的出油端，控制其回油通道，当电磁阀开启单体泵回油通道时，单体泵内的柱塞即使进入泵油行程，也不能使柴油加压；只有当电磁阀关闭单体泵回油通道时，油压迅速升高，高压柴油经一段很短的高压油管供给喷油器并使喷油器喷油，直到电磁阀再次开启回油通道时，油压迅速降低，喷油立即停止。电磁阀的关闭时刻即为单体泵供油的开始时刻，每次关闭的持续时间决定供油量。为使单体泵的供油规律符合柴油机的工作需要，有些单体泵电控系统采用了变量柱塞单体泵，如图7-10所示。变量柱塞单体泵在泵油柱塞上方增加了一个增压套筒，这样就在单体泵中形成两个泵油腔，一个是柱塞与增压套筒之间形成的较小泵油腔A，另一个是增压套筒与柱塞套筒之间形成的较大泵油腔B。在单体泵的泵油行程中，开始阶段是由柱塞压缩较小泵油腔A中的柴油，柱塞顶部压油面积小，所以供油量较少；后期柱塞带动增压套筒压缩较大泵油腔B中的柴油，由于增压套筒顶部压油面积大，所以供油量也较多，整个供油过程形成了初期供油量小、后期供油量多的供油规律。通过匹配柱塞、增压套筒和柱塞套筒的尺寸，可以改变两个泵油腔A和B的容积以及两个阶段的供油行程，从而调整单体泵的供油规律。与前述电控单体泵一样，利用高速电磁阀控制变量柱塞泵的回油通道，以控制其供油的开始与结束时刻。

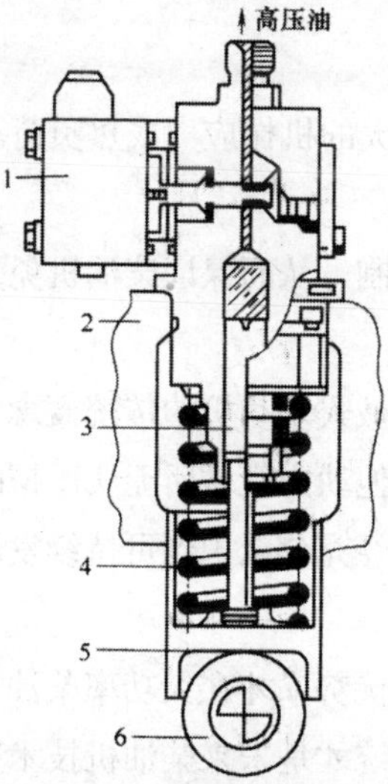

图7-9 电控单体泵

1—高速电磁阀；2—柴油机；3—泵油柱塞；4—柱塞弹簧；5—滚轮体；6—滚轮

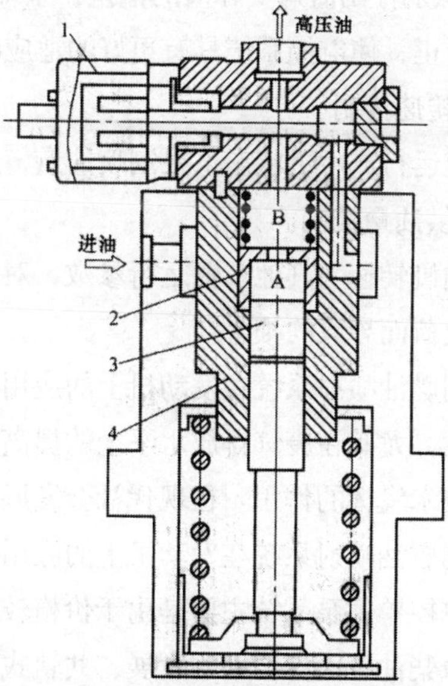

图7-10 电控变量柱塞单体泵

1—高速电磁阀；2—增压套筒；3—泵油柱塞；4—柱塞套筒

7.3.3 电控单体泵发动机常用控制功能

1. 油门油量控制

根据油门开度与柴油机转速计算出油门油量，从而司机可以控制柴油机转速与车辆运行速度。

2. 目标喷油定时控制

根据排放、油耗、功率和其他性能（如冷起动、噪声）等多方面综合要求确定最优喷油定时。

3. 油量及喷油定时的补偿控制

根据环境参数、运行参数的变化，如大气压力、大气温度，冷却水温、机油。

4. 冷起动及怠速稳定性的控制

油门踏板及发动机转速决定基本起动油量和定时，通过水温补偿与喷油定时调节快速实现冷起动→暖机→怠速全过程。通过各缸爆发转速与平均转速比较，对各缸进行油量调节，实现稳定怠速。

5. 智能动力控制

短期超载，即短期增大输出扭矩的限制值，以方便驾驶员不换挡爬坡。

6. 可变怠速仲裁控制

根据各种温度、蓄电池电压与空调请求调节怠速运行速度。

7. 自动监控、安全保护与自适应控制

ECU 可以监测和发现电控系统故障，并向使用、维修人员及时显示。若传感器出现故障，可直

接利用储存在 ECU 中不经修正的目标值或用传感器继续工作。若 ECU 本身出现故障，则切换到备用回路继续工作。

ECU 可识别控制值与实际值的偏差，系统的自适应功能就利用监测到的这些偏差，对 ECU 原始数据不断修正，使电控系统具有更好的适应能力。

8. 最高转速控制

在高转速运行或冷机状态下限制喷油量，避免柴油机受过大的机械应力或热负荷。

9. 最大供油量控制

根据柴油机转速与其他车辆运行参数，对指令油量进行限制，从而保证柴油机免受因过大的机械应力与热负荷而导致的损害。

电子控制燃油喷射系统在发动机上的应用，改变了原有机械式发动机的传统概念。它在燃油经济性、动力性，尤其在废气排放水平上的提高，是任何一种其他动力机械所无法比拟的。这一切都来源于电子技术发挥的作用。在现代社会发展的今天，人们已经充分认识到可持续发展的重要性，因此电子控制燃油喷射系统在发动机上的应用将变得日益普及。

目前，电控单体泵系统主要是由于价格较低和结构简单的优势，才在大功率柴油机中占有一定的地位，随着柴油机电控技术的发展，共轨式电控燃油喷射系统才是未来柴油机技术发展的趋势。

7.4 共轨式电控燃油喷射系统

7.4.1 柴油机共轨技术概述

共轨技术是指高压油泵、压力传感器和 ECU 组成的闭环系统中，将喷射压力的产生和喷射过程彼此完全分开的一种供油方式，由高压油泵把高压燃油输送到公共供油管，通过对公共供油管内的油压实现精确控制，使高压油管压力大小与发动机的转速无关，可以大幅度减小柴油机供油压力随发动机转速的变化，因此也就减少了传统柴油机的缺陷。ECU 控制喷油器的喷油量，喷油量大小取决于燃油轨（公共供油管）压力和电磁阀开启时间的长短。

电控柴油喷射系统由传感器、ECU 和执行机构三部分组成。其任务是对喷油系统进行电子控制，实现对喷油量以及喷油定时随运行工况的实时控制。采用转速、温度、压力等传感器，将实时检测的参数同步输入计算机，与已储存的参数值进行比较，经过处理计算按照最佳值对喷油泵、废气再循环阀、预热塞等执行机构进行控制并驱动喷油系统，使柴油机运行状态达到最佳。

柴油机的新一代电喷系统采用时间控制，用高速电磁阀取代传统的机械喷阀，对高压燃油实现数字调节。现在这种喷射系统逐渐向高压化迈进，高压喷射可使柴油雾化得非常细，发动机的燃烧过程进行得相当完善，而且速度快，同时又不明显提高燃烧温度。提高了直喷式柴油机压力，不仅可以全面降低 HC、CO、NO_x、微粒物和碳烟的排放，而且还能显著的降低油耗。图 7-11 所示为柴油机燃油共轨系统结构图。图 7-12 所示为柴油机高压共轨喷射系统实物图。图 7-13 所示为压电式喷油器实物图。

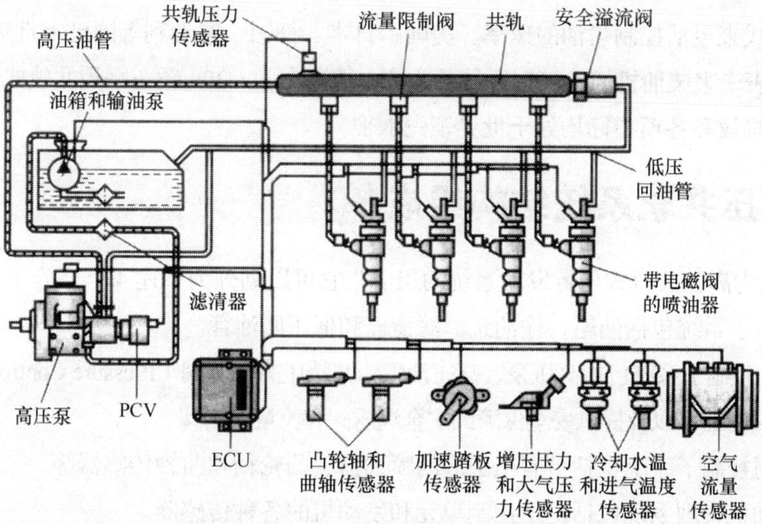

图7-11 高压共轨式电控燃油喷射系统结构图

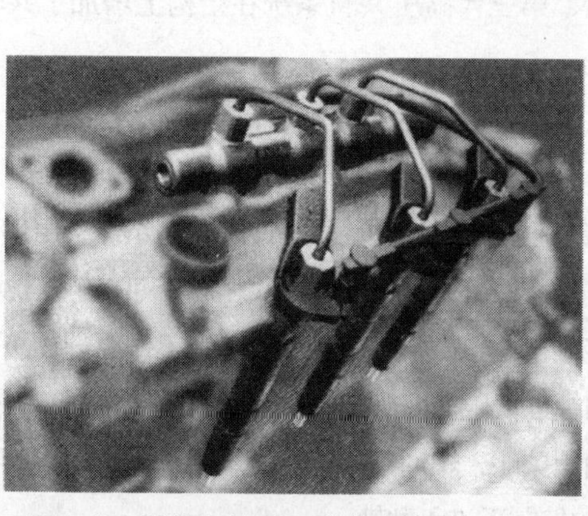
图7-12 博世柴油机高压共轨喷射系统实物图

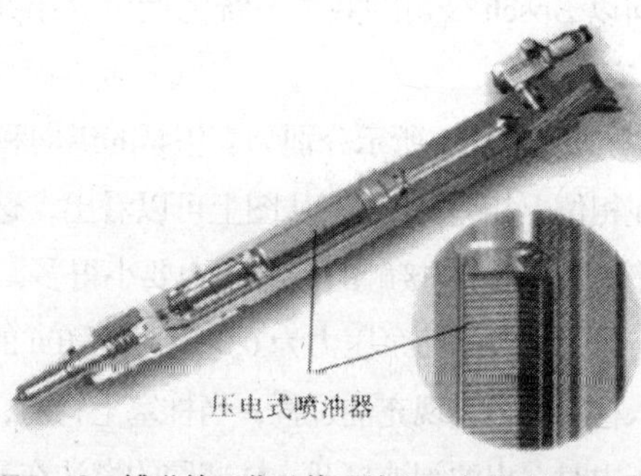

图7-13 博世第三代共轨系统用压电式喷油器实物图

共轨式电喷系统在车用柴油机中，高速运转使柴油喷射过程的时间只有千分之几秒，在喷射过程中高压油管各处的压力是随时间和位置的不同而变化的。柴油的可压缩性和高压油管中柴油的压力波动，使实际的喷油状态与喷油泵所规定的柱塞供油规律有较大的差异。管内的压力波动有时还会在主喷射之后，使高压油管内的压力再次上升，达到令喷油器的针阀开启的压力，将已经关闭的针阀又重新打开产生二次喷油现象，由于二次喷油不可能完全燃烧，于是增加了烟度和 HC 的排放量，油耗增加。此外，每次喷射循环后高压油管内的残压都会发生变化，随之引起不稳定的喷射，尤其在低转速区域容易产生上述现象，严重时不仅喷油不均匀，而且会发生间歇性不喷射现象。为解决柴油机这个燃油压力变化的缺陷，现代柴油机采用了一种称为“共轨”的技术。

它是柴油机高压喷射系统的一种，最高压力可达到200～220MPa。该系统不再采用通用的脉动原理，而是采用压力时间计量原理。“共轨喷射”是通过高压公用油道和各缸喷射电磁阀控制相结合的方式实现喷油控制。这种喷油系统可保证喷油压力不随发动机转数变化，可降低颗粒物的排放，电控共轨喷射又称为压力时间喷射或第三代喷射，它可分为中压共轨和高压共轨两大类。ECU产生的电脉冲按顺序触发喷油器电磁阀，确定发动机每次喷油的起始和关闭时刻，电控共轨喷射还可采用多次喷射的方式来灵活控制喷油的速率。美国、日本、德国、意大利等国已大批量生产共轨式电喷系统，它将代表未来柴油机燃油喷射系统的主流。德国奔驰C200轿车采用共轨式电控喷射系统，其功率、转矩及排放等各项指标均处于世界领先水平。

7.4.2 高压共轨系统结构组成

图7-11所示为高压共轨式电控发动系统的组成，它可以划分为下述4个部分。

① 燃油低压子系统包括油箱、输油泵、滤清器和低压回油管。

② 共轨压力控制子系统包括高压泵、高压油管、共轨压力控制阀（Pressure Control Valve，PCV）、共轨、共轨压力传感器，以及提供安全保障的安全泄压阀和流量限制阀。

③ 燃油喷射控制子系统包括带有电磁阀的喷油器、凸轮轴和曲轴传感器等。

④ 电控发动机管理系统包括电子控制单元和发动机的各种传感器。

从上述可以看出，与第二代时间控制式系统相比，第三代高压共轨系统在结构上增加了共轨压力控制子系统。

下面以Bosch公司的共轨系统为例，介绍共轨系统的主要技术特点。

1. 高压泵

图7-14、图7-15所示分别为高压泵的纵向和横向结构图。一个高压泵上有3套柱组件，由偏心轮驱动，在相位上相差120°。从图上可以看出，这种偏心轮驱动平面和柱塞垫块之间为面接触，比传统的凸轮-滚轮之间的线接触的接触应力要小得多，更有利于高压喷射。高压泵的基本工作原理如下：当柱塞下行时，来自输油泵压力为0.05～0.15MPa的燃油经过低压油路到达各柱塞组件的进油阀，并由进油阀进入柱塞腔，实现充油过程；当柱塞上行时，进油阀关闭，燃油建立起高压，当柱塞腔压力高于共轨中的压力时，出油阀被打开，柱塞腔的燃油在PCV的控制下进入共轨。

2. PCV

共轨压力的控制是在压力控制阀（Pressure Control Valve，PCV）的控制下完成的。图7-16所示为Bosch共轨系统中PCV的结构。结合图7-14中PCV的安装位置可知，球阀是整个共轨压力控制的关键元件。球阀的一侧是来自共轨燃油的压力，另一侧衔铁受弹簧预紧力和电磁阀电磁力的作用。而电磁阀产生电磁力的大小与电磁阀线圈中的电流大小有关。当电磁阀没有通电的时候，弹簧预紧力使球阀紧压在密封座面上，当燃油压力超过10MPa时才能将其打开，即共轨腔中的燃油压力至少达到10MPa时，才有可能从PCV处泄流到低压回路。在PCV通电后，燃油压力除了要克服弹簧预紧力之外，还要克服电磁力，即电磁阀的电磁力通过衔铁作用在球阀上的力的大小决定了共轨中的燃油压力。电磁阀的电磁力可以通过调整电磁阀线圈中电流的大小来控制。线圈相当于一个感性（电感＋电阻）负载，线圈中的平均电流可以通过脉宽调制来实现。例如，1kHz 左右的调制频率就足够控制电磁阀的平均电流大小。

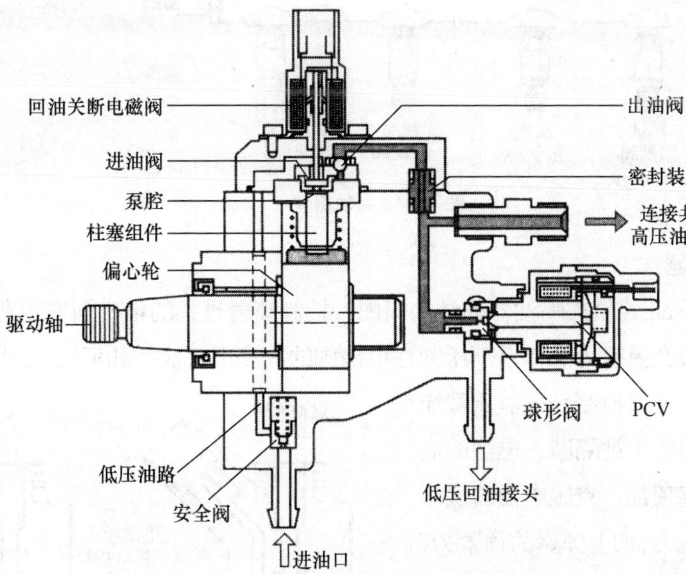

图7-14　高压泵的纵向结构示意图

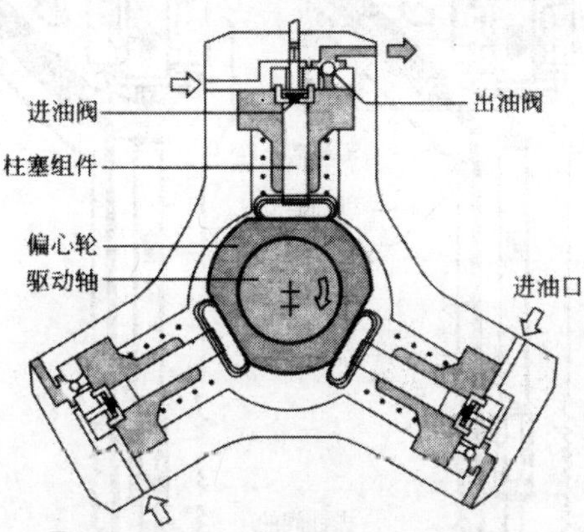

图7-15　高压泵的横向结构示意图

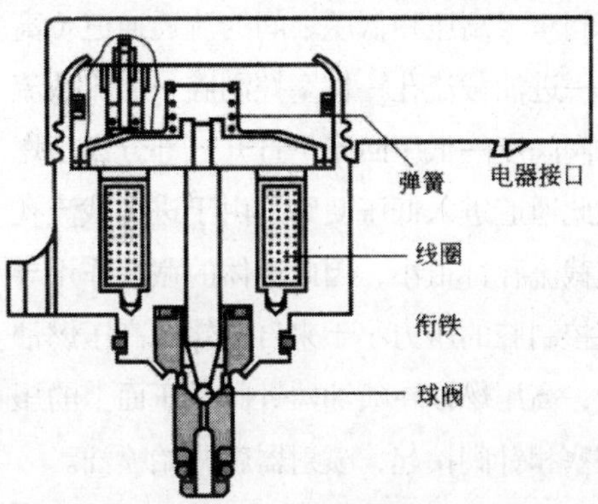

图7-16　压力控制阀PCV

3. 共轨组件

共轨组件包括共轨本身和安装在共轨上的高压燃油接头、共轨压力传感器、起安全作用的压力限制阀、连接共轨和喷油器的流量限制阀等，如图 7-17 所示。共轨本身容纳高达 150Mp 以上的高压燃油，材料和高压容积对于共轨压力的控制都是重要的参数。流量限制阀的作用是计量从共轨到各喷油器的燃油量的大小。当流量过大时，可以自动切断去喷油器的高压燃油。而压力限制阀的作用是当共轨中的燃油压力过高时，压力限制阀连同共轨到低压的燃油回路，实现安全泄压，从而保证整个系统中的最高压力不超过极限安全压力。

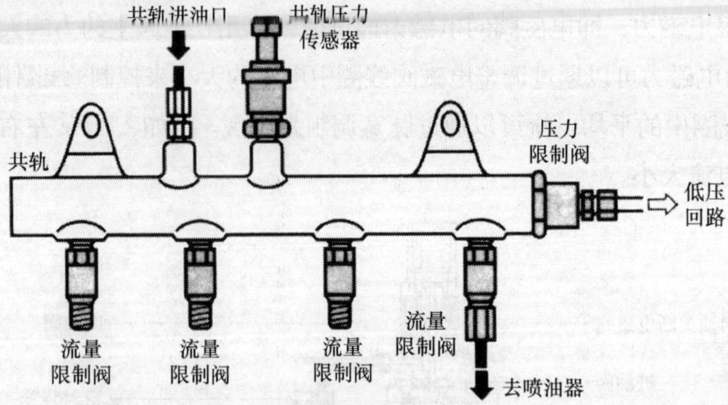

图7-17 共轨组件

4. 电磁阀式喷油器

图 7-18 所示为 Bosch 共轨式喷油器的结构简图。控制喷射过程的电磁阀安装在喷油器的顶端。当电磁阀断电时，球阀在弹簧力的作用下压紧在电磁阀的阀座上，高压和低压之间的流通通道（高压回路—进油截流孔—柱塞控制腔—溢流截流孔—球阀阀座—低压回路）被隔断，燃油的高压压力直接作用在柱塞顶部，克服喷油器底端针阀承压面上的燃油压力，加上弹簧的预紧力，使得柱塞-针阀向下紧压在喷油器针阀座面上，喷油器不喷射。当电磁阀通电后，电磁力使球阀离开阀座，高压和低压之间的流通通道（高压回路—进油截流孔—柱塞控制腔—溢流截流孔—球阀阀座—低压回路）打开。部分高压燃油经过此通道进入低压回路。由于进油截流孔和溢流截流孔都很小，因此流体的截流作用导致柱塞控制腔的压力小于来自共轨的高压燃油的压力，高压燃油在喷油器针阀承压面上的压力使柱塞和针阀抬起，喷射器就开始喷油。

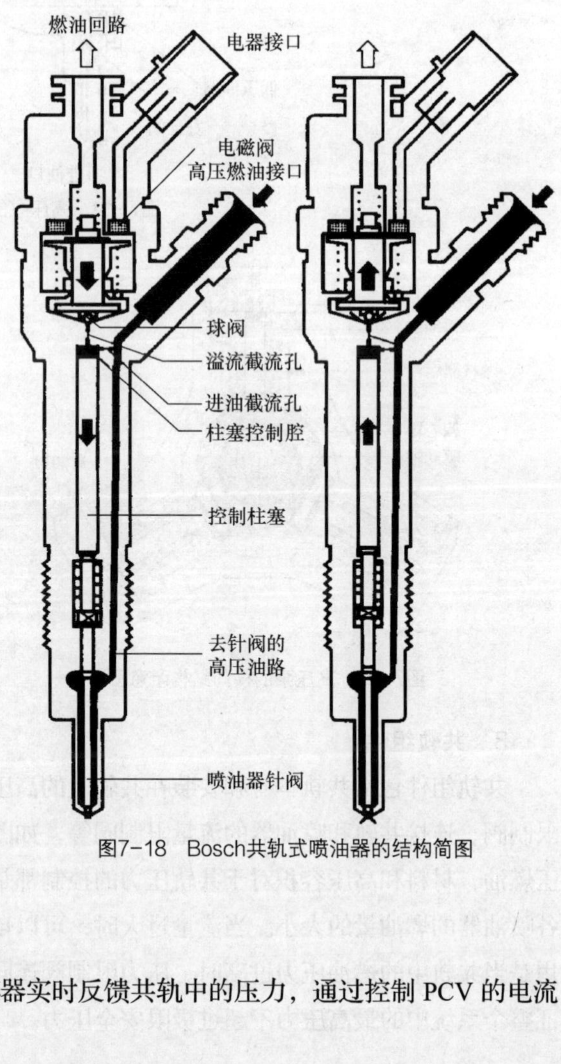

图7-18 Bosch共轨式喷油器的结构简图

整个喷射过程简述如下：当电磁阀通电时，针阀抬起，喷射开始；当电磁阀断电时，针阀落座，喷射结束。由于共轨中的压力一直存在，所以任何时刻喷油器都可以在电磁阀的控制下喷油，这是与第二代时间控制式系统的喷油电磁阀最大的不同之处。

从以上分析得出高压共轨系统具有以下特点。

① 共轨压力的闭环控制：共轨上的压力传感器实时反馈共轨中的压力，通过控制 PCV 的电流

来调整进入共轨的燃油量和轨道压力，形成独立的共轨压力闭环子系统。此子系统对第二代时间控制式来说完全是共轨特有的系统。

② 喷油过程控制：喷油器电磁阀直接对喷油定时和喷油脉宽进行控制，结合灵活的预喷射、主喷射和后喷射以及共轨压力控制，实现对喷射速率、喷射定时和喷射压力以及喷油量的综合控制。与第二代时间控制式系统相比，喷油器和电磁阀的一体化设计，要求电磁阀尺寸小、响应快。

③ 高压泵的体积较小，而且一般采用齿轮驱动的方式。由于共轨中的蓄压就是喷油器的喷射压力，最高压力可达 150MPa，因此称为高压共轨。与 HEUI 系统相比，没有增压活塞的液力滞后，使喷油器电磁阀对喷射过程的控制更加直接和精确。

④ 共轨沿发动机纵向布置，高压泵、共轨和喷油器各自的位置相互独立，便于在发动机安装和布置。对现有发动机生产进行改造时，安装共轨系统对缸体和缸盖的改动小。

⑤ 从技术总体实现难度上看，共轨系统组成较复杂，机械、液力和电子、电磁阀耦合程度高，加工制造、控制匹配要求的水平高，与第二代时间控制式相比，具有更好性能的同时，开发难度也更大。

⑥ 高压共轨系统在大量应用的同时，还在向更高的水平发展。例如进一步降低高压泵的功耗，提高高压泵的高压能力，采用压电晶体式的喷油器电磁阀，取消传统的线圈电磁阀作为执行器，降低 ECU 的驱动功耗等。目前，共轨系统已经发展到第三代，最高喷射系统压力达到 200Mp，一个缸可以连续 5 次喷射。

5. 压电喷油阀

新一代共轨系统上最重要的改进就是燃油喷射系统采用了如图 7-19 所示的压电喷油阀（Piezo-喷油阀）。这种喷油阀是利用压电效应来控制的。压电效应是指当离子构成的晶体（电气石、石英、酒石酸钾钠）发生变形时，会产生一个电势。压电效应也可以反过来用，即加上电压后晶体会被拉长。

采用压电喷油阀的好处：每个工作行程可产生多个触发周期；大大缩短多个喷油阀之间的切换时间；可以产生很大的力以对抗共轨压力；燃油卸压时可精确地控制行程；触发电压为 110～148 V，这取决于轨道的压力。

需要注意的是：维修时，如果更换了喷油阀，则必须对喷油阀进行与喷射系统匹配的操作，同时还要进行喷油量对比（IMA）试验。

喷油阀中的液力转换器（连接模块）将执行元件模块长度的增长转化为液体压力和位移，然后作用到切换阀上。连接模块（见图 7-20）的作用就像液压缸，它的上面通过压力调节阀总是作用有 10 bar 的燃油压力，该压力使这个液压缸反向运动。如果没有这个反向压力，喷油阀就会失效。燃油在连接模块中的连接活塞 A 和阀活塞 B 之间起压力缓冲垫的作用。当喷油阀有动作但不喷油时（系统内进入了空气），喷油阀就会以起动转速来进行排气。

喷油阀中的切换阀由阀门板、阀门芯、阀门弹簧和节流片组成（见图 7-21）。燃油经节流片上的入口节流阀 Z 流到喷嘴针阀处并进入该针阀上部的腔内，于是喷嘴针阀的上部和下部压力就平衡了，喷嘴针阀就被喷嘴弹簧的作用力保持在关闭的位置上。当压下阀门芯时，回流通路就打开了，轨内的压力油首先流过喷嘴针阀上部的一个较大的出口节流阀 A，于是喷嘴针阀就被该压力抬离针阀座，然后就开始喷油。

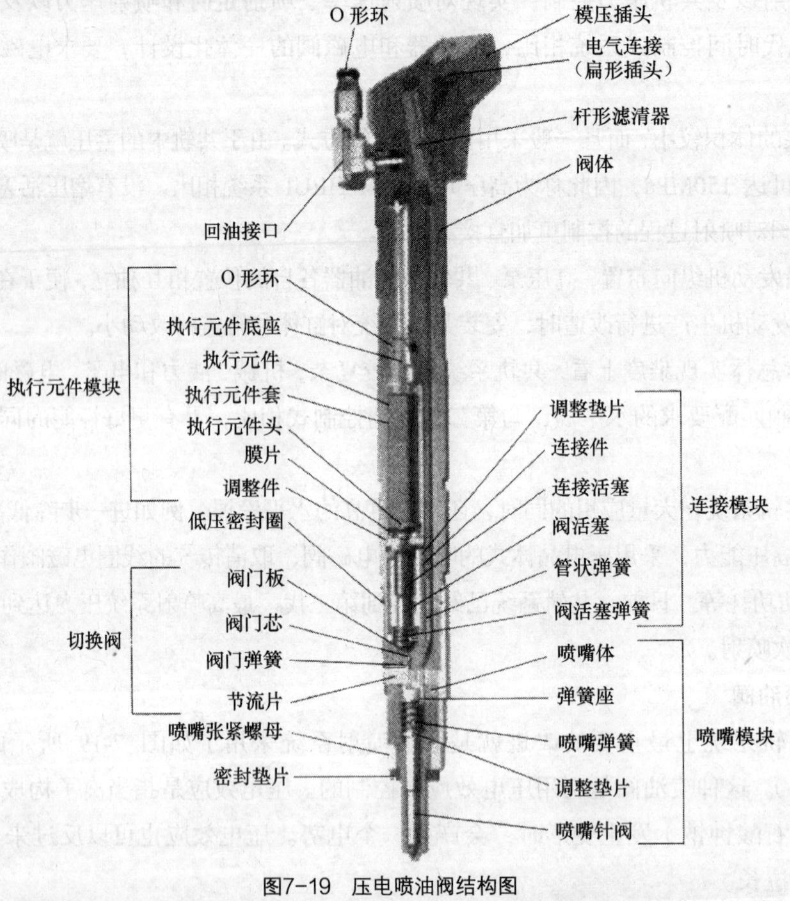

图7-19　压电喷油阀结构图

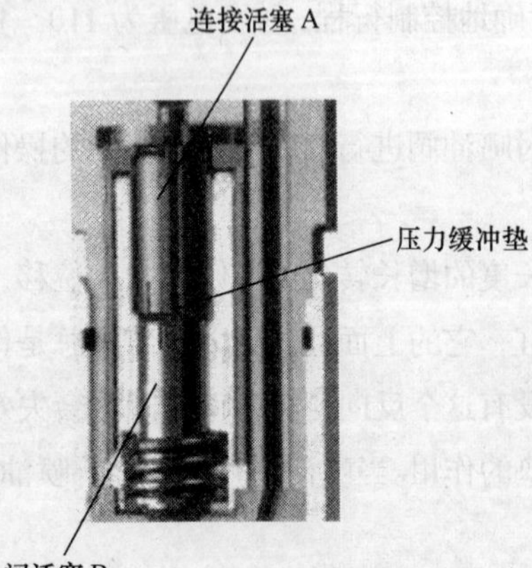

图7-20　喷油阀中的模块结构

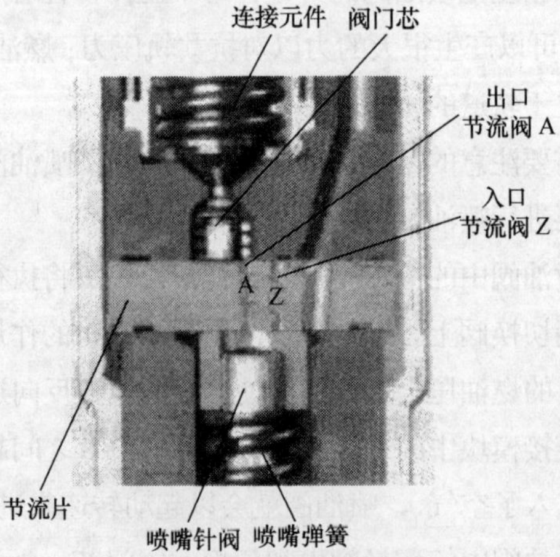

图7-21　喷油阀中的切换阀结构

由于压电元件的切换脉冲非常快，因此在每个工作行程中可以完成多次连续的喷油过程。当发动机冷机且以怠速运行时，喷油阀要进行两次预喷油和补充喷油。是否进行预喷油取决于发动机的负荷、转速以及变速箱的挡位。随着负荷的增加，预喷油逐渐减少，直至全负荷时只有主喷油在工作了。两次补充喷油都是用来还原颗粒过滤器的。

【技能训练】

7.5 训练项目及技能、素质要求

7.5.1 训练项目

本项目需实施的训练项目如下。

1. 本项基本训练项目

项目 7-1 电控柴油机电子控制系统的检修

项目 7-2 电控柴油机燃油故障检修

项目 7-3 电控柴油机喷油器故障检修

项目 7-4 电控柴油机增压控制系统的检修

2. 本项目综合训练项目

项目 7-5 电控柴油机起动困难故障检修

项目 7-6 电控柴油机怠速不稳故障检修

3. 项目实施的主要内容

（1）认识柴油机电控系统总体构成。

（2）电控系统中各传感器电源、信号、信号线路的检查，数据流、波形分析。

（3）电控系统中各执行器电源、控制信号、信号线路的检查，主动测试，控制信号波形分析。

（4）电控柴油机起动困难、怠速不稳等故障原因分析、检修计划制定，利用检修仪器、设备进行故障检修。

项目实施时参考学习材料进行。

7.5.2 项目技能点

1. 基础技能

（1）能认识柴油机电控系统基本组成结构。

（2）能正确使用维修手册、识读电子控制系统控制电路。

2. 专项技能

（1）能进行柴油机燃油压力测试。

（2）能进行增压压力传感器、冷却液温度传感器、曲轴位置传感器、凸轮轴位置传感器、加速踏板位置传感器、油压传感器等传感器及其信号电路的检修。

（3）能进行高压油泵、油压调节电磁阀、喷油器等执行器件及控制电路的检修。

（4）能进行起动预热、增压控制系统的检修。

3. 综合技能

（1）能综合利用各种诊断仪器、各专项检修技能进行电控柴油机起动困难故障的检修。

（2）能进行电控柴油机怠速不稳故障的检修。

7.5.3 素质要求

在学习知识、训练技能的同时，逐渐具备以下素质：

（1）严格遵守实训室、实训车间规章、制度，遵守工作纪律。

（2）具有较强的口头与书面表达能力、组织协调能力。

（3）具有良好的心理素质和克服困难的能力。

（4）具有团队协作精神。

（5）能通过各种媒体资源查找所需信息，自主学习新知识、新技术。

（6）能不断积累经验，从个案中寻找共性。

知识点练习

一、填空题

（1）柴油机电控技术发展经历了 3 个阶段：________、________、________。

（2）柴油机高压油路包括高压泵、________、________、________、________、________及喷油器等。

（3）柴油机电控燃油喷射系统的主要功能包括________、________、供油速率控制和喷油压力控制等。

（4）柴油机的怠速控制主要包括________和________的控制。

（5）发动机负荷信号和________信号共同决定柴油机的喷油量及喷油提前角。

（6）____________阀的作用是保持共轨内正确的油压。

（7）____________传感器的作用是迅速、精确监测共轨内瞬间的压力变化，将电压信号送给ECU，以调节适当的油压。

（8）____________的作用是打开通道，以限制共轨内的最大压力。

（9）____________的作用是在喷油器持续永久打开的异常状况下，防止喷油器连续喷射。

二、问答题

（1）一辆轿车采用了高压共轨型电控柴油发动机，客户不明白此发动机与普通柴油机的区别，假设你是现场销售人员，请帮助客户解答。

（2）柴油机电控燃油喷射系统的有哪些优点？

附录

发动机电控系统常用英文缩写

A/C　air conditioning　空调

ACC　activated carbon canister　活性炭罐

ACIS　acoustic control induction system　声控进气系统（进气谐振系统）

ACT　air charge temperature　进气温度

ACV　air control valve　二次空气喷射阀

A/F　air-fuel ratio　空燃比

AFS　air flow sensor　空气流量传感器

AFM　air flow meter　空气流量计

AIS　air injection system　空气喷射系统

A/M　auto-manual　自动-手动

AT(A/T)　automatic transmission　自动变速器

ATS　air temperature sensor　空气温度传感器

B+　battery positive voltage　蓄电池正极

BPS　barometer pressure sensor　大气压力传感器

BTDC　before top dead center　上止点前

CCS　cruise control system　巡航控制系统

CID　cylinder identification sensor　判缸传感器

CNG　compressed natural gas　天然气

CPS　camshaft position sensor　凸轮轴位置传感器

CPS　crankshaft position sensor　曲轴位置传感器

CPU　central processing unit　中央处理器

CTS　coolant temperature sensor　冷却液温度传感器

DC　direct current　直流电

DI　distributor ignition　分电器点火

DIS　distributor less ignition system　无分电器点火系统

DIAGN　diagnostic　诊断

DLC　data link connector　数据线接口

DLI　distributor less ignition　无分电器点火

DTC　diagnostic trouble code　诊断故障码

ECA　electronic control advance　电子控制点火提前

ECD　electronic control diesel engine　电子控制柴油机

ECM　engine control module　发动机控制模块（电脑）

ECT　electronic controlled transmission　电控变速器

ECT　engine coolant temperature　发动机冷却液温度

ECU　electronic control unit　电子控制单元（电脑）

EDS　electronic diesel system　柴油机电控系统

EFI　electronic fuel injection　电控燃油喷射

EGR　exhaust gas recirculation　废气再循环

ESA　electronic spark advance　电子点火提前

EVAP　evaporative emission control system　燃油蒸气排放控制装置

FP　fuel pump　燃油泵

HO2S　heated oxygen sensor　加热型氧传感器

IAC　intake air control　进气控制

IACV　intake air control valve　进气控制阀

IAR　Intake air resonator　进气谐振器

IDL　idle　怠速

IGF　ignition feedback　点火反馈信号

IGN　ignition　点火

IGSW　ignition switch　点火开关

IGT　ignition timing　点火正时信号

IMV　intake manifold vacuum　进气歧管真空度

INJ　injector　喷油器

ISC　idle speed control　怠速控制

ISCA　idle speed control actual　怠速控制执行器

ISCV　idle speed control valve　怠速控制阀

KC　knock control　爆燃控制

KS　knock sensor　爆燃传感器

LED　light emitting diode　发光二极管

LPG　liquid petrel gas　液化石油气

MAF　mass air flow　空气质量流量

MAP　manifold absolute pressure　进气管绝对压力（传感器）

MIL　malfunction Indicator lamp　故障指示灯

MPI　multi-point injection　多点喷射

N/C　neutral start switch/clutch switch　空挡起动开关/离合器开关

NPS　neutral/park switch　空挡/驻车开关

NSW　neutral start switch　空挡起动开关

OBD　on-board diagnostic　随车电脑诊断系统

O_2S　oxygen sensor　氧传感器

OX　OXS oxygen sensor　氧传感器

PCV　positive crankcase ventilation　曲轴箱强制通风

RAM　random access memory　随机存储器

ROM　read only memory　只读存储器

SPI　single point injection　单点喷射

SPD　speed　速度传感器

SST　special service tool　专用维修工具

STA　start　起动

TC　turboeharger　涡轮增压器

TDC　top dead center　上止点

THA　thermometer of air　进气温度

THW　thermometer of coolant　冷却液温度

TP　throttle position　节气门位置

TPS　throttle position sensor　节气门位置传感器

TWC　three way catalyst converter　三元催化转化器

TRC　traction control system　驱动力控制（牵引控制）系统

VIS　variable inlet system　可变进气系统

VSC　valve stability control　稳定性控制

VSS　vehicle speed sensor　车速传感器

VSV　vacuum solenoid valve　真空电磁阀

VTEC　variable valve timing and valve life electronic control system　可变气门配气相位和气门升程电子控制系统

WTS　coolant temperature sensor　冷却液温度传感器